21世纪会计系列规划教材 **通用型**

企业内部控制学

（第三版）

陈维青 胡本源／主编
孙文娟 黄俊荣／副主编

Enterprise Internal Control

东北财经大学出版社
Dongbei University of Finance & Economics Press
大连

图书在版编目（CIP）数据

企业内部控制学 / 陈维青，胡本源主编．—3版．—大连：东北财经大学出版社，2022.12

（21世纪会计系列规划教材·通用型）

ISBN 978-7-5654-4670-2

Ⅰ．企…　Ⅱ．①陈…②胡…　Ⅲ．企业内部管理-高等学校-教材　Ⅳ．F272.3

中国版本图书馆CIP数据核字（2022）第212062号

东北财经大学出版社出版

（大连市黑石礁尖山街217号　邮政编码　116025）

网　　址：http：//www.dufep.cn

读者信箱：dufep@dufe.edu.cn

大连图腾彩色印刷有限公司印刷　　东北财经大学出版社发行

幅面尺寸：185mm×260mm　字数：576千字　印张：24　插页：1

2022年12月第3版　　2022年12月第1次印刷

责任编辑：李智慧　李　栋　韩敌非　周　慧　　责任校对：周　慧　韩敌非　孙　平

封面设计：冀贵收　　版式设计：原　皓

定价：49.00元

第三版前言

为帮助大学生深刻认识并准确把握外部环境的深刻变化和我国改革发展稳定面临的新情况、新问题、新挑战，坚持底线思维，增强忧患意识，提高防控能力，我们组织编写了《企业内部控制学》教材。本教材立足中国企事业单位内部控制的现实状况，秉持培育德才兼备卓越管理人才的根本任务，努力提升学生内部控制的知识结构和能力框架，使学生系统掌握内部控制的理论基础、实践技能和分析能力，熟悉内部控制设计和运行的原理及方法，掌握风险管理的先进技术和工具，能够熟练地对企事业单位的内部控制作出分析和评价。

本教材以控制论、系统论和信息论为指导，在介绍内部控制和风险管理的概念、特征、产生和发展的基础上，以内部控制整合框架为核心，系统讲授内部控制目标与要素、企业整体层面的控制、业务活动各个层面的控制、内部监督和内控评价等内容。更好地实现为贯党的二十大精神进教材，本教材在章后设置了“学思见悟”栏目，方便读者展开相关学习、讨论与思考。

为了方便学生提前预习，本教材各章均设置了“引导案例与思考”栏目，同时配有思维导图，便于学生从整体上把握章节内容。本教材还专门配套了本章小结、中英文专业术语、章后练习，以适应多媒体教学的需要，更好地方便教师教学与学生学习。为更好地实现党的二十大精神进教材，本教材在章后设置了“学思见悟”栏目，方便读者展开相关学习、讨论与思考。

本教材由陈维青、胡本源任主编，负责拟定全书写作大纲并对全书稿件进行总纂、定稿；孙文娟、黄俊荣任副主编，负责组织编写和协调工作。本书的编写分工如下：第一、二、三、十一章由陈维青执笔；第四、五、九章由孙文娟执笔；第六、七、八、十二、二十二章由胡本源执笔；第十、十三、二十一章由田斌执笔；第十四、十五、十六、十九章由黄俊荣执笔；第十七、十八、二十章由巴合提努尔执笔。

在编写本书的过程中，我们引用和参考了大量珍贵资料，也得到了同行和实务界人士的大力支持与帮助，在此一并致谢。由于时间和水平有限，我们真诚希望广大教师、学生在使用本书的过程中，提出宝贵意见和建议，以便我们做进一步修改和完善，不断提高教材的质量。

编　者

2022年9月

目 录

第一篇

企业内部控制发展概述

第一章
内部控制及其演变

学习目标

通过本章学习，掌握内部控制的定义，理解内部控制的必要性，了解国际内部控制的起源、发展阶段及各个发展阶段的特点，熟悉内部控制在我国发展的历史渊源与发展现状。

引导案例与思考

财政部与证监会对沪深证券交易所上市公司公开披露的2018年年度内部控制评价报告、内部控制审计报告、年度报告等公开资料进行了跟踪分析，结合我国上市公司近年来执行企业内部控制规范体系情况，形成了《我国上市公司2018年执行企业内部控制规范体系情况分析报告》。

根据报告，2018年，3 456家上市公司披露了内部控制评价报告，占全部上市公司的96.43%。披露内部控制评价报告的比例从2008年的67.17%上升到2018年的96.43%。在3 456家披露了内部控制评价报告的上市公司中，3 342家内部控制评价结论为整体有效，占比为96.70%；114家内部控制评价结论为非整体有效，占比为3.30%。从2013年到2018年，主动披露内部控制非整体有效的上市公司比例越来越高。在披露内部控制评价报告的上市公司中，有123家披露内部控制存在重大缺陷，74家披露内部控制存在重要缺陷，1 084家披露内部控制存在一般缺陷。

我国企业内部控制评价报告在实施中存在的主要问题有：①内部控制评价报告规范性和及时性有待提高；②部分上市公司披露的内部控制报告前后矛盾或者同年报冲突；③内部控制缺陷的定性认定标准不够详细；④不同行业内部控制缺陷认定标准详细程度存在差异；⑤对识别出的内部控制重大、重要缺陷整改不力。

资料来源：根据2019年12月27日财政部发布的《我国上市公司2018年执行企业内部控制规范体系情况分析报告》整理而成。

课前预习（思维导图）

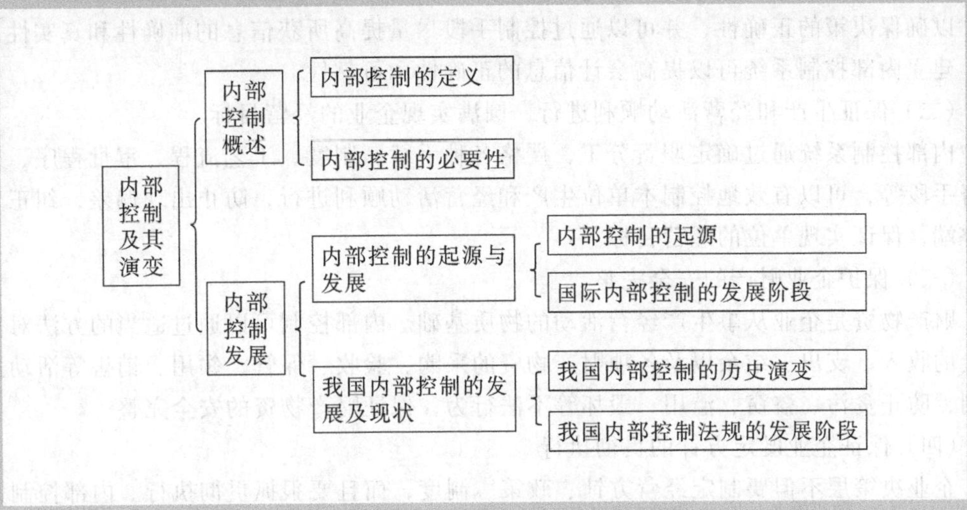

◎第一节　内部控制概述

一、内部控制的定义

所谓内部控制，是指由企业董事会/监事会、经理层和全体员工实施的，旨在合理保证企业经营管理合法合规、资产安全、财务报告及相关信息真实完整，提高经营效率和效果，促进企业实现发展战略的一系列控制活动过程。

从上述定义可知，内部控制是指经济组织在经济活动中建立的一种相互制约的业务组织形式和职责分工制度。内部控制的目的在于改善经营管理、提高经济效益。它是因加强经济管理的需要而产生的，是随着经济的发展而发展完善的。最早的控制主要着眼于保护财产的安全完整、保证会计信息资料的正确可靠，侧重于从钱物分管、严格手续、加强复核等方面进行控制。随着商品经济的发展和生产规模的扩大，经济活动日趋复杂，早期的内部控制逐步发展成近代的内部控制系统。

二、企业内部控制的必要性

内部控制主要是指内部管理控制和内部会计控制，内部控制系统有助于企业实现经营目标。随着社会主义市场经济体制的建立，内部控制的作用会不断扩展。内部控制的存在与发展，并非仅仅是外部审计人员的主观意愿，而是经济组织本身及其管理部门的需要，内部控制是一切管理工作的基础。在竞争激烈的市场经济条件下，在科技、信息日新月异的环境中，在企事业及政府部门中设置内部控制，正是出于自身持续经营和发展的需要。

（一）提高会计信息资料的正确性和可靠性

企业决策层要想在瞬息万变的市场竞争中有效地管理企业，就必须及时掌握各种信息，以确保决策的正确性，并可以通过控制手段尽量提高所获信息的准确性和真实性。因此，建立内部控制系统可以提高会计信息的正确性和可靠性。

（二）保证生产和经营活动顺利进行，圆满实现企业的经营目标

内部控制系统通过确定职责分工，严格各种手续、制度、工艺流程、审批程序、检查监督手段等，可以有效地控制本单位生产和经营活动顺利进行，防止出现偏差，纠正失误和弊端，保证实现单位的经营目标。

（三）保护企业财产的安全完整

财产物资是企业从事生产经营活动的物质基础。内部控制可以通过适当的方法对货币资金的收入、支出、结余以及各项财产物资的采购、验收、保管、领用、销售等活动进行控制，防止贪污、盗窃、滥用、毁坏等不法行为，保证财产物资的安全完整。

（四）保证企业既定方针的贯彻执行

企业决策层不但要制定经营方针、政策、制度，而且要狠抓贯彻执行。内部控制则可以通过审核批准、监督检查等手段促使全体职工贯彻和执行既定的方针、政策和制度，同时，可以促使企业领导和有关人员执行国家的方针、政策，在遵守国家法规纪律的前提下认真贯彻企业的既定方针。

（五）为审计工作提供良好基础

审计监督必须以真实可靠的会计信息为依据检查错误、揭露弊端、评价经济责任和经济效益，而只有具备了齐全的内部控制制度，才能保证信息的准确、资料的真实，并为审计工作提供良好的基础。总之，良好的内部控制系统可以有效地防止各项资源的浪费和舞弊的发生，提高生产、经营和管理效率，降低企业成本费用，提高企业经济效益。

◎第二节　内部控制发展

一、内部控制的起源与发展

“控制”一词最早于公元1600年前后出现于英语词典中。该词来源于希腊文，原意为“掌舵术”，即为掌舵的方法和技术之意；此后该词词义又多次演变，用来表示国家管理的艺术。1948年，美国数学家诺伯特·维纳（Norbert Wiener）出版了《控制论——关于在动物和机器中控制和通讯的科学》一书，这标志着控制论的诞生，控制论开始成为一门新兴科学。在控制论中，“控制”是主体为改善某对象的功能或运行、获取信息，并以这种信息为基础而施加于该对象的作用。控制的基础是信息，控制系统实际是信息反馈系统。内部控制属于控制论中经济控制论的一个分支，它是用经济控制论的原理和方法来分析和研究组织的经营控制过程。

内部控制的发展历程可以划分为以下几个阶段。

(一) 20世纪40年代以前的"内部牵制"阶段

所谓内部牵制，是指一个人不能完全支配账户，另一个人也不能独立地加以控制的制度。也就是一名员工与另一名员工必须是相互控制、相互稽核的。在这一阶段，内部牵制主要以账目间的相互核对为主要内容并实施岗位分离，即通过授权审批、职责分工、双重记录、核对记录等手段，坚持钱、物、账分管，来防止弊端的发生，以保证会计记录的正确和财产的安全。它是现代内部控制理论中有关组织控制、职务分离控制的雏形，是在当时生产规模较小和管理理论比较原始的情况下，通过总结以往经验并在结合实践的基础上逐渐形成的。

内部牵制阶段是内部控制的最初形态。据史料记载，在公元前3600年前的美索不达米亚文化时期，出现了用各种标记和符号对钱、财、物的使用情况进行核对和记录的简单内部控制实践，这是内部控制的萌芽期。古埃及银库记录官和银库监督官对银库实施双重监督，古罗马设置了"双人记账制"和财务支出检查与复核制度。我国西周时期，实施了分权控制方法、九府出纳方法和交互考核制度。13世纪，"借贷"复式记账法的出现，极大地促进了内部控制的发展。以账目间互相核对为主要内容并实施一定程度的岗位分离，在当时被认为是确保钱财和物品正确无误的理想方法。漫长的几千年来，内部控制一直以最原始的"内部牵制"的形式出现。在这一历史阶段，企业这种组织形式从无到有，数量较少，规模较小，主要是个人业主制企业或合伙制企业，企业内部管理的重点在于保护业主资产的安全。内部牵制以业务授权、权责分工、双重记录、定期核对等为基本内容，以加强内部分工控制为手段，来保护组织或个人的财产安全。这满足了在管理上依靠个人的经验和判断、处于小生产经营管理方式阶段的组织内部管理的需要。在现代企业内部控制中，仍然闪耀着古代内部牵制的思想和方法的光芒。比如，现代会计记录依然沿用的是意大利复式记账方法；西周时期要求财富管理应做到"一毫财富之出入，数人耳目之通焉"，演绎至现代即是"四眼原则"。

内部牵制主要包括四项功能：(1) 实物牵制，由两个或两个以上的人员共同掌握必要的实物工具，共同操作才能完成一定程序的牵制；(2) 物理牵制，利用既定的标准或业务处理程序对各个部门、岗位或人员进行控制；(3) 分权牵制，通过组织规划与结构设计把各项业务活动按其作业环节划分后交由不同部门或人员；(4) 簿记牵制，在账簿组织方面，利用复式记账和账簿之间的钩稽关系，做到相互制约。

内部牵制思想是从一个环节或一个部门出发进行控制管理的，它缺乏全局观念，不强调业务流程和系统控制，即只强调点，不注重点与点之间的关系。

(二) 20世纪40年代到70年代末的"内部控制"阶段

随着经济的发展，市场竞争日益加剧，企业想要在竞争中赢得主动，就必须加强管理，采取更加完善、更为有效的控制方法。因此，以账户核对和职务分工为主要内容的内部牵制，从20世纪40年代开始逐步演变为由组织结构、岗位职责、人员条件、业务处理程序、检查标准和内部审计等要素构成的较为严密的内部控制系统。

1949年，美国会计师协会的审计委员会（CAPAIA）对内部控制首次作了权威性定义："内部控制是所制定的旨在保护资产、保证会计资料可靠性和完整性、提高经营效率、推动管理部门所制定的各项政策得以贯彻执行的组织计划和相互配套的各种方法及措施。"可见，内部控制已经突破了与财会部门直接有关的控制的局限。

这一时期，内部控制开始有了内部会计控制和内部管理控制的划分，如CAPAIA在1958年的第29号审计程序公报《独立审计人员评价内部控制的范围》中，将内部控制分为内部会计控制和内部管理控制，前者涉及与财产安全和会计记录的准确性、可靠性直接相关的方法和程序，后者主要是与贯彻管理方针和提高经营效率有关的方法和程序。总体来说，内部控制的范围更大，方法更趋于科学与完善。

（三）20世纪70年代到90年代末的“内部控制结构”阶段

在这一时期，企业开始需要以经营业务为导向，针对主要经营业务进行风险控制评价。因此，管理环境被纳入内部控制的视线，并引起内部控制各要素的重新划分与结构整合。

1988年，美国注册会计师协会发布了《审计准则公告第55号》(SAS No.55)，以《财务报表审计对内部控制结构的考虑》为题，首次采用“内部控制结构”一词，将其界定为“为合理保证企业特定目标的实现而建立的各种政策和程序”，并且明确了内部控制的内容包括三个部分：控制环境、会计制度、控制程序。在“内部控制结构”中，不再划分内部会计控制与内部管理控制，而统一以要素表述内部控制，且正式将控制环境纳入内部控制范畴，它是充分有效的内部控制体系得以建立和运行的基础及保证。

（四）20世纪90年代以后的“内部控制框架”阶段

20世纪80年代，美国的一系列财务报告舞弊和企业“突发”破产事件，引起人们对内部控制的重新思考。此时，很多人认识到可以把加强上市公司内部控制作为从根源上解决虚假财务信息的手段之一。1985年，由美国注册会计师协会（AICPA）、美国会计学会（AAA）、美国管理会计师协会（IMA）等联合创建了反虚假财务报告委员会，旨在探讨财务报告中舞弊产生的原因并寻求解决的办法。1987年，在该委员会建议下，成立了COSO委员会（Committee of Sponsoring Organization），目的是专门研究内部控制问题。

1992年9月，COSO委员会经过充分研究，形成并发布了指导内部控制实践的纲领性文件——《内部控制——整合框架》(Internal Control—Integrated Framework，简称COSO报告)，并于1994年进行了增补。报告指出，内部控制是一个过程，受企业董事会、管理层和其他员工影响，旨在保证财务报告可靠性、经营效果和效率，以及对现行法规的遵循。COSO报告提出了内部控制整体框架由控制环境、风险评估、控制活动、信息与沟通、监督五个相互联系的要素构成。

（五）2001年后风险管理框架阶段

2001年，COSO委托普华永道开发一个为管理层评价和改进其所在组织的企业风险管理的简便易行的框架。同时，在美国有史以来最大的能源交易商——安然公司破产以及施乐、世通等大公司财务舞弊问题暴露后，“彻底打击了投资者对资本市场的信心”，人们也充分认识到了对风险管理的必要性。

在这一背景下，2002年7月美国出台了《2002年公众公司会计改革和投资者保护法案》，该法案由参议院银行委员会主席萨班斯（Paul Sarbanes）和众议院金融服务委员会（Committee on Financial Services）主席奥克斯利（Michael Oxley）联合提出，故又被称作《萨班斯-奥克斯利法案》。该法案是继《美国1993年证券法》《美国1934年证券交易法》后又一部具有里程碑意义的法律。其强调了公司内部控制的重要性，从管理层、内部审计以及外部审计等多个层面对公司内部控制作出具体规定，并设置了问责机制及惩罚措施。

2004年9月，COSO发布《企业风险管理——整合框架》(Enterprise Risk Management—Integrated Framework，简称ERM框架)。该框架认为：企业全面风险管理是一个过程，它由一个主体的董事会、管理层和其他人员实施，应用于战略制定并贯穿于企业之中，旨在识别可能会影响主体的潜在事项、管理风险，以使其在该主体的风险容量之内，并为主体目标的实现提供合理保证。这一阶段的显著标志是正式提出了全面风险管理的基本框架和框架体系。

基于这一认识，COSO提出了风险管理包括八大相互关联的要素：内部环境、目标设定、事项识别、风险评估、风险应对、控制活动、信息与沟通、监控。企业风险管理并不是一个严格的顺次过程，一个构成要素并不是仅仅影响接下来的那个构成要素。它是一个多方向的、反复的过程。在这个过程中，几乎每一个构成要素都能够也的确会影响其他构成要素。

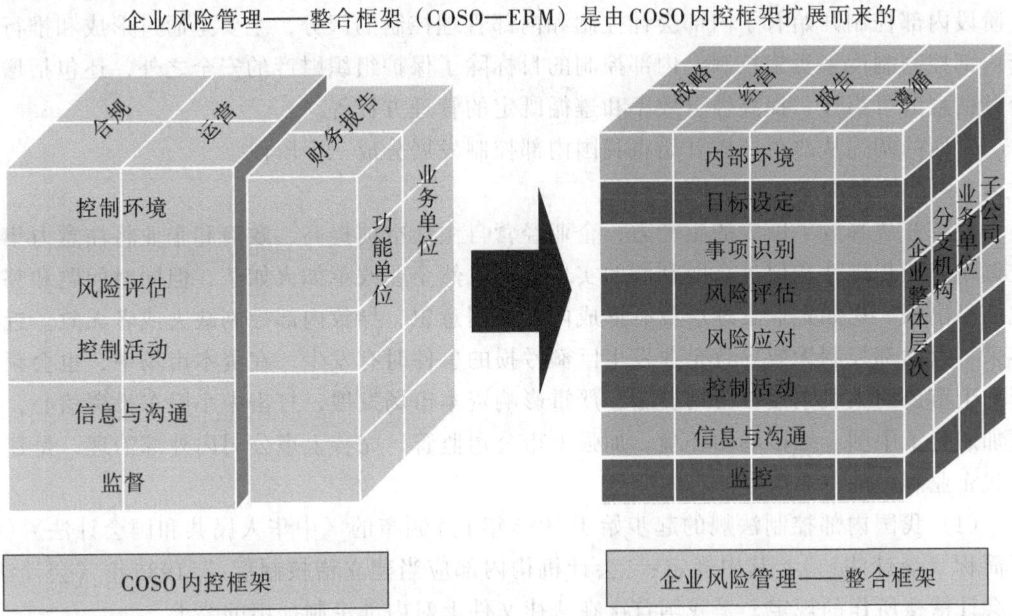

图1-1　COSO内控框架与企业风险管理——整合框架

内部控制，是从最初的内部会计控制，到提出内部管理控制，再到将两者结合讨论制定出整合框架，最后演变为企业的风险管理。从内部控制的发展可以看出，内部控制的建立是企业不断成长壮大的结果，是现代化管理不断发展变化的客观要求，审计技术的进步和管理理论的创新都是推动内部控制不断发展的动力。

二、我国内部控制的发展及现状

在我国，古代内部控制制度始于西周，完善于唐朝，衰落于宋代。西周时期是奴隶社会鼎盛的阶段，唐朝是封建社会的盛世时期，宋朝是封建社会转衰的过程，这与我国古代的社会经济发展轨迹是相符合的。

西周时，就闪烁着内部牵制制度的火花，例如“听出入以要会”，也就是以会计文书为依据，批准财物收支事项。当时的统治者，为防止掌管和使用财富的官吏弄虚作假甚至贪污盗窃所采用的分工牵制和交互考核等办法，达到了“一毫财富之出入，数人耳目之通焉”的程度。这个时期上计内部控制制度已有萌芽。

秦朝时期，就已形成严密的上计制度和御史监察制度。在宋朝，已经形成知府与通判联署的做法，所以说内部控制制度在我国早已有之。受中央集权的封建制度的长期影响，我国社会经济发展及其监控主要由官府来负责，主要方式是职务牵制，民间企业发展及其监控相对薄弱。这一阶段的内部控制的着眼点在于职责的分工和业务流程及其记录上的交叉控制。内部控制主要通过人员配备和职责划分、业务流程、簿记系统等来完成。其目的主要是防止组织内部的错误和舞弊，通过保护组织财产来保障组织的有效运行。

中华人民共和国成立之后，由于借鉴了苏联社会主义国家模式实行计划经济体制，对社会经济发展采取高度集中的方式，企业经营与规划完全由国家来控制，监控也由国家直接进行，以企业为主体的内部控制几乎缺失。直到党的十一届三中全会及改革开放后，市场经济的提出还企业以自主发展的广阔空间，企业要发展意味着要加强内部控制机制。这一阶段内部控制开始有了内部会计控制和内部管理控制的区分，主要是通过形成和推行一套内部控制制度来实施控制。内部控制的目标除了保护组织财产的安全之外，还包括增进会计信息的可靠性、提高经营效率和遵循既定的管理方针等。

下面的阐述从改革开放开始将我国内部控制发展分成三个阶段。

1.内部控制法规起步阶段

改革开放释放了巨大的生产力，企业经营自主性空前提高，政府和企业将注意力集中在调动职工积极性和促进企业利润的实现上。虽然企业改革如火如荼，但同时问题和弊病也凸显出来。比如企业管理层没有形成内部控制意识，导致内部控制缺失或者无效。近些年来，因内部控制无效导致企业发生巨额亏损的事件时有发生。在资本市场中，也会频繁爆出上市公司大股东侵占公司资金，严重影响资本市场发展，打击中小股东投资信心，也更加恶化了中国金融市场的环境。加强上市公司监管、完善上市公司内外部治理，是建立现代企业制度的重要内容。

（1）我国内部控制法规的起步始于1985年1月颁布的《中华人民共和国会计法》（以下简称《会计法》），其中规定：“会计机构内部应当建立稽核制度。”1985年《会计法》对会计稽核所作的规定，是我国首次在法律文件上对内部牵制提出的要求。

（2）随着我国经济的迅猛发展和改革的不断深入，企业的会计工作已脱离了计划经济时代的模式。为适应会计工作的需要，加强会计基础工作，建立规范的会计秩序，1996年6月，财政部颁发了《会计基础工作规范》，旨在规范会计基础工作的管理、会计机构和会计人员的设立、会计人员职业道德、会计核算、会计监督、单位内部会计管理制度建设等问题，其中对会计监督的规定，可以说是我国企业早期的内部控制规定。

2.各部门独立制定法规阶段

（1）1996年12月，财政部发布了《独立审计具体准则第9号——内部控制与审计风险》，提出了内部控制结构包括“三要素”，即控制环境、会计系统和控制程序，对注册会计师审查企业内部控制作出了具体规定。

（2）1996年12月，中国注册会计师协会发布了第二批《中国注册会计师独立审计准则》，其中《独立审计具体准则第8号——错误与舞弊》要求被审计单位建立健全内部控制，《独立审计具体准则第9号——内部控制与审计风险》对内部控制的定义和内容都作出了相关规定，并要求注册会计师从制度基础审计的角度审查企业的内部控制，进行企业内部控制评价。

（3）1997年5月，我国专门针对内部控制的第一个行政规定出台——中国人民银行发布了《加强金融机构内部控制的指导原则》，针对商业银行、保险公司等金融机构的内部控制目标、原则、范围、要素、基本要求等作出了具体规定。要求金融机构必须建立健全有效的内部控制运行机制，以便有效防范金融风险，保障金融行业安全稳健运行。该指导原则对金融机构内部控制建设意义重大，为我国金融机构的内部控制制度建设和发展奠定了基础。

（4）1999年4月，证监会发布《关于上市公司做好各项资产减值准备等有关事项的通知》，要求上市公司依据审慎经营、有效防范和化解资产损失风险的原则，责成相关部门健全内部控制制度。

（5）1999年8月，保监会发布《保险公司内部控制制度建设指导原则》，规定了内部控制要素包括组织机构控制、授权经营控制、财务会计控制、资金运用控制、业务流程控制、人事和劳动管理控制、稽核监督控制等，要求所有的保险公司按此规定建立健全内部控制制度。

（6）1999年10月修订的《会计法》颁布，我国首次以法律形式对内部会计控制提出了要求，这也是我国第一部体现内部控制制度的法律。该法第二十七条明确规定："各单位应当建立、健全本单位内部会计监督制度，单位内部会计监督制度应当符合下列要求：记账人员与经济业务事项和会计事项的审批人员、经办人员、财务保管人员的职责权限应当明确，并相互分离、相互制约；重大对外投资、资产处置、资金调度和其他重要经济业务事项的决策和执行的相互监督、相互制约程序应当明确；财产清查的范围、期限和组织程序应当明确；对会计资料定期进行内部审计的办法和程序应当明确。"《会计法》将会计监督写入法律中，将内部控制提升到了法律高度，对我国的内部控制建设起到了重要推动作用。

（7）2000年4月，证监会发布了《关于加强期货经纪公司内部控制的指导原则》，该原则对期货经纪公司内部控制的目标、原则、具体要求等方面作出了指导，要求所有的期货经纪公司按照指导原则建立和完善内部控制。

（8）2000年11月，证监会发布《公开发行证券的公司信息披露编报规则》，要求公开发行证券的商业银行、保险公司、证券公司必须建立健全内部控制制度，并在招股说明书中说明内部控制制度的完整性、合理性和有效性。同时，要求注册会计师对被审计单位的内部控制制度和风险管理系统的效果，从完整性、合理性和有效性等方面作出说明并进行评价，提出改进建议，以内部控制评价报告的形式向有关部门提供报告。

（9）2001年1月，证监会发布了《证券公司内部控制指引》，要求所有的证券公司建立和完善内部控制机制和内部控制制度，该指引是对《加强金融机构内部控制的指导原则》的补充，对证券公司建立健全内部控制制度有着重要意义。

（10）2001年6月，财政部发布《内部会计控制规范——基本规范（试行）》和《内部会计控制规范——货币资金（试行）》，分别就企业建立和完善内部会计控制体系基本框架和企业货币资金内部控制目的、控制要求、控制内容等作出详细具体的规定。

（11）2002年2月，中国注册会计师协会发布了《内部控制审核指导意见》。该意见对内部控制审核进行了界定，并明确被审核单位和注册会计师的责任，规定注册会计师应当就被审核单位管理当局在特定日期对内部控制有效性的认定进行审核，并发表独立的审核意见，目的是加强注册会计师对被审计单位内部控制的重视，进一步规范内部控制的审核业务。

2002年9月，中国人民银行发布了《商业银行内部控制指引》，要求商业银行内部控制应该贯彻全面、审慎、有效、独立的原则。该指引借鉴了国外内部控制理论研究的最新成果，引入了内部控制整体框架所倡导的控制环境、风险评估、控制活动、信息与沟通、监控等五个要素，对商业银行的内部控制建设提出了更加严格的要求。该指引替代了《加强金融机构内部控制的指导原则》，成为商业银行制定内部控制制度的"基本手册"。

（12）2002年12月，财政部又相继发布《内部会计控制规范——采购与付款（试行）》《内部会计控制规范——销售与收款（试行）》《内部会计控制规范——担保（征求意见稿）》《内部会计控制规范——成本费用（征求意见稿）》等，内部会计控制的一系列试行规范所涉及的内容已不仅仅局限在会计领域，而是对采购、生产、销售等诸多方面内部控制的规范，为后来我国内部控制规范体系的形成奠定了基础。

（13）2003年—2006年5月，证监会、银监会、保监会、财政部等部门分别就证券公司内部控制、商业银行内部控制、寿险公司内部控制等发布相关意见。比如，2003年证监会发布了《关于加强证券公司营业部内部控制若干措施的意见》，并修订了《证券公司内部控制指引》，对证券公司内部控制制度进行了进一步规范。2004年12月，银监会发布《商业银行内部控制评价试行办法》，对商业银行内部控制评价进行了规范，指出商业银行内部控制评价应从充分性、合规性、有效性和适宜性四个方面来进行。该办法的发布使商业银行内部控制体系更加完整。

（14）2006年6月，上海证券交易所发布《上海证券交易所上市公司内部控制指引》（以下简称《指引》），这是我国证券监管机构对上市公司内部控制建设由提倡、鼓励转向硬性规定的标志性事件。同时，该《指引》与美国国会制定的《萨班斯-奥克斯利法案》的要求相吻合，甚至有些条款比《萨班斯-奥克斯利法案》的要求更高。2002年通过的《萨班斯-奥克斯利法案》遵循的标准是COSO委员会1992年制定的由五大要素（控制环境、风险评估、控制活动、信息与沟通、监控）组成的内部控制制度，而《指引》则根据COSO委员会2004年制定的由八大要素（内部环境、目标设定、事项识别、风险评估、风险应对、控制活动、信息与沟通、监控）组成的企业风险管理整体框架。该《指引》对完善上市公司的内部控制制度和提高上市公司的治理水平与风险防范能力具有重要的指导作用。

3.多部门联合制定法规阶段

2004年底和2005年6月，国务院就强化企业内部控制问题做出重要批示，要求"由财政部牵头，联合有关部委，积极研究制定一套完整公认的企业内部控制指引"。2006年7月，受国务院委托，财政部牵头，由财政部、国资委、证监会、审计署、银监会和保监会联合发起成立了企业内部控制标准委员会，旨在研究制定"具有统一性、公认性和科学性的企业内部控制规范体系"。在《萨班斯-奥克斯利法案》的推动下，我国内部控制制度建设步伐明显加快，相关的法规和文告密集出台，并逐步形成了内部控制制度的组织配套和保障机制。

（1）2008年5月，财政部等五部委联合发布了《企业内部控制基本规范》（以下简称《基本规范》），要求2009年7月1日在上市公司范围内施行，鼓励非上市的大中型企业执行。《基本规范》的发布，使之前由各业务监管部门制定和颁布的内部控制法规制度得到了统一和协调，进一步提升了内部控制的权威性，加大了内部控制的强制性。《基本规范》的出台，标志着我国企业内部控制走向全面发展的时期。

（2）2010年4月，财政部等五部委发布了《企业内部控制配套指引》。该配套指引包括18项《企业内部控制应用指引》、1项《企业内部控制评价指引》、1项《企业内部控制审计指引》，规定自2011年1月1日起在境内外同时上市的公司执行，2012年1月1日起在上交所、深交所主板上市的公司执行，并择机在中小板和创业板上市的公司中施行，同时也鼓励非上市大中型企业提前执行。18项指引包括了有关业务活动控制的实务指南，同时增加了对内部环境、风险评估、信息沟通、内部监督等控制要素的操作性指引，涵盖了企业的组织架构、发展战略、人力资源、社会责任、企业文化等方面的内部控制，规范了企业的资金活动、采购业务、资产管理、销售业务、工程项目、担保业务、业务外包、合同管理等具体业务中内部控制的应用，还指导了企业进行财务报告、内部信息传递和信息系统等方面的内部控制行为。系列配套指引的发布标志着我国内部控制规范体系已基本建成。

2012年，针对基本规范和配套指引实施过程中出现的问题，财政部发布了解释公告第1号和第2号，也为各类企业提供更具行业特点和更为具体的实务操作指南，如2014年发布了《电力行业内部控制操作指南》。至此，我国已形成包含基本规范、配套指引、解释公告和操作指南三个层次的内部控制规范体系，如图1-2所示。

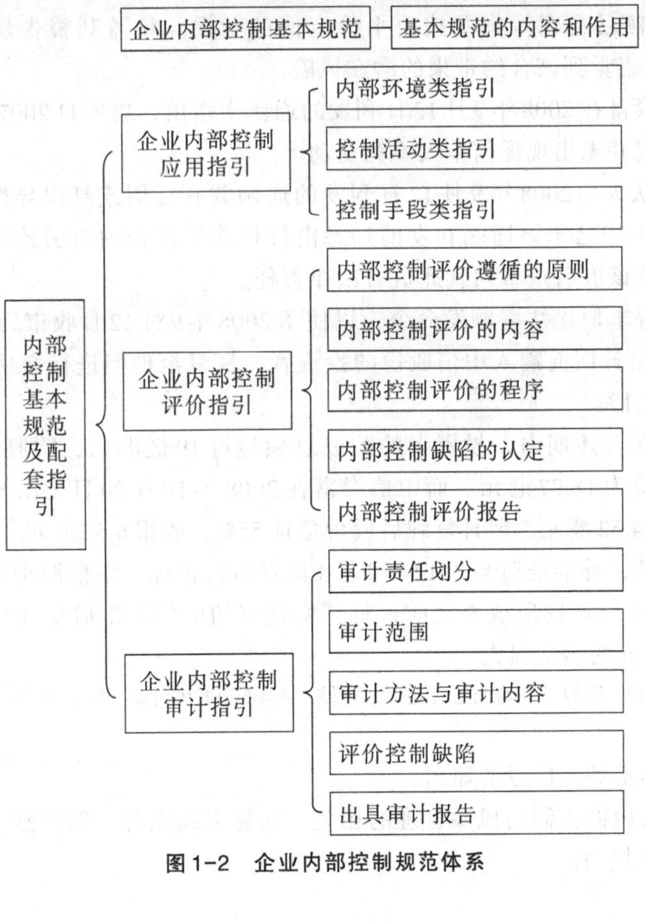

图1-2　企业内部控制规范体系

学思见悟 ◎ 香港证监会起诉荣智健，为4 500股民讨赔偿

2014年9月，香港证监会入禀中国香港高等法院，对前身是中信泰富的中信股份及其前主席荣智健等多人展开法律程序，并要求法庭颁令，向4 500名投资者做出赔偿。

香港证监会表示，中信股份前主席荣智健及其余四名前董事，涉嫌在2008年就杠杆式外汇合约投资巨额亏损，披露虚假或具误导性的财务状况资料。香港证监会宣布，将通过原讼法庭颁发恢复原状或赔偿令，以令4 500名授资者得以恢复原状或获赔偿损失，投资者当时的购股总额约19亿港元。此外，香港证监会还寻求审裁处对中信股份及该五名董事予以制裁。

中信股份巨亏源于2008年金融海啸引发的危机。2008年10月20日，中信泰富突然发出盈利警告，指出为了降低澳大利亚铁矿项目面对的货币风险，集团与汇丰及法国巴黎银行签订多份“累计期权杠杆式外汇买卖合约”，但后因澳元大跌而亏损逾150亿港元，由此全年业绩将为亏损。翌日，中信泰富股价急跌55%，收市报6.52港元，跌8港元，跌至1991年的水平，中信泰富因此向母公司中信集团要求注资。

香港证监会指出，中信泰富曾在2008年10月20日发出的一份市场公告中披露，截至当日，中信泰富因早前为调控其澳大利亚铁矿项目面对的货币风险所订立的多份杠杆式外汇合约而蒙受巨额已变现亏损及按公平价定值的亏损。该盈利警告显示，中信泰富在2008年9月7日已察觉到该合约带来的潜在风险。

不过，中信泰富在2008年9月12日刊发的通函中指出，集团自2007年12月31日以来的财务或交易状况并未出现任何重大不利变动。

香港证监会认为，2008年9月12日刊发的通函载有虚假或具误导性的陈述，而中信泰富及该五名董事均已于该通函刊发前知悉由杠杆式外汇合约所引致的巨大财务负面影响，故中信泰富及该五名董事须就此负有法律责任。

香港证监会寻求原讼法庭颁发命令，以使于2008年9月12日收市后及于2008年10月20日盈利警告发出日期前购入中信股份的投资者，恢复至他们进行交易前的状况，或就他们的损失获得赔偿。

资料显示，在上述期内，投资者的购股总额超过19亿港元，购股价介于14.26~24.5港元，平均购股价为18.97港元。而中信泰富在2008年10月20日发出盈利警告前暂停买卖，当时股价为14.52港元，翌日复牌后股价急挫55%，收报6.52港元。

令人意外的是，香港证监会2014年2月4日发布公告称，中信股份财务部前助理董事崔永年于2008年在公司发出盈警之前，将其所持有的中信泰富股份几乎全部沽出，避免了承受约136万港元的名义损失。

资料来源：梁小婵，康殷. 香港证监会起诉荣智健，为4 500股民讨赔 [N]. 南方都市报，2014-09-12.

问题：

1.分析中信泰富炒汇巨亏的原因。

2.讨论为什么内部控制与风险管理的相关立法越来越完善，但仍然不能杜绝企业违规造成的巨大风险及损失。

本章小结

本章主要学习了内部控制的概念发展过程。首先引入了内部控制的定义，以及企业为什么要进行内部控制的建设，即内部控制的必要性；接下来，重点介绍了内部控制的几大历史演进阶段，这部分还需掌握各发展阶段的特点；最后，介绍我国内部控制法规的三大发展阶段。

中英文专业术语

内部控制 internal control
内部牵制 internal check
风险管理 risk management
控制程序 control procedures
会计系统 accounting system

章后练习

章后练习-自测版

一、单选题

1.下面有关内部控制的说法中错误的是（　）。

A.内部控制是经济组织在经济活动中建立的一种相互制约的职责分工制度

B.内部控制是控制的一个过程，这个过程的参与者包括董事会、管理层、监事会，但不包括员工

C.内部控制是管理工作的基础

D.内部控制属于控制论中经济控制论的一个分支

2.内部控制的必要性不包括（　）。

A.实施内部控制有助于提高会计信息资料的正确性和可靠性

B.实施内部控制有助于保护企业财产的安全完整

C.实施内部控制能为审计工作提供良好基础

D.实施内部控制有助于降低企业的经营成本

3.内部控制结构阶段又称三要素阶段，其中不包括（　　）要素。

A.控制环境　　B.风险应对　　C.会计系统　　D.控制程序

4. COSO著名的《内部控制——整合框架》是在（　　）发布的，该报告是内部控制发展历程中的一座重要里程碑。

A. 20世纪80年代　　B. 1992年　　C. 2002年　　D. 2004年

5. 2002年美国国会通过的《萨班斯-奥克斯利法案》第404条款（SOX404）及相关规则采用的是（　　）。

A.内部控制体系　　B.内部控制结构

C.内部控制整合框架　　D.企业风险管理整合框架

6. COSO报告提出了内部控制整体框架五要素，其中不包括（　　）要素。

A.控制环境　　B.风险识别　　C.信息与沟通　　D.监督

7.不属于企业风险管理整合框架八要素的是（　　）。

A.控制环境　　B.事项识别　　C.控制活动　　D.监控

8.代表了成熟阶段的研究成果，堪称内部控制发展史上的里程碑的是（　　）。

A.美国注册会计师协会的《企业准则公告第55号》

B.英国《综合守则》

C.COSO委员会的《内部控制——整合框架》

D.特恩布尔委员会的《特恩布尔报告》

9.在我国，古代内部控制制度始于（　　）。

A.商朝　　B.西周　　C.秦朝　　D.西汉

10.基于我国内部控制法规的发展，下列说法不正确的是（　　）。

A. 1985年《会计法》对会计稽核所做出的规定，是我国首次在法律文件上对内部牵制提出的明确要求

B. 1996年12月，财政部发布了《独立审计准则第9号——内部控制与审计风险》，提出了内部控制结构包括“三要素”，即控制环境、会计系统和控制程序

C. 2001年1月，证监会发布了《证券公司内部控制指引》，要求所有的证券公司建立和完善内部控制机制和内部控制制度

D. 2010年出台的应用指引、评价指引和审计指引要求在上海证券交易所、深圳证券交易所主板上市的公司于2011年1月1日起施行

二、多选题

1.有关内部控制的历史演进，下列说法正确的是（　　）。

A.内部控制理论与实践的发展大体上经历了内部牵制、内部控制、内部控制结构、内部控制框架等四个不同的阶段，并已初步呈现向企业风险管理整合框架演变的趋势

B. 1992年9月，COSO发布了著名的《内部控制——整合框架》，提出了一个概念、三个目标和五个要素

C.《企业风险管理——整合框架》晚于《内部控制——整合框架》，前者已经替代了后者

D.风险管理整合框架阶段的显著变化是将内部控制上升至全面风险管理的高度来认识

2.内部牵制的形式有（　　）。

A.实物牵制　　B.物理牵制　　C.分权牵制　　D.簿记牵制

3.内部控制结构阶段又称三要素阶段，包括（　　）要素。

A.控制环境　　B.风险应对　　C.会计系统　　D.控制程序

4.以下对内部控制的理解错误的是（　　）。

A.内部控制对上市公司来说是必需的

B.内部控制就是单纯的内部会计控制

C.内部控制就是内部牵制

D. 内部控制并不是越严格越好

5. 中国内部控制标准体系包括（　　）。

A. 企业内部控制基本规范　　B. 企业内部控制应用指引

C. 企业内部控制评价指引　　D. 企业内部控制审计指引

三、判断题

1. 内部控制主要是指内部管理控制和内部会计控制。（　　）

2. 内部控制的存在与发展，仅是外部审计人员的主观意愿。（　　）

3. 内部控制系统阶段是内部控制发展的第一阶段。（　　）

4. 我国内部控制法规起步的标志是1985年1月颁布的《中华人民共和国会计法》。（　　）

5. 2008年5月，财政部等五部委联合发布了《企业内部控制基本规范》，标志着我国企业内部控制走向全面发展的时期。（　　）

第二章
COSO内部控制框架

学习目标

通过本章的学习，了解COSO框架的基本特征及框架，掌握COSO与企业内部控制的内在关系，理解COSO框架中有关内部控制目标与要素的内涵，进一步掌握ERM框架的基本特征和要素内涵，区分ERM框架相对于COSO框架的创新之处以及新ERM框架的发展。

引导案例与思考

一、安然事件

安然公司（股票代码：ENRNQ），曾是一家位于美国得克萨斯州休斯敦市的能源类公司。在2001年宣告破产之前，安然是叱咤风云的“能源帝国”，2000年总收入高达1 000亿美元，名列《财富》杂志“美国500强”中的第七。2001年10月16日，安然公司公布该年度第三季度的财务报告，宣布公司亏损总计达6.18亿美元，引起投资者、媒体和管理层的广泛关注，从此，拉开了安然事件的序幕。2001年12月2日，安然公司正式向破产法院申请破产保护，破产清单所列资产达498亿美元，成为当时美国历史上最大的破产企业。2002年1月15日，纽约证券交易所正式宣布，将安然公司股票从道·琼斯工业平均指数成分股中除名，并停止安然股票的相关交易。至此，安然大厦完全崩溃。短短两个月，能源巨擘轰然倒地，实在令人难以置信。

安达信公司作为安然公司多年的会计师事务所，在为安然公司提供审计服务的同时，还为其提供了大量的非审计服务，非审计服务的收费高于审计服务收费。正因如此，人们对于安达信未能及时发现安然公司的舞弊行为提出疑问。而2002年1月10日，安达信公开承认销毁了与安然审计有关的档案，这就更加证实了人们的疑问。很快，安然公司丑闻转化为审计丑闻。2002年10月16日，休斯敦联邦地区法院对安达信妨碍司法调查做出判决，罚款50万美元，并禁止它在5年内从事业务。但是事情的变化令人难以置信，2005年6月，美国最高法院推翻了3年前对安达信公司所作的有罪判决。负责审理此案的全体法官一致认为，原陪审团做出的庭审说明太过含糊，当年对安达信“妨碍司法公正”的裁决是不恰当的。然而，这一裁定对因安达信倒塌而深受打击的28 000名员工来说已经没有太大意义了。

在此事件中受到影响的还有安然的交易对象和那些大的金融财团。据统计，在安然破产案中，杜克（Duke）集团损失1亿美元，米伦特公司损失8 000万美元，迪诺基损失7 500万美元。在各个财团中，损失比较惨重的是J. P. 摩根和花旗集团。仅J. P. 摩根对安然的无担保贷款就高达5亿美元，据称花旗集团的损失也差不多与此相当。此外，安然的债主还包括德意志银行、中国银行、招商银行三家大银行等。

安然、世通事件后，2002年美国国会通过《萨班斯-奥克斯利法案》(SOX法案)，该法案第404条款提出的内部控制评审要求旨在通过加强内部控制来改进公司治理状况。在经历一系列财务舞弊事件之后，我国也开始注意到内部控制对企业发展的重要性。2008年，财政部等五部委联合印发《企业内部控制基本规范》，2010年发布基本规范配套指引。这些法规的陆续颁布及补充，极大地推动了我国企业内部控制建设。值得注意的是，美国COSO框架、巴塞尔体系及委托代理理论为我国的内部控制建设提供了很好的理论借鉴。

资料来源：根据百度文库《安然事件》(http：//www.baike.baidu.com/view/159250.htm）整理而成。

二、水门事件

水门事件是指1972年6月17日美国共和党人尼克松利用其竞选班子刺探对方民主党的竞选政策，在民主党总部水门大楼安装窃听器，事后被《华盛顿邮报》记者鲍勃·伍德沃德和卡尔·伯恩斯坦揭发，从而掀起弹劾尼克松的事件。这次事件导致美国历史上的第一次总统辞职。

共和党人理查德·尼克松，1968年当选为美国第37届总统。1972年美国第38届总统选举时，他获得的选举人票数为520张（占总张数的97%），以压倒性优势战胜民主党对手麦戈文，连任美国第38总统。在这次大选揭晓的第二天，尼克松在华盛顿的肖尔哈姆饭店举行了一次庆功宴，称赞自己的竞选班子有能力，为他当选总统立了汗马功劳，使他“最后一次竞选成为所有竞选中最成功的竞选”，表示“谢谢大家”。可是，他哪里想到正是这个竞选班子搞了一个“水门事件”，给他捅了一个大漏洞，使他从高山之巅掉进万丈深渊，在取得空前胜利之后遭到了彻底覆灭的命运。

1972年6月17日夜晚，尼克松竞选班子“争取总统连任委员会”总部安全顾问麦科德和曾当过中央情报局间谍的古巴裔美国人巴克、马丁内斯、斯特古斯、冈萨雷斯等5个人，戴着外科手术手套，携带照相机、电子窃听器和无线电对话机，悄悄进入民主党总部所在地水门大厦，偷拍了民主党的档案，并在暗处安装了电子窃听器，准备偷听民主党领导人研究本届总统选举的竞选策略的谈话，以便为尼克松竞选总统拟订对策。但是，他们的活动被水门大厦的警卫人员发现了。警卫人员当场将他们逮捕。在大厦外面为麦科德等人望风的利迪、亨特等二人见势不妙，马上逃跑，但3个月后也被逮捕。麦科德等人供认，他们是奉尼克松总统竞选班子之命，潜入水门大厦窃取民主党竞选策略情报的。他们在17天前的5月30日曾潜入水门大厦，在民主党总部安放了窃听器。由于偷听到的情报价值不大，而且窃听器安的地方不合适，决定再去第二次。他们这次去的主要目的，是准备把窃听器放在水门大厦民主党主席奥勃莱恩办公室的电话机里，以获得尼克松竞选对手参议员麦戈文和肯尼迪的重要情报。

1973年1月，华盛顿地方法院审讯水门事件时，7名被告全都认罪，但对案情本身却保持沉默。随着时间的推移和调查的深入进展，水门事件真相终于逐步露出原形。3月20日，麦科德写信给法官西里卡，说明他和几个被害人都受到了政治压力，要他们承担罪责和保持沉默。他表示愿意提供案情线索，但又怕遭到报复，要求秘密提供情况。在接下来的秘密审讯中，麦科德供出了水门事件及企图掩盖真相的有关高级人员，其中包括米切尔、白宫法律顾问迪安和马格鲁德，使案情有了突破性进展。后来，麦科德又进一步供认，他之所以参加水门活动，是因为“这项工作是司法部长、白宫及总统本人发动的”。

法庭经过深入调查发现参加策划、指挥水门事件的，除上述人员外，还有白宫助理霍尔德曼、埃利希曼、拉鲁，参加尼克松总统竞选班子的前商务部长斯坦斯，前司法部长克兰丁·斯特，联邦调查局代局长格雷，中央情报局副局长沃尔特斯，总统竞选委员会工作人员考尔菲尔德、波特和马迪安等，共10多人。

水门事件影响巨大，事件发生后，美国政府、司法部门和国会先后组成10多个机构对水门事件进行调查和审理。1973年10月23日，美国众议院决定由该院司法委员会负责搜集、调查尼克松的罪行，为弹劾总统作准备。在调查和审理中，还查出了在总统竞选活动秘密捐款中的许多非法活动，揭露出了挪用大笔竞选基金供掩盖水门事件之用，暴露了白宫和中央情报局假借“国家安全”的名义大搞窃听电话和其他间谍、特务活动。

司法机构在掌握了确凿的证据之后，要求对白宫人员进行传讯，并要求尼克松本人到庭作证。尼克松总统在事件真相完全暴露之前，一再否认白宫及政府有关人员与这一事件有牵连，还以美国行政、立法、司法三权分立和总统享有行政特权为理由，阻止白宫人员到调查委员会作证。但是随着案情的进展，他再也没法阻止，只好让他们去作证，并宣布凡与水门事件有牵连人员将立即撤职。参议院特别调查委员会主席欧文和特别检察官考克斯都发出传票，要求尼克松交出有关水门事件的录音带。但尼克松以这些录音带涉及国家安全和国家机密为由拒绝交出。这样，录音带的问题就成了水门事件新的焦点。8月5日，尼克松被迫交出3盘有关水门事件的录音带，事件真相大白，8月7日，尼克松决定辞去总统职务。8月9日上午，尼克松离开白宫。至此，美国总统竞选的丑闻水门事件以美国总统尼克松下台而告终。

资料来源：根据百度文库《水门事件》（https：//wenku.baidu.com/view/99a9518fcc22bcd126ff0c46.html）改编。

课前预习（思维导图）

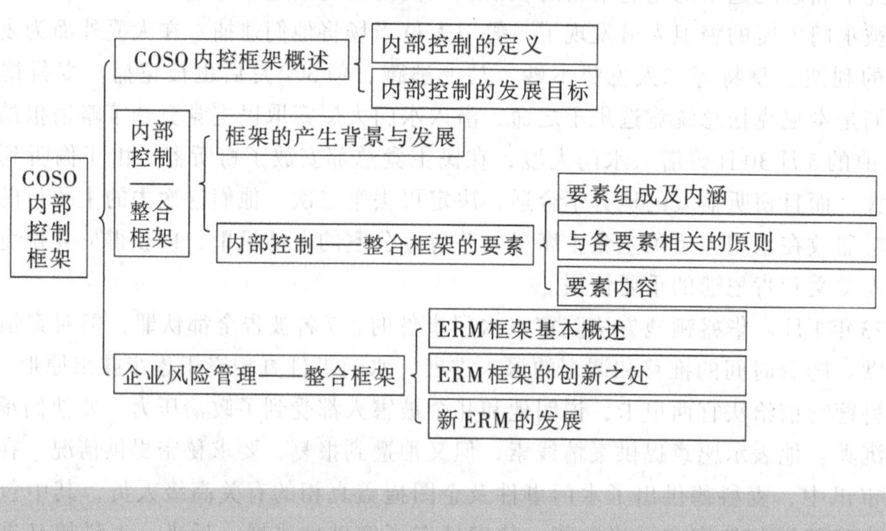

关于COSO内部控制——整合框架以及企业风险管理——整合框架的出台已在第一章第二节内部控制的起源中说明，本章重点阐述两个框架的主要内容。

◎第一节 内部控制——整合框架

在美国，20世纪70年代中期，与内部控制有关的活动大部分集中在制度的设计和审计方面，重在改进内部控制制度和方法。1973年至1976年对水门事件（美国公司进行违法的国内捐款和贿赂外国政府官员）的调查使得立法机关与行政机关开始注意到内部控制问题。针对调查的结果，美国国会于1979年通过了《反国外贿赂法》（FCPA）。FCPA除规定了关于反贿赂的条款外，还规定了与会计及内部控制有关的条款。因此美国许多机构都加强了对内部控制的研究并提出许多建议。1985年，由美国注册会计师协会、美国会计协会、财务经理人协会、内部审计师协会、管理会计师协会联合创建了反舞弊财务报告委员会，旨在探讨财务报告中的舞弊产生的原因，并寻找解决之道。两年后，基于该委员会的建议，其赞助机构成立COSO委员会，专门研究内部控制问题。1992年9月，COSO委员会在经历大量的测试之后，发布《内部控制——整合框架》，简称COSO报告，1994年进行了增补，2013年5月，美国COSO又发布了新的内部控制框架。新内部控制框架主要提供了对内部控制的一个概述，包括对内部控制定义、目标、必备要素、相关原则的描述，以及有效内部控制体系的要求，同时也包括对内部控制局限性的讨论，即为何一个完美无缺的内部控制体系是不存在的。COSO框架成为各类商业机构理解和建立有效的内部控制的公认框架或准则。我国目前的内部控制制度建设也借鉴了美国的COSO框架。

COSO内部控制框架的提出标志着内部控制理论发展到新的阶段，对企业完善和优化内部控制、提高风险防范能力具有十分重要的意义。COSO内部控制框架之所以被广泛地选择作为构建和完善内部控制体系的标准，是因为虽然COSO内部控制框架并非唯一的内部控制框架，但却是美国证券交易委员会唯一推荐使用的内部控制框架，《萨班斯-奥克斯利法案》第404条款的最终细则也明确表明COSO内部控制框架可以作为评估企业内部控制的标准。作为纽约证交所上市公司的股份公司，需要按照法案的要求，引进COSO内部控制框架，整合现有内部控制，满足法案的要求。同时，对股份公司来说，这也是梳理管理流程、规范管理、提升整体管理水平的契机。COSO内部控制框架是一个较为理想的框架，几乎所有公司的内部控制均与之有一定差距，美国各大公司也正在为此而努力，虽然这必然加大企业负担，但多数公司同股份公司一样，希望通过理解和贯彻COSO内部控制框架的要求，来实现提升管理水平的目的。

一、内部控制的定义

COSO对于内部控制的定义如下：

内部控制是一个由主体的董事会、管理层和其他员工实施的，旨在为实现运营、报告和合规目标提供合理保证的过程。这个定义强调内部控制是：

（1）旨在实现目标——这些相互独立但又互有重叠的目标类别包括运营、报告和合规。

（2）一个持续不断的过程——此过程包括持续的任务和活动，是达到目的的手段，而非目的本身。

（3）由人来实施——不仅仅是单纯的政策、流程手册、系统和表单，而且包括组织中各层级人员，他们的实施行为是内部控制的重要组成部分。

（4）可以提供合理保证——向组织的高级管理层和董事会提供合理保证，但非绝对保证。

（5）与组织的结构相适应——可灵活应用于整个组织或其中一个下属单位、分部、业务单元或业务流程。

COSO内部控制的定义之所以被设计得很宽泛，是因为它需要体现如何设计、实施和执行内部控制，以及开展内部控制体系有效性评估这些最为基本的重要概念，为那些不同类别、行业和地区的组织应用本框架提供基础。

二、内部控制的目标

COSO内部控制框架列举了三种类别的目标，使组织可以关注内部控制的不同方面：

（1）运营目标——组织运营的效果和效率，包括运营和财务业绩目标、保护资产以避免损失。

（2）报告目标——内外部的财务和非财务报告的可靠性、及时性、透明度，以及监管者、标准制定机构和组织政策所要求的其他方面。

（3）合规目标——遵守组织所适用的法律法规及规章。

原内部控制框架的三个目标中有一个是财务报告。其实这个财务报告指的是外部财务报告，如上市公司的年报和季报，而新的内部控制框架延伸了这个目标。目前的报告目标不仅包括外部财务报告，而且包括内部财务报告、内部非财务报告和外部非财务报告。这无疑扩大了COSO内部控制框架的实施范围，突出了内部控制对运营过程的作用。对一般性报告的重视，与COSO近些年来越来越重视内部控制过程的信息沟通是一致的。例如，COSO在2009年曾经发布关于内部控制框架的监督评价指南。内部控制框架在评价内部控制的有效性方面使用了该指南中的内容。

三、要素组成

COSO内部控制框架认为，内部控制由五个不可分割的要素组成。

（一）控制环境

控制环境是一套标准、流程和结构，能够为组织实施内部控制提供基础。董事会和高级管理层应在高层建立基调，强调内部控制的重要性（包括期望的行为准则），并应在组织的各个层级强化这种要求。控制环境包括组织的诚信和道德价值观；促成董事会行使治理监督职责的各种要素；组织结构以及权力与责任的分配；吸引、培养和留用人才的程序；用以实现绩效问责的严密的绩效衡量、激励和奖励机制。控制环境会对整个内部控制体系产生深远的影响。

（二）风险评估

每个主体都面临着来自内外部的各类风险。风险是指某项事件将发生并对组织实现其目标产生负面影响的可能性。风险评估应通过动态和反复的过程，以识别和评估影响组织目标实现的风险。在考虑影响主体目标实现的各个方面的风险时，应与已建立的各项风险容忍度相关联。由此，风险评估为形成如何管理风险的决策奠定基础。风险评估的先决条件是已建立了各种目标，并关联到主体内不同的层级。

管理层应充分明确运营、报告和合规三大类具体目标，以便识别和评估与这些目标相关的风险。管理层也应考虑这些目标对于主体的适用性。风险评估还要求管理层考虑可能导致内部控制失效的外部环境以及内部商业模式变化带来的影响。

（三）控制活动

控制活动是通过政策和程序所确立的行动，旨在协助确保管理层关于降低影响目标实现的风险的方针已经落实。在主体的各个层级、业务流程的各个环节，以及技术环境中都应实施控制活动。在性质上，控制活动可以是预防性的，也可以是发现性的；可能涵盖一系列的人工和自动化控制，如授权、批准、核查、对账和企业绩效评估等。不相容职责分离就是典型的应选择和执行的控制活动。如果不相容职责分离对主体来说难以实施，管理层应选择并执行替代性的控制活动。

（四）信息与沟通

信息对于主体履行内部控制责任以促进目标实现是非常必要的。管理层应从内外部来源获取或生成和使用高质量的、相关的信息，以支持内部控制的持续运行。沟通是提供、共享和获取所需信息的持续和不断重复的过程。内部沟通是让信息在整个组织内向上、向下和横向传递的手段，它使员工能清晰获得高层要求其认真履行控制职责的讯息。外部沟通则是双重的：将外部的相关信息引入，以及向外部提供信息以回应相关方的要求和期望。

（五）监督活动

主体应通过持续评估、单独评估或者两者的组合，以确认内部控制的五个要素是否存在并持续运行。持续评估应被嵌入主体不同层级的业务流程中，以提供及时的信息。单独评估应定期开展，其评估范围和频率因风险评估结果、持续评估的有效性以及管理层的其他考虑而有所不同。主体应依据监管机构、标准制定机构，或管理层和董事会所设定的标准，对各种发现进行评估，必要时应当向管理层和董事会报告各项缺陷。

内部控制各要素之间相互关系可以参见图1-1。

四、与各要素相关的原则

COSO内部控制框架详细阐述了17项与各要素相关的原则。由于这些原则是从各要素中直接得出的，主体可以通过应用所有的原则从而实现有效的内部控制。所有原则均适用于运营、报告及合规目标。各要素的原则如下：

（一）与控制环境相关的原则

原则1　组织应展现对诚信和道德价值的承诺。

原则2　董事会应展现出其独立于管理层，并对内部控制的开展与成效实施监督。

原则3　管理层为实现目标，应在董事会的监督下确立组织架构、汇报路线、合理的权力与责任。

原则4　组织应展现出其对吸引、培养和留用符合组织目标要求的人才的承诺。

原则5　组织为实现目标，应要求员工承担内部控制的相关责任。

（二）与风险评估相关的原则

原则6　组织应设定清晰明确的目标，以识别和评估与目标相关的风险。

原则7　组织应对影响其目标实现的风险进行全方位的识别和分析，并以此为基础来决定应如何管理风险。

原则8　组织应在评估影响其目标实现的风险时，考虑潜在的舞弊行为。

原则9　组织应识别并评估对其内部控制体系可能造成重大影响的改变。

（三）与控制活动相关的原则

原则10　组织应该选择并执行那些可以将影响其目标实现的风险降至可接受水平的控制活动。

原则11　针对信息技术，组织应选择并执行一般控制活动以支持其目标的实现。

原则12　组织应通过政策和程序来实施控制活动。政策是建立预期，程序是将政策付诸行动。

（四）与信息与沟通相关的原则

原则13　组织应获取或生成和使用高质量的、相关的信息来支持内部控制的持续运行。

原则14　组织应在内部对内部控制目标和责任等必要信息进行沟通，从而支持内部控制持续运行。

原则15　组织应就影响内部控制发挥作用的事项，与外部进行沟通。

（五）与监督活动相关的原则

原则16　组织应选择、开展并实施持续和（或）单独评估，以确认内部控制的各要素存在并持续运行。

原则17　组织应评价内部控制缺陷，并及时与整改责任方沟通，必要时还应与高级管理层和董事会沟通。

五、要素内容

（一）控制环境

控制环境是其他控制要素的基础。控制环境包括：员工的诚信和道德价值观；员工的胜任能力；董事会和审计委员会；管理层的经营理念和经营风格；组织结构；管理层授权和职责分工；人力资源政策和措施。

1.员工的诚信和道德价值观

内部控制是由人建立、执行和维护的，人是内部控制有效运行的根本因素。人的道德价值观影响着人的行为。企业员工具有良好的道德标准并形成良好的道德氛围对控制系统的有效运行非常重要，也有助于防范那些内部控制系统难以控制的行为。员工的诚信和道德价值观是指员工行为的准则，是指什么行为可接受、什么行为不可接受，以及遇到不正当行为应该采取的行动等，主要包括以下内容：

（1）利益冲突：每一个员工都有责任将公司利益放在第一位，避免私人利益与公司利益发生冲突。

（2）合法性：公司要承诺在进行业务时秉承诚实和诚信原则，并遵循所有适用的法律和规章制度。

（3）及时向指定人员报告或检举揭发违规事项：员工有义务对所发现的关于会计、内部控制或审计等的违反法律、规章制度或行为准则的问题，向道德规范委员会报告，或向披露委员会或审计委员会汇报。一旦发现任何高级管理人员违反法律、规章制度或行为准则，应迅速向道德规范委员会等相关机构报告。对检举人应当建立保密制度，包括匿名保护。

（4）遵守道德准则的责任：明确员工必须遵守道德准则。对违反准则的人员建立惩罚机制，甚至解雇或免职。

（5）公司机遇：禁止员工通过利用公司财产、信息或职位为自己或其他人牟取商业机遇。

（6）保密：机密信息是一家公司最重要的资产之一。公司建立相应政策保护机密信息，包括：①属于公司商业性的机密信息；②属于非披露协议下的信息。每一个员工在入职后应执行保密协议和保护公司知识产权。员工即使在被终止雇用之后，仍然有义务保护公司的机密信息。

（7）公平交易：每一个员工都应该努力去公平对待顾客、供应商、竞争者、公众，并遵循商业道德规范。为了获得或维持业务而进行贿赂、提供回扣或其他诱惑等都是不允许的。与业务相关，偶尔赠送非政府雇员的价值较低的商业礼物的做法是可以接受的。但在未得到道德规范委员会事先批准的情况下，赠送礼物或款待政府雇员是不允许的。员工代表公司购买商品应遵循公司的采购政策。

（8）公司资产的保护及恰当使用：每一个员工必须保护公司资产，包括实物资源、资产、所有权、机密信息，杜绝损失、失窃或误用。任何可疑的损失、误用或失窃都应该报告给经理或法律部门。公司资产必须用于公司业务，符合公司政策。

（9）全面、公正、正确、及时地理解财务报告及其披露事项：因为公司必须提供完整、公正、及时和可理解的披露报告及文件，并存档或呈交给证监会以及公共传媒，所以每一个员工都有责任保证会计记录的准确性。管理层必须建立和保持适当的内部控制，遵循公司已有的会计准则和流程，保证交易记录的完整和准确，禁止干扰或不正当地影响公司财务报表审计。要求证实会计记录和报表受控，能够保证准确性，包括提供给审计和定期向证监会报告的义务。

对于企业来说，首要的工作是建立一套员工能够接受和理解的诚信和道德标准，如道德行为手册；其次是必须让员工知晓和理解这些规定（例如，要求所有员工定期签字确认），这是执行的前提条件；最后就是贯彻执行。在公司内传递道德标准的最有效方式是管理层以身作则，员工对内部控制的态度通常会效仿他们的领导。另外，对违反准则的员工应予以相应惩罚，建立鼓励员工揭发违规行为的机制，以及对未能汇报违规行为的员工的教育培训等都具有特别重要的意义。员工个人可能由于下列因素而卷入不诚实、非法或不道德的行为：

（1）不切实际的业绩目标，特别是短期业绩的压力（例如，为了实现预先设定的利润指标而在财务报告中虚报收入）。

（2）将奖金分配与业绩挂钩（例如，错报与业绩考核指标相关的财务信息）。

（3）内部控制制度不存在或无效（例如，敏感业务区域未设立严格的职责分工，这为偷窃公司资产或隐藏不良行为提供了可能）。

（4）组织高度分散，可能导致高层管理人员不清楚基层的行为，缺少必要的监管，因此减少了基层舞弊被发现的机会。

（5）内部审计职能薄弱，没有及时发现和报告不正确的行为。

（6）董事会缺少对高层管理人员的客观监管，可能导致管理人员凌驾于内部控制制度之上。

（7）管理层对不正确行为的惩罚力度不够或不公开，从而失去了应有的威慑力。

2.员工的胜任能力

胜任能力是要求员工具备完成工作任务所需的知识和技能，目的是保证员工能够正确理解相关规定、及时恰当分析和处理业务，这是维护内部控制有效性的必备条件。为此，管理层需要设定工作岗位的知识和技能水平要求，在招聘、选用员工时作为评选的标准或条件。在设定工作所需知识和技能时，一方面要根据工作的性质和所需的职业判断，考虑能力需求；另一方面还应考虑人力资源成本即薪酬（例如，没有必要雇用一名电子工程师来换一个灯泡）。

3.董事会和审计委员会

董事会和审计委员会的职能是实施治理、指导和监督管理层的工作。如果对管理层缺乏必要的监督，管理层可能会凌驾于控制之上，甚至故意歪曲结果，因此董事会和审计委员会监督作用对确保内部控制的有效性十分重要。董事会和审计委员会作用的发挥，必须具备以下条件：一是要独立于管理层，不受其影响；二是具有足够知识、行业经验和时间，以便于履行职责；三是能够与财务、法律、内部审计和外部审计及时沟通，得到适当信息；四是能够控制高级管理人员的薪酬，有权聘用和解聘高级管理人员。

补充说明一点，我国股份公司的治理结构与国外有所不同，股份公司设置监事会，其职能类似于国外审计委员会的职能，所以股份公司的董事会、审计委员会和监事会都需要符合上述条件。

4.管理层的经营理念和经营风格

管理层的经营理念和经营风格影响企业的管理方式，包括面对各种风险的态度。管理层的经营理念和经营风格形成了企业文化，它既是一切业务实现的基础，也为内部控制的实施提供了平台。它往往是企业内部一种无形的力量，影响企业成员的思维方法和行为方式，包括企业承受经营风险的种类、整个企业的管理方式、企业管理阶层对法规的反应、对企业财务的重视程度以及对人力资源的政策及看法等，它们都深深地影响着内部控制的成效。例如，有些公司管理层的经营理念和风格较为激进，愿意承担更高的风险以追求更高的盈利回报；而有些公司的管理层则比较保守，在风险承担方面表现得较为谨慎。可以看出，不同的经营理念和风格决定了管理层在承担风险方面采取不同的态度和做出不同的决策。以销售信贷政策为例，风险承受力高的公司相比承受力低的公司，其设定的信用销售额度更高，以期望通过更优惠的政策吸引和保留客户，从而获得更高的销售额。管理层的经营理念和经营风格还表现在：管理层对财务报告的态度，在会计政策选择方面是否谨慎，进行会计估计时是否遵循审慎性原则，对待数据处理、会计职能及人事管理等方面的态度等。

5.组织结构

组织结构是权责分工的架构，在此架构中规划、执行、控制和监督为实现业务目标而进行的活动。每家企业都可根据自己的需要确定组织结构，可以是集权型，也可以是分权型；可以是直接的报告关系，也可以是矩阵型组织结构；可以按产品或行业组织，也可以按地理分布的功能组织。但不论何种组织结构，都应根据公司的业务性质，进行适当的集中或分散，确保信息的上传、下达和在各业务间的流动，确保企业目标的实现。

6.管理层授权和职责分工

管理层授权和职责分工是指对员工进行授权和分配责任，将企业的目标层层分解落实到每个员工的头上，从而将员工的行为与企业目标联系起来，增强员工的自主控制意识。管理层授权和职责分工的关键是权力与责任的对等。

7.人力资源政策和措施

人力资源政策和措施是关于员工聘用、培训、考核、晋升、薪酬等方面的政策和程序，目的是聘用和维持有能力的人员，保证公司的计划得以实施、目标得以实现。因此，人力资源政策和措施应考虑如何招聘到有能力、可信任的人员，如何进行相关培训使员工意识到他们的工作职责和公司对他们的要求，如何通过考核、薪酬、晋升等政策激励约束员工。

（二）风险评估

1.风险及风险评估的定义

风险是任何影响目标实现的因素。所有的企业，无论规模、结构和行业性质，都面临着风险，可以说有经营就有风险。风险有来自企业内部的，也有来自企业外部的。为了加强对风险的控制，必须进行风险评估。风险评估是指对相关风险进行识别和分析，是发现和分析那些影响目标实现的风险的过程，是确定如何管理和控制风险的基础。风险评估的前提条件是设立目标，只有先确立了目标，管理层才能针对目标确定风险并采取必要的行动来管理风险。

企业的目标可以分为公司层面目标和业务活动层面目标。公司层面目标是指公司的总目标和相关战略计划，与高层次资源的分配和优先利用相关。业务活动层面目标是总目标的子目标，是针对企业业务活动的更加专门化的目标。业务活动层面目标应该清楚，易于理解，以便从事该操作的人能实现其目标，同时还必须是可衡量的，以便于考核。实现目标需要耗费资源，因此设立目标必须考虑可获得的资源，企业应该对目标进行分析，提醒自己找出与总目标不相关的操作目标，以免资源浪费，而对实现总目标至关重要的操作目标，则优先安排资源。

2.如何进行风险评估

（1）风险识别。

风险评估的过程首先是进行风险识别，风险识别需要考虑所有可能发生的风险，并且需要考虑企业和相关外界之间的所有重大相互影响。风险识别也是一个重复的过程，需要针对环境的变化持续进行。导致企业经营风险的因素包括内部和外部两个方面：

外部因素包括：

①技术发展——影响研发的性质和时机，或带来采购的变化（例如，出现新的、更高效的油气开采技术，会导致未掌握相关技术的公司市场竞争力降低，进而影响经营目标的实现）。

②不断变化的客户需求和期望——影响产品开发、定价（例如，纳米技术的应用，客

户对产品的期望改变)。

③竞争——影响营销和服务活动(例如,市场开放导致更多具有较高竞争力的国外石油公司进入中国市场)。

④新的法律和法规——影响经营政策和策略。

⑤自然灾害——造成损失。

⑥经济形势的变化等——影响融资、资本支出和扩张决策。

内部因素包括:

⑦信息系统运行的中断——影响经营运转。

⑧雇员的素质和培训、激励的方法——影响控制理念。

⑨管理层职责的改变——影响某些实施控制的方式。

⑩企业经营活动的性质、员工对资产的接触途径——可能带来挪用资产。

⑪董事会或审计委员会无法有效履行其职责——可能为管理层轻率的行为提供机会。

(2)风险分析。

识别风险后,需要进行风险分析,分析的内容主要有:

①估计风险的重要性程度。

②评估风险发生的可能性(或频率、概率)。

③考虑如何管理风险,即评估需要采取何种措施。

④针对风险分析的结果而采取的控制活动,管理层应仔细考虑现有内部控制程序对于已识别的风险是否合适。如果现有程序可能已经足够或只需要执行得更好,那么就不必制定附加程序。管理层还应认识到,总会存在一些残留风险的可能性,不仅因为资源总是有限的,还因为每个内部控制系统都有内在局限性。因此,管理层的一项重要工作是权衡利弊,确定能够谨慎地接受多少风险,并尽力将风险控制在可接受的水平内。

(3)应对变化。

经济形势、行业和法规环境不断改变,企业业务活动不断发展,使得在一个环境下有效的内部控制在另一环境下未必有效。风险评估的本质就是一个识别变化的环境并采取相应行动的过程,风险评估应持续地进行,并且应特别关注下面的情形:

①变化的经营环境——变化的法律或经济环境可能导致竞争压力的增加和显著不同的风险。

②新的人员——新来的高层管理人员的经营风格与原先的不同。

③新的或经修订的信息系统——能否正常运行。

④经营的快速增长——当经营快速扩张时,现有制度的局限可能导致控制失效;当程序变动或新人员增加时,现有的监督可能就不能保持充分的控制。

⑤新技术——新技术被运用到生产流程或信息系统中,内部控制就很可能需要修改。

⑥新业务、产品、活动——当企业进入新的商业领域或从事不熟悉的交易时,现有的控制可能就不充分了。

⑦公司重组——公司因为收购、合并或者业务下滑、成本控制等原因进行结构重组。重组可能导致内部裁员、职责分工的合并,或者,原来的一个重要控制岗位被取消,却没有相应的替代控制出现。很多公司重组后大量削减人员,就碰到了严重的控制缺陷。

⑧海外经营——海外经营的扩张或收购带来了新的和独特的风险。例如,内部控制环

境可能受到当地管理层文化和风俗的影响。另外，当地经济和法律环境可能带来独特的风险因素。

（三）控制活动

控制活动是指为确保管理层指示得以执行的政策和程序。它有助于进行风险管理和保证企业目标的实现，控制活动贯穿于企业的所有层次和部门。其包括一系列不同的活动，如审批、授权、确认、核对、审核经营业绩、资产保护以及职责分工等。

1.控制活动的类型

控制活动可以有不同的类型：

（1）针对企业的不同目标，控制活动可以分为提高经营效率和效果、增强财务报告的可靠性、遵守法规等三类控制活动。

（2）根据控制活动的不同作用，控制活动又可以分为预防性控制、检查性控制、指导性控制、纠错性控制、补偿性控制等五种类型。

（3）根据组织中实施人员的不同，控制活动也可以分为高层复核、指导并管理业务活动、信息处理、实物控制、业绩指标分析、职责分离等。

①高层复核——管理层将实际业绩情况和预算相比较，将当期业绩和前期相比较，将本企业的业绩情况与竞争对手相比较，对企业主要行为进行追踪，以衡量目标实现的程度。

②指导并管理业务活动——负责整个板块生产的领导，按产品类别等内容审阅生产业绩报告，对照经营目标，分析其中反映出的生产管理方面的问题，并指出需要改进的方向。

③信息处理——这类控制被用于核对交易的准确性、完整性和遵循性。例如，系统对数据录入设定编辑复核功能，并对数据修改实行系统性控制；客户订单，只有与经批准的客户文件和信用额度相符，才能被接受；交易应按连续的编号记账；系统管理员对例外事项报告进行跟踪调查，必要时向主管领导报告。

④实物控制——对设备、存货、证券、现金及其他资产实物采取保管措施，并定期进行盘点和账实核对。

⑤业绩指标分析——采购部门的员工分析采购价格变动、紧急采购订单占全部订单的比率、退货订单占全部订单的比率，通过调查异常的结果和异常的变动趋势，关注那些可能影响目标实现的问题，并提出改进方案。

⑥职责分离——职责在不同人员之间的分工或分离，可以降低发生错误或不当行为的可能性。例如，交易的授权、记录和处理相关资产的职责应予以分离；授权赊销的经理不应负责应收账款的记录或现金收入的处理。

2.控制活动的要素

控制活动一般包含两个要素：第一个要素，政策——它描述应该做什么；第二个要素，程序——它描述应该怎样做。政策是程序的基础，同时，程序又影响政策的执行。例如，政策要求，应该由专人定期进行存货盘点，程序即盘点本身，包括实施的频率、关注的要点、存货的性质、存货的数量等。

3.控制活动应和风险评估相结合

管理层在进行风险评估的同时，应该针对该特定风险找出并实施有效的措施，这些针对某项特定风险的具体措施也就是建立控制活动的要素，它有助于保证控制活动得以及时、有效地实施。

4.信息系统的控制

随着信息技术的发展，大多数企业，包括小公司或大公司的部门，都引进、建立和运用了现代化信息处理系统。现代化的信息系统不仅提高了企业的工作效率，而且也改变了企业的经营方式和方法，甚至影响了企业的战略规划，因此信息系统的控制十分重要。

信息系统的控制活动可分为两大类。第一类是一般性控制，适用多数应用系统并协助确保其持续、正确地运行，包括对数据中心操作系统软件的购买和维护、数据的安全，以及应用系统开发和维护的控制。第二类是应用性控制，包括应用软件中的电算化步骤，以及用以控制不同种类交易处理过程的相关手工操作程序，它是保证交易处理的完整性与准确性、交易授权的有效性的内部控制。例如，公司的销售政策规定给予金额在20万元以上的订单8折优惠。系统根据事先的设定，对于20万元以上的订单自动给予20%的折扣优惠，而对于20万元以下的订单仅允许全价销售。

这两类对计算机系统的控制是相互关联的。一般性控制用于保证建立在计算机程序基础上的应用性控制得以实施。

（四）信息与沟通

信息与沟通是指相关信息以某种形式并在某个时段被识别、获得和沟通，以促使员工履行自己的职责。这里所说的信息是指来源于企业内部及外部，与企业经营相关的财务及非财务的信息。信息必须在一定的时限内传递给需要的人，以帮助人们行使各自的控制和其他职能。沟通则是指信息在企业内部各层次、各部门，在企业与顾客、供应商、监管者和股东等外部人员之间的流动。

有效的沟通必须广泛进行，自上而下、自下而上地贯穿整个组织。所有人员都要从高级管理层获得明确的信息，必须认真对待控制责任。他们必须了解各自在内部控制体系中担任的角色，以及个人行为与他人工作的相互关系。他们必须有自下而上传递重要信息的渠道和方法。同时，也要求与顾客、供应商、监管者和股东等外部人员建立有效的沟通。

1.信息

企业的管理活动依赖于各种信息，既包括内部生成的信息，也包括从外部获取的行业、经济、监管等方面的信息。因此，企业必须建立良好的信息系统来识别、获得、加工和报告这些信息。有效的信息系统不仅能够识别和获得所需要的财务和非财务的信息，还能够在一定时限内根据需要加工和报告这些信息。另外，当企业面临基本的行业变化，面临有高度创新能力且反应迅捷的竞争对手或面对重大的顾客需求变化时，信息系统必须随企业目标、经营环境的变化而变化，及时适应新的需求。

（1）信息的识别和获取。

信息的识别和获取的方式是多种多样的：信息系统可以采取监控方式，定期获取特定的数据；或者，可以采取某些特定的方式获取所需信息，如通过问卷、采访、广泛的市场需求调研或针对特定群体的调查获得顾客对产品和服务的需求信息；通过与顾客、供应商、监管者以及员工的谈话获得识别风险和机遇所必需的重要信息；参加专业或行业的研讨会也可以获得有价值的信息。

（2）信息加工和报告。

信息是决策的基础，但并非所有的信息都是有用的信息，因此，需要对信息进行加工整理、归纳汇总，根据需要向不同的部门和人员报告不同的信息。为了提高信息的质量，需要考虑：

①内容是否适当——它是所需要的信息吗？

②信息是否及时——当我们需要时就能获得吗？

③信息是当前的吗——是我们能获得的最新的信息吗？

④信息是否准确——数据都准确吗？

⑤信息是否畅通——相应的部门能容易地获得信息吗？

在设计系统时必须考虑以上问题。如果不考虑，系统很可能无法提供管理层和其他人员需要的有用信息。

（3）信息系统的整合。

信息系统是经营行为的一个组成部分，它通过获取决策所需的信息来影响控制。随着信息技术的发展，信息系统可以更迅速、更广泛地提供更有价值的信息，对企业的管理影响更加深远，甚至影响到企业的战略规划。一项最新发布的研究表明，信息系统的规划、设计和应用已经开始同组织的整体战略整合在一起。多数新的生产系统与企业其他的系统，可能还包括企业的财务系统，高度地整合为一体。当系统执行其他的运行时，财务数据和会计记录会自动更新。

2.沟通

沟通是信息系统固有的，是将信息提供给相关人员，以便于其履行职责。沟通必须贯穿于信息处理的整个过程，有效的沟通不仅在整个企业内进行，也包括与外部进行的沟通。

（1）内部沟通。

内部沟通是指企业内部上下级之间、横向部门之间的沟通，下面以列举的方式介绍内部沟通的主要内容：

①所有人员，特别是那些有着重要的经营和财务管理职责的人员，取得管理所需信息，并清楚地知道必须严肃履行内部控制的责任。

②每个人需要理解所负责的内部控制部分如何运行及个人在系统中的职责。

③在执行自己的职责时，每个人都应该知道，当意外发生时，不仅要注意事件本身，还要注意事件发生的原因。这样，就可以了解到系统潜在的缺陷，并采取预防的措施。比如，发现滞销的存货不仅要在财务报告上留下准确的记录，更重要的是对存货滞销的原因做出判断。

④员工需要知道自己的行为怎样与他人的工作相联系。

⑤需要知道什么样的行为是被期望的，什么是可以接受的，什么是不可接受的。

⑥员工也需要知道在企业中自下而上传递重要信息的方法和渠道。员工必须相信他们的上级确实想了解问题并愿意有效地解决问题，在任何情况下都不会因报告相关信息而受到报复。

在多数情况下，正常的报告渠道就是适当的沟通渠道。然而，在特定条件下，需要一个独立的沟通渠道作为预防失败的机制，在正常渠道不起作用时加以运用。例如，为员工提供直接接触财务总监或企业法律顾问这样的高层领导的渠道；总裁可以定期抽出时间接待员工来访，并且让员工知道为任何事情的来访都是受欢迎的；总裁也可以定期去车间拜访他的员工，形成一种人们能够交流难题和关心的问题的氛围。管理层与董事会及其委员之间的沟通至关重要。管理层必须使董事会了解最新的业绩、发展、风险、主要的革新以及其他任何相关的事件或事故。与董事会的沟通越好，董事会越能有效地行使监督职能，并能够对关键的事务采取合理的行动，提供建议和忠告。同样，董事会也应该向管理层传达其所需要的信息，并提供指导和反馈。

（2）外部沟通。

企业不仅在内部需要有适当的沟通，而且与外部也需要沟通，与外部沟通的内容包括：

通过开放的沟通渠道，了解顾客、供应商对于产品或服务的设计或质量方面的要求，使公司注意顾客的需求和偏好。在与外部的交往中强调企业的道德标准，使外部人员认识到不适当的行为。比如公司可以同供应商直接沟通，解释公司期望雇员在与其打交道时应怎么做，明确回扣以及其他不适当的收入。

与外部审计师的沟通，管理层和董事会可以了解重要的控制信息。与股东、监管者、财务分析师以及其他外界的交流，可以了解企业所面临的情况和风险。

管理层同外界的交流（无论是公开的、即将进行的、严格跟踪的还是其他的），可以向整个公司内部传递信息。

（3）沟通的方式。

沟通可以采用诸如政策手册、备忘录、布告通知、录像录音的形式，也可采用口头传递消息的方式。另一种有影响力的沟通手段是管理层在领导下属工作时的言行。

（五）监督

内部控制随着时间、环境而变化，曾经有效的程序可能会变得不太有效，因此需要对内部控制进行监督。监督是评估内部控制系统在一定时期内运行质量的过程，目的是保证内部控制持续有效。监督可通过两种方式进行：持续性监督行为和独立评估。持续性监督行为是植根于企业日常、重复发生的活动中的。与独立评估相比，由于持续性监督程序在实时基础上实施、动态地应对环境的变化，并在企业中根深蒂固而显得更加有效。不过，独立评估发生在事实之后，比起持续性监督程序，可以更快地发现问题。一家感到有必要进行经常性的独立评估的企业，应重点关注改进持续性监督的途径，并强调“嵌入”而非“外加”的控制。

1.持续性监督行为

持续性监督行为发生在经营的过程中，它包括日常管理和监督行为、比较、核对和其他常规性活动。持续性监督行为有下面一些例子：在执行常规管理行为时，经营管理层取得内部控制持续运转的证据。与外界各方的沟通能够印证内部产生的信息或揭示问题。例如，顾客支付账单，表明其确认了账单数据；相反，顾客对账单的投诉可能表明销售交易过程存在系统缺陷。公司审核有关作业安全的政策和操作步骤，从经营安全性和合规性的角度为内部控制有效运行提供信息，因而被视为一项监督；监管者就合法性或其他事项与企业进行交流，也会从某个角度反映内部控制系统是否有效运行。

适当的组织结构和监督行为不但监督内部控制职能的执行并且能够发现内部控制的缺陷。例如，财务负责人对财务人员针对交易正确性和完整性实施的内部控制活动实施日常的监管。另外，管理层对员工的职责分配定期进行审核，以确保合理分工以便相互制衡，有利于防止员工舞弊，并可以限制个人掩盖其可疑行为的能力。

将信息系统所记录的数据与实物资产相核对。例如，产成品存货应定期进行盘点，将盘点的数据与相应的会计数据核对并记录存在的差异。内部及外部审计师定期为进一步加强内部控制提供建议。审计师通过评价内部控制的设计并测试其有效性，发现一些潜在的问题并向管理层提供解决问题的建议。

培训研讨会、计划会议及其他会议能向管理层提供有关控制是否有效的重要反馈。这种方式不但能指出控制中存在的个别问题，还能增强参与者的控制意识。

定期询问职员理解及执行企业相关规定的情况。如向经营及财务人员询问相关的控制程序是否正常运行。

2.独立评估

独立评估是独立于控制活动之外而采取的定期评估行为。尽管持续性监督程序可以提供关于其他控制要素有效性的重要反馈信息，但经常对系统的有效性直接进行评估也是十分必要的。这样同时也提供了一个机会来评价持续性监督程序是否有效。

（1）范围和频率。

独立评估的范围和频率主要依赖于风险评估和持续性监督程序的有效性。由于所控制风险的大小及内部控制在降低风险中的重要性不同，对内部控制进行评价的范围和频率也不一样。例如，对那些致力于重大风险或对降低风险具有重要作用的控制就应经常地进行评价。

（2）评价主体。

评价主体，即由谁来实施独立评估。一般来说，评价主体包括：

一是自我评价，即负责某一单位或职责的人员对其控制自身活动的有效性进行评价。例如，一位部门主管应指导本部门内部控制的评价活动。他或她可能亲自评价内部控制环境因素，然后请部门内负责各种经营活动的人员评价其他要素的有效性。

二是内部审计人员评估，有时，在董事会、高级管理层、子公司及部门主管的特殊要求下，内审人员也会对内部控制进行评价。同样，在评价内部控制时，管理层也可利用外部审计人员的工作。

（3）评价程序及方法体系。

首先是同企业职员进行探讨并审阅已有的文件，了解系统的运行过程或内部控制系统的设计；其次是根据已确定的目标分析内部控制的设计和测试结果，分析是否对既定目标提供了合理保证。

评估方法可以有许多选择，包括检查清单、发放调查问卷和绘制流程图等，也可与那些被认为在内部控制系统方面具有良好声誉的公司进行比较。

（4）行动计划。

第一次指导评估内部控制系统的管理人员可以考虑下列建议，决定从何处着手和如何去做：

①决定评估的范围，包括目标的分类、内部控制要素和需要采取的行动。

②确定对内部控制的有效性提供常规保证的持续性监督行为。

③分析内部审计的控制评估工作，考虑外部审计师与控制相关的发现。

④按照单位、要素或高风险区域划分重要性程度和先后次序，保证及时的关注。

⑤在以上基础上，建立相关的评估程序。

⑥汇集所有进行评估的各方，共同考虑下列问题：不仅要考虑评估范围和时间表，而且要考虑所使用的方法体系、应用的工具、来自内外部审计师和监管者的建议、报告所发现问题的方式以及设定最终的文本化程度。

⑦监督进展和复核发现。

⑧保证采取必要的追踪措施，必要时修改后续的评估部分。

（5）报告缺陷。

这里的“缺陷”被广泛定义为内部控制系统中值得注意的问题。缺陷可能代表一个假想的、潜在的或实际的缺点，或一个强化内部控制系统的机会。向恰当的当事人提供有关内部控制缺陷的必要信息，对内部控制制度的持续有效运行十分关键。内部控制的缺陷应自下而上进行报告，重要事项应报知高层管理人员和董事会。对于发现的内部控制缺陷，不仅应向负责的个人汇报，由他采取正确的措施，还至少应向该责任人的上一级汇报。这一过程使得责任人能及时采取措施，也便于其上级提供所需的支持或进行监督，并与企业中受影响的他人进行沟通。

（6）文本化。

企业内部控制的文本化有利于评估，有利于增进员工对内部控制系统如何运行及各自职责的理解，更易于必要时对其修改。文本化的程度根据各企业的规模、复杂性和类似因素的不同而存在差异。大一些的公司通常有书面的政策手册、正式的组织图、书面的工作描述、经营指导、信息系统流程等。小一些的公司内部控制文本化的程度一般低得多。控制没有文本化并不意味着内部控制系统是无效的或无法评估，不过当需要向更多人提供有关内部控制的阐述或评估时，内部控制文本化的重要性程度将会提高。当管理层希望向外界提供关于内部控制系统效果的声明时，他们应当考虑形成文件来支持该声明。如果该声明今后被质询，这些文件将很有用。

◎第二节　企业风险管理——整合框架

2003年，COSO委员会发布了《企业风险管理框架（草稿）》，2004年9月，COSO委员会正式公布了该报告的最终稿《企业风险管理——整合框架》（Enterprise Risk Management—Integrated Framework，简称ERM框架）。ERM框架在COSO报告的基础上进行了补充和拓展。

该框架指出，“全面风险管理是一个过程，它由一个主体的董事会、管理层和其他人员实施，应用于战略制定并贯穿于企业之中，旨在识别可能影响主体的潜在事项、管理风险，以使其在该主体的风险容量之内，并为主体目标的实现提供合理保证”。基于此，COSO提出了八个相互关联的构成要素：内部环境、目标设定、事项识别、风险评估、风险应对、控制活动、信息与沟通和监控。根据COSO研究报告，企业风险管理的目标、要素与组织层级之间形成了相互作用、紧密相连的有机统一体系。

相对于《内部控制——整合框架》，ERM框架的创新主要在于：

从目标上看，ERM框架不仅涵盖了内部控制框架中的运营、报告和合规三个目标，在此基础上提出更高层次的战略目标，并扩大报告的范畴。ERM框架指出，企业风险管理应贯穿于战略目标的制定、分解和执行全过程，从而为战略目标的实现提供保证。报告范畴的扩大则表现在内部控制框架中的财务报告目标只与公开披露的财务报表的可靠性相关，而风险管理框架中的报告范围有很大的扩展，覆盖了企业编制的所有报告，包括内部和外部报告，可能涉及财务和非财务信息。

从内容上看，ERM框架除了包括内部控制整合框架中的五个要素外，还增加了目标设定、事项识别和风险应对三个管理要素。目标设定、事项识别、风险评估和风险应对四个要素环环相扣，共同构成了风险管理的完整过程。另外，对原有要素也进行了深化和拓展，引入了风险偏好和风险容忍度，将原有的“控制环境”改为“内部环境”。

从概念上看，ERM框架提出了两个新概念——风险偏好和风险容忍度。

风险偏好是指企业在实现其目标的过程中愿意接受的风险的数量。风险偏好与企业的战略目标直接相关，企业在制定战略时，应考虑将该战略与企业的管理层风险偏好结合起来。风险容忍度是指企业在实现目标过程中对偏离的可接受程度，是企业在风险偏好的基础上设定的在目标实现过程中对偏离的可接受程度和可容忍程度。

从观念上看，ERM提出了一个新的观念——风险组合观。企业的风险管理要求企业管理层以风险组合的观念看待风险，对相关的风险进行识别并采取措施将企业所承担的风险控制在风险偏好的范围内。对企业的各个组成部分而言，其风险可能在各自的风险容忍度范围内，但从企业总体来看，总风险仍可能超过企业总体的风险偏好范围。因此，应从企业整体的角度评估风险。

需要特别指出的是，《企业风险管理——整合框架》的发布虽晚于《内部控制——整合框架》，并在后者的基础上有较大程度的补充，但是并不意味着要替代后者。

2017年9月，COSO又正式发布《企业风险管理——与战略和业绩的整合》(Enterprise Risk Management—Integrating with Strategy and Performance，简称新ERM框架)。

与2004年版的ERM框架相比，新ERM框架主要有以下变化：

第一，新ERM框架采用了“要素+原则”的结构。在设计上，借鉴2013版《内部控制——整合框架》的结构，在5个构成元素下提炼出20条原则。

第二，简化了企业风险管理的含义。新ERM框架对企业风险管理的定义为：组织在创造、保持和实现价值的过程中，结合战略制定和执行，赖以进行管理风险的文化、能力和实践。

第三，强调了风险和价值之间的关系。新的风险定义更强调企业风险与战略、绩效的讨论。企业风险管理被视为不可或缺的战略设定和抓住机遇来创造和保持价值的一部分，成为一个动态的、管理主体整个价值链的一部分。

第四，对企业风险管理侧重点重新定义。强调将企业风险管理融入企业的所有业务流程中去，企业风险管理的角色是参与组织运营，管理绩效完成过程中的风险，并最终实现组织对价值的追求。强调企业风险管理和绩效的协同性。

第五，新ERM框架探索企业风险管理如何识别和评估影响绩效实现的风险；通过设定可接受的绩效波动范围，新ERM框架中表述了绩效的变化，由此导致了经营目标下的风险概况的变化；并强调风险评估和风险报告重点关注这些风险如何影响战略和商业目标的实现。

第六，新ERM框架明确将风险管理纳入决策流程。所有主体核心价值链上的每一个阶段都会面临大量的决策，因为所有的主体都追求创造、保持和实现价值，这些决策通常都是围绕着战略目标选择、经营和绩效目标设定以及资源分配进行的。

第七，新ERM框架说明了风险管理和内部控制的关系。COSO明确表示，企业风险管理框架不是要取代或接替2013年发布的COSO内部控制框架，两个框架各不相同但相互补充，虽然两个框架都采用了“要素+原则”式的结构，但内容大不相同。为避免冗余，典型的内部控制内容在本框架中并未列示，尤其是控制活动。同样，在内部控制框架中介绍的一部分内容在本框架中进一步完善和发展，比如关于治理的内容。

第八，进一步优化了风险偏好和风险容忍度的概念。新ERM框架重新界定风险偏好和风险容忍度的概念，风险偏好大致保留了原来的定义（前已述及）；而对风险容忍度不再理解为风险偏好的细化或具体化，而是用绩效的语言来表达。通过重新定义风险容忍度，可以更加明确在给定绩效目标下应该承担多少风险，组织可以清晰地看出当前绩效下的可接受风险的界限。

学思见悟 ◎ 任正非之风险管理说

华为从审计、金融风控和道德遵从等方面形成完整的内部风险控制结构。其中，审计是司法部队，关注“点”的问题，通过对个案的处理形成威慑力；金融风控无处不在，关注“线”的问题，与业务一同进行“端到端”的管理，揭示并改进“端到端”的风险；道德遵从委员会，关注“面”的问题，持续建立良好的道德遵从环境，建立一个“场”的监管。

规则是可控的，而执行是不可控的。

2017年9月13日，任正非在伦敦财务风险控制中心（FRCC）听取贸易合规和金融合规汇报会期间，提醒相关部门和人员，“金融合规的目标也是多产粮食，而不是影响或阻碍粮食的生产”，“你们要背上背包，拿上铁锹，奔赴战场，与业务部门一同在战壕中解决问题”。

“金融合规的管理要适度，不是所有的金融条款都适用于我们的业务场景，要具体问题具体分析。基线不仅仅是一个严格的高压线，更是一个管理参考线，你们要研究的是如何规避风险。实在要擦边，越过红线，就必须研究预案以及善后处理方案。管理风险的主管要懂规则，更要懂业务，要负责把规则转化为业务行动，在业务作业中督促落实。你们走上战场有两方面好处：一是可以培训前线指挥官；二是使你们的专家丰富能力。你们需要增加人力，可以增加编制，要充分利用伦敦的人才优势。”

华为在伦敦建立财务风险控制中心，经过近4年的努力，能管理近180个国家、145种货币、5万多亿元人民币的结算风险。

但我们应该看到，凌驾于业务之上、不服务于“多产粮食”的风险控制是危险的。本位主义有可能为了严格控制风险而让庄稼地里寸草不生！

因此，在这次会议上，任正非予以一定的纠偏提示：绝不允许为了风控，为了个人业绩，把业务逼上梁山！

资料来源：任正非，咔嚓．任正非：绝不允许为了风险控制，把业务逼上梁山．经理人杂志（微信公众号）[EB/OL]．[2017-11-03]．

请思考：与2004年版的ERM框架相比，新ERM框架有哪些改进？任正非的风险管理说给现代企业什么启示？

本章小结

本章主要学习了COSO内部控制——整合框架以及企业风险管理——整合框架的主要内容。本章首先介绍了《内部控制——整合框架》，从而引入了内部控制的定义和目标，接下来详细介绍了内部控制——整合框架的各组成要素的内涵，与各要素相关的原则及各要素的具体内容，这部分需要读者真正理解各要素在内部控制中的角色和相互关系。最后，本章介绍了《企业风险管理——整合框架》，重点论述了ERM框架较内部控制——整合框架的主要创新之处，以及2017年颁布的新ERM框架较原有框架的发展和补充。

中英文专业术语

控制环境 control environment
风险评估 risk appraisal
控制活动 control activity
信息与沟通 information and communication
监督 monitoring
ERM框架 Enterprise Risk Management-Integrating
风险偏好 risk appetite
风险容忍度 risk tolerance

章后练习

章后练习-自测版

一、单选题

1.对内部控制是一种全员控制理解错误的是（　　）。

A.内部控制强调全员参与，人人有责

B.企业的各级管理层和全体员工都应当树立现代管理理念，强化风险意识

C.以主人翁的姿态积极参与内部控制的建立与实施，并主动承担相应的责任

D.被动地遵守内部控制的相关规定

2.下列选项中不属于内部控制参与主体的是（　　）。

A.企业董事会　　B.企业监事会

C.政府对企业进行审计的审计人员　　D.企业全体员工

3.关于内部控制只能为控制目标的实现提供“合理保证”，而不是“绝对保证”的理解错误的是（　　）。

A.内部控制对控制目标的实现作用不大

B.企业目标的实现除了受制于企业自身外，还会受到外部环境的影响

C.内部控制无法作用于外部环境

D.内部控制本身也存在一定的局限性

4.在COSO内部控制框架中，控制活动的类别可分为（　　）。

A.经营、财务报告及合规三个类别　　B.经营、信息及合规三个类别

C.信息、财务报告及监察三个类别　　D.经营、信息及监察三个类别

5.在COSO内部控制框架中，属于其他内部因素根基的是（　　）。

A.信息与沟通　　B.监察　　C.控制环境　　D.控制活动

6.对企业相关风险进行识别和分析，为确定如何管理和控制风险奠定基础的是（　　）。

A.控制环境　　B.风险评估　　C.控制活动　　D.信息与沟通

7.（　　）是指主体对所确认的风险采取必要的措施，以保证其目标得以实现的政策和程序。

A.控制环境　　B.风险评估　　C.控制活动　　D.信息与沟通

8.企业内部控制监督检查，针对业务相关岗位及人员的设置情况应重点检查的是（　　）。

A.是否存在岗位设置不合理现象

B.是否存在从业人员专业技能不合格现象

C.是否存在在岗人员业务素质不过关现象

D.是否存在不相容职务混岗的现象

9.建立健全和有效实施内部控制是（　　）的责任。

A.董事会　　B.管理层　　C.监事会　　D.注册会计师

10.相对于《内部控制——整合框架》，ERM框架的创新之处不包括（　　）。

A.新提出了一个更具管理意义和管理层次的战略管理目标，同时还扩大了报告的范畴

B.新增加了目标设定、风险识别和风险应对三个管理要素

C.提出了两个新概念——风险偏好和风险容忍度

D.提出了风险评估概念

二、多选题

1.为使组织能关注内部控制的不同方面，COSO内部控制框架提出的三种类别的目标是（　　）。

A.运营目标　　B.报告目标　　C.合规目标　　D.发展目标

2.根据COSO内部控制框架，以下属于内部控制要素的是（　　）。

A.控制环境　　B.风险评估　　C.控制活动

D.信息与沟通　　E.监督活动

3.监督是评估内部控制系统在一定时期运行质量的过程，监督可通过（　　）方式进行。

A.持续性监督　　B.全面监督　　C.分类评估　　D.独立评估

4.下列有关企业内部控制的表述中，正确的有（　　）。

A.内部控制是一个持续不断的过程

B.内部控制不仅仅是制度和手册，还是渗透到企业活动之中的一系列行为

C.有效的内部控制可以绝对保证控制目标的实现

D. 内部控制的目标包括提高经营效率和效果、企业利润最大化、增强财务报告的可靠性等

5. 相对于《内部控制——整合框架》，ERM框架的创新在于（　　）。

A. 新提出了一个更具管理意义和管理层次的战略管理目标，同时还扩大了报告的范畴

B. 增加了目标设定、风险识别和风险应对三个管理要素

C. 对内部控制提出了一个迄今为止最为权威的定义

D. 提出了两个新概念——风险偏好和风险容忍度

E. 提出了一个新的观念——风险组合观

三、判断题

1. 合规目标是在《企业风险管理——整合框架》中新提出来的内部控制目标。（　）

2. 新的内部控制框架的三个目标中报告目标不仅包括外部财务报告，而且包括内部财务报告、内部非财务报告和外部非财务报告。（　）

3. 风险评估是通过政策和程序所确立的行动，旨在协助确保管理层关于降低影响目标实现的风险的方针已经落实。（　）

4. 风险是任何影响目标实现的因素，企业有经营就有风险。（　）

5. 风险偏好和风险容忍度是在内部控制整合框架中提出来的。（　）

第三章 内部控制基本规范及配套指引

学习目标

通过本章学习，掌握我国内部控制规范框架的四大构成部分及各部分的关系，理解基本规范的重要地位及作用，了解三类基本指引的内容和结构。

引导案例与思考

中国航空油料集团公司（简称“中航油”）于2001年12月6日被批准在新加坡交易所上市。总裁陈久霖兼任集团公司副总经理，中航油是国内最大的集航空油品采购、运输、储存、检测、销售、加注为一体的航油供应商。

中航油于2002年3月起开始从事背对背期权交易，从2003年3月底开始投机性期权交易。这项业务仅限于公司两位交易员进行。在此期间，陈久霖擅自扩大业务范围，从事风险极大的石油衍生品期权交易。在2003年第三季度前，由于中航油对国际石油市场价格判断准确，公司基本上购买“看涨期权”，出售“看跌期权”，产生了一定利润。

但2003年底至2004年，中航油错误地判断了油价走势，调整了交易策略，卖出了买权并买入了卖权，导致期权盘位到期时面临亏损。为了避免亏损，中航油分别在2004年1月、6月和9月先后进行了三次挪盘，即买回期权以关闭原先盘位，同时出售期限更长、交易量更大的新期权，杠杆的作用使每次挪盘均成倍扩大了风险，该风险在油价上涨时呈指数级扩大，直至中航油不再有能力支付交易的保证金，最终爆仓，导致了财务困境，中航油全面负债高达5.3亿美元。

中航油事件的根本原因在于其企业内部控制在执行方面的不完善，内部控制制度存在严重缺陷。该事件中新加坡公司企业内部环境表现为对待风险控制以管理层好恶为宗旨。目标制定时擅自将企业战略目标移位于投机性期货交易。事项识别方面表现为母公司没有及时识别中航油新加坡公司的违规：一是没遵循国内禁止从事投机性业务的法规；二是场外交易；三是超过了现货交易总量。风险评估方面表现为，大大低估了交易所面临的风险。风险应对方面表现为，管理层没有及时止损，反而连续几次选择延期交割合同，一次次“挪盘”把到期日一次次往后推，导致风险不断加大。控制活动方面表现为在实际风险控制机制中陈久霖一手遮天，没有执行风险控制程序，在获悉2004年第一季度亏损后，没有斩仓止损。信息沟通方面表现为中航油新加坡公司和集团母公司之间的信息沟通不顺畅，从事石油期权投机交易历时一年多，产生的亏损一直未向集团公司报告。在监督方面表现为，在公司开始期权这项新产品交易时，风险管理委员会没有进行任何必要的分析和评估工作；交易开始后，未能对期权交易设置准确的限额，也未能准确报告期权交易，公司没有及时觉察并遏制陈久霖的投机行为，最终造成了国有资产的巨额亏损。

资料来源：根据百度文库《中航油事件》（https：//wenku.baidu.com/view/6e1bfb32b968a98271fe910ef12d2af90342a871.html）整理而成。

课前预习（思维导图）

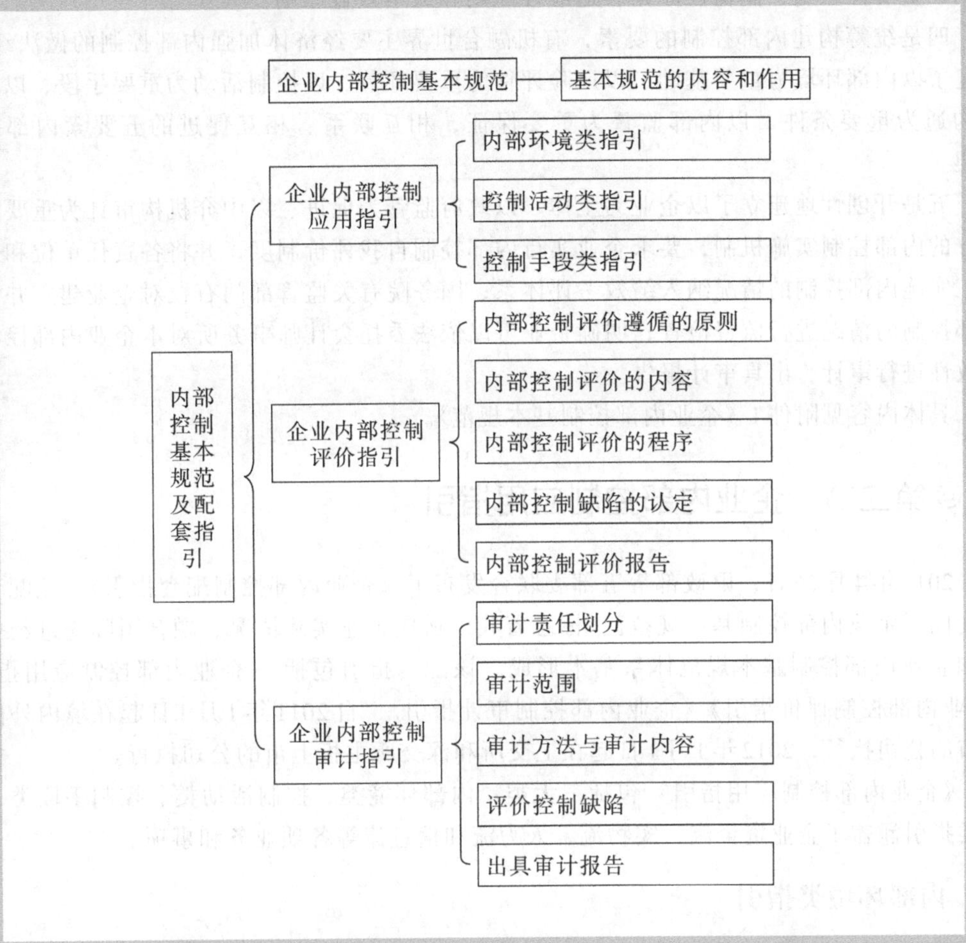

◎第一节　企业内部控制基本规范

2008年5月，财政部等五部委联合发布了《企业内部控制基本规范》（以下简称《基本规范》）。《基本规范》是内部控制体系的最高层次，共七章五十条，各章分别是：总则、内部环境、风险评估、控制活动、信息与沟通、内部监督和附则。基本规范坚持立足我国国情、借鉴国际惯例，确立了我国企业建立和实施内部控制的基础框架，并取得了重大突破。

一是科学界定内部控制的内涵，强调内部控制是由企业董事会、监事会、经理层和全体员工实施的、旨在实现控制目标的过程，有利于树立全面、全员、全过程控制的理念。

二是准确定位内部控制的目标，要求企业在保证经营管理合法合规、资产安全、财务报告及相关信息真实完整、提高经营效率和效果的基础上，着力促进企业实现发展战略。

三是合理确定内部控制的原则，要求企业在建立和实施内部控制全过程中贯彻全面性原则、重要性原则、制衡性原则、适应性原则和成本效益原则。

四是统筹构建内部控制的要素，有机融合世界主要经济体加强内部控制的做法经验，构建了以内部环境为重要基础、以风险评估为重要环节、以控制活动为重要手段、以信息与沟通为重要条件、以内部监督为重要保证，相互联系、相互促进的五要素内部控制框架。

五是开创性地建立了以企业为主体、以政府监管为促进、以中介机构审计为重要组成部分的内部控制实施机制，要求企业实行内部控制自我评价制度，并将各责任单位和全体员工实施内部控制的情况纳入绩效考评体系；国务院有关监管部门有权对企业建立并实施内部控制的情况进行监督检查；明确企业可以依法委托会计师事务所对本企业内部控制的有效性进行审计，出具审计报告。

具体内容见附件1《企业内部控制基本规范》。

◎第二节　企业内部控制应用指引

2010年4月26日，财政部等五部委联合发布了《企业内部控制配套指引》，该配套指引连同《企业内部控制基本规范》，标志着我国适应企业实际情况、融合国际先进经验的中国企业内部控制基本规范体系基本形成。该配套指引包括《企业内部控制应用指引》《企业内部控制评价指引》《企业内部控制审计指引》，自2011年1月1日起在境内外同时上市的公司执行，2012年1月1日起在上交所和深交所主板上市的公司执行。

《企业内部控制应用指引》包括三大类：内部环境类、控制活动类、控制手段类，这三类指引涵盖了企业资金流、实物流、人力流和信息流等各项业务和事项。

一、内部环境类指引

内部环境类指引是企业实施内部控制的基础，影响着员工控制活动的实施和控制责任态度、行为的履行，其内容包括组织架构、发展战略、人力资源、社会责任和企业文化五个方面。

（一）组织架构

根据《企业内部控制应用指引》第1号，组织架构是指企业按照国家有关法律法规、股东（大）会决议和企业章程，结合本企业实际，明确股东（大）会、董事会、监事会、经理层和企业内部各层级机构设置、职责权限、人员编制、工作程序和相关要求的制度安排。

企业至少应当关注组织架构设计与运行中的两类风险：

一是治理结构形同虚设，缺乏科学决策、良性运行机制和执行力，可能导致企业经营失败，难以实现发展战略。

二是内部机构设计不科学，权责分配不合理，可能导致机构重叠、职能交叉或缺失、推诿扯皮，运行效率低下。

企业应当按照科学、精简、高效、透明、制衡的原则，综合考虑企业性质、发展战略、文化理念和管理要求等因素，合理设置内部职能机构，明确各机构的职责权限，避免职能交叉、缺失或权责过于集中，形成各司其职、各负其责、相互制约、相互协调的工作机制。

企业应当定期对组织架构设计与运行的效率和效果进行全面评估，发现组织架构设计与运行中存在缺陷的，应当进行优化调整。

（二）发展战略

根据《企业内部控制应用指引》第2号，发展战略是指企业在对现实状况和未来趋势进行综合分析和科学预测的基础上，制定并实施的长远发展目标与战略规划。

企业制定与实施发展战略至少应关注的风险包括：一是缺乏明确的发展战略或发展战略实施不到位，可能导致企业盲目发展，难以形成竞争优势，丧失发展机遇和动力；二是发展战略过于激进，脱离企业实际能力或偏离主业，可能导致企业过度扩张，甚至经营失败；三是发展战略因主观因素频繁变动，可能导致资源浪费，甚至危及企业的生存和发展。

企业应当在充分调研、科学分析预测和广泛征求意见的基础上制定发展目标，根据发展目标制定战略规划，并综合考虑宏观经济政策、国内外市场需求变化、技术发展趋势、行业竞争对手状况、可利用资源水平和自身优势与劣势等因素。

（三）人力资源

根据《企业内部控制应用指引》第3号，人力资源是指企业组织生产经营活动而录（任）用的各种人员，包括董事、监事、高级管理人员和全体员工。

企业人力资源管理至少应关注下列风险：一是人力资源缺乏或过剩、结构不合理、开发机制不健全，可能导致企业发展战略难以实现；二是人力资源激励约束机制不合理、关键岗位人员管理不完善，可能导致人才流失、经营效率低下或关键技术、商业秘密和国家机密泄露；三是人力资源退出机制不当，可能导致法律诉讼或企业声誉受损。

企业应当重视人力资源建设，根据发展战略，结合人力资源现状和未来需求预测，建立人力资源发展目标，制定人力资源总体规划和能力框架体系，优化人力资源整体布局，明确人力资源的引进、开发、使用、培养、考核、激励、退出等管理要求，实现人力资源的合理配置，全面提升企业核心竞争力。

（四）社会责任

根据《企业内部控制应用指引》第4号，社会责任是指企业在经营发展过程中应当履行的社会责任和义务，主要包括安全生产、产品（含服务）质量、环境保护、资源节约、促进就业、员工权益保护等。

企业在履行社会责任方面至少应当关注下列风险：一是安全生产措施不到位，责任不落实，可能导致企业发生安全事故；二是产品质量低劣，侵害消费者利益，可能导致企业巨额赔偿、形象受损，甚至破产；三是环境保护投入不足，资源耗费大，造成环境污染或资源枯竭，可能导致企业巨额赔偿、缺乏发展后劲，甚至停业；四是促进就业和员工权益保护不够，可能导致员工积极性受挫，影响企业发展和社会稳定。

企业应当重视履行社会责任，切实做到经济效益与社会效益、短期利益与长远利益、自身发展与社会发展相互协调，实现企业与员工、企业与社会、企业与环境的健康和谐发展。

（五）企业文化

根据《企业内部控制应用指引》第5号，企业文化是指企业在生产经营实践中逐步形成的、为整体团队所认同并遵守的价值观、经营理念和企业精神，以及在此基础上形成的行为规范的总称。

企业加强文化建设至少应当关注下列风险：一是缺乏积极向上的企业文化，可能导致员工丧失对企业的信心和认同感，企业缺乏凝聚力和竞争力；二是缺乏开拓创新、团队协作和风险意识，可能导致企业发展目标难以实现，影响可持续发展；三是缺乏诚实守信的经营理念，可能导致舞弊事件的发生，造成企业损失，影响企业信誉；四是忽视企业间的文化差异和理念冲突，可能导致并购重组失败。

企业应当采取切实有效的措施，积极培育具有自身特色的企业文化，引导和规范员工行为，打造以主业为核心的企业品牌，形成整体团队的向心力，促进企业长远发展。企业应当培育体现企业特色的发展愿景、积极向上的价值观、诚实守信的经营理念、履行社会责任和开拓创新的企业精神，以及团队协作和风险防范意识。企业应当重视并购重组后的企业文化建设，平等对待被并购方的员工，促进并购双方的文化融合。企业应当根据发展战略和实际情况，总结优良传统，挖掘文化底蕴，提炼核心价值，确定文化建设的目标和内容，形成企业文化规范，使其构成员工行为守则的重要组成部分。

二、控制活动类指引

控制活动类指引是对各项具体业务活动实施的控制。具体活动包括资金活动、采购业务、资产管理、销售业务、研究与开发、工程项目、担保业务、业务外包、财务报告等9项指引。

（一）资金活动

根据《企业内部控制应用指引》第6号，资金活动是指企业筹资、投资和资金营运等活动的总称。

企业资金活动至少应当关注下列风险：一是筹资决策不当，引发资本结构不合理或无效融资，可能导致企业筹资成本过高或债务危机；二是投资决策失误，引发盲目扩张或丧失发展机遇，可能导致资金链断裂或资金使用效益低下；三是资金调度不合理、营运不畅，可能导致企业陷入财务困境或资金冗余；四是资金活动管控不严，可能导致资金被挪用、侵占、抽逃或遭受欺诈。

企业应当根据自身发展战略，科学确定投融资目标和规划，完善严格的资金授权、批准、审验等相关管理制度，加强资金活动的集中归口管理，明确筹资、投资、营运等各环节的职责权限和岗位分离要求，定期或不定期地检查和评价资金活动情况，落实责任追究制度，确保资金安全和有效运行。企业财会部门负责资金活动的日常管理，参与投融资方案等的可行性研究。总会计师或分管会计工作的负责人应当参与投融资决策过程。企业有子公司的，应当采取合法有效措施，强化对子公司资金业务的统一监控。有条件的企业集团，应当探索财务公司、资金结算中心等资金集中管控模式。

（二）采购业务

根据《企业内部控制应用指引》第7号，采购业务是指购买物资（或接受劳务）及支付款项等相关活动。

企业采购业务至少应当关注下列风险：一是采购计划安排不合理，市场变化趋势预测不准确，造成库存短缺或积压，可能导致企业生产停滞或资源浪费；二是供应商选择不当，采购方式不合理，招投标或定价机制不科学，授权审批不规范，可能导致采购物资质次价高，出现舞弊或遭受欺诈；三是采购验收不规范，付款审核不严，可能导致采购物资、资金损失或信用受损。

企业应当结合实际情况，全面梳理采购业务流程，完善采购业务相关管理制度，统筹安排采购计划，明确请购、审批、购买、验收、付款、采购后评估等环节的职责和审批权限，按照规定的审批权限和程序办理采购业务，建立价格监督机制，定期检查和评价采购过程中的薄弱环节，采取有效控制措施，确保物资采购满足企业生产经营需要。

（三）资产管理

根据《企业内部控制应用指引》第8号，资产管理中的资产是指企业拥有或控制的存货、固定资产和无形资产。

企业资产管理至少应当关注下列风险：一是存货积压或短缺，可能导致流动资金占用过量、存货价值贬损或生产中断；二是固定资产更新改造不够、使用效能低下、维护不当、产能过剩，可能导致企业缺乏竞争力、资产价值贬损、安全事故频发或资源浪费；三是无形资产缺乏核心技术、权属不清、技术落后、存在重大技术安全隐患，可能导致企业法律纠纷、缺乏可持续发展能力。

企业应当加强各项资产管理，全面梳理资产管理流程，及时发现资产管理中的薄弱环节，切实采取有效措施加以改进，并关注资产减值迹象，合理确认资产减值损失，不断提高企业资产管理水平。企业应当重视和加强各项资产的投保工作，采用招标等方式确定保险人，降低资产损失风险，防范资产投保舞弊。

（四）销售业务

根据《企业内部控制应用指引》第9号，销售是指企业出售商品（或提供劳务）及收取款项等相关活动。

企业销售业务至少应当关注下列风险：一是销售政策和策略不当，市场预测不准确，销售渠道管理不当等，可能导致销售不畅、库存积压、经营难以为继；二是客户信用管理不到位，结算方式选择不当，账款回收不力等，可能导致销售款项不能收回或遭受欺诈；三是销售过程存在舞弊行为，可能导致企业利益受损。

企业应当结合实际情况，全面梳理销售业务流程，完善销售业务相关管理制度，确定适当的销售政策和策略，明确销售、发货、收款等环节的职责和审批权限，按照规定的权限和程序办理销售业务，定期检查分析销售过程中的薄弱环节，采取有效控制措施，确保实现销售目标。

（五）研究与开发

根据《企业内部控制应用指引》第10号，研究与开发是指企业为获取新产品、新技术、新工艺等所开展的各种研发活动。

企业开展研发活动至少应当关注下列风险：一是研究项目未经科学论证或论证不充分，可能导致创新不足或资源浪费；二是研发人员配备不合理或研发过程管理不善，可能导致研发成本过高、舞弊或研发失败；三是研究成果转化应用不足、保护措施不力，可能导致企业利益受损。

企业应当重视研发工作，根据发展战略，结合市场开拓和技术进步要求，科学制订研发计划，强化研发全过程管理，规范研发行为，促进研发成果的转化和有效利用，不断提升企业自主创新能力。

（六）工程项目

根据《企业内部控制应用指引》第11号，工程项目是指企业自行或者委托其他单位所进行的建造、安装工程。

企业工程项目至少应当关注下列风险：一是立项缺乏可行性研究或者可行性研究流于形式，决策不当，盲目上马，可能导致难以实现预期效益或项目失败；二是项目招标暗箱操作，存在商业贿赂，可能导致中标人实质上难以承担工程项目、中标价格失实及相关人员涉案；三是工程造价信息不对称，技术方案不落实，概预算脱离实际，可能导致项目投资失控；四是工程物资质次价高，工程监理不到位，项目资金不落实，可能导致工程质量低劣，进度延迟或中断；五是竣工验收不规范，最终把关不严，可能导致工程交付使用后存在重大隐患。

企业应当建立和完善工程项目各项管理制度，全面梳理各个环节可能存在的风险点，规范工程立项、招标、造价、建设、验收等环节的工作流程，明确相关部门和岗位的职责权限，做到可行性研究与决策、概预算编制与审核、项目实施与价款支付、竣工决算与审计等不相容职务相互分离，强化工程建设全过程的监控，确保工程项目的质量、进度和资金安全。

（七）担保业务

根据《企业内部控制应用指引》第12号，担保是指企业作为担保人按照公平、自愿、互利的原则与债权人约定，当债务人不履行债务时，依照法律规定和合同协议承担相应法律责任的行为。

企业办理担保业务至少应当关注下列风险：一是对担保申请人的资信状况调查不深，审批不严或越权审批，可能导致企业担保决策失误或遭受欺诈；二是对被担保人出现财务困难或经营陷入困境等状况监控不力，应对措施不当，可能导致企业承担法律责任；三是担保过程中存在舞弊行为，可能导致经办审批等相关人员涉案或企业利益受损。

企业应当依法制定和完善担保业务政策及相关管理制度，明确担保的对象、范围、方式、条件、程序、担保限额和禁止担保等事项，规范调查评估、审核批准、担保执行等环节的工作流程，按照政策、制度、流程办理担保业务，定期检查担保政策的执行情况及效果，切实防范担保业务风险。

（八）业务外包

根据《企业内部控制应用指引》第13号，业务外包是指企业利用专业化分工优势，将日常经营中的部分业务委托给本企业以外的专业服务机构或其他经济组织（简称承包方）完成的经营行为。

企业应当对外包业务实施分类管理，通常划分为重大外包业务和一般外包业务。重大外包业务是指对企业生产经营有重大影响的外包业务。外包业务通常包括研发、资信调查、可行性研究、委托加工、物业管理、客户服务、IT服务等。

企业的业务外包至少应当关注下列风险：一是外包范围和价格确定不合理，承包方选择不当，可能导致企业遭受损失；二是业务外包监控不严、服务质量低劣，可能导致企业难以发挥业务外包的优势；三是业务外包存在商业贿赂等舞弊行为，可能导致企业相关人员涉案。

企业应当建立和完善业务外包管理制度，规定业务外包的范围、方式、条件、程序和实施等相关内容，明确相关部门和岗位的职责权限，强化业务外包全过程的监控，防范外包风险，充分发挥业务外包的优势。企业应当权衡利弊，避免核心业务外包。

（九）财务报告

根据《企业内部控制应用指引》第14号，财务报告是指反映企业某一特定日期财务状况和某一会计期间经营成果、现金流量的文件。

企业编制、对外提供和分析利用报告，至少应当关注下列风险：一是编制报告违反会计法律法规和国家统一的会计准则制度，可能导致企业承担法律责任和声誉受损；二是提供虚假报告，误导报告使用者，造成决策失误，干扰市场秩序；三是不能有效利用报告，难以及时发现企业经营管理中存在的问题，可能导致企业和经营风险失控。

企业应当严格执行会计法律法规和国家统一的会计准则制度，加强对报告编制、对外提供和分析利用全过程的管理，明确相关工作流程和要求，落实责任制，确保报告合法合规、真实完整和有效利用。总会计师或分管会计工作的负责人负责组织领导报告的编制、对外提供和分析利用等相关工作。企业负责人对报告的真实性、完整性负责。

三、控制手段类指引

控制手段类指引涉及企业整体业务或管理，实施内部控制的手段和工具，包括全面预算、合同管理、内部信息传递和信息系统等四项指引。

（一）全面预算

根据《企业内部控制应用指引》第15号，全面预算是指企业对一定期间经营活动、投资活动、财务活动等做出的预算安排。

企业实行全面预算管理，至少应当关注下列风险：一是不编制预算或预算不健全，可能导致企业经营缺乏约束或盲目经营；二是预算目标不合理、编制不科学，可能导致企业资源浪费或发展战略难以实现；三是预算缺乏刚性、执行不力、考核不严，可能导致预算管理流于形式。

企业应当加强全面预算工作的组织领导，明确预算管理体制以及各预算执行单位的职责权限、授权批准程序和工作协调机制。企业应当设立预算管理委员会履行全面预算管理职责，其成员由企业负责人及内部相关部门负责人组成。

预算管理委员会主要负责拟定预算目标和预算政策，制定预算管理的具体措施和办法，组织编制、平衡预算草案，下达经批准的预算，协调解决预算编制和执行中的问题，考核预算执行情况，督促完成预算目标。预算管理委员会下设预算管理工作机构，由其履行日常管理职责。预算管理工作机构一般设在财会部门。总会计师或分管会计工作的负责人应当协助企业负责人负责企业全面预算管理工作的组织领导。

（二）合同管理

根据《企业内部控制应用指引》第16号，合同是指企业与自然人、法人及其他组织等平等主体之间设立、变更、终止民事权利义务关系的协议。

企业与职工签订的劳动合同，不适用本指引。

企业合同管理至少应当关注下列风险：一是未订立合同、未经授权对外订立合同、合同对方主体资格未达要求、合同内容存在重大疏漏和欺诈，可能导致企业合法权益受到侵害；二是合同未全面履行或监控不当，可能导致企业诉讼失败、经济利益受损；三是合同纠纷处理不当，可能损害企业利益、信誉和形象。

企业应当加强合同管理，确定合同归口管理部门，明确合同拟订、审批、执行等环节的程序和要求，定期检查和评价合同管理中的薄弱环节，采取相应控制措施，促进合同有效履行，切实维护企业的合法权益。

（三）内部信息传递

根据《企业内部控制应用指引》第17号，内部信息传递是指企业内部各管理层级之间通过内部报告形式传递生产经营管理信息的过程。

企业内部信息传递至少应当关注下列风险：一是内部报告系统缺失、功能不健全、内容不完整，可能影响生产经营有序运行；二是内部信息传递不通畅、不及时，可能导致决策失误、相关政策措施难以落实；三是在内部信息传递中泄露商业秘密，可能削弱企业核心竞争力。

企业应当加强内部报告管理，全面梳理内部信息传递过程中的薄弱环节，建立科学的内部信息传递机制，明确内部信息传递的内容、保密要求及密级分类、传递方式、传递范围以及各管理层级的职责权限等，促进内部报告的有效利用，充分发挥内部报告的作用。

（四）信息系统

根据《企业内部控制应用指引》第18号，信息系统是指企业利用计算机和通信技术，对内部控制进行集成、转化和提升所形成的信息化管理平台。

企业利用信息系统实施内部控制至少应当关注下列风险：一是信息系统缺乏或规划不合理，可能造成信息孤岛或重复建设，导致企业经营管理效率低下；二是系统开发不符合内部控制要求，授权管理不当，可能导致无法利用信息技术实施有效控制；三是系统运行维护和安全措施不到位，可能导致信息泄漏或损坏，系统无法正常运行。

企业应当重视信息系统在内部控制中的作用，根据内部控制要求，结合组织架构、业务范围、地域分布、技术能力等因素，制定信息系统建设整体规划，加大投入力度，有序组织信息系统开发、运行与维护，优化管理流程，防范经营风险，全面提升企业现代化管理水平。

企业应当指定专门机构对信息系统建设实施归口管理，明确相关岗位的职责权限，建立有效的工作机制。企业可委托专业机构从事信息系统的开发、运行和维护工作。企业负责人对信息系统建设工作负责。

第三节 企业内部控制评价指引

为了促进企业全面评价内部控制的设计与运行情况，规范内部控制评价程序和评价报告，揭示和防范风险，根据有关法律法规和《企业内部控制基本规范》，制定《企业内部控制评价指引》。

根据《企业内部控制评价指引》，内部控制评价是指企业董事会或类似权力机构对内部控制的有效性进行全面评价、形成评价结论、出具评价报告的过程。

企业应当根据本评价指引，结合内部控制设计与运行的实际情况，制定具体的内部控制评价办法，规定评价的原则、内容、程序、方法和报告形式等，明确相关机构或岗位的职责权限，落实责任制，按照规定的办法、程序和要求，有序开展内部控制评价工作。企业董事会应当对内部控制评价报告的真实性负责。

一、内部控制评价遵循的原则

（一）全面性原则

评价工作应当包括内部控制的设计与运行，涵盖企业及其所属单位的各种业务和事项。

（二）重要性原则

评价工作应当在全面评价的基础上，关注重要业务单位、重大业务事项和高风险领域。

（三）客观性原则

评价工作应当准确地揭示经营管理的风险状况，如实反映内部控制设计与运行的有效性。

二、内部控制评价的内容

企业应当根据《企业内部控制基本规范》、应用指引以及本企业的内部控制制度，围绕内部环境、风险评估、控制活动、信息与沟通、内部监督等要素，确定内部控制评价的具体内容，对内部控制设计与运行情况进行全面评价。

企业组织开展内部环境评价，应当以组织架构、发展战略、人力资源、企业文化、社会责任等应用指引为依据，结合本企业的内部控制制度，对内部环境的设计及实际运行情况进行认定和评价。

企业组织开展风险评估机制评价，应当以《企业内部控制基本规范》有关风险评估的要求，以及各项应用指引中所列主要风险为依据，结合本企业的内部控制制度，对日常经营管理过程中的风险识别、风险分析、应对策略等进行认定和评价。

企业组织开展控制活动评价，应当以《企业内部控制基本规范》和各项应用指引中的控制措施为依据，结合本企业的内部控制制度，对相关控制措施的设计和运行情况进行认定和评价。

企业组织开展信息与沟通评价，应当以内部信息传递、财务报告、信息系统等相关应用指引为依据，结合本企业的内部控制制度，对信息收集、处理和传递的及时性，反舞弊机制的健全性，财务报告的真实性，信息系统的安全性，以及利用信息系统实施内部控制的有效性等进行认定和评价。

企业组织开展内部监督评价，应当以《企业内部控制基本规范》有关内部监督的要求，以及各项应用指引中有关日常管控的规定为依据，结合本企业的内部控制制度，对内部监督机制的有效性进行认定和评价，重点关注监事会、审计委员会、内部审计机构等是否在内部控制设计和运行中有效发挥监督作用。

内部控制评价工作应当形成工作底稿，详细记录企业执行评价工作的内容，包括评价要素、主要风险点、采取的控制措施、有关证据资料以及认定结果等。

评价工作底稿应当设计合理、证据充分、简便易行、便于操作。

三、内部控制评价的程序

企业应当按照内部控制评价办法规定的程序，有序开展内部控制评价工作。

内部控制评价程序一般包括：制订评价工作方案、组成评价工作组、实施现场测试、认定控制缺陷、汇总评价结果、编报评价报告等环节。

企业可以授权内部审计部门或专门机构负责内部控制评价的具体组织实施工作。企业内部控制评价部门应当拟订评价工作方案，明确评价范围、工作任务、人员组织、进度安排和费用预算等相关内容，报经董事会或其授权机构审批后实施。

企业内部控制评价部门应当根据经批准的评价方案，组成内部控制评价工作组，具体实施内部控制评价工作。评价工作组应当吸收企业内部相关机构熟悉情况的业务骨干参加。评价工作组成员对本部门的内部控制评价工作应当实行回避制度。

企业可以委托中介机构实施内部控制评价。为企业提供内部控制审计服务的会计师事务所，不得同时为同一企业提供内部控制评价服务。

内部控制评价工作组应当对被评价单位进行现场测试，综合运用个别访谈、调查问卷、专题讨论、穿行测试、实地查验、抽样和比较分析等方法，充分收集被评价单位内部控制设计和运行是否有效的证据，按照评价的具体内容，如实填写评价工作底稿，研究分析内部控制缺陷。

四、内部控制缺陷的认定

内部控制缺陷包括设计缺陷和运行缺陷。企业对内部控制缺陷的认定，应当以日常监督和专项监督为基础，结合年度内部控制评价，由内部控制评价部门进行综合分析后提出认定意见，按照规定的权限和程序进行审核后予以最终认定。

企业在日常监督、专项监督和年度评价工作中，应当充分发挥内部控制评价工作组的作用。内部控制评价工作组应当根据现场测试获取的证据，对内部控制缺陷进行初步认定，并按其影响程度分为重大缺陷、重要缺陷和一般缺陷。

重大缺陷，是指一个或多个控制缺陷的组合，可能导致企业严重偏离控制目标。重要缺陷，是指一个或多个控制缺陷的组合，其严重程度和经济后果低于重大缺陷，但仍有可能导致企业偏离控制目标。一般缺陷，是指除重大缺陷、重要缺陷之外的其他缺陷。重大缺陷、重要缺陷和一般缺陷的具体认定标准，由企业根据上述要求自行确定。

企业内部控制评价工作组应当建立评价质量交叉复核制度，评价工作组负责人应当对评价工作底稿进行严格审核，并对所认定的评价结果签字确认后，提交企业内部控制评价部门。

企业内部控制评价部门应当编制内部控制缺陷认定汇总表，结合日常监督和专项监督发现的内部控制缺陷及其持续改进情况，对内部控制缺陷及其成因、表现形式和影响程度进行综合分析和全面复核，提出认定意见，并以适当的形式向董事会、监事会或者经理层报告。重大缺陷应当由董事会予以最终认定。

企业对于认定的重大缺陷，应当及时采取应对策略，切实将风险控制在可承受范围之内，并追究有关部门或相关人员的责任。

五、内部控制评价报告

企业应当根据《企业内部控制基本规范》、应用指引和《企业内部控制评价指引》，设计内部控制评价报告的种类、格式和内容，明确内部控制评价报告编制程序和要求，按照规定的权限报经批准后对外报出。

内部控制评价报告应当分别内部环境、风险评估、控制活动、信息与沟通、内部监督等要素进行设计，对内部控制评价过程、内部控制缺陷认定及整改情况、内部控制有效性的结论等相关内容做出披露。

内部控制评价报告至少应当披露下列内容：

（1）董事会对内部控制报告真实性的声明。

（2）内部控制评价工作的总体情况。

（3）内部控制评价的依据。

（4）内部控制评价的范围。

（5）内部控制评价的程序和方法。

（6）内部控制缺陷及其认定情况。

（7）内部控制缺陷的整改情况及重大缺陷拟采取的整改措施。

（8）内部控制有效性的结论。

企业应当根据年度内部控制评价结果，结合内部控制评价工作底稿和内部控制缺陷汇总表等资料，按照规定的程序和要求，及时编制内部控制评价报告。内部控制评价报告应当报经董事会或类似权力机构批准后对外披露或报送相关部门。

企业内部控制评价部门应当关注自内部控制评价报告基准日至内部控制评价报告发出日之间是否发生影响内部控制有效性的因素，并根据其性质和影响程度对评价结论进行相应调整。

企业内部控制审计报告应当与内部控制评价报告同时对外披露或报送，以每年的12月31日作为年度内部控制评价报告的基准日。内部控制评价报告应于基准日后4个月内报出。企业应当建立内部控制评价工作档案管理制度。内部控制评价的有关文件资料、工作底稿和证明材料等应当妥善保管。

◎第四节　企业内部控制审计指引

为了规范注册会计师执行企业内部控制审计业务，明确工作要求，保证执业质量，根据《企业内部控制基本规范》、《中国注册会计师鉴证业务基本准则》及相关执业准则，制定《企业内部控制审计指引》。

根据《企业内部控制审计指引》，内部控制审计是指会计师事务所接受委托，对特定基准日内部控制设计与运行的有效性进行审计。

一、审计责任划分

建立健全和有效实施内部控制，评价内部控制的有效性是企业董事会的责任。根据本指引，在实施审计工作的基础上对内部控制的有效性发表审计意见，是注册会计师的责任。

二、审计范围

注册会计师执行内部控制审计工作，应当获取充分、适当的证据，为发表内部控制审计意见提供合理保证。注册会计师应当对财务报告内部控制的有效性发表审计意见，并对内部控制审计过程中注意到的非财务报告内部控制的重大缺陷，在内部控制审计报告中增加“非财务报告内部控制重大缺陷描述段”予以披露。注册会计师可以单独进行内部控制审计，也可以将内部控制审计与财务报表审计整合进行（以下简称整合审计）。

在整合审计中，注册会计师应当对内部控制设计与运行的有效性进行测试，以同时实现下列目标：

（1）获取充分、适当的证据，支持其在内部控制审计中对内部控制有效性发表的意见。

（2）获取充分、适当的证据，支持其在财务报表审计中对控制风险的评估结果。

三、审计方法与审计内容

（一）审计方法

注册会计师应当按照自上而下的方法实施审计工作。自上而下的方法是注册会计师识别风险、选择拟测试控制的基本思路。注册会计师在实施审计工作时，可以将企业层面控制和业务层面控制的测试结合进行。

（二）审计内容

注册会计师测试企业层面控制，应当把握重要性原则，至少应当关注：

（1）与内部环境相关的控制；

（2）针对董事会、经理层凌驾于控制之上的风险而设计的控制；

（3）企业的风险评估过程；

（4）对内部信息传递和财务报告流程的控制；

（5）对控制有效性的内部监督和自我评价。

注册会计师测试业务层面控制，应当把握重要性原则，结合企业实际、企业内部控制各项应用指引的要求和企业层面控制的测试情况，重点对企业生产经营活动中的重要业务与事项的控制进行测试。注册会计师应当关注信息系统对内部控制及风险评估的影响。

四、评价控制缺陷

内部控制缺陷按其成因分为设计缺陷和运行缺陷，按其影响程度分为重大缺陷、重要缺陷和一般缺陷。注册会计师应当评价其识别的各项内部控制缺陷的严重程度，以确定这些缺陷单独或组合起来，是否构成重大缺陷。

在确定一项内部控制缺陷或多项内部控制缺陷的组合是否构成重大缺陷时，注册会计师应当评价补偿性控制（替代性控制）的影响。企业执行的补偿性控制应当具有同样的效果。

表明内部控制可能存在重大缺陷的迹象，主要包括：

（1）注册会计师发现董事、监事和高级管理人员舞弊；

（2）企业更正已经公布的财务报表；

（3）注册会计师发现当期财务报表存在重大错报，而内部控制在运行过程中未能发现该错报；

（4）企业审计委员会和内部审计机构对内部控制的监督无效。

五、出具审计报告

注册会计师在完成内部控制审计工作后，应当出具内部控制审计报告。标准内部控制审计报告应当包括下列要素：

（1）标题；

（2）收件人；

（3）引言段；

（4）企业对内部控制的责任段；

（5）注册会计师的责任段；

（6）内部控制固有局限性的说明段；

（7）财务报告内部控制审计意见段；

（8）非财务报告内部控制重大缺陷描述段；

（9）注册会计师的签名和盖章；

（10）会计师事务所的名称、地址及盖章；

（11）报告日期。

符合下列所有条件的，注册会计师应当对财务报告内部控制出具无保留意见的内部控制审计报告：

（1）企业按照《企业内部控制基本规范》《企业内部控制应用指引》《企业内部控制评价指引》以及企业自身内部控制制度的要求，在所有重大方面保持了有效的内部控制；

（2）注册会计师已经按照《企业内部控制审计指引》的要求计划和实施审计工作，在审计过程中未受到限制。

注册会计师认为财务报告内部控制虽不存在重大缺陷，但仍有一项或者多项重大事项需要提请内部控制审计报告使用者注意的，应当在内部控制审计报告中增加强调事项段予以说明。

注册会计师应当在强调事项段中指明，该段内容仅用于提醒内部控制审计报告使用者关注，并不影响对财务报告内部控制发表的审计意见。

注册会计师认为财务报告内部控制存在一项或多项重大缺陷的，除非审计范围受到限制，应当对财务报告内部控制发表否定意见。

注册会计师出具否定意见的内部控制审计报告，还应当包括下列内容：

（1）重大缺陷的定义；

（2）重大缺陷的性质及其对财务报告内部控制的影响程度。

学思见悟 ◎ 行业内控的榜样：百年青啤的内部控制之路

“用我们的激情酿造出全球消费者喜好的啤酒，为生活创造快乐！”这是青岛啤酒股份有限公司（以下简称“青啤”）一以贯之的公司使命。作为一家拥有110年历史的啤酒制造企业、中国首家海外上市的公司，能够在全球产生品牌影响力，青啤副总裁姜宏认为开展多年的内部控制建设发挥了巨大的作用。“一个企业要做长做久做强，必须重视制度建设和业务流程的管理。青啤的内部控制建设就是建立在这种理念之上。”姜宏如是说。

日益完善的内部控制体系

2005年，青啤在原有审计部内部审计职能的基础上又增加了管理评价的职能。这是青啤内控建设早期的探索。为了实现战略目标，防范经营管理风险，2006年，青啤在公司总部组织风险评估，对公司经营管理面临的风险进行识别并组织应对，收到了较好的效果。2007年，内控部正式成立，不受其他部门的任何约束，直接对董事会负责，组织公司内部控制体系建设、风险管理、内部控制评价和经济责任审计工作。

2008年，随着《企业内部控制基本规范》的发布，青啤董事会批准通过了《青啤公司内部控制指引》；次年，《青啤公司风险管理制度》发布，标志着公司内部控制及风险管理体系正式形成。为了完善公司的内部控制体系建设，《青啤公司内部控制评价管理规定》及《青啤公司内部控制评价实施办法》相继出台，形成了具有青啤特色的内部控制评价体系。

青啤是“A+H”上市公司，其内部控制不仅要达到《企业内部控制基本规范》、上交所《上市公司内部控制制度指引》的要求，还要达到香港联交所对上市公司的有关要求。姜宏说，我们确实把内部控制体系建设纳入整个公司的目标当中，从公司领导到普通员工，对内部控制的重要性和常态化保持认识上的高度一致，内部控制体系建设依托青啤百年的企业文化得以贯彻执行。

E化内部控制的高效率

在青啤，只有8个人的内控部要面对60多家子公司和30多家省级营销单位，工作的难度和压力可想而知。如何解决这个难题？青啤内控部部长任增贵指出，对于子公司的内部控制体系建设，青啤制定统一的子公司制度模板，并统一时间在子公司推行这些制度，以保持母公司和子公司内部控制体系建设的一体化。

青啤内控部异常忙碌，到异地审查子公司和办事处早已是家常便饭。然而，青啤近百家下属单位的内部控制审查仅仅依靠内控部的8个人显然是不现实的。“在青啤，法律部、人力资源部、公共关系部等每个专业模块都有内部控制专员，子公司增加了内部控制及风险管理职能和岗位，形成了青啤的审计网络，作为对总部内控部履行职能的支撑。这样每逢审计时，内控部可以随时调遣，原来的8个人就可以变成8支小分队，形成合力。”任增贵介绍说。“如果只依靠人力，有些事情很难提高效率，解决这个问题的法宝就是信息化。我们所有的重要业务流程都是通过信息化来实现流转的。在哪个环节，授权给哪些人，需要哪些人签字，每个流程的关键控制点都很清楚，如果一个人不签字，流程就走不下去，是谁拖延了多久，一目了然。”姜宏说。从青啤的任意一台电脑都可以进入公司的知识管理系统。以ERP系统为核心管理和运营平台的知识管理系统，内部控制制度、业务流程在这里得以固化，获得新生。“关键业务流程的E化工作，将公司的主要业务流程嵌入信息系统，使得职责、岗位、权限有机结合，对于业务遍布全国19个省份，拥有近60家工厂、30多家省级营销单位、将近5万员工的青啤，在防范舞弊、提高效率、强化内部控制方面产生了良好的效果。”任增贵说。

内部控制评价体系显威力

作为分管内部控制的副总裁，姜宏始终觉得内部控制这项工作应该是低调的，它不同于其他工作，应是如履薄冰、战战兢兢。任何一个层面的缺陷都有可能给公司的经营带来风险。为此，青啤每年会实施全面风险评估，并开展IT风险管理、采购风险管理、食品安全风险管理等方面的专项风险评估工作，以及时识别影响公司发展目标的主要风险并组织应对，及时规避风险。

在青啤，内部控制的评价和绩效考核是密不可分的，内控部每年都会组织统一考核，考核结果纳入经营者年度绩效。因为内部控制评价不过关而遭到行政处罚的案例在青啤时有发生。

青啤对啤酒瓶的回收管理是非常严格的。1吨啤酒大概要装2 000个瓶子，每年一家工厂的生产量在20万~30万吨，因此啤酒瓶的回收管理关系重大。如果管理不善，遭到暴晒，或者存放后不及时盘点和清理，就可能出现无谓的损失或者账物不符的现象。

在一次内部审计中发现某子公司存在上述情况，该公司的总经理因此被降职。“按照规定，啤酒瓶要堆放整齐，存放合理，夏天要覆盖，冬天也要覆盖，有个别工厂对这个事情没有重视，我们就要对直接负责人进行处罚。”姜宏说。

姜宏坦言，这些年来，青啤通过开展内部控制建设，实现了有形价值和无形价值的双丰收。“有形价值就是建立了一套完善的内控管理体系，保障了公司内控目标的实现，同时培养了一支专业化的内控管理队伍。无形价值在于建立了风险导向、目标导向、重在执行的内部控制文化，同时提升了公司的运营能力。”

资料来源：杨雪. 百年青啤的内控之路［N］. 中国会计报，2012-11-16.

问题：根据案例，阐述企业内部控制基本规范起到了什么作用。青岛啤酒的内部控制之路，给了你什么启示？

本章小结

本章主要学习了我国内部控制规范框架，首先介绍了内部控制基本规范的重要地位及发挥的作用，接着依次详细介绍了企业内部控制应用指引、企业内部控制评价指引及企业内部控制审计指引的内容，希望能够帮助读者掌握我国内部控制框架，明确内部控制的原则、要素和目标，大致了解三类指引的构成并能结合实际进行理解。

中英文专业术语

内部环境 internal environment

全面预算 overall budgetary
合同管理 contract management
信息系统 information system
人力资源 human resources
组织架构 organizational structure
企业文化 corporate culture
发展战略 development strategy

章后练习

章后练习-自测版

一、单选题

1.（　　），财政部等五部委发布《企业内部控制基本规范》，随后发布了企业内部控制配套指引（应用指引、评价指引和审计指引），要求上市公司每年出具内部控制评价报告和内部控制审计报告。

A. 2008年5月　　B. 2009年5月　　C. 2010年5月　　D. 2011年5月

2.在下列内部控制要素中，（　　）是信息与沟通的重要条件。

A.内部环境　　B.内部监督　　C.控制活动　　D.信息与沟通

3.在下列内部控制要素中，（　　）是实施内部控制的重要保证。

A.内部环境　　B.内部监督　　C.控制活动　　D.风险评估

4.关于我国企业内部控制规范的框架体系，下列说法错误的是（　　）。

A.我国目前内部控制规范框架是由基本规范、应用指引、评价指引和审计指引四部分组成的

B.内部控制应用指引是内部控制体系的最高层次

C.内部控制评价指引是为企业管理层对本企业内部控制有效性进行自我评价提供的指引

D.内部控制审计指引是注册会计师和会计师事务所执行内部控制审计业务的执业准则

5.关于企业内部控制应用指引，下列说法错误的是（　　）。

A.内部控制应用指引由三大类组成，即内部环境类指引、控制业务类指引、控制手段类指引

B.内部环境是企业实施内部控制的基础，包括人力资源、社会责任和企业文化等

C.控制业务类应用指引是对各项具体业务活动实施的控制，此类指引包括资金活动、采购业务、资产管理

D.控制手段类应用指引偏重“工具”性质，往往涉及企业整体业务或管理，此类指引包括担保业务、业务外包等

6. 2011年，甲公司针对各类资金支出的审批权限和程序建立了专门的制度。2012年，甲公司对组织机构和岗位设置进行了调整，但甲公司没有及时对该制度进行修订，导致该制度规定与公司的实际操作并不相符。这种情形表明该公司内部控制存在（　　）缺陷。

A.设计缺陷

B.运行缺陷

C.既不属于设计缺陷也不属于运行缺陷

D.制度缺陷和运行缺陷

7.（　　）是指一个或多个控制缺陷的组合，可能导致企业严重偏离控制目标。

A.一般缺陷　　B.重要缺陷　　C.重大缺陷　　D.运行缺陷

8.重大缺陷应当由（　　）予以最终认定。

A.监事会　　B.董事会　　C.审计人员　　D.控制评价部门

9.企业内部控制审计报告应当与内部控制评价报告同时对外披露或报送，以每年的12月31日作为年度内部控制评价报告的基准日。内部控制评价报告应于基准日后（　　）内报出。

A.7个工作日　　B.15个工作日　　C.2个月　　D.4个月

10.注册会计师认为财务报告内部控制存在一项或多项重大缺陷的，除非审计范围受到限制，应当对财务报告内部控制发表（　　）。

A.标准的无保留意见　　B.保留意见

C.否定意见　　D.无法表示意见

二、多选题

1.内部控制的要素包括（　　）。

A.内部环境　　B.风险评估　　C.控制活动

D.信息与沟通　　E.内部监督

2.《企业内部控制应用指引》包括（　　），涵盖了企业资金流、实物流、人力流和信息流等各项业务和事项。

A.内部环境类　　B.控制制度类　　C.控制活动类　　D.控制手段类

3.下列各项中，表明内部控制环境存在缺陷的有（　　）。

A.甲企业为上市公司，其关键管理人员在母公司兼职，在该人员的指令下，上市公司承担了母公司发生的捐款

B.乙企业为降低生产成本，减少环保投入，致使大量污水排入周边水域，造成环境污染

C.丙企业设立审计委员会，负责监督公司内部控制的有效实施和内部控制自我评价情况

D.丁企业的企业文化是"不惜一切代价做大市场"

4.风险评估的主要环节包括（　　）。

A.风险监督　　B.目标设定　　C.风险识别

D.风险分析　　E.风险应对

5. 对内部控制缺陷进行初步认定，并按其影响程度分为（　　）。

A.一般缺陷　　B.较大缺陷　　C.重要缺陷　　D.重大缺陷

三、判断题

1.内部控制的目标是彼此孤立的，并没有实质性的联系。（　　）

2.企业在建立和实施内部控制全过程中应贯彻全面性原则、重要性原则、制衡性原

则、适应性原则和成本效益原则。 (　　)

3. 内部控制应兼顾全面体现了内部控制的全面性原则，所以在工作中不需要突出重点。 (　　)

4. 内部控制缺陷包括设计缺陷和运行缺陷。 (　　)

5. 注册会计师可以单独进行内部控制审计，也可以将内部控制审计与财务报表审计整合进行。 (　　)

企业内部控制基本规范

Telecommunications
Wood
Steel industry
Oil and Gas
Finance
Information technology 9,00%
Electronic commerce 6,73%
Securities 9,77%
Nuclear energy industry 2,30%
100

第二篇

内部控制五要素

第四章 内部环境

学习目标

了解企业内部环境的内涵，在内部控制建设中的作用和意义。能够建立内部控制的建设框架，掌握内部环境的主要内容和构建思路。掌握文化道德、公司治理、组织环境、人事和激励作为内部控制环境的具体作用方式。

引导案例与思考

瑞幸咖啡于2017年6月成立，快速扩张，仅2年便超越星巴克成为中国最大的咖啡连锁品牌。2019年5月17日，瑞幸咖啡在纳斯达克交易所上市，发行价17美元/股，当日收盘价20.38美元/股，市值47.40亿美元。瑞幸咖啡创立仅18.5个月即登陆资本市场，成为世界范围内从公司成立到IPO最快的公司。2020年1月，瑞幸咖啡对外发布了2017—2018年报表（经审计）、2019年前三季度报表（未经审计），完成增发并发行可转债。但2020年2月1日，浑水发布瑞幸咖啡做空报告，明确指出，瑞幸咖啡在2019年度部分报告中虚增收入及支出进行财务欺诈，其商业模式存在重大缺陷。消息一出，瑞幸咖啡股价连连跳水。6月29日，瑞幸咖啡正式在纳斯达克交易所停止交易，进入退市程序，结束了400多天的上市之旅，瑞幸咖啡的股价定格在了1.38美元/股，相较上市时17美元/股的发行价缩水了90%。

据媒体报道，国内外相关部门对瑞幸公司财务舞弊事件已开展调查，有关部门已经掌握瑞幸公司董事长陆正耀对于公司财务造假的指令性电子邮件及虚增交易等相关证据。2020年7月2日，瑞幸公司发布公告称公司内部调查已经完成，发现公司从2019年4月开始伪造交易，当年净收入虚增21.2亿元，成本虚增13.4亿元。有证据显示，创始人兼CEO钱治亚、COO刘剑以及向他们汇报的员工均参与了虚假交易。由上述信息可知，瑞幸公司的管理层可能就是此次造假事件背后的参与者或主导者。

思考：

1.内部环境受哪些因素影响？

2.高管的管理哲学和文化建设对内控发挥效用有什么样的影响？

课前预习（思维导图）

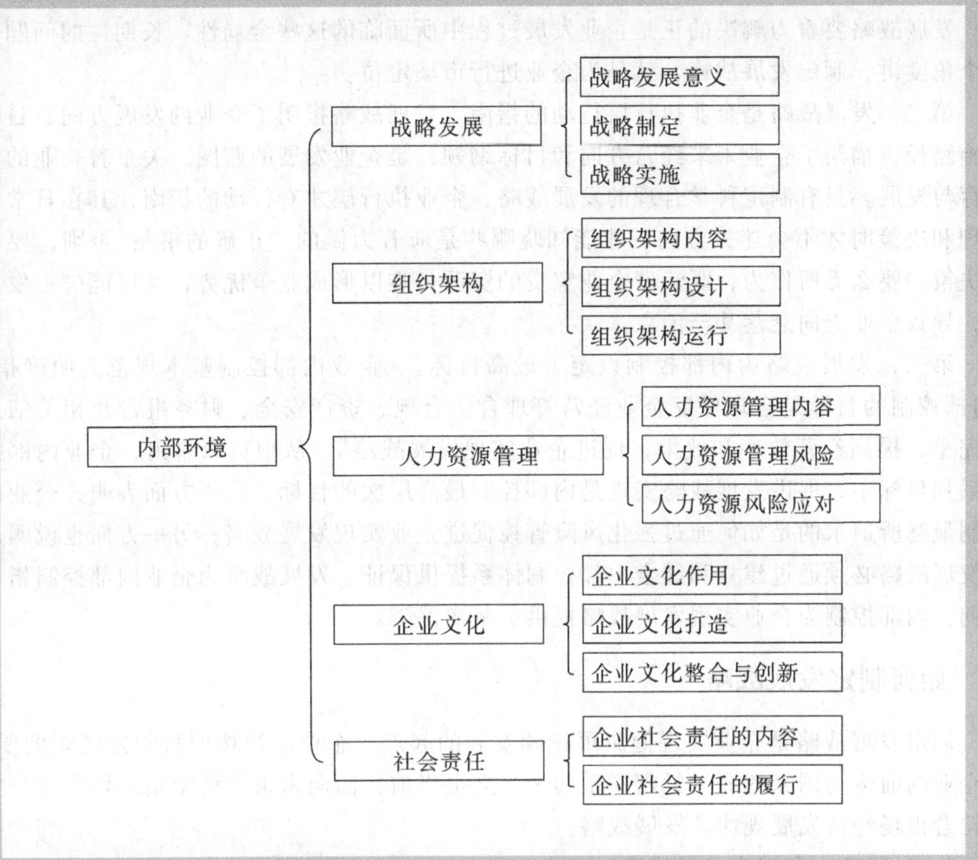

内部环境是企业实施内部控制的基础，支配着企业全体员工的内控意识，影响着全体员工实施控制活动和履行控制责任的态度、认识和行为。

◎第一节　战略发展

无论是一个国家、一个地区、一个行业，还是一个微观组织，都面临发展战略的问题。作为一个现代企业，如果没有明确的发展战略，就不可能在当今激烈的市场竞争和国际化浪潮冲击下求得长远发展。

一、为什么要制定和实施发展战略

发展战略是企业在对现实状况和未来趋势进行综合分析和科学预测的基础上，制定并实施的中长期发展目标与战略规划。企业制定和实施发展战略，具有十分重要的意义。

第一，发展战略可以为企业找准市场定位。市场定位就是要在激烈的市场竞争环境中找准位置。定位准了，才能赢得市场，才能获得竞争优势，才能不断发展壮大。定位所要解决的问题很广泛，包括为社会提供什么样的产品或服务、以什么样的方式满足客户和市场需求、如何充分利用内外部资源以保持持续竞争力、如何才能更好更快地迈进行业前列等。发展战略要着力解决的正是企业发展过程中所面临的这些全局性、长期性的问题。从这个角度讲，制定发展战略，就是为企业进行市场定位。

第二，发展战略是企业执行层行动的指南。发展战略指明了企业的发展方向、目标与实施路径，描绘了企业未来经营方向和目标纲领，是企业发展的蓝图，关系着企业的长远生存与发展。只有制定科学合理的发展战略，企业执行层才有行动的指南，其在日常经营管理和决策时才不会迷失方向，才能知晓哪些是应着力做的"正确的事"；否则，要么盲目决策，要么无所作为，既浪费企业宝贵的资源，难以形成竞争优势，又可能失去发展机会，导致企业走向衰落甚至消亡。

第三，发展战略为内部控制设定了最高目标。《企业内部控制基本规范》明确指出，"内部控制的目标是合理保证企业经营管理合法合规、资产安全、财务报告及相关信息真实完整，提高经营效率和效果，促进企业实现发展战略"。从中可以看出，企业内部控制的系列目标中，促进发展战略实现是内部控制最高层次的目标。它一方面表明，企业内部控制最终所追求的是如何通过强化风险管控促进企业实现发展战略；另一方面也说明，实现发展战略必须通过建立和健全内部控制体系提供保证。发展战略为企业内部控制指明了方向，内部控制为企业实现发展战略提供了坚实保障。

二、如何制定发展战略

制定发展战略是企业实现健康可持续发展的起点。企业应当按照科学发展观的要求，将企业的前途与国家的命运紧密联系起来，立足当前，面向未来，科学制定切合自身实际又符合市场经济发展规律的发展战略。

(一) 要建立和健全发展战略

制定发展战略联系着企业的现在和未来，企业各层级都应给予高度重视和大力支持，要在人力资源配置、组织机构设置等方面提供必要的保证。

企业应当在董事会下设立战略委员会，或指定相关机构负责发展战略管理工作，履行相应职责。战略委员会对董事会负责，委员包括董事长和其他董事。战略委员会委员应当具有较强的综合素质和实践经验。比如，熟悉公司业务经营运作特点，具有市场敏感性和综合判断能力，了解国家宏观政策走向及国内外经济、行业发展趋势等。同时，委员的任职资格和选任程序应符合有关法律法规和企业章程的规定。战略委员会主席应当由董事长担任；委员中应当有一定数量的独立董事，以保证委员会更具独立性和专业性。必要时，战略委员会还可聘请社会专业人士担任顾问，提供专业咨询意见。

战略委员会的主要职责是对公司长期发展战略和重大投资决策进行研究并提出建议，具体包括：对公司的长期发展规划、经营目标、发展方针进行研究并提出建议，对公司涉及产品战略、市场战略、营销战略、研发战略、人才战略等经营战略进行研究并提出建议，对公司重大战略性投资、融资方案进行研究并提出建议，对公司重大资本运作、资产经营项目进行研究并提出建议等。为确保战略委员会议事过程透明、决策程序科学民主，企业应当明确相关议事规则，对战略委员会会议的召开程序、表决方式、提案审议、保密要求和会议记录等做出明确约定。

为了使公司发展战略管理工作落到实处，企业除了在董事会层面设立战略委员会外，还应在内部机构中设置专门的部门或指定相关部门，承担战略委员会有关具体工作。

（二）要综合分析评价影响发展战略的内外部因素

企业外部环境、内部资源等因素，是影响发展战略制定的关键因素。只有对企业所处的外部环境和拥有的内部资源展开深度分析，才能制定出科学合理的发展战略。在此过程中，企业应当综合考虑宏观经济政策、国内外市场需求变化、技术发展趋势、行业及竞争对手状况、可利用的资源水平和自身优势与劣势等影响因素。

1.分析外部环境，发现机会和威胁

外部环境是制定发展战略的重要影响因素，包括企业所处的宏观环境、行业环境及竞争对手、经营环境等。分析企业面临的外部环境，应当着重分析环境的变化和发展趋势及其对企业战略的重要影响，同时评估有哪些机会可以挖掘，以及企业可能面临哪些威胁。

第一，宏观环境分析。企业是一个开放的经济系统，其经营管理必然受到客观环境的控制和影响。企业要在充分研究外部环境的现状及未来发展趋势的基础上，抓住有利于企业发展的机会，避开环境威胁的因素。宏观环境分析一般通过政治和法律环境、经济环境、社会和文化环境、技术环境等因素分析企业所面临的状况。

第二，行业环境及竞争对手分析。企业应当加强对所处行业进行调研、分析，发现影响该行业盈亏的决定性因素、当前及预期的盈利性以及这些因素的变动情况。通过行业分析，确保企业在所提供产品或服务的类型、方式及地点，以及希望实现的产业规模等方面，能够与同行业竞争对手区别开来，建立和巩固自身的市场优势，制定差异化竞争战略。

第三，经营环境分析。经营环境分析侧重于对市场及竞争地位、消费者消费状况、融资者、劳动力市场状况等因素的分析。经营环境比宏观环境和行业环境更容易为企业所影响和控制，也更有利于企业主动应对其带来的机会和威胁。

2.分析内部资源，识别优势和劣势

内部资源是企业发展战略的重要制约条件，包括企业资源、企业能力、核心竞争力等各种有形和无形资源。分析企业拥有的内部资源和能力，应当着重分析这些资源和能力使企业在同行业中处于何种地位，与竞争对手相比，企业有哪些优势和劣势。

第一，企业资源分析。企业资源分析应着重对企业现有资源的数量和利用效率，以及资源的应变能力等方面的分析。通过企业资源分析，确定企业资源的状态，找出企业资源优势和劣势；通过与主要竞争对手资源情况的比较，明确形成企业核心能力和竞争优势的战略性资源。

第二，企业能力分析。企业能力是企业有形资源、无形资源和组织资源等各种资源有机组合的结果，企业能力分析主要包括研发能力分析、生产能力分析、营销能力分析、财务能力分析、组织管理能力分析等。通过分析和挖掘企业能力，了解发展战略能否适应企业面临的各种机遇和挑战，同时还可能发现让竞争对手无法企及的新机会和新领域。

第三，核心竞争力分析。核心竞争力是指能为企业带来相对于竞争对手存在竞争优势的资源和能力。能够有助于企业构建核心竞争力的资源主要包括稀缺资源、不可模仿的资源、不可替代的资源、持久的资源等。企业在战略分析时，应当将注意力特别集中在那些能够帮助企业建立核心竞争力的资源上。

（三）要科学编制发展战略

发展战略可以分为发展目标和战略规划两个层次。其中，发展目标是企业发展战略的核心和基本内容，是在最重要的经营领域对企业使命的具体化，表明企业在未来一段时间内所要努力的方向和所要达到的水平。战略规划是为了实现发展目标而制定的具体规划，表明企业在每个发展阶段的具体目标、工作任务和实施路径。

1.制定发展目标

企业发展目标作为指导企业生产经营活动的准绳，通常包括：盈利能力、生产效率、市场竞争地位、技术领先程度、生产规模、组织结构、人力资源、用户服务、社会责任等。

关于发展目标的编制，有几点值得注意：第一，发展目标应当突出主业。在编制发展目标时突出主业，将其做精做强，做成行业“独一份”，不断增强核心竞争力，是许多成功的跨国公司的经验之谈。第二，发展目标不能过于激进，不能盲目追逐市场热点，不能脱离企业实际，否则可能导致企业过度扩张或经营失败。第三，发展目标不能过于保守，否则会丧失发展机遇和动力。在过于保守的战略引导下，企业由于发展目标易实现而沾沾自喜，久而久之，在激烈的市场竞争中往往不能及时抓住市场机会，导致发展滞后，最终难以逃脱被淘汰的命运。

2.编制战略规划

发展目标确定后，就要考虑使用何种手段、采取何种措施、运用何种方法来达到目标，即编制战略规划。战略规划应当明确企业发展的阶段性和发展程度，制定每个发展阶段的具体目标和工作任务，以及达到发展目标必经的实施路径。

3.严格审议和批准发展战略

发展战略方案拟订后，应当按照规定的权限和程序对发展战略方案进行审议和批准。审议战略委员会提交的发展战略建议方案，是董事会的重要职责。在审议过程中，董事会应着力关注发展战略的全局性、长期性和可行性，具体包括：第一，发展战略是否符合国家行业发展规划和产业政策；第二，发展战略是否符合国家经济结构战略性调整方向；第三，发展战略是否突出主业，有助于提升企业核心竞争力；第四，发展战略是否具有可操作性；第五，发展战略是否客观全面地对未来商业机会和风险进行分析预测；第六，发展战略是否有相应的人力、财务、信息等资源保障等。董事会在审议中如果发现发展战略方案存在重大缺陷问题，应当责成战略委员会对建议方案进行调整。

企业发展战略方案经董事会审议通过后，应当报经股东（大）会批准后付诸实施。

三、如何实施发展战略

科学制定发展战略是一个复杂的过程，实施发展战略更是一个系统工程。企业只有重视和加强发展战略的实施，在所有相关目标领域全力推进，才有可能将发展战略描绘的蓝图转变为现实，铸就成核心竞争力。为此，企业应当加强对发展战略实施统一领导，制订详细的年度工作计划，通过编制全面预算，将年度目标进行分解、落实，确保企业发展目标的实现。此外，还要加强对发展战略的宣传培训，通过组织结构调整、人员安排、薪酬调整、财务安排、管理变革等配套措施，保证发展战略的顺利实施。

（一）着力加强对发展战略实施的领导

要确保发展战略有效实施，加强组织领导是关键。企业经理层作为发展战略制定的直接参与者，往往比一般员工掌握更多的战略信息，对企业发展目标、战略规划和战略实施路径的理解和体会也更加全面深刻，应当担当发展战略实施的领导者。要本着“统一领导、统一指挥”的原则，围绕发展战略的有效实施，卓有成效地发挥企业经理层在资源分配、内部机构优化、企业文化培育、信息沟通、考核激励相关制度建设等方面的协调、平衡和决策作用，确保发展战略的有效实施。

（二）着力将发展战略分解落实

发展战略制定后，企业经理层应着手将发展战略逐步细化，确保“文件上”的发展战略落地变为现实。第一，要根据战略规划，制订年度工作计划。第二，要按照上下结合、分级编制、逐级汇总的原则编制全面预算，将发展目标分解并落实到产销水平、资产负债规模、收入及利润增长幅度、投资回报、风险管控、技术创新、品牌建设、人力资源建设、制度建设、企业文化、社会责任等可操作层面，确保发展战略能够真正有效地指导企业各项生产经营管理活动。第三，要进一步将年度预算细分为季度、月度预算，通过实施分期预算控制，促进年度预算目标的实现。第四，要通过建立发展战略实施的激励约束机制，将各责任单位年度预算目标完成情况纳入绩效考评体系，切实做到有奖有惩、奖惩分明，以促进发展战略的有效实施。

（三）着力保障发展战略有效实施

战略实施过程是一个系统的有机整体，需要研发、生产、营销、财务、人力资源等各个职能部门间的密切配合。在目前复杂动态的市场环境和激烈的市场竞争中，对企业内部不同部门之间的这种协同运作提出了越来越高的要求。为此，企业应当采取切实有效的保障措施，确保发展战略的顺利贯彻实施。

1.要培育与发展战略相匹配的企业文化

企业文化是发展战略有效实施的重要支持。发展战略制定后，要充分利用企业文化所具有的导向、约束、凝聚、激励等作用，统一全体员工的观念行为，共同为发展战略的有效实施而努力奋斗。

2.要优化调整组织结构

发展战略决定着企业组织结构模式的设计与选择；反过来，发展战略的实施过程及效果又受到所采取的组织结构模式的制约。要解决好发展战略前导性和组织结构滞后性之间的矛盾，企业必须在发展战略制定后，尽快调整企业组织结构、业务流程、权责关系等，以适应发展战略的要求。

3.要整合内外部资源

企业能够利用的资源是有限的，如何调动和分配企业不同领域的人力、财力、物力和信息等资源来适应发展战略，是促进企业发展战略顺利实施的关键所在。企业在战略实施过程中，只有对拥有的资源进行优化配置，达到战略与资源的匹配，才能充分保证战略的实施。

4.要相应调整管理方式

企业在战略实施过程中，往往需要克服各种阻力，改变企业日常惯例，在管理体制、机制及管理模式等方面实施变革，由粗放、层级制管理向集约、扁平化管理转变，为发展战略的有效实施提供强有力的支持。

（四）着力做好发展战略宣传培训工作

企业应当重视发展战略的宣传培训工作，为推进发展战略实施提供强有力的思想支撑和行为导向。一是，在企业董事、监事和高级管理人员中树立战略意识和战略思维，充分发挥其在战略制定与实施过程中的模范带头作用；二是，通过采取内部会议、培训、讲座、知识竞赛等多种行之有效的方式，把发展战略及其分解落实情况传递到内部各管理层级和全体员工，营造战略宣传的强大舆论氛围；三是，企业高管层要加强与广大员工的沟通，使全体员工充分认清企业的发展思路、战略目标和具体举措，自觉将发展战略与自己的具体工作结合起来，促进发展战略的有效实施。

四、如何实现发展战略转型

企业的内外部环境处于不断变化之中。当这种变化累积到一定程度时，发展战略可能会滞后或其执行偏离既定的发展目标。对此，企业战略委员会应当加强对发展战略实施情况的监控，定期收集和分析相关信息，对于明显偏离发展战略的情况，应当及时报告。同时，因经济形势、产业政策、技术进步、行业状况以及不可抗力等因素发生变化确需对发展战略做出调整优化甚至转型的，应当按照规定权限和程序，调整发展战略或实现战略转型。

（一）要加强对发展战略实施的监控

企业应当建立发展战略评估制度，加强对战略制定与实施的事前、事中和事后评估。从发展战略监控的角度讲，重点应当放在对实施中及实施后的评估。事中评估是对实施中发展战略的效果进行评估，是战略调整的重要依据。企业应当结合战略期内每一年度工作计划和经营预算完成情况，侧重对战略执行能力和执行效果进行分析评价。事后评估是对发展战略实施后效果的评估，应结合战略期末发展目标实现情况，侧重对发展战略的整体实施效果进行概括性的分析评价，总结经验教训，并为制定新一轮的发展战略提供信息、数据和经验。在发展战略评估过程中，企业应当采取定性与定量相结合、财务指标与非财务指标相结合的方法。发展战略制定与实施过程中存在的问题和偏差，应当及时进行内部报告，并采取措施予以纠正。

（二）要根据监控情况持续优化发展战略

发展战略明确了企业长期发展目标，在一定时期内应当保持相对稳定。但是，企业在开展战略监控和评估过程中，发现下列情况之一的，应当调整、优化发展战略，以促进企业内部资源能力和外部环境条件保持动态平衡：一是，经济形势、产业政策、技术进步、行业竞争态势以及不可抗力等因素发生较大变化，对企业发展战略实现有较大影响；二是，企业内部经营管理发生较大变化，确有必要对发展战略做出调整。

发展战略调整牵一发而动全身，应当按照规定的权限和程序进行。第一，各战略执行单位提出各自的战略规划评估报告和修订意见；第二，战略管理部门汇总各单位意见，并提出修订后的发展战略规划草案；第三，战略委员会对修订后的发展战略规划草案进行评估论证，向董事会提出发展战略建议方案；第四，企业董事会严格审议战略委员会提交的发展战略建议方案，按公司章程规定，董事会审议通过的方案须报经股东（大）会批准的，还应履行相应的程序；第五，战略管理部门将批准的新发展战略，下发各战略执行单位遵照执行。

（三）要抢抓机遇顺利实现战略转型

当企业外部环境尤其是所从事行业的竞争状况发生重大变化时，或当企业步入新的成长阶段需要对生产经营与管理模式进行战略调整时，企业必须选择新的生存与发展模式，即战略转型。企业战略转型不是战略的局部调整，而是各个战略层次上的方向性改变。

常言道："三年发展靠机遇，十年发展靠战略。"加强战略管理，提高战略管理水平，是企业谋求长远发展的不懈追求。企业应当强化发展战略管理，积极推进战略转型，加快发展方式转变，提升企业核心竞争力，实现健康可持续发展。

◎第二节　组织架构

组织架构是指企业按照国家有关法律法规、股东（大）会决议、企业章程，结合本企业实际，明确董事会、监事会、经理层和企业内部各层级机构设置、职责权限、人员编制、工作程序和相关要求的制度安排。其中，核心是完善公司治理结构、管理体制和运行机制问题。

一、关于组织架构指引的现实和长远意义

一个现代企业，无论是处于新建、重组改制还是存续状态，要实现发展战略，就必须把建立和完善组织架构放在首位或重中之重。

第一，建立和完善组织架构可以促进企业建立现代企业制度。现代企业制度以完善的企业法人制度为基础，以有限责任制度为保证，以公司制企业为主要形式，以产权清晰、权责明确、政企分开、管理科学为条件。现代企业制度的核心是组织架构问题，发达市场经济国家企业和我国现代企业的实践证明，公司治理、管理体制和运行机制是永恒的主题。

第二，建立和完善组织架构可以有效防范和化解各种舞弊风险。串谋舞弊是企业经营发展过程中难以避免的一颗"毒瘤"，也是内部控制建设的难点之一，组织架构可以基于制衡的设计有效防范和化解舞弊风险。

第三，建立和完善组织架构可以为强化企业内部控制建设提供重要支撑。组织架构是企业内部环境的有机组成部分，也是企业开展风险评估、实施控制活动、促进信息沟通、强化内部监督的基础设施和平台载体。一个科学高效、分工制衡的组织架构，可以使企业自上而下地对风险进行识别和分析，进而采取控制措施予以应对，可以促进信息在企业内部各层级之间、企业与外部利益相关者之间及时、准确、顺畅地传递，可以提升日常监督和专项监督的力度和效能。

二、关于组织架构的主要内容

关于组织架构的本质，可从治理结构和内部机构两个层面理解。

其中，治理结构即企业治理层面的组织架构。它是企业成为可以与外部主体发生各项经济关系的法人所必备的组织基础，具体是指企业根据相关的法律法规，设置不同层次、不同功能的法律实体及其相关的法人治理结构，从而使得企业能够在法律许可的框架下拥有特定权利、履行相应义务，以保障各利益相关方的基本权益。

内部机构则是企业内部机构层面的组织架构。它是指企业根据业务发展需要，分别设

置不同层次的管理人员及由专业人员组成的管理团队，针对各项业务功能行使决策、计划、执行、监督、评价的权力并承担相应的义务，从而为业务顺利开展进而实现企业发展战略提供组织机构的支撑平台。企业应当根据发展战略、业务需要和控制要求，选择适合本企业的内部组织机构类型。

关于组织架构设计和运行的主要风险，可以从治理结构和内部机构两个角度描述。

（一）从治理结构层面看

主要风险在于：治理结构形同虚设，缺乏科学决策、良性运行机制和执行力，可能导致企业经营失败，难以实现发展战略。具体表现为：第一，股东大会是否规范而有效地召开，股东是否可以通过股东大会行使自己的权利；第二，企业与控股股东是否在资产、财务、人员方面实现相互独立，企业与控股股东的关联方交易是否贯彻平等、公开、自愿的原则；第三，对与控股股东相关的信息是否根据规定及时完整地披露；第四，企业是否对中小股东权益采取了必要的保护措施，使中小股东能够和大股东以同等条件参加股东大会，获得与大股东一致的信息，并行使相应的权利；第五，董事会是否独立于经理层和大股东，董事会及其审计委员会中是否有适当数量的独立董事存在且能有效发挥作用；第六，董事对于自身的权利和责任是否有明确的认知，并且有足够的知识、经验和时间来勤勉、诚信、尽责地履行职责；第七，董事会是否能够保证企业建立并实施有效的内部控制，审批企业发展战略和重大决策并定期检查、评价其执行情况，明确设立企业可接受的风险承受度，并督促经理层对内部控制有效性进行监督和评价；第八，监事会的构成是否能够保证其独立性，监事能力是否与相关领域相匹配；第九，监事会是否能够规范而有效地运行，监督董事会、经理层正确履行职责并纠正损害企业利益的行为；第十，对经理层的权力是否存在必要的监督和约束机制。

（二）从内部机构层面看

主要风险在于：内部机构设计不科学，权责分配不合理，可能导致机构重叠、职能交叉或缺失、推诿扯皮、运行效率低下。具体表现为：第一，企业内部组织机构是否考虑经营业务的性质，按照适当集中或分散的管理方式设置；第二，企业是否对内部组织机构设置、各职能部门的职责权限、组织的运行流程等有明确的书面说明和规定，是否存在关键职能缺位或职能交叉的现象；第三，企业内部组织机构是否支持发展战略的实施，并根据环境变化及时做出调整；第四，企业内部组织机构的设计与运行是否适应信息沟通的要求，有利于信息的上传、下达和在各层级、各业务活动间的传递，有利于为员工提供履行职权所需的信息；第五，关键岗位员工是否对自身权责有明确的认识，有足够的胜任能力去履行权责，是否建立了关键岗位员工轮换制度和强制休假制度；第六，企业是否对董事、监事、高级管理人员及全体员工的权限有明确的制度规定，对授权情况是否有正式的记录；第七，企业是否对岗位职责进行了恰当的描述和说明，是否存在不相容职务未分离的情况；第八，企业是否对权限的设置和履行情况进行了审核和监督，对于越权或权限缺位的行为是否及时予以纠正和处理。

三、关于组织架构的设计

企业在设计组织架构时，必须考虑内部控制的要求，合理确定治理层及内部各部门之间的权力和责任并建立恰当的报告关系，既要能够保证企业高效运营，又要能适应内部控制环境的需要进行相应的调整和变革。具体而言，至少应当遵循以下原则：一要依据法律法规；二要有助于实现发展战略；三要符合管理控制要求；四要能够适应内外环境变化。

（一）企业治理结构的设计

1.企业治理结构设计的一般要求

治理结构涉及股东（大）会、董事会、监事会和经理层。企业应当根据国家有关法律法规的规定，按照决策机构、执行机构和监督机构相互独立、权责明确、相互制衡的原则，明确董事会、监事会和经理层的职责权限、任职条件、议事规则和工作程序等。

组织架构指引明确指出，董事会、监事会和经理层的产生程序应当合法合规，其人员构成、知识结构、能力素质应当满足履行职责的要求。

2.上市公司治理结构的特殊要求

上市公司治理结构的设计，应当充分反映其“公众性”。其特殊之处主要表现在：一是建立独立董事制度。上市公司董事会应当设立独立董事，独立董事应独立于所受聘的公司及其主要股东。独立董事不得在上市公司担任除独立董事外的其他任何职务。独立董事应按照有关法律法规和公司章程的规定，认真履行职责，维护公司整体利益，尤其要关注中小股东的合法权益不受损害。独立董事应独立履行职责，不受公司主要股东、实际控制人以及其他与上市公司存在利害关系的单位或个人的影响。

二是董事会专门委员会的特殊要求。上市公司董事会下设的审计委员会、薪酬与考核委员会中，独立董事应当占多数并担任负责人，审计委员会中至少还应有一名独立董事是会计专业人士。在董事会各专业委员会中，审计委员会对内部控制的建立健全和有效实施尤其发挥着重要作用。审计委员会对董事会负责并代表董事会对经理层进行监督，侧重加强对经理层提供的财务报告和内部控制评价报告的监督，同时通过指导和监督内部审计和外部审计工作，提高内部审计和外部审计的独立性，在信息披露、内部审计和外部审计之间建立起了一个独立的监督和控制机制。

三是设立董事会秘书。上市公司应当设立董事会秘书，董事会秘书为上市公司的高级管理人员，直接对董事会负责，并由董事长提名，董事会负责任免。在上市公司实务中，董事会秘书是一个重要的角色，其负责公司股东大会和董事会会议的筹备、文件保管以及公司股东资料的管理、办理信息披露事务等事宜。

3.国有独资企业治理结构设计的特殊要求

国有独资企业是我国比较独特的企业群体，其治理结构设计应充分反映其特色。

其主要表现在：

一是，国有资产监督管理机构代行股东（大）会职权。国有独资企业不设股东（大）会，由国有资产监督管理机构行使股东（大）会职权。国有独资企业董事会可以根据授权部分行使股东（大）会的职权，决定公司的重大事项，但公司的合并、分立、解散、增加或者减少注册资本和发行公司债券，必须由国有资产监督管理机构决定。

二是，国有独资企业董事会成员中应当包括公司职工代表。董事会成员由国有资产监督管理机构委派；但是，董事会成员中的职工代表由公司职工代表大会选举产生。国有独资企业董事长、副董事长由国有资产监督管理机构从董事会成员中指定产生。

三是，国有独资企业监事会成员由国有资产监督管理机构委派；但是监事会成员中的职工代表由公司职工代表大会选举产生。监事会主席由国有资产监督管理机构从监事会成员中指定产生。

四是，外部董事由国有资产监督管理机构提名推荐，由任职企业以外的人员担任。外部董事在任期内，不得在任职企业担任其他职务。外部董事制度对于规范国有独资企业的治理结构、提高决策科学性、防范重大风险具有重要意义。

（二）内部机构的设计

内部机构的设计是组织架构设计的关键环节。只有切合企业经营业务特点和内部控制要求的内部机构，才能为实现企业发展目标发挥积极促进作用。具体而言：一是，企业应当按照科学、精简、高效、透明、制衡的原则，综合考虑企业的性质、发展战略、文化理念和管理要求等因素，合理设置内部职能机构，明确各机构的职责权限，避免职能交叉、缺失或权责过于集中，形成各司其职、各负其责、相互制约、相互协调的工作机制。

二是，企业应当对各机构的职能进行科学合理的分解，确定具体岗位的名称、职责和工作要求等，明确各个岗位的权限和相互关系。

在内部机构设计过程中，应当体现不相容岗位相分离的原则，努力识别出不相容职务，并根据相关的风险评估结果设立内部牵制机制，特别是在涉及重大或高风险业务处理程序时，必须考虑建立各层级、各部门、各岗位之间的分离和牵制，对因机构人员较少且业务简单而无法分离处理某些不相容职务时，企业应当制定切实可行的替代控制措施。

三是，企业应当制定组织结构图、业务流程图、岗（职）位说明书和权限指引等内部管理制度或相关文件，使员工了解和掌握组织架构设计及权责分配情况，正确履行职责。值得特别指出的是，就内部机构设计而言，建立权限指引和授权机制是非常重要的。有了权限指引，不同层级的员工就知道该如何行使职权并承担相应责任，也利于事后考核评价。“授权”表明的是，企业各项决策和业务必须由具备适当权限的人员办理，这一权限通过公司章程约定或其他适当方式授予。

企业内部各级员工必须获得相应的授权，才能实施决策或执行业务，严禁越权办理。按照授权对象和形式的不同，授权分为常规授权和特别授权。常规授权一般针对企业日常经营管理过程中发生的程序性和重复性工作，可以在由企业正式颁布的岗（职）位说明书中予以明确，或通过制定专门的权限指引予以明确。特别授权一般是由董事会给经理层或经理层给内部机构及其员工授予处理某一突发事件（如法律纠纷）、做出某项重大决策、代替上级处理日常工作的临时性权力。

（三）对“三重一大”的特殊考虑

在实务中，无论是上市公司还是其他企业发生的重大经济案件中，不少都牵涉“三重一大”问题，即“重大决策、重大事项、重要人事任免及大额资金使用”问题。企业的重大决策、重大事项、重要人事任免及大额资金支付业务等，应当按照规定的权限和程序实行集体决策审批或者联签制度。任何个人不得单独进行决策或者擅自改变集体决策意见。

四、关于组织架构的运行

企业应当根据组织架构的设计规范，对现有治理结构和内部机构设置进行全面梳理，确保本企业治理结构、内部机构设置和运行机制等符合现代企业制度要求。

从治理结构层面看，应着力从两个方面入手。一是，关注董事、监事、经理及其他高级管理人员的任职资格和履职情况。就任职资格而言，重点关注行为能力、道德诚信、经营管理素质、任职程序等方面。就履职情况而言，着重关注合规、业绩以及履行忠实、勤勉义务等方面。二是关注董事会、监事会和经理层的运行效果。这方面要着重关注：董事会是否按时定期或不定期召集股东大会并向股东大会报告；是否严格认真地执行了股东大会的所有决议；是否合理地聘任或解聘经理及其他高级人员等。监事会是否按照规定对董事、高级管理人员行为进行监督；在发现违反相关法律法规或损害公司利益时，是否能够对其提出罢免建议或制止纠正其行为等。经理层是否认真有效地组织实施董事会决议；是否认真有效地组织实施董事会制订的年度生产经营计划和投资方案；是否能够完成董事会确定的生产经营计划和绩效目标等。

从内部机构层面看，应着力关注内部机构设置的合理性和运行的高效性。从合理性角度梳理，应重点关注：内部机构设置是否适应内外部环境的变化；是否以发展目标为导向；是否满足专业化的分工和协作，有助于企业提高劳动生产率；是否明确界定各机构和岗位的权利和责任，不存在权责交叉重叠，不存在只有权利而没有相对应的责任和义务的情况等。从运行的高效性角度梳理，应重点关注：内部各机构的职责分工是否针对市场环境的变化做出及时调整。特别是当企业面临重要事件或重大危机时，各机构间表现出的职责分工协调性，可以较好地检验内部机构运行的效率。此外，还应关注权力制衡的效率评估，包括机构权力是否过大并存在监督漏洞；机构权力是否被架空；机构内部或各机构之间是否存在权力失衡等。梳理内部机构的高效性，还应关注内部机构运行是否有利于保证信息的及时顺畅流通，在各机构间达到快捷沟通的目的。评估内部机构运行中的信息沟通效率，一般包括信息在内部机构间的流通是否通畅，是否存在信息阻塞；信息在现有组织架构下流通是否及时，是否存在信息滞后；信息在组织架构中的流通是否有助于提高效率，是否存在沟通舍近求远等现象。

当企业发展壮大为集团公司时，对组织架构进行梳理应给予足够重视。为此，组织架构指引强调：企业拥有子公司的，应当建立科学的投资管控制度，通过合法有效的形式履行出资人职责、维护出资人权益，重点关注子公司，特别是异地、境外子公司的发展战略、年度财务预决算、重大投融资、重大担保、大额资金使用、主要资产处置、重要人事任免、内部控制体系建设等重要事项。

企业在对治理结构和内部机构进行全面梳理的基础上，还应当定期对组织架构设计和运行的效率与效果进行综合评价，其目的在于发现可能存在的缺陷，及时优化调整，使公司的组织架构始终处于高效运行状态。

总之，只有不断健全公司法人治理结构，持续优化内部机构设置，才能为风险管理奠定扎实基础，才能提升经营管理效能，才能在当今激烈的国内外市场竞争中保持健康可持续发展。

◎第三节 人力资源管理

企业作为创造社会财富的主体，其组织架构和战略目标确定之后，人力资源管理应当摆在“重中之重”的位置。

一、人力资源对企业发展的重要作用

人力资源对企业发展的重要作用，至少有以下三个方面：

第一，良好的人力资源管理制度和机制是增强企业活力的源泉。人力资源管理要求企业根据发展战略，合理配置人力资源，调动全体员工的积极性，发挥员工的潜能和创造性，为企业创造价值，确保企业战略目标的实现。其核心和要义体现为“以人为本”的管理理念，力图实现董事、监事、高级管理人员和全体员工与企业之间的良性互动和共同发展。健全和实施良好的人力资源管理制度与机制，企业可以实现公开、公平、公正的用人自主权，引进需要的人，淘汰富余的人，建立干部能上能下、员工能进能出的灵活竞争机制，搞活企业，提高生产效率，让优秀人才有用武之地，让他们能在适合自己的岗位上得到全面发展，同时为企业和社会做出更大贡献。

第二，良好的人力资源管理制度和机制是提升企业核心竞争力的重要基础。优秀人才成为市场竞争中最重要的战略资源，人力资源在综合国力的提升和企业竞争中起着决定性作用。无论从宏观还是从微观角度，人力资源都是最活跃的、最有创造力的因素。人才就是效率，人才就是财富。无数事实证明，一个企业的生死存亡、经营成败，很大程度上取决于人力资源。有了良好的人力资源机制和制度，才能团结全体员工，为实现企业发展战略而不懈奋斗。“百年老店”经久不衰的根本原因在于良好的人力资源政策，在于打造了一支结构合理、分工明确、运行有效、积极向上的精英团队。可以说，正是因为拥有优秀的人才队伍，它们的核心竞争力才不断增强，才能在竞争中保持长久的发展优势。

第三，良好的人力资源管理制度和机制是实现发展战略的根本动力。现代企业要在激烈的竞争中求生存谋发展，在完善组织架构和制定科学的发展战略之后，起决定作用的就是要建立良好的人力资源制度和机制。在企业发展战略和人力资源管理两者的关系中，发展战略决定了人力资源政策；反过来，良好的人力资源政策又对发展战略具有积极促进作用，主要表现为：人力资源是企业发展的灵魂，有了良好的人力资源制度和运行机制，才能制定出科学的发展战略，决策才不会失误；有了良好的人力资源制度和运行机制，才能最大限度地激发专业技术人员充分发挥创造力，从事研究与开发；有了良好的人力资源制度，才能激发全体员工为实现发展战略而不懈奋斗，最终确保发展战略有效贯彻落实，实现预期发展目标。

二、人力资源管理的主要内容

人力资源管理的核心是建立一套科学的人力资源制度和机制，不断优化人力资源结构，实现人力资源的合理配置和布局，切实做到人尽其才，充分发挥人力资源的作用，强化激励机制，增强人才活力，合理引进和开发人才，用好和盘活现有人才，强化人力资源风险管理，全面提升管理团队、专业技术人才和全体员工的创造力，切实做到使每位员工都投身于企业可持续发展之中。

决策层和执行层的高管团队建设是企业人力资源管理的重要领域。企业董事会成员和董事长是决定企业发展战略的关键管理人员，其中，董事长的作用不可忽视。

决策层团队要具有战略眼光，具备对国内、国际形势和宏观政策的分析判断能力，要对同行业、本企业的优势具有很强的认知度。决策层决策失误，很可能葬送企业的前程。

现代化企业要通过建立和完善良好的人力资源制度和机制，促进企业决策层处于优化状态。

执行层通常是指经理层。经理层应当树立的重要理念就是执行力。企业科学的发展战略必须通过经理层强有力的贯彻实施才能实现；否则，再好的发展战略如果执行不力，也会导致经营失败。建立和完善良好的人力资源制度和机制，必须能够引进优秀的管理团队，其中，总经理人选至关重要。

一个从事实业且提供高科技产品的企业，在人力资源管理中，应凸显专业技术人员团队的重要性。此类企业需要建立和完善良好的人力资源制度和机制，激发科技人员研发的积极性。从某种程度上讲，专业技术人员掌握了企业生存与发展的核心技术和命脉。企业对于掌握核心技术的人员，需要予以高度的重视，要制定相应的政策，致力于在企业内部形成尊重知识和人才的良好氛围。

良好的人力资源制度和机制，能够调动全体员工的积极性，而且能够促进员工素质不断提升，使全体员工爱岗敬业、积极进取，甘愿为企业发展贡献终生。

三、人力资源管理的主要风险

人力资源管理至少应当关注三个方面的重要风险。

(1) 人力资源缺乏或过剩、结构不合理、开发机制不健全，可能导致企业发展战略难以实现。这一风险侧重于企业决策层和执行层的高管人员。如前所述，在现代企业中，决策层和执行层对于实现企业发展战略具有十分重要的作用。因此，企业人力资源管理应当关注这一重要风险领域，只有这样，才能抓住“牛鼻子”。也就是说，在企业发展过程中，应当通过发展战略的制定与实施，不断验证决策层和执行层的工作能力和效率。如果发现重大风险，或对经营不利，应当及时评估决策层和执行层的高管人员是否具备应有的素质和水平。

在对决策层和执行层高管团队的评估考核过程中，如果发现有不胜任岗位工作的，应当通过有效方式及早加以解决，避免企业面临崩溃或走向消亡。当然，也不完全限于高管人员，其他人员缺乏和过剩、结构不合理等，也可能影响企业实现发展战略。

(2) 人力资源激励约束制度不合理、关键岗位人员管理不完善，可能导致人才流失、经营效率低下或关键技术、商业秘密和国家机密泄漏。这一风险侧重于企业的专业技术人员，特别是掌握企业发展命脉和核心技术的专业人员。掌握企业核心技术或商业秘密，甚至国家秘密的专业人才，是企业在激烈竞争中立于不败之地的关键“资本”。就实现发展战略而言，核心专业人才的流失，无疑会给企业的正常运作和长远发展带来巨大隐患，同时也会对人力资源造成巨大损失。为了留住核心专业人才，企业要有容纳人才共同创造价值的企业文化和环境；要有识才的慧眼、用才的气魄、爱才的感情；要知人善任，相信人才、依靠人才，做到用人不疑、疑人不用。特别是，面对科学技术日新月异的飞速发展，要不断更新专业技术人员的知识结构，紧密结合企业技术攻关及新技术、新工艺和新产品开发，开展各种专业培训等继续教育，帮助专业技术人员不断补充、拓宽、深化和更新知识。与此同时，还要建立良好的人才激励约束机制，做到以事业、待遇、情感留人与有效的约束限制相结合。企业对于掌握或涉及产品技术、市场、管理等方面关键技术、知识产权、商业秘密或国家机密的工作岗位的员工，要按照国家有关法律法规并结合企业实际情况，加强管理，建立健全相关规章制度，防止企业的核心技术、商业秘密和国家机密泄密，给企业带来严重后果。

(3) 人力资源退出机制不当，可能导致法律诉讼或企业声誉受损。这一风险侧重于企业辞退员工、解除员工劳动合同等而引发的劳动纠纷。为了避免和减少此类风险，企业应根据发展战略，在遵循国家有关法律法规的基础上，建立健全良好的人力资源退出机制，采取渐进措施执行退出计划。在具体执行过程中，要充分体现人性化和柔性化。

四、人力资源的引进与开发

无论是新设立的企业还是存续企业，为实现其发展目标，都会遇到人力资源引进和开发问题。人力资源作为企业总体资源的组成部分，与其他资源有机结合在一起，共同促进企业健康发展。从量上看，人力资源的引进要依据年度人力资源需求计划；从质上看，人力资源引进要符合相关能力框架、知识结构和综合素质；从层次上看，人力资源的引进要注意区分高级管理人员、专业技术人员和一般员工。同时，人力资源的开发也应依据相应的管理要求。

(一) 高管人员的引进与开发

高管人员对实现企业发展战略的重要性不再重复，其引进与开发应当处于首要位置。企业应当制订高管人员引进计划，要提交董事会审议通过后实施。董事会在审议高管人员引进计划时，应当关注高管人员的引进是否符合企业发展战略，是否符合企业当前和长远需要，是否有明确的岗位设定和能力要求，是否设定了公平、公正、公开的引进方式。通常情况下，企业引进的高管人员必须对企业所处行业及其在行业的发展定位、优势等有足够的认知，对企业的文化和价值观有充分的认同；同时，必须具有全局性的思维，有对全局性、决定全局的重大事项进行谋划的能力；必须具有解决复杂问题的能力；必须具有综合分析能力和敏锐的洞察力，有广阔的思路和前瞻性、宽广的胸怀等；必须精明强干并具备奉献精神；在引进高管人员过程中，还要坚持重真才实学，不唯学历。在高管人员开发过程中，要注重激励和约束相结合，创造良好的干事业的环境，让他们的聪明才智充分显现，使其真正成为企业的核心领导者。

(二) 专业技术人员的引进与开发

专业技术人员特别是核心专业技术人员是企业发展的动力。企业的发展离不开专业技术人员的创新和研发。在企业现有专业技术人员不能满足发展战略的情况下，企业要注重通过各种方式大胆引进专业技术人员为我所用。专业技术人员的引进，既要满足企业当前实际生产经营需要，同时又要有一定的前瞻性，适量储备人才，以备急需；既要注重专业人才的专业素质、科研能力，同时也应注意其道德素质、协作精神以及对企业价值观和文化的认同感；同时关注专业技术人员的事业心、责任感和使命感。专业技术人员的开发，要注重知识持续更新，紧密结合企业技术攻关及新技术、新工艺和新产品开发来开展各种专题培训等继续教育，帮助专业技术人员不断补充、拓宽、深化和更新知识。同时，要建立良好的专业人才激励约束机制，努力做到以事业、待遇、情感留人。

(三) 一般员工的引进与开发

一般员工占据企业人力资源的大部分，主要在企业生产经营的一线。一般员工通常具有流动性大的特点，因此往往成为企业年度人力资源引进工作的重要内容。为确保企业生产经营正常运转，企业应当根据年度人力资源计划和生产经营的实际需要，通过公开招聘方式引进一般员工。在此过程中，企业应当严格遵循国家有关法律法规的要求，注意招收那些具有一定技能、能够独立承担工作任务的员工，以确保产品和服务质量。在经济发展迅速、环境变化较快的今天，企业要根据组织生产经营需要，不断拓展一般员工的知识和技能，加强岗位培训，不断提升一般员工的技能和水平。同时，要善待一般员工，在最低工资标准、保险保障标准等方面严格按照国家或地区要求办理，努力营造一种宽松的工作环境。

五、人力资源的使用与退出

人力资源的使用与退出是人力资源管理的重要组成部分。良好的人力资源使用机制，可以促进企业员工队伍充满活力，保证员工连续的职业生涯，并有利于企业人力资源符合企业发展目标，实现企业和员工的双赢。同时，为了确保人力资源的有效利用，使员工队伍持续保持优化状态，企业应当建立和完善人力资源激励约束机制，从战略层面、管理层面，理性对待人力资源退出，致力促进企业人力资源系统良性循环。

（一）人力资源的使用

企业应当设置科学的业绩考核指标体系，对各级管理人员和全体员工进行严格考核与评价，以此作为确定员工薪酬、职级调整和解除劳动合同等的重要依据。为了充分发挥人才的作用，要创新激励保障机制，激发人才干事创业的积极性；要建立以绩效为核心的分配激励制度；要完善按劳分配为主体、多种分配方式并存的分配制度，坚持效率优先、兼顾公平，多种生产要素按贡献参与分配。企业要注意发挥绩效考核对调动员工积极性和创造性的引导作用，注重对绩效考核结果的科学运用。

人力资源的绩效考评结果应当着重运用于改进工作绩效、薪酬及奖金的分配、职务调整、培训与再教育、员工职业生涯规划以及作为员工退出的重要依据等多方面。

绩效考核要与薪酬相挂钩，要切实做到薪酬安排与员工贡献相协调，既体现效率优先又兼顾公平，杜绝高管人员获得超越其实际贡献的薪酬；同时，要注意发挥企业福利对企业发展的重要促进作用，既吸引企业所需要的员工、降低员工的流动率，同时激励员工、提高员工士气及对企业的认可度与忠诚度。

要尊重人才成长规律，善于克服人力资源管理的“疲劳效应”。在人才发展最好时，要适时地调整岗位和职位，使之始终处于亢奋期和临战状态。

（二）人力资源的退出

建立企业人力资源退出机制是实现企业发展战略的必然要求。人力资源只进不出，人力资源就会造成滞胀，严重影响企业有效运行。实施人力资源退出，可以保证企业人力资源团队的精干、高效和富有活力。通过自愿离职、再次创业、待命停职、提前退休、离岗转岗等途径，可以实现不适合于企业战略或流程的员工直接或间接地退出，让更优秀的人员充实相应的岗位，真正做到“能上能下、能进能出”，实现人力资源的优化配置和战略目标。

人力资源的退出必须以科学的绩效考核机制为前提，同时还需要相关的环境支撑。第一，要在观念上将人员退出机制纳入人力资源管理系统和企业文化之中，使人力资源退出从计划到操作成为可能，同时获得员工的理解与支持。第二，要建立科学合理的人力资源退出标准，使人力资源退出机制程序化、公开化，有效消除人力资源退出可能造成的不良影响。第三，人力资源退出一定要建立在遵守法律法规的基础上，严格按照法律规定进行操作。一方面，退出方法要根据相关法律的规定制定，要有书面材料记录员工相关行为，使员工退出具有充分证据；另一方面，在实施退出时，要注意和人力资源和社会保障部门做好沟通，并按《劳动合同法》的规定，给予退出员工相应补偿金额。

总之，为确保企业发展战略实现，企业应当注重健全人力资源管理制度与机制；同时，还应当定期对制订的年度人力资源计划执行情况进行评估，总结人力资源管理经验，分析存在的主要缺陷和不足，及时改进和完善人力资源政策，促进企业整体团队充满生机和活力，为企业长远战略和价值提升提供充足的人力资源保障。

◎第四节　企业文化

企业文化是指企业在生产经营实践中逐步形成的、为整体团队所认同并遵守的价值观、经营理念和企业精神，以及在此基础上形成的行为规范的总称。著名经济学家于光远先生站在战略高度精辟指出，“国家富强在于经济，经济繁荣在于企业，企业兴旺在于管理，管理优劣在于文化”。可见企业文化对于企业发展壮大的关键作用。

一、企业文化在促进企业发展战略实现中的重要作用

（一）企业文化建设可以为企业提供精神支柱

企业要在市场竞争中取胜，保持可持续健康发展，需要具备顽强拼搏、不懈奋斗的精神。有了这种现代企业精神，才能将企业董事、监事、高级管理人员和全体员工的心紧紧连在一起，让他们尽最大努力，充分发挥主观能动性，为企业创造最大价值。有了这种现代企业精神，才能让企业在遭遇国际金融危机等重大困难情况下不致被击倒；才能让企业抓住发展机遇，实现跨越式发展。这种现代企业精神集中体现为企业文化。从这个意义讲，建设企业文化，可以为企业提供精神支柱。

（二）企业文化建设可以提升企业的核心竞争力

企业核心竞争力是企业所具有的不可交易和不可模仿的独特的优势因素，是企业竞争中最具有长远和决定性影响的内在因素。通常认为，拥有核心竞争力的企业具有以下特征：具有良好市场前景的关键技术、真实稳健的财务状况、内外一致的企业形象、真实诚信的服务态度、团结协作的团队精神、以客户为中心的经营理念、公平公正善待员工、鼓励员工开拓创新的激励机制等。所有这些特征，几乎都与企业文化有关。

（三）企业文化建设可以为内部控制有效性提供有力保证

《企业内部控制基本规范》明确指出，“企业应当加强文化建设，培育积极向上的价值观和社会责任感，倡导诚实守信、爱岗敬业、开拓创新和团队协作精神，树立现代管理理念，强化风险意识”。企业文化是企业建立和完善内部控制的重要基础。内部控制作为企业管理的重要抓手，表现形式往往是系列规章制度及其落实。这些规章制度连同其他管理规范，甚至包括企业的发展目标和战略规划，要真正落实到位，都必须努力建设优秀的企业文化。规章制度的生命力在于执行。没有优秀的企业文化，就不能统一董事、监事、高级管理人员和全体员工的思想和意志，就不能激发其潜力和热情，就不能培育对企业的认

同感，就不能形成卓越的执行力。从这个意义上讲，为了真正发挥内部控制在强化企业管理、提升企业经营管理效率和效果、促进实现发展战略中的重要作用，应当重视和加强企业文化建设，致力打造优秀的企业文化。

二、如何打造优秀的企业文化

打造优秀的企业文化，是一个长期而复杂的系统工程，不能一蹴而就。

首先，要注重塑造企业核心价值观。核心价值观是企业在经营过程中坚持不懈、努力使全体员工都必须信奉的信条，体现了企业核心团队的精神，往往也是企业家身体力行并坚守的理念。它明确提倡什么、反对什么，哪一种行为是企业所崇尚的，鼓励大家去做的；哪一种行为是企业反对的，大家不应该去做的。正像一个人的所有行为都是由他的价值观所决定的那样，一家企业的行为取向也是由企业的价值观所决定的。这种价值观和理念是一家企业的文化核心，凝聚着董事、监事、高级管理人员和全体员工的思想观念，从而使大家的行为朝着一个方向去努力，反映出一家企业的行为和价值取向。企业文化建设始于核心价值观的精心培育，终于核心价值观的维护、延续和创新。这是成功企业不变的法则。为此，应当注重以下方面：一要着力挖掘自身文化。要注意从企业特定的外部环境和内部条件出发，把共性和个性、一般和个别有机地结合起来，总结出本企业的优良传统和经营风格，挖掘整理出本企业长期形成的宝贵的文化资源，在企业精神提炼、理念概括、实践方式上体现出鲜明的特色，形成既具有时代特征又独具魅力的企业文化。二要着力博采众长。要紧紧把握先进文化的前进方向，以开放、学习、兼容、整合的态度，坚持以我为主、博采众长、融合创新、自成一家的方针，广泛借鉴国外先进企业的优秀文化成果，大胆吸取世界新文化、新思想、新观念中的先进内容，取其精华，去其糟粕，扬长避短，为我所用。三要根据塑造形成的核心价值观指导企业的实际行动。

其次，要重点打造以主业为核心的品牌。品牌通常是指能够给企业带来溢价、产生增值的一种无形的资产，其载体是用以和其他竞争者的产品或服务相区分的名称、术语、象征、记号或者设计及其组合。企业产品或服务的品牌与企业的整体形象联系在一起，是企业的“脸面”或“标识”。品牌之所以能够增值，主要来自消费者心智中形成的关于其载体的印象。在市场竞争中，企业无不重视其产品或服务品牌的建设。打造以主业为核心的品牌，是企业文化建设的重要内容。企业应当将核心价值观贯穿于自主创新、产品质量、生产安全、市场营销、售后服务等方面的文化建设中，着力打造源于主业且能够让消费者长久认可、在国内外市场上彰显强大竞争优势的品牌。

再次，要充分体现以人为本的理念。“以人为本”是企业文化建设应当信守的重要原则。企业要在企业文化建设过程中牢固树立以人为本的思想，坚持全心全意依靠全体员工办企业的方针，尊重劳动、尊重知识、尊重人才、尊重创造，用美好的愿景鼓舞人，用宏伟的事业凝聚人，用科学的机制激励人，用优美的环境熏陶人。努力为全体员工搭建发展平台，提供发展机会，挖掘创造潜能，增强其主人翁意识和社会责任感，激发其积极性、创造性和团队精神。同时，要尊重全体员工的首创精神，在统一领导下，有步骤地发动全体员工广泛参与，从基层文化抓起，集思广益，群策群力，全员共建。努力使全体员工在主动参与中了解企业文化建设的内容，认同企业的核心理念，形成上下同心、共谋发展的良好氛围。

最后，要强化企业文化建设中的领导责任。在建设优秀的企业文化过程中，领导是关键。要建设好企业文化，领导必须高度重视，认真规划、狠抓落实，才能取得实效。企业主要负责人应当站在促进企业长远发展的战略高度重视企业文化建设，切实履行第一责任人的职责，对企业文化建设进行系统思考，出思想、谋思路、定对策，确定本企业文化建设的目标和内容，提出正确的经营管理理念。企业文化建设的领导体制要与现代企业制度和法人治理结构相适应，要明确企业文化建设的主管部门，安排专（兼）职人员负责此项工作，形成企业文化主管部门负责组织、各职能部门分工落实、员工广泛参与的工作体系。与此同时，企业要深入调研、制定规划，认真梳理整合各项工作任务，分清轻重缓急，扎实推进。要着力将核心价值观转化为企业文化规范，通过梳理完善相关管理制度，对员工日常行为和工作行为进行细化，逐步形成企业文化规范，以理念引导员工的思维，以制度规范员工的行为，使企业全体员工增强主人翁意识，做到与企业同呼吸、共命运、同成长、共生死，真正实现“人企合一”，充分发挥核心价值观对企业发展的强大推动作用。

三、如何解决并购重组中的文化整合

企业并购完成后，应当特别注重文化整合。一要在组织架构设计环节考虑文化整合因素。如果企业并购采用的是吸收合并方式，则必然会遇到各参与并购企业员工“合并”工作的情况。为防止文化冲突，既要在治理结构层面上强调融合，也要在内部机构设置层级上体现“一家人”的思想，务必防止吸收合并方员工与被吸收合并方员工“分拨”现象。如果企业并购采用的是控股合并方式，则应在根据公司法组建企业集团时体现文化整合。要在坚持共性的前提下体现个性化。要以统一的企业精神、核心理念、价值观念和企业标识规范集团文化，保持集团内部文化的统一性，增强集团的凝聚力、向心力，树立集团的整体形象。同时允许子公司在统一性指导下培育和创造特色文化，为下属企业留有展示个性的空间。二要在并购交易完成后企业运行中，进行深度的文化整合。可以考虑以下三种整合方式：以并购方的文化进行整合；以并购方的文化为主体、吸收被并购方文化中优秀的一面进行整合；以并购双方的文化为基础创建全新的优秀的文化。无论采用哪种方式，其过程相对都会较长。境外并购尤其如此。不变的原则是，应当采取多种有效措施，促进文化融合，减少文化冲突，求同存异，优势互补，实现企业文化的有效对接，促进企业文化的整合与再造，确保企业并购真正成功。

四、如何实现企业文化的创新

企业文化形成并用以指导领导和全体员工行为后，应当保持相对稳定，防止朝令夕改。当企业内外部环境和条件发生变化时，企业的发展战略可能发生改变，企业文化也应进行相应的调整，实现文化的创新与发展。

第一，要着力构建企业文化评估体系。企业文化评估是企业文化建设与创新的重要环节。企业应当定期对企业文化建设工作以及取得的进展和实际效果进行检查和评估，着力关注以下主要内容：董事、监事、经理和其他高级管理人员在企业文化建设中的责任履行情况；全体员工对企业核心价值观的认同感；企业经营管理行为与企业文化的一致性；企业品牌的社会影响力；参与企业并购重组各方文化的融合度；员工对企业未来发展的信心等。在此过程中，应当把握以下原则：一是，全面评估与重点评估相结合，注重评估指标的导向性。要突出关键指标，确保评估指标的可操作性。二是，定性与定量相结合，注重评估方法的科学性。要根据评估内容和指标功能，量身定制不同的评估标准。三是，内部评价与外部评价相结合，注重评估结果的有效性。既要引导企业通过对照评估标准，自我改进、自我完善，不断激发企业的积极性、主动性和创造性，又要兼顾社会公众以及企业利益相关者，借助专业机构力量，提升文化评估专业水平和公信力。

第二，要着力根据综合评估结果推进企业文化创新。创新是事物发展的持续动力。企业要重视企业文化评估结果的利用，既要巩固和发扬文化建设取得的成果，又要针对评估过程中发现的企业文化缺失，研究分析深层次的原因，及时采取措施加以改进，以此推进企业文化建设；在此基础上，还要结合企业发展战略调整以及企业内外部政治、经济、技术、资源等因素的变化，着力在价值观、经营理念、管理制度、品牌建设、企业形象等方面持续推动企业文化创新。其中，要特别注意通过不断打造以主业为核心的企业品牌，实现企业文化的创新和跨越。

企业的软环境，不仅事关企业形象，而且事关人心向背；不仅事关当前，而且事关长远。在复杂多变的后危机时期，挑战前所未有，机遇同时存在。为抢抓这一重要机遇，企业尤其应当重视企业文化软环境建设，让持续优秀的企业文化促进企业走跨越发展之路。

◎第五节 企业社会责任

企业创造利润或实现股东财富最大化固然重要，但在经济社会高速发展的当今时代，企业作为重要的市场主体，如果不顾一切地追逐利润而不履行社会责任，显然不符合科学发展观与建设和谐社会的要求。履行社会责任是企业应尽的义不容辞的义务，也是企业的光荣使命。

一、企业为什么要履行社会责任

社会责任是指企业在经营发展过程中应当履行的社会职责和义务，主要包括安全生产、产品（含服务）质量、环境保护、资源节约、促进就业、员工权益保护等。企业履行社会责任至少具有如下意义：

（一）企业创造利润或财富与履行社会责任是统一的有机整体

企业创造利润或财富，要依法纳税、向股东分红，并向管理者和员工发放年薪或工资，企业创造的利润或财富越多，上缴税收和分红就越多，年薪和工资也就随之升高，从而为国家、股东和员工做出贡献，同时促进客户发展等。这在本质上也属于履行社会责任。在这一过程中，要做到安全生产，提升产品质量，重视环境保护和资源节约，促进就业和保护员工权益，属于企业直接为社会相关方面做出贡献。两者之间的目标是一致的，不应将两者对立起来。正确处理两者的关系，实现两者的有机统一，企业才能进入良性发展的轨道。反之，如果单纯为了追求利润或财富而不履行社会责任，就难以实现发展战略。

（二）企业履行社会责任是提升发展质量的重要标志，也是实现可持续长远发展的根本所在

随着我国经济的高速发展，党中央和国务院十分强调转变发展方式，归根到底是要求

提升发展质量问题。履行社会责任是企业提升发展质量的重要标志。众所周知，如果企业做不到安全生产，事故频繁，人员伤亡，必然是欲速则不达甚至关闭；如果企业产品质量低劣，损害消费者利益，很快将失去市场，或者在全国乃至国际市场造成负面影响，定会导致停产；如果以牺牲环境为代价追逐利润，这就违背了企业发展宗旨；如果环境污染影响人类健康，这是犯罪行为。企业在制定和实现发展战略的过程中，应当充分考虑履行社会责任的要求。企业只有重视和履行社会责任，才能从根本上转变发展方式，提升发展质量，实现持续长远发展的目标。

（三）企业履行社会责任，是打造和提升企业形象的重要举措

企业形象是指企业的社会认同度，包括国内认同度和国际认同度。社会认同度高的企业必然是优质企业。企业如何提升社会认同度呢？有的企业通过广告宣传，有的企业通过包装手段，形式有多种多样。但是，这都不能持久，真正提升企业形象取决于履行社会责任。如果一家企业切实做到安全生产，产品质量第一，环境保护符合国家质量标准，避免掠夺性开发资源，促进社会就业等，从发展质量上下功夫，苦练内功，重视内涵，在认真履行社会责任的前提下实现发展目标，或将履行社会责任作为发展战略的重要组成部分，这样的优质企业才能从根本上改变和不断提升企业形象，在此基础上的企业形象必然被社会广泛认可。

二、企业应当履行的社会责任

企业履行的社会责任应当包括安全生产、产品质量、环境保护、资源节约、促进就业、员工权益保护等方面。这是就一般企业而言的，特殊行业的企业应履行的社会责任不完全相同。

（一）安全生产是企业履行的首个社会责任

一是建章建制，建立健全安全生产管理机构。企业应当依据国家有关安全生产方面的法律法规规定，结合本企业生产经营的特点，建立健全安全生产方面的规章制度、操作规范和应急预案。建章建制的关键是落实到位。

二是不断加大安全生产投入和经常性维护管理。企业特别是高危行业的企业，应当将安全生产投入列为首位，要重视安全生产投入，将员工的生命安全视为头等大事，加大安全生产的技术更新，保证投入安全生产所需的资金、人力、财物及时和足额到位。企业还应组织开展生产设备的经常性维护管理，及时排除安全隐患，切实做到安全生产。

三是开展员工安全生产教育，实行特殊岗位资格认证制度。加强对员工进行安全生产培训教育至关重要。通过培训教育，让员工牢固树立“安全第一、预防为主”的思想，提高他们防范灾害的技能和水平。培训教育应当经常化、制度化，做到警钟长鸣，不能有丝毫放松和懈怠。对于特殊作业人员和特殊资质要求的生产岗位，因工作接触的不安全因素较多，危险性较大，容易发生事故，必须依法实行资格认证制度，持证上岗。

四是建立安全生产事故应急预警和报告机制。企业必须建立事故应急处理预案，建立专门的应急指挥部门，配备专业队伍和必要的专业器材等，在发生安全生产事故时做到临危不乱，按照预定程序有条不紊地处理好发生的安全生产事故，尽快消除事故产生的影响，同时按照国家有关规定及时报告，不得迟报、谎报和瞒报。安全生产必须实行严格的责任追究制度。

（二）产品质量是企业长久发展的生命线

为保证产品质量，企业至少应做到以下方面：一是建立健全产品质量标准体系。为了更加有效地提升产品质量，企业应当根据国家法律法规规定，结合企业产品特点，制定完善产品质量标准体系，包括生产设备条件、生产技术水平、原料组成、产品规格、售后服务等，努力为社会提供优质安全健康的产品和服务，最大限度地满足消费者的需求，对社会和公众负责。

二是严格质量控制和检验制度。从原材料进厂，一直到产品销售等各个环节和流程，都必须有严格的质量控制标准作保证。企业应当加强对产品质量的检验，严禁未经检验合格的产品流入市场。如果每家企业都能把好市场准入关口，严防假冒伪劣产品进入市场，不仅对企业自身有利，而且能够推动社会进步。

三是加强产品售后服务。企业售后服务不仅是一种经营，更是一种文化、一种理念，是企业与客户、消费者沟通、联系的一条纽带。企业通过优质的售后服务，促进与客户、消费者的关系更加紧密，树立企业形象，提高产品信誉，扩大产品影响，培养客户的忠诚度。企业应当把售后服务作为企业采取有效竞争策略、提高产品服务增值的重要手段，重视和加强售后服务，创新售后服务方法，力争做到件件有结果、有分析、有整改、有考核。对有缺陷的产品，应当采取及时召回、实行“三包”等，赢得消费者对企业产品的信赖和支持，维护消费者合法权益。

（三）环境保护与资源节约

为建设资源节约型、环境友好型企业，企业应当做到以下三个方面：一是转变发展方式，实现清洁生产和循环经济。企业要在快速增长中破解资源与环境的双重约束，在市场竞争中争取主动，必须转变发展方式，重视生态保护，调整产业结构，发展低碳经济和循环经济。加大对环保工作的人力、物力、财力的投入和技术支持，不断改进工艺流程，加强节能减排，降低能耗和污染物排放水平，实现清洁生产。加强对废气、废水、废渣的自行回收、利用和处置等综合治理，推动生产、流通和消费过程中对资源的减量化、再利用、资源化，以最小的资源消耗、最少的废物排放和最小的环境代价来换取最大的经济效益。

二是依靠科技进步和技术创新，着力开发利用可再生资源。企业发展离不开能源和资源。随着我国经济的高速发展，能源、资源对企业经济发展的“瓶颈”制约作用也越来越凸显。企业只有不断增强自主创新能力，通过技术进步推动替代技术和发展替代产品、可再生资源，降低资源消耗和污染物排放，实现低投入、低消耗、低排放和高效率，才能有效实现资源节约和环境保护。

三是建立完善监测考核体系，强化日常监控。资源节约和环境保护人人有责。只有建立环境保护和资源节约监测考核体系，完善激励与约束机制，明确职责，各司其职、各尽其责，严格监督，落实岗位责任制，才能保证环境保护和资源节约等各项工作落到实处。企业要加强日常监控，定期开展监督检查，发现问题，及时采取措施予以纠正。发生紧急、重大环境污染事件时，应当立即启动应急机制，同时根据国家法律法规的规定，及时上报，并依法追究相关责任人的责任。

（四）促进就业

促进员工就业是企业社会责任的重要体现。保障就业、稳定就业，是社会稳定和发展的大计。中国是世界上人口最多的国家，又是世界上最大的发展中国家。面对庞大的人口数量，国民经济还相对薄弱，要让尽可能多的劳动者享受改革发展的成果，促进社会稳定和谐，就要最大限度地创造就业，这不仅是各级政府的责任，也是企业应尽的义务。

企业作为就业工作的最大载体，应当以宽广的胸怀接纳各方人士，为国家和社会分担困难，促进充分就业。在各级政府培训提高劳动者专业技能和素质、鼓励企业扩大就业方面给予税收等优惠待遇的同时，企业应结合实际需要，转变陈旧或功利的用人观念，在满足自身发展的情况下，公开招聘、公平竞争、公正录用，为社会提供尽可能多的就业岗位，特别是建筑企业、服务型企业、商业零售企业、劳动服务企业等劳动密集型企业，应当成为吸纳农民工就业的主体。企业在录用员工时，不能因民族、性别、宗教信仰等不同而歧视，要保证劳动者依法享有平等就业和自主择业的权利。

（五）保护员工合法权益

员工是企业生存发展的内在动力。不断提高员工的素质，维护员工的合法权益，既是社会和谐稳定的需要，也是企业长远发展的需要。企业应当尊重员工，关爱员工，维护员工权益，促进企业与员工的和谐稳定和共同发展。

（六）重视产学研用结合

企业、高校和科研机构在实践中积极探索产学研用结合的有效模式和机制，取得了明显成效，支撑了我国产业技术进步和相关行业的发展。企业应当重视产学研用结合，牢固确立企业技术创新主体地位这个核心，把产学研用结合的基点放在人才培养方面。要充分运用市场机制和手段，积极开展与高校和科研院所的战略合作，联合创建国家重点实验室、工程中心等研发和产业化基地，实现优势互补，激发科研机构的创新活力。要重视和加强与高校和科研院所人才培养和交流，加速科技成果的转化和产业化，引导技术创新要素聚集到企业创造社会财富过程中来，使企业获得持续创新的能力。同时促进应用型人才的培养，确保企业发展中急需人才不断得到补充。

（七）支持慈善事业

中华民族具有深厚的慈善文化传承，乐善好施、扶贫济困、安老助孤、帮残助医、支教助学等慈善爱心活动，是中华民族传统美德和人类社会文明的重要组成部分。大力推动企业支持社会慈善爱心活动，对于组织调动社会资源、调节贫富差距、缓解社会矛盾、促进社会公平、构建和谐社会具有重要而深远的意义。

三、企业如何履行社会责任

企业重视并切实履行社会责任，既是为企业前途、命运负责，也是为社会、为国家、为人类负责。企业应当高度重视履行社会责任，积极采取措施促进社会责任的履行。

（一）企业负责人要高度重视履行社会责任

强化企业履行社会责任，很大程度上取决于企业负责人的意识和态度。企业负责人应当高度重视这项工作，树立社会责任意识，把履行社会责任提上企业重要议事日程，经常研究和部署社会责任工作，加强社会责任全员培训和普及教育，不断创新管理理念和工作方式，努力形成履行社会责任的企业价值观和企业文化。

（二）建立和完善履行社会责任的体制和运行机制

要把履行社会责任融入企业发展战略，落实到生产经营的各个环节，明确归口管理部门，建立健全预算安排，逐步建立和完善企业社会责任指标统计和考核体系，为企业履行社会责任提供坚实的基础与保障。

（三）建立企业社会责任报告制度

发布社会责任报告，是企业履行社会责任的重要组成部分。发布企业社会责任报告，让股东、债权人、员工、客户、社会等各方面知晓自己在社会责任领域所做的工作、所取得的成就，可以增强企业的战略管理能力，使企业由外而内地深入审视与社会的互动关系，全面提高企业服务能力和水平，提升企业的品牌形象和价值。

第六节　案例分析

日本神户制钢所造假十年

一、案例介绍

2017年10月8日，日本神户制钢承认旗下多家工厂篡改产品出厂检验数据，出售的铝、铜制品硬度、柔性、尺寸等未达到客户要求，在出厂检验报告中谎称是按客户要求生产的。当天公布的被篡改数据产品包括铝制品零部件1.93万吨、铜制品约2 200吨、铜铸件约1.94万件，约占同期业务销售额的4%。10月11日，神户制钢向日本经济产业省报告，发现子公司生产的另外两款产品质量数据造假，分别是液晶显示器、记录用硬盘使用的银制、铝制材料和汽车、机械使用的铁粉材料，有些批次没经过检验就向客户提交了合格证书。10月13日，采用了篡改性能数据的制品的神户制钢用户情况公布，除先前披露的通用汽车、福特、波音公司外，特斯拉、戴姆勒、劳斯莱斯和标致雪铁龙等30多家汽车生产商也在此列，日本国土交通省正在调查不合格产品被用于日本国产支线客机的情况。10月20日晚间，神户制钢召开了新闻发布会，承认公司在近期自查过程中，又发现了新的违规行为。神户制钢下属的从事金属厚板加工产品的子公司篡改包括厚度在内的产品出厂数据的不达标产品已提供给客户。在日本东京，日本神户制钢所副社长梅原尚人就其下属子公司篡改产品数据问题鞠躬致歉。11月10日，神户制钢向日本经济产业省制造产业局提供了造假检讨报告。神户制钢表示，质量把关不严，同时将焦点放在逐利上，是公司数据普遍造假的成因；并表示，525家受影响的客户中有474家未发现安全问题，或者它们的产品被神户制钢认为是安全的。

自从数据造假事件披露以来，神户制钢的股价下跌了近五分之一。神户制钢面临来自政府的一系列检查。随着违规事件不断曝光，神户制钢将面临严重的经营风险和信任危机。近日，神户制钢承认，其企业客户正在流失。能否重新赢回客户、合作伙伴、投资者以及得到公众信任成为神户制钢未来最重要的任务。更为严重的是，此次神户制钢下属企业长期使用同样手法造假，说明众多员工，甚至高层管理人员认同了企业不正当行为，是整个企业的欺诈行为。

二、案例分析

对日本企业财务造假，人们已习以为常。多年来，长信银行、奥林巴斯、东芝、夏普等知名企业长期进行财务造假的丑闻先后露出水面，而更多的造假仍然隐藏在水面之下。日本企业财务造假是特别历史文化的产物。财阀传统导致日本企业不重视股东利益，外部约束不强大，加上日本企业管理依赖威权，企业在外部环境恶化（如金融危机）或内部决策失误之下，利润遭到重创，但企业通常不愿意将问题暴露，而是习惯用作假来掩盖，以寄希望通过时间来消化。质量造假的原因与财务造假有一部分是相同的，如威权体制、掩盖问题的文化传统。

学思见悟

2021年1月1日正式实施的《中华人民共和国民法典》是一部固根本、稳预期、利长远的基础性法律，其在总则、合同、人格权等三编9项5款中明确了诚信原则、信用评价、信用声誉、信用信息等相关内容并做出了明确规定。《中华人民共和国公司法》第5条明确规定："公司从事经营活动，必须遵守法律、行政法规，遵守社会公德、商业道德，诚实守信，接受政府和社会公众的监督，承担社会责任。"在统筹国内国际两个大局、统筹疫情防控和经济社会发展中，平台企业务必提高政治站位，深化对履行社会责任重要性的认识；要充分认清，这些年来平台企业能够发展起来，得益于党的改革开放政策；要牢固树立以人民为中心的发展思想，对"国之大者"了然于胸，多打大算盘、算大账，知责于心、担责于身、履责于行；要始终把保护消费者利益扛在肩上，在推进自身创新发展的同时，更好地履行社会责任。

社会责任是企业做大做强的基石，唯有把发展和责任结合起来，创造自身价值与社会价值，才能真正做大做强。这就需要企事业单位及政府部门的领导者和管理者要有担当，构建良好的控制环境，形成健康的发展氛围，从而更好地实现企事业单位及政府部门内部控制机制实施的效果。

本章小结

控制环境是指对公司管理方法、操作程序、控制措施等发生影响的各种因素。它是内部控制其他要素的基础，构成了公司的氛围，控制环境的好坏直接决定了公司内部控制机制实施的效果。

文化道德环境、公司治理环境、公司组织环境、人事环境和激励环境都从不同方面构成了内部控制的环境，发挥着不同的控制功能。

中英文专业术语

控制环境 control environment

公司治理 corporate governance

企业文化 corporate culture

企业社会责任 corporate social responsibility

章后练习

一、单项选择题

1.（　　）对股东大会负责，依法行使企业的经营决策权。

章后练习-自测版

A.董事会　　B.监事会

C.经理层　　D.董事长

2.企业应当根据（　　）制定战略规划。

A.企业现实情况　　B.企业发展目标

C.同业发展前景　　D.社会经济发展趋势

3.企业应当重视人力资源建设，根据（　　）战略，结合人力资源现状和未来需求预测，建立人力资源发展目标，制定人力资源总体规划和能力框架体系，优化人力资源整体布局，明确人力资源的引进、开发、使用、培养、考核、激励、退出等管理要求，实现人力资源的合理配置，全面提升企业核心竞争力。

A.发展　　B.人才　　C.竞争　　D.定向

4.应当制定与业绩考核挂钩的薪酬制度，切实做到薪酬安排与员工贡献相协调，体现（　　）优先，兼顾公平。

A.质量　　B.数量　　C.速度　　D.效率

二、多项选择题

1.下列各项中，表明内部控制环境存在缺陷的有（　　）。

A.甲企业为上市公司，其关键管理人员在母公司兼职，在该人员的指令下，上市公司承担了母公司发生的捐款

B.乙企业为降低生产成本，减少环保投入，致使大量污水排入周边水域，造成环境污染

C.丙企业设立审计委员会，负责监督公司内部控制的有效实施和内部控制自我评价情况

D.丁企业的企业文化是“不惜一切代价做大市场”

2.为使员工了解和掌握组织架构设计及权责分配情况，正确履行职责，企业应当制定（　　）等内部管理制度或相关文件。

A.组织结构图　　B.企业财务报告

C.业务流程图、岗（职）位说明书　　D.权限指引

三、判断题

1.企业梳理内部机构设置，应当重点关注内部机构设置的合理性和运行的高效性等。（　　）

2.企业发展战略一经实施便不能调整。（　　）

3.企业关键岗位人员离职前，应当根据有关法律法规的规定进行工作交接或离任审计。（　　）

4.企业应当重视安全生产投入，在人力、物力、资金、技术等方面提供必要的保障，健全检查监督机制，确保各项安全措施落实到位，可以根据现实情况随意降低保障标准和要求。（　　）

四、简答题

1.企业在关注组织架构设计与运行中必须关注的风险是什么？

2.简述企业的员工退出机制。

3.企业制定与实施发展战略至少应当关注哪些风险？

4.企业应承担的社会责任有哪些？

第五章
风险评估

学习目标

掌握风险的概念，熟知风险的种类；了解企业风险管理发展历程、成本与效益、风险管理的文化，掌握风险管理的概念、目标、范围，理解风险管理的障碍与关键问题。学习风险管理基本流程；掌握不同风险理财措施的适用环境与优缺点，了解风险管理信息系统。

引导案例与思考

香港证监会2014年9月入禀香港高等法院，对前身是中信泰富的中信股份及其前主席荣智健等多人展开法律程序，并要求法庭颁令，向4 500名投资者赔偿。

香港证监会表示，中信股份前主席荣智健及其余四名前董事，涉嫌在2008年就杠杆式外汇合约投资巨额亏损，披露虚假或具有误导性的财务状况资料。中信曾在2008年10月20日发出的一份市场公告披露，截至当日，中信因早前为调控其澳大利亚铁矿项目面对的货币风险所订立的多份杠杆式外汇合约，而蒙受巨额已变现亏损及按公平价定值的亏损。该盈利警告显示，中信在2008年9月7日已察觉到该合约带来的潜在风险。

不过，中信在2008年9月12日刊发的通函指出，董事会所知集团自2007年12月31日以来的财务或交易状况概无出现任何重大不利变动。证监会认为，2008年9月12日刊发的通函载有虚假或具有误导性的陈述，而中信及该五名董事均已于该通函刊发前知悉由杠杆式外汇合约所引致的巨大财务负面影响，故中信及该五名董事须就此负上法律责任。

香港证监会已寻求原讼法庭颁发命令，以使于2008年9月12日收市后及于2008年10月20日盈利警告发出日前购入中信股份的投资者，恢复至他们进行交易前的状况，或就他们的损失获得赔偿。所需支付的金额，须待确定法律责任后，由原讼法庭做出评估。

据资料显示，在上述期内，投资者的购股总额超过19亿元，购股价介乎14.26元/股至24.5元/股不等，而平均购股价为18.97元/股。与此同时，中信股份（前称中信泰富）财务部前助理董事崔永年于2008年在公司发出盈警之前，将其所持有的中信泰富股份几乎全部沽出，避免了承受约136万港元的名义损失。

资料来源：梁小婵，康殷．香港证监会起诉荣智健，为4 500股民讨赔［N］．南方都市报，2014-09-12.

分析：1.中信泰富巨亏的原因。

2.中信泰富的风险来源有哪些？

课前预习（思维导图）

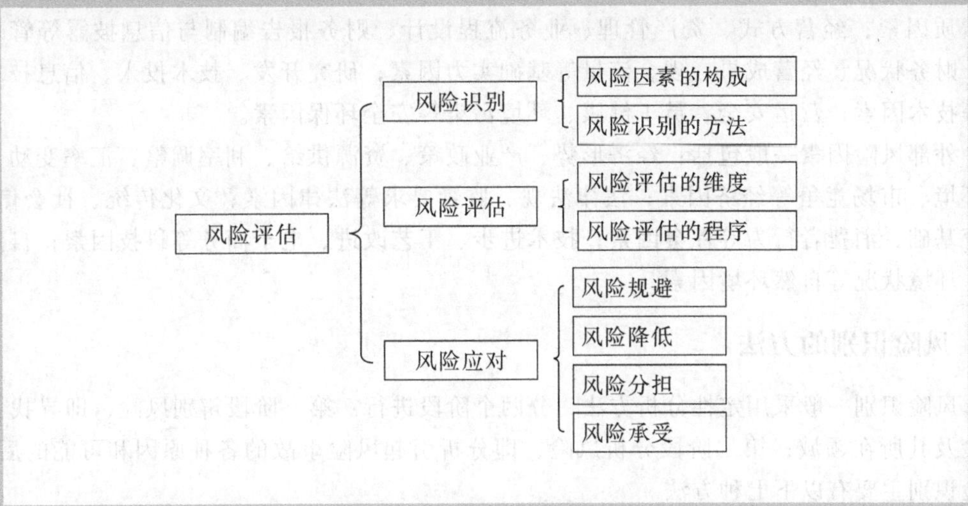

风险评估在内控体系的出现意味着有效的风险控制不再是被动地通过各个环节设置好的控制活动来预防风险的出现或发生，而是通过主动地开展风险评估，来识别和分析实现目标的相关风险，为风险控制奠定基础。风险评估主要包括风险识别、风险分析和风险应对。

◎第一节 风险识别

企业要想有效地管理风险，必须借助于目标的设定，对风险进行识别。企业应当按照战略目标，设定相关的经营目标、财务报告目标、合规性目标与资产安全目标，并根据设定的目标合理确定企业整体风险承受能力和具体业务层次上的可接受的风险水平。

一、风险识别的概念

风险识别是指对企业所面临的潜在风险进行判断、归类和鉴定的过程。风险识别可以发现企业的风险所在，同时还要辨认各种潜在风险的来源，分析风险性质。具体来说，风险识别应解决如下问题：企业存在哪些风险、哪些风险应予以考虑、引起风险的原因是什么、风险引起的后果及严重程度等。

风险识别不仅要在企业层面开展，还要在业务层面加以确认。只有对公司主要业务单元和职能部门（如销售、生产、营销、技术开发等部门）存在的各种不确定性事件进行预测、分析和确认后，企业经营战略与职能战略的实施才有更加可靠的保证。风险识别的结果应反馈回企业战略目标的制定过程中。

二、风险因素的构成

影响内部控制目标实现的风险因素来自企业的内部和外部。

内部风险因素一般包括：高级管理人员职业操守、员工专业胜任能力、团队精神等人员素质因素；经营方式、资产管理、业务流程设计、财务报告编制与信息披露等管理因素；财务状况、经营成果、现金流量等基础实力因素；研究开发、技术投入、信息技术运用等技术因素；营运安全、员工健康、环境污染等安全环保因素。

外部风险因素一般包括：经济形势、产业政策、资源供给、利率调整、汇率变动、融资环境、市场竞争等经济因素；法律法规、监管要求等法律因素；文化传统、社会信用、教育基础、消费者行为等社会因素；技术进步、工艺改进、电子商务等科技因素；自然灾害、环境状况等自然环境因素。

三、风险识别的方法

风险识别一般采用定性分析方法，分两个阶段进行：第一阶段辨别风险，即寻找各种风险及其所在领域；第二阶段分析风险，即分析引起风险事故的各种原因和可能的后果。风险识别主要有以下七种方法。

（一）现场调查法

现场调查法是对风险进行实地的全面普查，一般分为三步：调查前的准备、现场调查以及形成调查报告与反馈。调查前的准备工作包括设计调查表格和确定调查内容事件（如调查对象、时间、地点）。现场调查过程需要认真记录并填写调查表。

现场调查法的优点是可获得第一手资料，有助于与基层人员和一线员工建立良好关系。其缺点是耗时较长，成本较高。

（二）风险清单分析法

风险清单分析法又称列表检查法，即事前设计好调查表，将已经识别的企业主要风险填列其中，进行对照检查。调查表可以是制式表格，也可以是专用表格。制式表格多由风险管理或保险咨询的机构和专家提供，包含人们已经识别出的最基本的各类风险。专用表格仅适合某一特定企业，多为企业自己的风险管理人员根据企业自身资产状况和经营特点制作的风险一览表，由于更加注重本企业具有的特殊风险，所以针对性更强。

风险清单分析法有诸多优势，包括成本低廉，风险识别过程简单迅速，可以同时跟踪检测整个风险管理过程，不断修订检查表以适应变化的情况。其缺点是检查表的初次制作比较费时，未知风险难以发现。

（三）财务分析法

财务分析法又称财务报表分析法，是指通过对资产负债表、利润表、现金流量表和其他附表等财务信息的分析来识别风险。该方法的具体应用包括趋势分析法、比率分析法、因素分析法和模型分析法。例如，通过分析资产负债表中应收账款的账龄，企业可以判断是否有形成坏账的风险，对于实物资产要注意人为事故造成的损失或者技术贬值的风险。

财务分析法的优点是信息准确、客观、清晰、扼要，而且易于被内部和外部人员接受。其缺点是无法反映企业风险的全貌，部分信息仅能被专业人士所利用。

（四）组织结构图分析法

组织结构图分析法是通过勾画整个经济单位的组织结构图来发现风险可能产生的区域，以识别风险的方法。其工作程序为先画出组织整体结构图，然后细化组织结构和管理结构以识别风险可能产生的区域，重点应关注职能重复的部门，过分依赖性和过度集中性的部门。组织结构图分析法主要用于寻找风险产生的区域或环节，因此将其用于风险识别时往往有专门的目的。

（五）流程图法

流程图法是识别企业潜在风险的系统方法，它将企业组织按照生产经营过程的内在逻辑绘制成作业流程图，然后针对其中的关键步骤或薄弱环节进行调查和分析，即通过描述产品、服务、会计、营销等过程来识别流程中的风险。流程图法的步骤分为三步：分析、识别产品从设计至销售所历经的各个阶段；据此绘制流程图，解释流程中的所有风险；进一步解释风险发生的原因以及可能造成的影响。在复杂的流程图中，可以通过简表的方式来进行解释，直观反映可能发生的风险、原因及结果。

流程图法的优点在于可以将复杂的生产过程或业务流程简单化，从而易于发现风险。其缺点是流程图的绘制要耗费时间。

（六）事故树法

事故树法是风险识别常用的一种方法。事故树法从某一风险结果出发，运用逻辑推理的方法推导出引发风险的原因，遵循风险事件—中间事件—基本事件的逻辑结构。事故树把影响企业整体目标实现的诸多因素及其因果关系一步步清楚地列示出来，有利于下一步进行深入的风险分析。

（七）可行性研究

可行性研究是在项目计划阶段即对风险进行定性识别的方法。它的工作步骤为：检查各部分原始意图，发现有无偏离原始意图的情况，寻找偏离原因，预测偏离后果。可行性研究的优点是可在项目实施前就发现风险并加以处理。其缺点是比较费时，且需要详细的设计系统图的支持。

四、风险识别的基础

企业管理者应当以风险组合的观点对相关的风险进行识别并采取措施使企业所承担的风险在风险偏好的范围内。对企业内每个单位而言，其风险可能落在该单位的风险容忍度范围内，但从企业总体来看，总风险可能超过企业总体的风险偏好范围。因此，应从企业总体的风险组合的观点看待风险。

针对企业目标实现过程中所面临的风险，风险管理框架对企业风险管理提出风险偏好和风险容忍度两个概念。从广义上看，风险偏好是指企业在实现其目标的过程中愿意接受的风险的数量。企业的风险偏好与企业的战略直接相关，企业在制定战略时，应考虑将该战略的既定收益与企业的风险偏好结合起来，目的是帮助企业的管理者在不同战略间选择与企业的风险偏好相一致的战略。风险偏好的概念是建立在风险容忍度概念基础上的。风险容忍度是指在企业目标实现过程中对差异的可接受程度，是企业在风险偏好的基础上设定的对相关目标实现过程中所出现差异的可容忍限度。在确定各目标的风险容忍度时，企业应考虑相关目标的重要性，并将其与企业风险偏好联系起来。

◎第二节 风险评估

一、风险评估的概念

内部因素和外部因素都会影响企业目标的实现程度，尽管有些因素对于一个行业中的企业而言是共同的，但是更多的因素对于特定的主体而言却是独特的。管理层在进行风险评估时应着重关注这些特有的因素，结合本企业的规模、经营的复杂性等，评估风险的可能性及其影响。

对于风险的评估应从企业战略和目标的角度进行。首先，应对企业的固有风险进行评估。固有风险是指在管理者不采取任何风险管理措施的情况下，企业所面临的风险。确定对固有风险的风险应对模式就能够确定对固有风险的管理措施。其次，管理者应在对固有风险采取有关管理措施的基础上，对企业的剩余风险进行评估。剩余风险是指管理者采取相应措施应对风险后仍然存留的风险。管理者在评估风险时，应当从固有风险和剩余风险两个方面进行评估。

二、风险评估的维度

应从两个方面对风险进行评估——风险发生的可能性和影响。

风险发生的可能性是指某一特定事项发生的可能性，一般来讲，风险发生概率大于0小于或等于5%时，我们确定为风险“几乎不会发生”；风险发生概率大于5%小于或等于50%时，确定为风险“可能会发生”；风险发生概率大于50%且小于或等于95%时，确定为风险“很可能发生”；风险发生概率大于95%时，确定为风险“基本会发生”。影响则是指事项的发生将会带来的影响。风险影响程度大小是针对既定目标而言的，因此对于不同的目标，企业应采取不同的衡量标准。

风险评估时最好能够找到与风险相关的目标一致的计量单位进行计量，将风险与相关的目标联系起来。企业风险管理框架还要求注意相互关联的风险，确定单一的事项如何给企业带来多重的风险。同时，企业风险管理需要管理者建立一种企业总体层面上的风险组合观。在风险评估方面体现为，对各业务单位、职能部门、生产过程或相应的其他活动负责的各层管理者对其负责的部门或单位的风险应进行复合式评估，而企业高层管理者也应从企业总体层面上考虑相互关联的风险和企业的总风险。

三、风险评估的程序

（一）确定风险评估实施主体

风险评估应由企业组织有关职能部门和业务单位实施，也可聘请有资质的中介机构协助实施。企业应制定《风险控制管理办法》《风险评估方法和标准》等相关制度和规章，明确机构的职责和分工、风险评估的程序和方法。具体进行风险评估的部门应负责对已识别的风险进行定量和定性的分析，估计风险的严重程度，评估风险发生的可能性或频率，考虑采取适当的措施管理风险。

（二）确定风险评估的时间范围

风险评估的时间范围应与相关战略和目标的时间范围保持一致，当企业战略目标不仅着眼于中短期，并在某些方面延伸到较长时期时，管理层也不能忽视那些可能延伸的风险。一般而言，时间范围越大，风险发生的可能性就越大，风险评估的要求就越高。另外，管理者还应注意，不同时间段所对应风险发生的可能性是不同的。

（三）确定风险评估的空间范围

如果潜在事项之间并不相关，管理者应对它们分别进行评估；但当事项彼此关联时，或者当事项结合或相互影响产生显著不同的可能性或影响时，管理者应把它们放在一起进行评估。因此，风险分析应包括风险之间的关系分析，以便发现各风险之间的自然对冲、风险事件发生的正负相关性等组合效应，从风险策略上对风险进行统一集中管理。另外，企业在评估多项风险时，应根据对风险发生可能性的高低和对目标的影响程度的评估，绘制风险坐标图，对各项风险进行比较，初步确定对各项风险的管理优先顺序和策略。

（四）运用风险评估技术及方法

风险评估方法包括定性分析和定量分析。

1.定性分析方法

定性分析方法包括问卷调查、集体讨论、专家咨询 、情景分析、政策分析、行业标杆比较、管理层访谈、由专人主持的工作访谈和调查研究等。

2.定量分析方法

定量分析方法包括统计推论（如集中趋势法）、计算机模拟（如蒙特卡罗分析法）、事件树分析等。进行风险定量评估时，应统一制定各风险的度量单位和风险度量模型，并通过测试等方法，确保评估系统的假设前提、参数、数据来源和定量评估程序的合理性和准确性。要根据环境的变化，定期对假设前提和参数进行复核和修改，并将定量评估系统的估算结果与实际效果对比，据此对有关参数进行调整和改进。

（五）风险评估的结果描述

对事件发生的可能性及影响程度进行定性或定量评估后，可以采用风险图、数量表等方式将其描述出来，以利于管理者针对不同的风险类型采用不同的风险管理策略。

◎第三节 风险应对

一、风险应对的概念

风险应对就是在风险识别和衡量的基础上针对企业存在的风险点采取定性、定量分析并进行风险排序，制定相应的应对措施和整体策略，以达到消除或降低风险的目的。

二、风险应对的策略

风险应对策略包括以下四种类型：

（一）风险规避

风险规避是企业对超出风险承受度的风险，通过放弃或者停止与该风险相关的业务活动以避免和减轻损失的策略。

风险规避的方法主要有两种：

1.完全放弃

完全放弃就是采取完全放弃项目的方法。这样风险是没有了，但同时也失去了项目及其可能带来的收益，所以这种做法并不常见。一般有两种情况例外：（1）某些特定的风险事件，发生概率较高，后果损失十分大，甚至是无法弥补的损失，如人身伤害等；（2）如采用其他风险应对策略，处理风险的成本均大于其产生的效果。

2.预防性风险规避

预防性风险规避是指采取预防性措施将风险源消除的方法。措施之一是加大项目成本使风险源消失；之二是改变项目的某些条件使风险源完全消除。

（二）风险降低

风险降低是企业在权衡成本效益之后，准备采取适当的控制措施降低风险或减轻损失，将风险控制在风险承受度之内的策略。风险降低是指把不利的风险事件的发生概率或后果降低到企业可接受的限度内的风险控制方法，运用这种方法仍不失盈利机会，相对于风险规避而言，它是一种积极的风险应对方法。

风险降低的措施大致可以分成损失预防和损失抑制两类，其实质均是通过采取措施消除或减少风险因素，以降低损失发生的概率及程度、缩小损失发生范围。

（三）风险分担

风险分担是企业准备借助他人力量，采取业务分包、购买保险等方式和适当的控制措施，将风险控制在风险承受度之内的策略。

风险分担也称风险转移，是将自己不能或不愿承担的风险，采用保险、信用担保、租赁经营、套期保值、期货交易、票据贴现等方式，以付出一定的经济成本为代价，让其他人（或组织）分担的一种方法。风险分担又可分成保险类风险分担和非保险类风险分担两类。

1.保险类风险分担

保险类风险分担是指以投保的形式将风险转移给保险公司。

2.非保险类风险分担

非保险类风险分担是指采用中和（期货、套期保值）、履约保函、保证人等工具，将企业自己不能或不愿承担的风险让第三方分担的方法。

（四）风险承受

风险承受是企业对风险承受度之内的风险，在权衡成本效益之后，不准备采取控制措施降低风险或者减轻损失的策略。风险承受也叫风险接受，是指企业自己承担由于风险所造成的损失。它是基于风险分析的结果，项目风险损失不大，在企业承受度之内，而且没有其他合适的风险应对策略可选，它是唯一可行的应对策略。

风险承受有两种方式：主动和被动风险承受，其区别在于前者是计划性的，而后者是非计划性的，究其实质均为企业自己来承担损失。

三、风险应对策略的选择

企业在进行风险应对策略选择时可以遵循以下基本原则：

（1）对超出整体风险承受能力或者具体业务层面上的可接受风险水平的风险，应当实施风险规避策略。

(2) 对在整体风险承受能力和具体业务层面上的可接受风险水平之内的风险，在权衡成本效益之后无意采取进一步控制措施的，可以实施风险承受策略。

(3) 对在整体风险承受能力和具体业务层面上的可接受风险水平之内的风险，在权衡成本效益之后愿意单独采取进一步的控制措施以降低风险、提高收益或者减轻损失的，可以实施风险降低策略。

(4) 对在整体风险承受能力和具体业务层次上的可接受风险水平之内的风险，在权衡成本效益之后愿意借助他人力量，采取包括业务分包、购买保险等进一步的控制措施以降低风险、提高收益或者减轻损失的，可以实施风险分担策略。

对于每一个重要的风险，企业都应考虑所有的风险应对方案。有效的风险管理要求管理者选择可以使企业风险发生的可能性和影响都落在风险容忍度之内的风险应对方案。选定某一风险应对方案后，管理者应在剩余风险的基础上重新评估风险，即从企业总体的角度或者组合风险的角度重新计量风险。各行政部门、职能部门或者业务部门的管理者应采取一定的措施对该部门的风险进行复合式评估并选择相应的风险应对方案。

◎第四节 案例分析

中航油新加坡事件

一、案例简介

中国航油（新加坡）股份有限公司是中国航空油料集团公司的海外控股公司。经国家有关部门批准，新加坡公司在取得中国航油集团公司授权后，自2003年开始做油品套期保值业务。在此期间，新加坡公司总裁陈久霖擅自扩大业务范围，从2003开始从事石油衍生品期权交易，同日本三井银行、法国兴业银行、英国巴克莱银行、新加坡发展银行和新加坡麦戈利银行等在期货交易场外签订了合同。陈久霖买了“看跌”期权，赌注每桶38美元。没想到国际油价一路攀升——2004年10月以后，新加坡公司所持石油衍生品盘位已远远超过预期价格。根据合同，中航油需向交易对方（银行和金融机构）支付保证金，每桶油价每上涨1美元，中航油新加坡公司就要向这些银行支付5 000万美元的保证金。其结果导致中航油现金流量枯竭，实际损失和潜在损失总计约5.54亿美元。

事实上，陈久霖这种石油期权投机交易，其股东方中航油集团公司是明令禁止的。1998年8月1日国务院发布的《国务院关于进一步整顿和规范期货市场的通知》、2001年10月11日证监会发布的《国有企业境外期货套期保值业务管理制度指导意见》都明确规定了取得境外期货业务许可证的企业，在境外市场只能进行套期保值，不能进行投机业务。1999年6月2日国务院发布的《期货交易管理暂行条例》也规定了国有企业的期货交易仅限于从事套期保值业务（且明令禁止场外交易），并要求期货交易总量应当与其同期现货交易总量相适应。然而，中航油从事以上交易时，一直未向中国航油集团公司报告，而且中国航油集团也没有发现。直到保证金支付问题难以解决、经营难以为继的情况下，新加坡公司才向中国航油集团公司紧急报告。即便如此，中航油公司也没有向集团公司说明实情，而且为了掩饰公司的违法行为，中航油开始向上级公司提供假账。

2004年6月，中航油就已经在石油期货交易上面临3 580万美元的潜在亏损。但公司仍然一意孤行，继续追加了错误方向“做空”资金。但在财务账面上没有任何显示。由于陈久霖在场外进行交易，集团通过正常的财务报表没有发现陈久霖的秘密，新加坡当地的监管机构也没有发现其有违规现象。因此，这使得中航油事件从一个并不很大的失误开始，酿成为石破天惊的大案、要案。

二、案例分析

（一）关注企业风险比关注企业细节控制更为重要

包括中航油公司在内，几乎所有的公司都有一大套管理制度。这些制度大到包括对外投资、小到包括差旅费报销等，应有尽有。因此，企业董事会与管理层认为，这些制度的贯彻与执行就是内部控制的所有内容。其实，企业的管理资源是有限的，控制也是需要成本的。如果将企业主要精力放在所有细小的或微不足道的控制上，往往会舍本求末，如有些企业在差旅费报销上的规定长达数十页，极其烦琐，表面上控制得很好，但浪费了许多管理资源，还会忽视企业重大风险。所以，董事会与管理层应将精力主要放在可能产生重大风险的环节上，而不是所有细小环节上，将风险管理作为内部控制的主要内容。事实上，中航油公司曾在2003年被新加坡证券监督部门列为最具透明度的企业，说明该企业确实在细节方面的内部控制做得非常周到。但是，从事后暴露出的结果来看，恰恰是在经营风险管理上出了问题。

（二）执行比设计更为重要

应该说，任何一家公司都或多或少地存在一定的内部控制，否则，公司是无法正常运行的。事实上，中航油公司本身也有一整套内部控制制度。为了追求制度的完美，他们还聘请了国际四大会计师事务所之一的安永会计师事务所制定了《风险管理手册》。在该手册中规定：损失超过500万美元，必须报告董事会，并立即采取止损措施等。然而，当陈久霖在处理期货头寸的过程中，这些规定的流程成为形式，设定的风险管理体系并没有发挥任何作用。由此可见，公司在设计内部控制时是花了相当大的精力，而在如何保证实施制度方面，则缺乏应有的措施。

（三）风险评估：目标设立及事件识别

COSO报告在调查许多大公司舞弊案中发现，许多内部控制的失败往往是在一开始确立公司目标时就已经注定了。公司在经营过程中，对什么事件应采取什么对策并不清晰，特别是高风险事项，也采用一般程序来处理。这是导致公司内部控制失败的主要成因之一。对比中航油事件，公司在认识到影响其业绩的潜在事项之前必须有一定的目标。目标设立形成了一个组织风险偏好——从高处展望管理层和董事会将接受多大的风险。从中航油的发展史来看，从1997年起，在经历了两年亏损和两年休眠期后，恢复运营之后的中航油先后进行了两次战略转型：第一次转型是从一家船务经纪公司重新定位为以航油采购为主的贸易公司；第二次转型是从一个纯贸易型企业发展到以石油实业投资、国际石油贸易和进口航油采购为一体的工贸结合型的实体企业，成为以中国为依托的石油类跨国企业。2001年，在母公司支持下，中航油以中国航油垄断采购上的概念成功登陆新加坡资本市场。然而，中航油总裁陈久霖并不满足于单纯的油品现货贸易。在其推动下，中航油从上市伊始就开始涉足石油期货。在取得初步成功之后，中航油公司管理层在没有向董事会报告并取得批准的情况下，无视国家法律法规的禁止，擅自将企业战略目标移位于投机性期货交易。这种目标设立的随意性，以及对目标风险的藐视，最终将企业陷入惊涛骇浪之中。事实上，中航油集团最初在海外设立上市公司的初衷是非常明确的，就是为了取得一个价格相对平稳的国际油价。但是，这一目标最后却被陈久霖擅自改变为通过投机性场外交易来搏击利差的主要手段。可见，目标的随意更改导致了中航油最终受到毁灭性的打击。因此，在风险防范方面，目标设立起着非常大的作用。

另外，一个组织必须识别影响其目标实现的内、外部事项，区分哪些是风险、哪些是机会。可能有负面影响的事项代表了风险，可能有正面影响的事项代表了能抵消负面作用的机会，通过事项识别，能引导管理层战略或者目标始终保持不被偏离。2002年中航油的年报显示其当年的投机交易盈利，2003年下半年，中航油进入石油期权交易市场，到年底也赚了钱。事实上，这正是事项识别中的机会与风险问题。当我们看到该事项为公司赚取了大量利润的同时，应该清醒地认识到，该事项可能产生的巨大风险。从最后结果来看，中航油最终的巨亏也是因为期货交易。这里就涉及企业应当如何正确区分机会和风险问题了。如果陈久霖能认清形势，在赚取巨额利润时，清醒地意识到可能产生的风险，或许中航油的历史会改写。因此，利用风险识别技巧（如事项目录、流程分析、主要事项指针等）来区分机会和风险显得十分重要。

案例来源：金彧昉，李若山，徐明磊. COSO报告下的内部控制新发展——从中航油事件看企业风险管理［J］. 会计研究，2005（2）.

学思见悟

中共十九大报告中，防范化解重大风险被摆在打好三大攻坚战的首位。我们要深刻认识和准确把握外部环境的深刻变化和我国改革发展稳定面临的新情况新问题新挑战，坚持底线思维，增强忧患意识，提高防控能力，着力防范化解重大风险，保持经济持续健康发展和社会大局稳定，为决胜全面建成小康社会、夺取新时代中国特色社会主义伟大胜利、实现中华民族伟大复兴的中国梦提供坚强保障。

为实现中华民族伟大复兴的中国梦，在经济波动、社会矛盾问题积累且社会信息化迅猛发展的形势下，社会风险不断上升，要做好防范化解重大风险，风险评估显得尤为重要。我们应当通过主动地开展风险评估，来识别和分析实现目标的相关风险，为风险控制奠定基础。

本章小结

风险可被定义为一件事发生的概率和相关后果的组合，即，风险=概率×影响。风险指“投资回报的不确定性，可表示为标准差或贝塔系数”。可采用一定的方法经验法则，利用一定的数据对风险进行量化。要注意方法的科学性和数据的可靠性与准确性。

风险管理是指对风险进行识别和评估，针对风险制定、实施相应战略，并对该战略进行监控的过程。

中英文专业术语

风险管理 risk management

风险评估 risk assessment

风险识别 risk（event）identification

风险分析 risk analysis

风险应对 risk response

章后练习

章后练习-自测版

一、单项选择题

1.M 国某地区位于地震频发地带，那里的居民具有较强的防震意识，住房普遍采用木结构，抗震性能优越。不少家庭加装了地震时会自动关闭煤气的仪器，以防范地震带来的相关灾害。根据上述信息，该地区居民采取的风险管理策略工具是（　　）。

A.风险转移　　B.风险控制　　C.风险转换　　D.风险规避

2.有关研究机构证实，从事中成药生产的上市公司天康公司的主打产品含有对人体健康有害的成分。该研究结果被媒体披露后，天康公司的股价大跌，购买其产品的部分消费者和经销商纷纷要求退货，致使其经营陷入危机。上述案例中，天康公司面临的风险属于（　　）。

A.运营风险　　B.市场风险　　C.产业风险　　D.财务风险

3.甲公司曾是一家世界著名的照相机生产企业。近年来，面对各类新型照相设备的兴起，该公司业务转型迟缓，目前出现巨额亏损，濒临破产。甲公司遭遇的风险属于（　　）。

A.技术风险　　B.财务风险　　C.战略风险　　D.产业风险

4.桐城钢铁公司需要的铁矿石购自 U 国的山谷矿山公司，后者曾多次在前者急需大量铁矿石时大幅提高产品价格，使前者遭受很大损失。后来桐城钢铁公司买下山谷矿山公司 51% 的股权并获得定价权。下列各项中，属于桐城钢铁公司采用的风险管理策略的是（　　）。

A.风险规避　　B.风险转移　　C.风险控制　　D.风险补偿

5.龙泉啤酒公司为了应对气候变化对产品销售的影响，对过去 3 年中气温与该公司啤酒销售量的变化进行了统计分析，找出其中气温炎热、温和及寒冷等不同状态下产品销量变动的规律，并依据此规律和气象部门的预测，计算、推测出该公司下一年应实现的产品销售量。龙泉啤酒公司采用的风险管理方法属于（　　）。

A.敏感性分析法　　B.马尔科夫分析法

C.统计推论法　　D.情景分析法

6.某公司于三年前聘请中介机构构建了较完备的内部控制系统，但在执行过程中由于培训和理解不到位，以至于部分流程无法覆盖所有大额应收账款，给企业带来严重损失。试判断该类风险属于（　　）。

A. 制度缺陷　　B.设计缺陷　　C.运行缺陷　　D.系统缺陷

二、多项选择题

1.2017 年年初，甲公司与乙银行签订一份协议，约定甲公司一旦发生特定事件引起财务危机时，有权从乙银行取得 500 万元贷款来应对风险。在协议中，双方明确了甲公司归还贷款的期限以及获得贷款应当支付的利息和费用。针对甲公司采取的措施，下列各项中表述正确的有（　　）。

A.甲公司采取的风险理财策略不涉及风险补偿

B.甲公司采取的风险理财策略为其可持续经营提供了保证

C.甲公司采取的风险理财策略是风险资本的表现形式之一

D.乙银行向甲公司提供贷款不承担甲公司发生特定事件的风险

2.东风林场为了加强对火灾风险的防控工作，组织有关人员深入分析了由于自然或人为因素引发火灾、场内消防系统工作、火警和灭火直升机出动等不确定事件下产生各种后果的频率。下列各项中，属于该林场采用的风险管理方法优点的有（　　）。

A.生动地体现事件的顺序

B.不会遗漏重要的初始事项

C.能够将延迟成功或恢复事件纳入其中

D.能说明时机、依赖性和多米诺效应

3.A 企业要投资建设一处厂房，为此成立了建设领导小组，负责新厂房建设的所有管理工作，但由于缺乏相关专业知识，导致厂房建设进度和质量不能保障，同时因资金紧张而可能无法到期偿还供应商的材料款，甚至以后无法进一步合作。试判断上述企业面临哪些风险（　　）。

A.项目风险　　B.流动风险　　C.声誉风险　　D.信誉风险

三、判断题

1.一般来说，风险分析是分析风险发生的可能性和影响程度。（　　）

2.目标设立是风险评估的起点，是风险识别和应对的前提。（　　）

四、简答题

1.什么是风险识别？

2.企业应关注的风险有哪些？

3.简述风险识别的过程。

第六章
控制活动

学习目标

通过学习本章内容，使读者了解控制活动的定义与特点；掌握控制活动的分类以及各类的主要内容；明确控制的方法、过程以及基本要素；了解如何选择合适的控制方式。

引导案例与思考

某公司董事会指定财务部为预算管理机构，2018年年初董事会根据上年度的生产与销售情况，结合对未来各种因素的合理估计，制订当年的年度预算方案，并将制订完成的详细预算方案下发到公司内部各部门执行，但是到2018年9月，年度经营实际执行只完成了约预计的二分之一，销售部门认为下半年是销售淡季，那么照此发展下去必将不会完成全年预算的销售任务。因此，销售部向预算管理机构提出需调整预算经营方案，经过预算管理机构的思考，既然实际销售情况和预算相差甚远，那么预算也就没有达到其应有的作用，于是将原预算方案中的销售收入调整为原来的三分之二。年末，预算管理机构向董事会报告，已全面完成全年经营预算。

课前思考与讨论：

1.在此案例中，从内部控制的角度分析该公司在预算控制过程中存在哪些问题。

2.针对此案例，对于存在的问题提出合理化建议。

课前预习（思维导图）

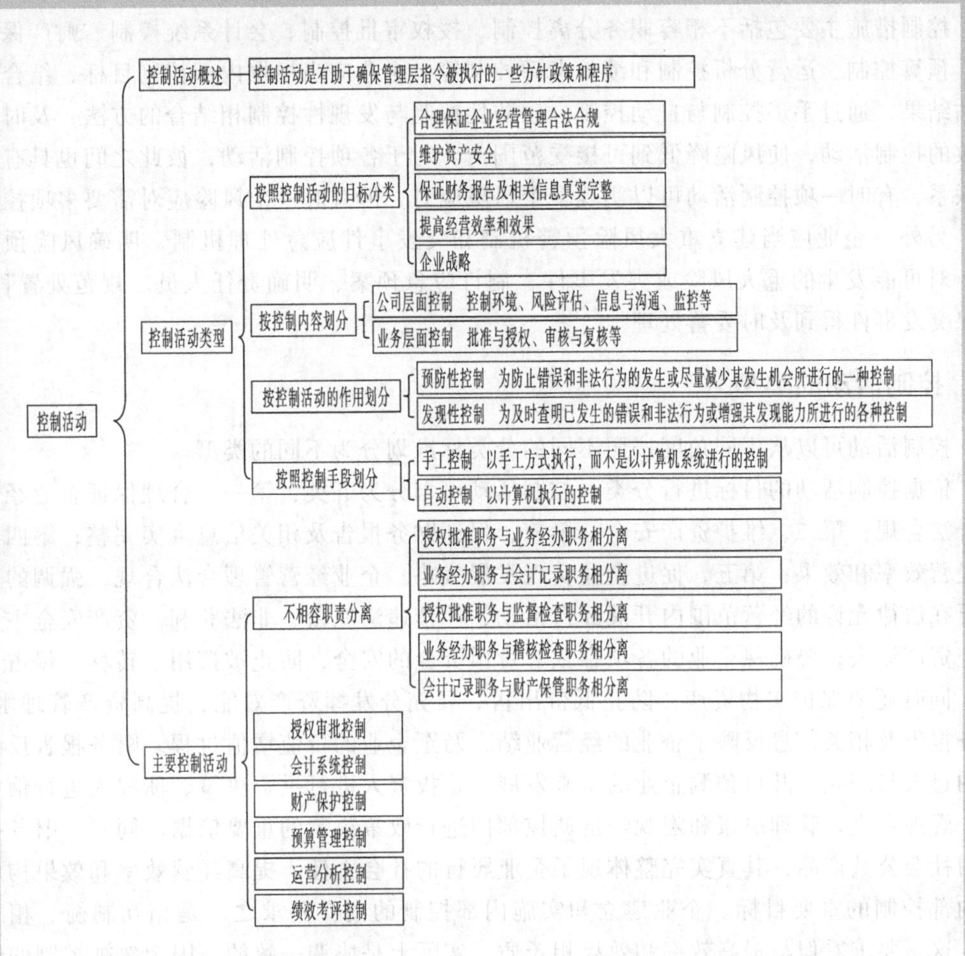

◎第一节　控制活动概述及类型

一、控制活动概述

控制活动是指有助于确保管理层指令得以贯彻实施的政策和程序。其中政策是程序的基础，而程序是将政策付诸行动，即通过技术的各种手段去执行政策。控制活动是一个动态的执行过程，依据控制的目的去设计政策，并制定相应的执行程序，根据实际的执行情况，对控制活动的策略及程序进行调整以满足企业控制的需求。

针对公司的每一项业务活动都应有必要和恰当的政策和程序，使已确定的控制行为得到恰当的执行。控制活动贯穿于公司管理的全过程，包括各个部门和各个层级，控制活动的有效执行，有助于对风险的管控，并且更好地实现管理职能，使公司能够实现其预设的各项目标。

控制措施主要包括不相容职务分离控制、授权审批控制、会计系统控制、财产保护控制、预算控制、运营分析控制和绩效考评控制等。企业应当根据内部控制目标，结合风险评估结果，通过手工控制与自动控制、预防性控制与发现性控制相结合的方法，及时实施有效的控制活动，使风险降低到可接受范围内。对于各项控制活动，彼此之间也具有一定的联系，有时一项控制活动可以实现多个风险应对，但有时一个风险应对需要多项控制活动。另外，企业应当建立重大风险预警机制和突发事件应急处理机制，明确风险预警标准，对可能发生的重大风险或突发事件，制订应急预案、明确责任人员、规范处置程序，确保突发事件得到及时妥善处理。

二、控制活动的类型

控制活动可以从不同角度按照不同的分类标准划分为不同的类型。

依据控制活动的目标进行分类，控制活动可划分为五类：第一，合理保证企业经营管理合法合规；第二，维护资产安全；第三，保证财务报告及相关信息真实完整；第四，提高经营效率和效果；第五，促进企业实现发展战略。企业经营管理合法合规，强调的是企业要在法律允许的经营范围内开展经营活动，严禁违法经营、非法获利。资产安全主要是防止资产流失，要确保企业的各项存款等货币资金的安全，防止被挪用、转移、侵占、盗窃，同时还要保护实物资产，防止低价出售，要充分发挥资产效能，提高资产管理水平。财务报告及相关信息反映了企业的经营业绩，乃至企业的价值增值过程。财务报告反映企业的过去与现状，并可预测企业的未来发展，是投资人进行投资决策、债权人进行信贷决策、管理者进行管理决策和宏观经济调控部门进行政策决策的重要依据。同时，财务报告作为社会公共产品，其真实完整体现了企业履行的社会责任。提高经营效率和效果构成企业内部控制的重要目标。企业建立和实施内部控制的内在要求之一是相互制衡、相互监督，这一要求看似与提高效率和效果相矛盾，实际上是协调一致的。因为忽视控制的经营管理，将导致重大风险的发生，可能造成企业难以为继，最终降低了经营的效率和效果。因此，企业必须正确认识和处理强化内部控制与提高效率和效果的关系。促进企业实现发展战略是内部控制的最高目标，也是终极目标。

在上述五个控制目标中，企业经营管理合法合规、资产安全完整、财务报告及相关信息真实完整是内部控制的基础目标，促进企业的长远发展，企业要在这三个基础目标之上，必须提高经营效率和效果，最终促进企业实现发展战略。

依据控制活动的内容进行分类，控制活动可划分为公司层面控制活动和业务层面控制活动。公司层面控制活动指使公司内部各个部门，在公司层面获得适当、有效的控制活动。其控制活动主要包括公司内部环境的控制，如公司对政策的运用和程序的实施以及管理者的权限等；反舞弊程序的控制活动，如对公司舞弊案的处理程序及惩罚措施等；风险评估的控制活动，如对风险评估确定评估标准及评估范围等；期末财务报告流程；公司的监督活动，如内部审计和监督机构的设立等；统一的规章制度，如制度的建立与实施等。

业务层面控制是指对公司的具体某项业务活动而实施的控制活动，如对某项业务处理的授权与审批程序，对该业务的审查程序，以及该业务的预估与实施进度的情况和项目资金的合理使用情况等。针对公司层面风险，应建立相应的公司层面风险控制政策，制定公司统一的规章制度，统驭业务活动层面控制；对于业务活动层面风险，应以公司层面政策为导向，规范业务流程，制定相应的风险控制措施。

依据控制活动的作用进行分类，控制活动可划分为预防性控制和发现性控制。预防性控制是指预防问题发生而设计的控制活动，此项控制活动非常关键，企业内部可以设计有效的预防性控制活动，避免或减小风险与问题的发生，但是此项控制活动的成本也是比较高的，它是事前和事中的控制，因此管理层在设计此项控制活动时，需权衡成本与收益之间的关系，选择恰当的控制活动去应对企业未来可能遇到的一些问题。发现性控制是指在问题发生时，能够及时地发现问题，并对风险进行评估，使管理人员能更好地对问题采取应对措施。发现性控制通常是管理层用来监督实现流程目标的控制，因此，通过发现性控制与预防性控制相结合，降低企业的经营风险，有利于实现企业总目标。

依据控制活动的手段进行分类，控制活动可划分为手工控制活动和自动控制活动。手工控制活动是指通过手工控制手段对某项活动进行管控；而自动控制活动主要是通过计算机对各项任务进行监控，并实时掌握其动态信息，有利于管理者对问题的决策。

综上，按照不同的标准，控制活动可划分为不同的类型。各控制活动都有其相应的作用，因此管理者在确定控制活动时，应根据实际目标选择合适的控制活动，既要根据成本效益原则去考虑，还要保证该项活动实施的有效性与必要性，从各个方面多加考虑，运用有效的控制活动且有序地执行，促进企业的发展。

◎第二节　控制活动的主要内容

一、不相容职务分离控制

不相容职务是指那些不能由一个人兼任的职务，否则会造成弄虚作假，但能掩盖其作弊行为的职务。不相容职务分离控制要求企业全面系统地分析、梳理业务流程中所涉及的不相容职务，实施相应的分离措施，形成各司其职、各负其责、相互制约的工作机制。此项措施在财务部普遍运用，企业应根据实际情况，将不相容职务相分离，降低企业经营风险。一般而言，企业的经济业务活动可以划分为授权、签发、核准、执行、记录五个步骤，如果每个步骤都由相对独立的人员或部门执行，就会形成相互制衡的机制，保证不相容职务相分离。企业内部主要不相容职务有授权批准职务、业务经办职务、会计记录职务、财产保管职务、监督检查职务、稽核检查职务。不相容职务控制一般有如下五类，以图6-1列示如下。

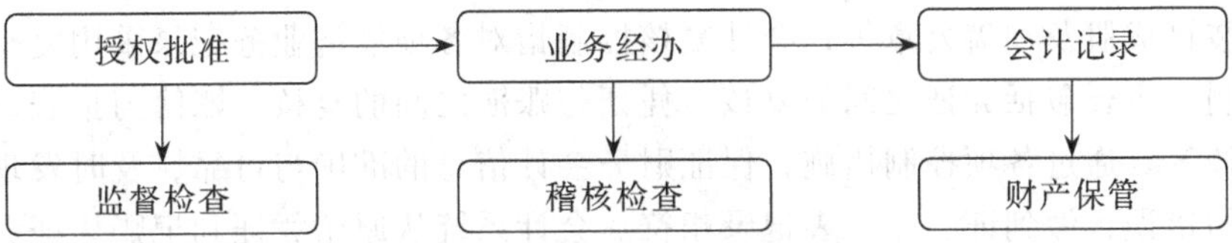

图6-1　不相容职务分离的情形

第一，授权批准职务与业务经办职务相分离；

第二，业务经办职务与会计记录职务相分离；

第三，授权批准职务与监督检查职务相分离；

第四，业务经办职务与稽核检查职务相分离；

第五，会计记录职务与财产保管职务相分离。

二、授权审批控制

授权审批控制是指企业在处理经济业务时，必须经过授权批准以便进行控制，授权批准按其形式可分为常规授权和特别授权。常规授权是指企业在日常经营管理活动中按照既定的职责和程序进行的授权；特别授权是指企业在特殊情况、特定条件下进行的授权。授权审批控制要求企业根据常规授权和特别授权的规定，明确各岗位办理业务和事项的权限范围、审批程序和相应责任。企业应当编制常规授权的权限指引，规范特别授权的范围、权限、程序和责任，严格控制特别授权。企业的管理人员应在自己的职权范围内严格执行，明确其应承担的相应职责。

通常，企业的所有经营活动都应纳入授权审批的范围，企业应根据经济活动的重要性和金额大小确定不同的授权批准层次，从而使管理层有权也有责。当授权者履行权利时，应明确其承担哪些方面的责任，以避免责任不清所带来的问题。企业应规定每一类经济业务的审批程序，以便按程序办理审批，避免越级审批、违规审批的情况发生。单位内部的各级管理层必须在授权范围内行使其职权，同样经办人员也必须在授权范围内办理经济业务。对于企业存在的重大业务和事项，应当实行集体决策审批或者联签制度，任何个人不得单独进行决策或者擅自改变集体决策。

三、会计系统控制

会计系统控制要求企业严格执行国家统一的会计准则制度，加强会计基础工作，明确会计凭证、会计账簿和财务会计报告的处理程序，保证会计资料真实完整。企业应当依法设置会计机构，配备合格的会计人员。会计系统控制是指通过会计的核算和监督系统进行控制，对公司的各类交易应进行汇总、分析、分类、记录、报告，主要包括会计凭证控制、会计账簿控制、财务报告控制和会计复核控制。会计凭证控制指在填制或取得会计凭证时实施相应的控制措施，包括对原始凭证与记账凭证的控制。会计凭证控制的内容主要包括严格审查、设计科学的凭证格式、连续编号、明确凭证装订与保管手续等；会计账簿控制指在设置启用及登记会计账簿时实施的相应控制措施，其主要内容包括按规定设置会计账簿、会计凭证必须经过严格的审核无误后才能登记入账、按规定的方法与时间结账等；财务报告控制是指在编制财务报告时实施相应的控制措施，主要包括按规定的方法与时间编制及报送财务报告，编制的会计报表由相应人员审阅、签名并盖章，报送的财务会计报告要装订成册及加盖公章等；会计复核控制指对各项经济业务记录采用复查核对的方法进行控制，主要包括凭证之间的复核、凭证与账簿之间的复核、账簿与报表之间及账簿之间的复核等。通过各项控制措施，保证财务会计信息的准确与可靠，及时发现并改正会计记录中的错误，做到证、账、表记录相符。会计系统从原始凭证到记账凭证、从明细账到总账、从会计账簿到会计报表，各个环节都是循序渐进的，要保证其各项经济业务按照会计核算程序、会计政策进行记录，按照会计上报制度规范上报财务报告，并按要求保管各项会计资料和档案。

企业的会计系统为企业提供了经营环节的各项信息，如成本、营运、生产、库存等信息。因此，企业应加强会计系统控制，健全企业内部会计制度，统一企业适用的会计政策及会计科目，对凭证、账簿、财务报告严格规范其程序及形式。

四、财产保护控制

财产保护控制要求企业建立财产日常管理制度和定期清查制度，采取财产记录、实物保管、定期盘点、账实核对等措施，确保财产安全。这里的财产是指企业的现金、固定资产、存货等，因为一般它们在公司资产中所占的比例较大，应着重监管。企业应当严格限制未经授权的人员接触和处置财产，包括对直接接触实物的限制、对接近实物的使用或支配的批准文件的限制、对接近计划资料及有关经济核算资料的限制等；企业应建立资产定期盘点制度，并保证盘点时资产的安全性，通常可采用先盘点实物，再核对账册来防止盘盈资产流失的可能性，对盘点中出现的差异应进行调查，出现盘亏或盘盈资产应分析原因，查明责任并完善相关制度；企业也可通过对资产投保增加实物受损补偿机会，从而保护实物的安全；企业应加强财产记录，会计记录应妥善保存，尽可能减少记录受损、被盗或被毁的机会，同时应加强信息考评制度及定期对账制度和应收账款催收制度。企业的各项财产都是进行经营活动的基础，因此，企业应加强实物资产的保管控制，保证实物资产的安全、完整。

五、预算管理控制

预算管理控制是指企业根据预算对生产经营活动进行控制，企业应实施全面预算管理制度，明确各责任单位在预算管理中的职责权限，规范预算的编制、审定、下达和执行程序，强化预算约束。企业应利用预算对企业内部的财务及非财务资源进行分配、控制、考核，有效地利用企业各项资源，完成既定的经营目标。

全面预算主要包括收入预算、支出预算、现金预算等，预算编制是实施预算管理控制的起点，企业应选择合适的编制方法与流程去编制预算，预算编制的好坏将直接影响预算管理的效果，进而影响企业总目标的实现。预算编制完成后，在各项生产经营活动中，企业各部门应按照预算办事，而对于无预算或者超预算的项目，应严格控制其各项支出。当出现特殊情况的时候，企业还应适当对预算做出调整，对预算执行情况进行分析，对于出现的差异，应对差异进行分析并查明原因，形成分析报告。

六、运营分析控制

运营分析控制要求企业建立运营情况分析制度，经理层应当综合运用生产、购销、投资、筹资、财务等方面的信息，通过因素分析、对比分析、趋势分析等方法，定期开展运营情况分析，发现存在的问题，及时查明原因并加以改进。开展运营分析的目的是能够在预算的基础上，通过运营分析，发现其是否朝着预算目标的正确方向发展，使管理层能够及早发现问题，保证其向预算方向发展。运营分析控制在企业的发展过程中具有重要作用，无论企业采取哪项措施去促进运营，企业都必须对经营成果进行分析与总结，采用合适的运营活动分析流程，如图6-2所示，促使公司顺利发展。

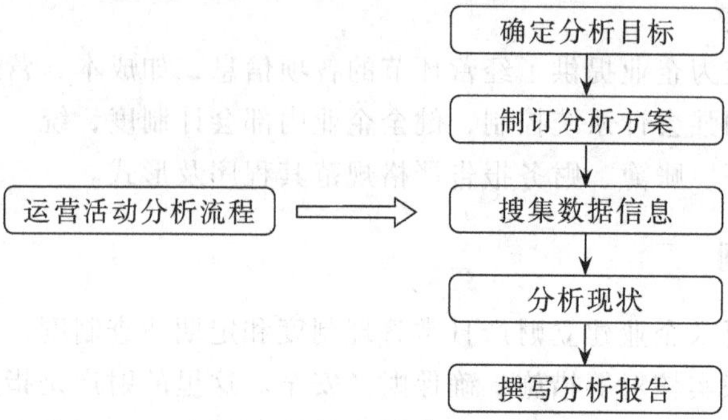

图6-2 运营活动分析流程图

七、绩效考评控制

绩效考评控制要求企业建立和实施绩效考评制度，科学设置考核指标体系，对企业内部各责任单位和全体员工的业绩进行定期考核和客观评价，将考评结果作为确定员工薪酬以及职务晋升、评优、降级、调岗、辞退等的依据。

通过绩效控制，将经营目标分配到各部门甚至个人的工作目标中，企业通过制定相关的考核指标，对企业内部的管理层和员工进行考核，依据公平公开原则，合理设置绩效考核指标及奖惩制度，保证企业实现其经营目标。

◎第三节 案例分析

企业控制活动的失效

一、案例简介

某公司是一家电动汽车生产企业，在同行业中销量名列前茅，让人意想不到的是，这家企业却在销售量与日俱增的短短几年间，由于资金严重缺乏，而被迫申请破产。公司采取了新的销售政策，制定了以实现销售收入为评价指标的鼓励政策。公司规定任何销售人员都可以签订合同，完成指标的销售人员可以获得升职加薪甚至会被赠予一辆豪华汽车。该方案刚执行时，销售业绩还不错，但随后销售人员为达到其销售指标，给予过多的销售折扣，甚至出现了大量的赊销，但并没有向上级汇报情况并实行授权审批。对于签订的销售合同，由于对某些条款的不明确，造成资金难以收回，甚至出现了坏账损失。逐渐地，企业资金周转困难，严重影响了企业的生产经营，最后不得不申请破产。

二、案例评述与启示

（一）授权审批问题

销售管理员给予过多的销售折扣，同时对于出现的大量赊销造成巨额的应收账款，并没有向上级汇报并实行授权审批，因此，公司应该对各项业务严格规范其授权批准制度，企业的折扣问题须经过各层管理者的授权和审批，对于赊销问题以及重大事项的决策，需由高层管理者集体决策审批或实行联签制度，任何个人不得擅自改变集体决策。

（二）应收账款问题

企业由于大量赊销造成了巨额的应收账款，因此，企业应建立规范的信用管理部门，制定合理的信用政策，在实际情况中具体地确定信用标准、信用条件和收账政策。

首先，对客户建立资信档案，设基本资料和往来资料两部分。往来资料包括客户的交易时间、金额、付款情况等，同时采用动态更新管理制，及时录入新的信息资料，实行对客户信用的动态管理；其次，对客户资信进行风险评估。客户的资信度取决于以下五个方面：信用品质、偿付能力（流动比率）、资本实力、抵押品的变现能力、经济状况，即常说的“5C”评定法。对此企业应成立专门评信小组，运用专门的信用分析技术和模型，通过对客户所有相关财务及非财务信息和交易记录进行整理、分析，评定信用等级；最后，根据风险评估的结果制定科学合理的信用政策。同时，企业的信用政策要根据市场情况及客户信用情况的变化进行必要的动态调整。

由于应收账款造成的坏账损失，企业应根据应收账款的账龄进行分析，并可以根据合同建立一系列与工资奖金挂钩的催款措施，尽快缩短收回账款的时间，防止发生坏账。

（三）合同问题

本案例中，企业合同签订的随意性，合同签订存在不明确的条款，造成企业资金难以收回。企业应当建立合同订立权限分级授予制度，明确企业内部相关单位、部门或岗位的授权范围、授权期间、授权条件等。企业对外签订合同应当由法定代表人（或公司章程等文件规定能够代表企业行使职权的主要负责人）或其授权的人签章，同时加盖单位印章或合同专用章。授权签章的，应当签署授权委托书，授权对象应当符合法律法规及企业政策对被授权人资质条件的要求。被授权人应当在授权委托的范围内签订合同。除非授权书明确允许，被授权人不得转委托。企业可以根据合同管理需要对合同实施统一规范管理。并且，企业需要在签订合同的时候，在主要的经营领域建立制度和程序，如销售与采购等环节，并且对销售合同进行审阅和批准，并咨询法律专业人士。

（四）控制活动问题

对于企业存在的各项问题，企业可能没有设计有效的预防性控制活动，而且在问题的初始阶段，也没有意识到企业存在的各项风险，没有及时实施发现性控制活动，导致企业走向破产。因此，企业应根据风险评估结果，设置合理的控制措施，同时，企业应根据实际执行情况，对存在的问题及时查明原因，实施相应的控制措施。通过各项控制活动的实施，以及内部监督的管理，保证企业目标得以实现。

学思见悟

对于突发的新冠肺炎疫情，武汉首先出现了感染病例，中国政府立即实施了有效的控制措施，迅速组织了大量的医护人员实施救治，建立了火神山和雷神山医院，并且为武汉人民提供了物资捐赠，呼吁全国人民戴好口罩等，经过几个月的努力，疫情得到了控制。后来，各个地方陆续出现疫情，国家也制定了相应的控制政策，采取各项防控措施，控制疫情的同时，专家们也在致力于研发疫苗，目前，新冠肺炎疫苗已经研发成功，各地已陆续接种，各项防控措施的有效实施，保证中国在控制疫情方面取得了很大成功。

然而疫情并没有结束，有些城市依然还存在着较少的感染者，为进一步加强新冠肺炎疫情的防控工作，切实维护人民群众及医护人员的身体健康和生命安全，国家也建立了完善新冠肺炎疫情的防控运营机制，有效防控疫情扩散，做到“早发现、早报告、早诊断、早隔离、早治疗”，提高应急处置和医疗救治能力，发现疑似病例及时处置和转诊，防止医务人员的感染，同时在高风险地区，定时进行核酸检测、提前排查，以尽早发现新冠肺炎感染病例，规范病例发现、报告、标本采集及运送等工作，确保能够及时、迅速、高效、有序地处理，以控制疫情蔓延扩散。

此次中国的疫情防控成效显而易见，这归功于中国政府及时采取了有效的应对措施，建立了有效的防控政策，实施有效的控制措施，以及人民的积极配合和社会各界的大力帮助。因此，在面对突发问题时，应当迅速建立突发事件应急处理机制，制订应急预案、明确责任人员、规范处置程序，保证突发事件得到及时妥善处理。

请思考：当你在生活中遇到一些突发事情时，你会如何处理，让事情顺利解决。

中英文专业术语

控制活动 control activities
重大风险预警机制 major risk early warning mechanism
公司层控制 corporate level control
业务层控制 business layer control
风险评估 risk evaluation
预防性控制 preventive control
发现性控制 discovery control
自动控制 automatic control
手动控制 manual control
不相容职务分离控制 incompatible separation of duties control
授权审批控制 authorization control
会计系统控制 accounting system control
财产保护控制 property protection control
预算管理控制 budget management control
全面预算管理 comprehensive budget management
运营分析控制 operational analysis and control
绩效考评控制 performance appraisal control

本章小结

控制活动发生在整个企业的不同层次和不同部门中，企业必须确立和执行控制政策和程序，确保管理层的指令得以执行，减少风险的发生，从而实现经营目标。控制活动可分为公司层面、流程面、信息系统的控制。公司层面控制包括控制环境、风险评估、信息与沟通、监控等控制活动；流程面控制包括财务报告、采购与支出、销售与收入、生产与存货等方面的控制；信息系统控制包括数据中心和网络运作、信息安全、信息系统应用控制等。控制活动主要包括不相容职责分离控制、授权审批控制、会计系统控制、财产保护控制、预算管理控制、运营分析控制和绩效考评控制等。对于这些控制活动，读者需充分掌握其各自的内容，结合案例分析，充分学习控制活动的相关内容。

章后练习

章后练习-自测版

一、单选题

1.在不希望出现的事情发生时能够加以识别的控制活动称为（ ）。

A.命令式控制　　B.预防性控制

C.发现性控制　　D.纠正性控制

2.下列各项中，不属于内部控制要素中控制活动的是（ ）。

A.业绩评价　　B.实物控制　　C.职责分离　　D.监督控制

3.下列控制活动中，属于发现性控制的是（ ）。

A.信息技术部根据人事部提供的员工岗位职责表在系统中设定用户权限

B.仓库管理员根据经批准的发货单办理出库

C.采购部对新增供应商执行背景调查

D.财务人员每月末与客户对账，并调查差异

4.按照控制活动的（ ）分类，控制可分为预防性控制和发现性控制。

A.目标　　B.内容　　C.作用　　D.手段

5.根据功能分类，控制可分为预防性控制和（ ）。

A.系统性控制　　B.发现性控制　　C.纠正性控制　　D.反馈性控制

6.在下列各项措施中，不属于财产保护控制的是（ ）。

A.限制接触财产　　B.业绩评价　　C.财产保险　　D.记录保护

7.下列不属于运营分析控制措施的是（ ）。

A.建立运营分析体系　　B.建立数据仓库

C.加强信息沟通　　D.编制预算

8.下列选项中，不属于会计系统控制内容的是（ ）。

A.甲公司规定凭证必须连续编号，并按编号顺序使用

B.乙公司要求记账凭证的内容必须与原始凭证的内容保持一致

C.丙公司建立定期的复核制度

D.丁公司建立内部审计制度

9.按照控制活动的目标进行分类，不包括（ ）。

A.战略控制　　B.经营控制

C.财务报告控制　　D.预防性控制

10.下列各项中，不属于企业层面控制的是（ ）。

A.集中化的处理和控制　　B.业务控制

C.财务会计报告流程控制　　D.管理层的风险评估流程

二、多选题

1.下列选项中，属于控制活动的是（ ）。

A.绩效考评控制　　B.不相容职务分离控制

C.运营分析控制　　D.预算控制

2.下列关于控制活动的说法正确的有（ ）。
A.不相容职务分离控制要求企业全面系统地分析、梳理业务流程中的不相容职务，防止具有欺骗性的活动发生或未被查出
B.企业对于重大的业务和事项，应当实行集团决策审批或者联签制度，任何个人不得单独进行决策或者擅自改变集体决策
C.业绩复核是指雇员将不同数据连接在一起，识别并找出差异，并且在必要时采取纠正措施
D.财产保护控制包括采用财产记录、使用保险箱储存现金和重要文件、为大楼或其内的区域设立门禁系统等手段
3.下列各项中，属于预防性控制的有（ ）。
A.主营业务收入明细账由记录应收账款明细账之外的职员独立登记
B.由不负责现金、销售及应收账款记账的人员按月向客户寄发对账单
C.编制销售发票通知单的人员与开具销售发票的人员应相互分离
D.规定负责主营业务收入和应收账款记账的职员不得经手货币资金
4.下列控制活动中，属于经营业绩评价方面的有（ ）。
A.由内部审计部门定期对内部控制的设计和执行结果进行评价
B.定期与客户对账并对发现的差异进行调查
C.根据预算、预测和前期实际结果，对公司的业绩复核和评价
D.综合分析财务数据和经营数据之间的内在关系
5.下列关于控制的说法正确的有（ ）。
A.预防性控制是为了防范风险、舞弊的发生
B.发现性控制是为了及时识别已经存在的风险
C.纠正性控制是指对那些由检查性控制查出来的问题进行的调整和纠正
D.补偿性控制是针对某些环节的不足或缺陷而采取的控制措施

三、判断题

1.企业在确定授权控制过程中，应当充分考虑不相容职务相分离的制衡要求。（ ）
2.按照控制手段划分，控制活动可分为手工控制和自动控制。（ ）
3.控制活动是有助于确保管理层的指令得以执行的政策和程序。（ ）
4.执行某项经济业务与记录该项经济业务可以由同一人办理。（ ）
5.按控制内容划分，控制活动可以分为公司层面控制和业务层面控制。（ ）

第七章
信息与沟通

学习目标

通过本章的学习，了解信息的类型与来源；掌握信息的搜集与传递方式以及对信息系统的利用；了解沟通的方式以及各种方式的利弊。

引导案例与思考

2008年4月28日凌晨4时48分，山东胶济铁路王村段，限速80千米/时处，时速达131千米的北京–青岛T195次列车，第9—17号车厢突然脱轨，侵入了并行的另一条铁轨，和正常运行的对开5034次列车相撞，造成71人死亡，416人受伤。

现已证实，事故线路是一条"S"形临时线路，而超速被认为是这起事故的直接原因。但超速的背后是信息传递混乱。行经此段的列车限速一月内竟数次更改，而且令不畅通，规章制度形同虚设，事发前几天济南铁路局曾发文限速，但又迅速取消限速。潜伏巨大危险的临时线路，儿戏般的调度管理，层层的疏忽与失职，最终导致了中国铁路史上最重大的惨祸之一。

事后相关部门总结信息滞漏不畅是造成事故的主要原因。

4·28事件表明有效的信息与沟通对于企业的成功是至关重要的。企业必须以一定的形式，在一定的时间范围内识别、获取和沟通有关的信息，保证人们履行其职责的形式和时机。

信息系统利用内部生成的数据和来自外部渠道的信息以便为管理风险和制定决策提供信息。

沟通是组织内部交换意见的工具，有效的沟通会在组织中向下、平行和向上流动。沟通也是组织与外部环境（如客户、供应商、监管者和股东之间）联系的桥梁。

课前思考与讨论

（1）什么是信息与沟通？

（2）信息与沟通在企业内部控制中的作用与职能是怎样的？

（3）4·28事件带来的启示是什么？企业如何建立良好的信息与沟通体系？

课前预习（思维导图）

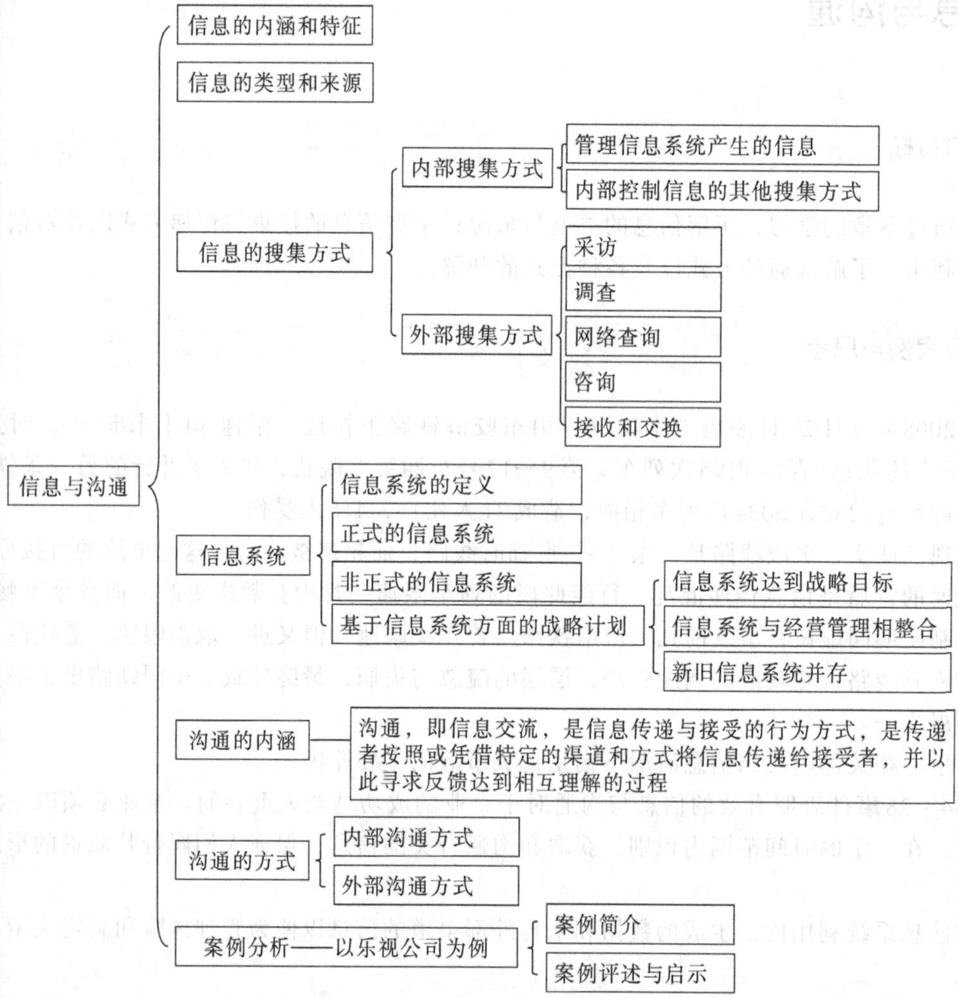

◎第一节 信息

一、信息的内涵和特征

信息是指信息系统辨识、衡量、处理及报告的标的，来源于企业内部或外部，包括获取的行业、经济、监控，以及内部生产经营管理、财务等方面的信息。信息具有以下特征：

（1）可识别性：内部控制中的信息是可以被识别的，不同的信息具有不同的识别方式；

（2）可转换性：信息可以从一种形态转变为另一种形态。例如，文字信息可以转变成网络信息，语言信息可以转变成文字信息；

（3）可扩充性：随着时间的推移和变化、人类的加工、补充和传递，信息可不断扩充；

（4）可储存性：通过信息系统、电子档案、文字档案等方式，信息可以储存起来；

（5）可压缩性：信息可以通过人们的加工、整理、概括、归纳从而到达精炼的效果；

（6）可传递性：信息可以通过交流、会议、资料等形式进行传递，这是信息最本质的特征。

二、信息的类型和来源

信息可以分为外部信息和内部信息。外部信息主要是通过相关部门、行业协会组织、社会中介机构、来信来访、网络媒体以及有关监管部门等渠道所获得的国内外市场的各种信息。内部信息主要是通过财务会计资料、各种管理资料、调研报告、专项信息、内部刊物、办公网络等渠道所获取的信息。企业应当广泛收集、分析、整理内外部信息，并通过内部报告传递到企业内部相关管理层级，以便及时采取应对措施。

三、信息的搜集方式

（一）内部搜集方式

1.管理信息系统产生的信息（结构化信息）

学习和运用先进的管理理论，借助现代信息技术把对企业全过程生产经营活动的管理转变为对信息的管理，减少管理层次，削减不增值的环节，建立科学的管理体制，实现物资流、资金流、信息流的最佳结合。

常见的信息包括：有关财务状况、经营成果、现金流等的财务会计信息；有关产品成本、库存、销售等的经营信息；有关员工档案、出勤记录、岗位变动等人力资源管理信息。

2.内部控制信息的其他搜集方式

调研报告、专项会议、内部刊物、公司局域网、内部报告等。

（二）外部搜集方式

1.采访（现场观察、个别采访、座谈采访、电话采访）

2.调查（问卷调查、访问调查）

3.网络查询（互联网、专业数据库、组织互联系统）

4.咨询（专业协会组织、专家、社会中介机构）

5.接收和交换

四、信息系统

（一）信息系统的定义

信息系统，可能是计算机化的信息系统，即由计算机及其相关和配套的设备、设施构成，按照一定的目标和准则对信息进行系统化的采集、加工、储存、传递和检索等处理的人机系统；也可能是手工化的信息系统，即一种以人工处理方式为主的数据处理系统；也有可能是两者结合形成的信息系统，即既有计算机化的信息系统，也包含手工化的信息系统。本书我们讲到的信息系统有着更为宽泛的概念，不仅处理内部信息，而且对于外部环境、活动、事项的变化，信息系统也起着至关重要的作用。这些信息包含以下几个方面：主体的生产过程中有关的产品或服务的数据；随着时代的发展，客户的需求或偏好不断变化的市场情报数据；竞争市场中竞争者的产品开发和法律或监管方面的信息；对企业产品或服务需求发生变化的特定市场或行业的经济数据。

（二）正式的信息系统

当企业与供应商、客户、员工和监管者交流时，他们可以提供一些重要的信息，如识别潜在的风险和机会。同样，参加专业或行业研讨会、组织员工培训会等也能提供有价值的信息。例如，为推进自然资源第三航测遥感院内部控制信息系统的正式启用，四川遥感院召开内部控制信息系统操作培训会，各部门相关人员40余人参加培训会。培训会围绕直接报销、先请后支、采购管理、合同管理四大模块对内部控制信息系统整体框架进行讲解，对特殊事项进行说明提醒，并对内部控制的每个模块报销以及审批流程进行了演示，讲解不同业务的具体操作方式。通过此次培训，参会人员对网上报销流程、审批流程有了更深入的了解，为内部控制信息系统实施打下了坚实的基础。

（三）非正式的信息系统

信息系统并不只是正式的信息系统，任何组织中都存在着非正式的信息系统。随着信息系统化的整顿与改善，正式的信息系统将会越来越发挥骨干作用，但非正式的信息系统仍然还会存在，并发挥其独特的作用。随着行业状况的不断变化、竞争者的不断创新发展和客户的需求不断变化，信息系统为保持与需求的一致性，需要作出一定的改变。例如，主体可能会产生劳动力变化、产品的投放市场周期缩短等新目标。在这些情况下，会产生一种特殊的需要，区分严格的历史会计数据与作为早期预警指标的计量数据很重要，早期的预警指标通常指宏观经济中的通货膨胀率、失业率、物价指数、社会积累率、成本利润率等。有效地使用作为早期预警指标的计量数据可以提供预警信号，来观察某些异样的变化。但是为了使其有效，信息系统不仅必须要识别和获取所需要的财务信息和非财务信息，还必须在一定的时间内，合理报告有助于控制主体活动方式的信息。

（四）基于信息系统方面的战略计划

信息系统是企业经营活动中不可分割的组成部分。信息系统不仅通过决策所需的信息来实施控制，对于贯彻执行战略行动方面也起着至关重要的作用。

1.信息系统达到战略目标

企业的战略目标是指企业在实现使命过程中所追求的长期结果，是企业长期发展的动力所在。它体现了企业在一定时间内经营的方向和预期要达到的结果或水平。一家企业所具有的信息系统应该是具有竞争性的，这种信息系统的存在，在内部可以极大地提高企业作业的效率，在外部可以提高企业的市场竞争力。以互联网为代表的信息系统在全球范围内大大地降低了采购、生产和销售产品的成本。信息系统可以帮助企业从数字化的角度，把客户、供应商以及企业内外部的群体以电子化的方式连结起来，从技术维度、管理维度和组织维度来解决企业的日常经营问题，从而进一步提高企业运行效率。例如，珠江啤酒利用信息化等技术发展循环经济，积极推进清洁生产，取得了显著的经济效益。沃尔玛运用Retail Link系统，通过与企业管理结合达到世界级的良好运行效率。

2.信息系统与经营管理相整合

战略性地利用信息系统已经从单一的财务系统转变为与主体的经营状况相整合的系统。例如，国网宁夏电力有限公司为解决传统换表业务面临的业务流程多、耗时长、效率低等问题，于2018年4月在公司范围内推广应用“一键式换表”新兴业务模式。今后，国网宁夏电力有限公司将以安全保证为前提，以创新改革为动力，全面落实SG-ERP3.0建设，加快新技术与业务的融合，不断地创造出具有信息化价值的产品。浙江东日配送信息平台通过“线上与线下整合的食材配送业务平台”的建立，使公司的配送业务模式更适于互联网发展的趋势。这样的财务业务一体化模式，通过使用信息系统将企业经营中的管理流程、业务流程和财务流程有机结合在一起，提高了企业的管控能力。

3.新旧信息系统并存

旧的信息系统已经得到测验，从而为新的信息系统提供所需要的东西。虽然随着技术革命的不断演变，新的信息系统也在不断完善和发展，但如果认为新的信息系统就能提供更好的控制，这便是错误的。事实上，新旧信息系统的结合与组织系统的演变相吻合，二者并存才能更好地满足需求。

◎第二节 沟通

一、沟通的内涵

沟通，即信息交流，是信息传递与接受的行为方式，是传递者按照或凭借特定的渠道和方式将信息传送给接受者，并以此寻求反馈达到相互理解的过程。沟通既包括简单意义上的人与人的交流，也包括人与组织、组织与组织之间的相互交流。沟通是信息系统所固有的功能，信息系统必须将其信息提供给相关人员，以使其能够合理地履行与经营、财务报告和合规相关的职责。

按沟通的对象划分，沟通可分为内部信息沟通和外部信息沟通；按沟通的渠道划分，沟通可分为正式沟通和非正式沟通。

案例

摩托罗拉中国公司的沟通

摩托罗拉公司于1992年在天津经济开发区破土兴建它的第一家寻呼机、电池、基站等生产厂。天津经济开发区也成为摩托罗拉公司在其本土之外最大的生产基地，投资额比最初的增加了9倍，工人数从不到100人增加到了8 000多人，年产值达28亿美元，这是一家在华投资成功的企业。在摩托罗拉公司集团，每一家公司的高级主管都被要求与普通操作工形成类似兄弟姐妹的关系——在人格上千方百计地保持平等。“对人保持不变的尊重”是公司的个性。最能体现其个性的是它的“Open Door”。“我们所有管理者办公室的门都是绝对敞开的，任何职工在任何时候都可以直接推门进来，与任何级别的上司平等交流。”

每个季度第一个月的1日到21日，中层干部都要同自己的手下和自己的主管进行一次关于职业发展的对话，回答"你在过去三个月里受到尊重了吗？"之类的6个问题。这种对话是一对一和随时随地的。摩托罗拉的管理者们为每一个下层的被管理者预备了1条"Open Door"式表达意见和发泄抱怨的途径：（1）我建议；（2）畅所欲言；（3）总经理座谈会；（4）每日简报；（5）员工大会；（6）教育日；（7）墙报；（8）热线电话；（9）职工委员会；（10）589信箱。

第一，摩托罗拉公司注重构建管理层与普通员工的和谐关系，让沟通方式人性化；第二，公司注重沟通工作的日常化；第三，摩托罗拉公司注重建设企业的文化内涵，沟通制度灵活。从以上可以看出来，摩托罗拉公司的上级和下级沟通方式多种多样，正是因为有效的沟通方式，企业绩效才获得了惊人的效果。

惠普开放的"沟通之道"

二、沟通的方式

（一）内部沟通方式

内部沟通作为企业沟通的方式之一，是指企业在经营过程中，信息在组织内部的流动和共享情况。目的是使企业内部信息得到及时、有效的沟通，使所有员工可以及时了解企业的运行情况，对企业控制环境、控制作业、风险评估等方面也起着至关重要的作用。

企业员工与员工之间应当采取书面沟通、电子沟通、口头沟通等各种沟通方式，使企业所需要的外部信息、内部信息在企业内部之间进行及时、准确的传递、分享，确保董事会、管理层和企业员工之间进行有效的沟通。

1.书面沟通

书面沟通是以文字为媒体的信息传递，其形式有信函、员工手册、内部刊物、公告板、标语等。优点是比较规范、信息传递准确度高、信息传递范围广、有据可查、便于保护。缺点是为确保沟通形式的规范性而耗用较长的时间，成本效益不对等。

2.电子沟通

电子沟通又称E-沟通，是以计算机技术与电子沟通技术组合而产生的信息交流技术为基础的沟通。它是随着电子信息技术的兴起而发展起来的一种沟通形式，包括传真、闭路电视、计算机网络、电子邮件等。电子沟通的优点是，加强了企业即时输出和即时回收信息的能力，实现了书面信息能以面对面或电话式的口头信息一样的快捷速度传递等。缺点是由于在现代企业中，网络的开放性越来越高、技术越来越发达，信息的安全程度也是值得考虑的问题。

3.口头沟通

口头沟通是指借助于口头语言实现的信息交流，它是日常生活中最常采用的沟通形式，主要包括：口头汇报、讨论、座谈会、讲座、例行会议、专题会议等。口头沟通的优点是沟通速度快、反馈及时且灵活，缺点是不能与太多人双向交流，会导致信息失真的可能。

4.向上沟通

向上沟通是一种自下而上的沟通形式。一般渠道下，向上沟通一般是从员工到部门主管的沟通、从管理层到董事会的沟通。特殊渠道下，也可以是从一般员工到高层的沟通。

一般员工→部门主管：应在平等的基础上建立高质量的交流；企业的发展离不开信任和真诚，经理与员工之间的沟通也离不开信任。

管理层→董事会：管理层需要让董事会了解最新的业绩、发展、风险、主要行动以及其他相关的事项；管理层在与董事会进行沟通时，首先，应学会倾听董事会的意见，理解董事会的立场；其次，应设身处地，客观反映经理人、员工的意见。

一般员工→高层：在从一般员工到高层的这种特殊渠道沟通时，企业应首先注意帮员工创造公开、公平、公正的氛围；其次，帮助高层了解员工的真实想法。例如，某公司对员工进行加薪，但是加薪完成后，员工的满意度却在下降，离职率突然上升。管理层本来想做一件对员工有意义的事情，结果没想到成本上升，事情变得更加糟糕。在做决策时，只是假想了员工的需求，但是员工的需求到底是什么，却没有表达出来。

5.向下沟通

董事会→管理层→部门主管→一般员工。

向下沟通是作为一名管理者重要的沟通渠道。这种沟通渠道可以充分发挥向下沟通的效能，可以营造积极团队氛围、推动团队建设与管理。向下沟通的方向与向上沟通相反，一般为从董事会到管理层的沟通、从管理层到部门主管的沟通、从部门主管到一般员工的沟通等。在向下沟通时，应注意以下几点：给予底层信任，充分理解下级的成长诉求；传达公司高层战略和意图，让整个组织效能最大化；真正达成共识，把对方当作参与者，而不是执行者，充分描述项目框架和具体目标，而不是简单地下命令；指出问题时，不应对个人进行评价。

6.平行沟通

平行沟通，又称横向沟通，是指组织内同层级或部门的沟通，它可以是员工与员工之间的沟通、管理者内部之间的沟通，也可以是不同部门之间的沟通。例如，生产部门与采购部门、生产部门与销售部门、销售部门与财务部门等部门之间的沟通。通过平行沟通，企业可以节省时间、提高工作效率；便于企业之间各个部门的相互了解；增强员工之间的友谊，提高员工的工作兴趣。

同时，在应用沟通方式时，为了达到沟通的有效性，内部沟通应当重点关注以下方面：

1.明确职责和有效沟通

明确职责不能一直停留在口头，也不能满足于列出岗位描述，必须要在出现新的问题时及时更新责任的界定和任务的分配，在布置工作时应当更加细致。所有信息的沟通都应该在下一步的工作流程中，明确为什么要沟通信息。信息要避免发给那些不需要的人，这样是没有意义的。

例如，总经理负责公司各层次、各部门之间的内部沟通过程、方式的建立；管理层负责测量、分析、改进沟通的有效性；单位主管负责本部门内部沟通，并且积极与相关单位进行有效沟通；每位员工应注意日常信息的收集，为内部沟通提供良好的素材。

2.内部沟通与交流

对待不同的人要采取不同的方式。

（二）外部沟通方式

要实现良好的内部控制，沟通不能仅仅局限于组织内部，与外部相关组织的沟通也尤为重要。外部沟通能让外部了解组织的内部控制运转情况。企业或其他机构为达到组织的目标创造良好的外部环境、为组织传递有效的发展信息、构建发展网络，拓展发展空间、维护组织形象等，往往需要有效的外部沟通。

1.与投资人和债权人的沟通

投资人和债权人作为企业资本的提供者，也承担着企业的主要风险。企业应定期向投资人和债权人报告企业的战略计划、投资融资计划、财务现状、经营成果、年度预算、利润分配方案以及重大担保、合并分立和资产重组等方面的信息。

案例

沃尔玛的成功与沟通

沃尔玛公司的股东大会是全美最大的股东大会，每次大会公司都尽可能让更多的商店经理和员工参加，让他们看到公司全貌，做到心中有数。

萨姆·沃尔顿在每次股东大会结束后，都和妻子邀请所有出席会议的员工约2 500人到自己的家里举办餐会，在餐会上与众多员工聊天，大家一起畅所欲言，讨论公司的现在和未来。为保持整个组织信息沟通渠道的通畅，他们还与各工作团队成员全面注重收集员工的想法和意见，通常还带领所有人参加“沃尔玛公司联欢会”等。

萨姆·沃尔顿认为让员工们了解公司业务进展情况，与员工共享信息，是让员工最大限度地做好其本职工作的重要途径，是与员工沟通和联络感情的核心。而沃尔玛也正是借用共享信息和分担责任，适应了员工的沟通与交流需求，达到了自己的目的：使员工产生责任感和参与感，意识到自己的工作在公司的重要性，感觉自己得到了公司的尊重和信任，积极主动地努力争取更好的成绩。

2.与客户的沟通

客户是企业产品的消费者、服务的接受者，企业的经营状况和经营目标的实现和完成离不开客户。客户的需求影响着企业的经营成果，企业应通过走访或开设客户座谈会定期了解客户的消费偏好，收集客户对企业销售政策、售后服务、产品质量等方面的建议，以此来反思企业存在的问题并制定相应的措施来妥善解决。

3.与供应商的沟通

供应商位于供应链的上游，有很强的话语权且对企业的经营方面有很大的约束力。企业可以定期通过召开订货座谈会、业务洽谈会、供需见面会等多种形式，与供应商沟通产品质量、供货渠道、交易金额、结算方式、信用政策等方面的问题，以此来发现这些方面是否存在不当的问题并及时进行妥善解决。

4.与监管机构的沟通

监管机构影响着企业的战略计划和经营方针，企业应当重视监管机构的存在，及时了解监管机构的正常要求及其变化，并由此来完善本企业的管理政策。除此之外，对于企业自身存在的问题，应积极向监管机构反映并加强与监管机构的协调。

5.与中介机构的沟通

外部审计师对企业的财务报告进行审计，通过一系列完善的审计程序通常能够发现企业日常经营以及财务报告中存在的问题。企业应当定期与外部审计师进行沟通，听取外部审计师关于财务报表审计、内部控制等方面的建议，以保证内部控制的有效运行以及双方工作的协调。企业在组织经济活动时，不可避免地要与其他企业发生经济纠纷，因此需要聘请律师来帮助处理纠纷，以保障企业的利益。

◎第三节 案例分析

以乐视公司为例

一、案例简介

乐视成立于2004年，创始人贾跃亭。乐视致力打造基于视频产业、内容产业和智能终端的“平台+内容+终端+应用”完整生态系统，被业界称为“乐视模式”。

乐视垂直产业链整合业务涵盖互联网视频、影视制作与发行、智能终端、大屏应用市场、电子商务、互联网智能电动汽车等；旗下公司包括乐视网、乐视致新、乐视影业、网酒网、乐视控股、乐视投资管理、乐视移动智能等。随着乐视的不断发展，2010年8月乐视在我国创业板上市，其业务版图不断扩张，在2014年乐视全生态业务总收入接近100亿元，2016年业绩报告显示实现营业收入219.87亿元。

看似一片欣欣向荣的背后，却隐藏着巨大的财务危机。乐视大量融资的同时拖欠手机供应商款项高达150亿元，超过60%的版权费未能支付。2017年7月7日董事长贾跃亭辞职，公司的五大重量级高管也陆续辞职，乐视股价一路下跌，面临退市风险。

二、案例评述与启示

（一）评述

1. 售后服务未有效实施

乐视从2012年9月19日开始就短时间内建立起一个完善的物流、售后、客服体系，这套体系可概括为“1+2+12+18+92+1 842+…”。物流方面，乐视致新CEO张志伟表示，乐视将严格执行准时到达、远装同步规范操作的标准，对于退货、换货方面均由乐视上门取货和送新拉旧；售后方面，乐视承诺“七日退换货，三十日维修”。但长期以来，常常有消费者反馈购买乐视超级电视和超级手机后，乐视当初承诺的售后服务标准并没有得到有效实施，消费者对此很失望。

2. 员工维权无门

从2017年7月开始，乐视员工薪酬的发放就处于中断状态。基层员工维护自己的权利却没有得到解决，只能通过法律解决，法院仲裁结果显示，被拖欠工资的员工会在2018年1月底之前一次性得到之前的工资，并得到一笔赔偿金。但实际上，至今乐视公司还没有支付员工欠薪，根据有关媒体得到的消息，公司方面已经准备偿还员工工资，但能否全额偿还以及是否每个被侵权的员工都能得到赔偿，还是个未知数，乐视方面并没有给出具体的答复，极大可能的结果是只有部分员工可以得到部分赔偿。

3. 长期拖欠供应商货款

乐视网在2016年被诉讼的案件中，拖欠超过16亿元的供应商货款，涉及最大的一笔是302亿元。乐视对信用政策、资金结算方式等问题不重视，与供应商没有进行有效的沟通交流，长期拖欠供应商版权费，公司由此陷入财务危机，经济形势已达到不可逆转的地步。

（二）启示

1. 建立高效的组织管理架构

为了更好地缩小乐视集团内部由于时间、空间的差异造成的信息不对称、沟通困难等问题，促进项目的建设，公司可简化不必要或者不重要的管理层岗位，加强项目部门的组织架构建设，对于与公司有直接利益往来的相关者，实现云安全项目运行过程的直接管理，从而形成一系列信息垂直发布、意见高效收集的沟通管理体系。

2.设立客户服务机构

乐视公司从事的业务主要是零售业务。对于客户个人而言，公司需要建立起针对客户个人的服务机构，这样有利于双方之间的直接信息沟通交流，根据客户的需求来为其提供更为优质的服务，从而更好地维护双方之间的利益。对于供应商而言，公司同样应建立起相应的部门从而实现有效的沟通。

3.设立工人联合会

公司的员工之间、员工与公司之间也需要进行有效的沟通，通过沟通可以直接得到员工方的信息，收集员工的反馈内容，为公司的持续经营提供更好的服务。此外，定期做好员工调研活动，并及时将信息传递给管理层，结合员工反馈的内容和建议，制定相应的对策，这样不仅能增强员工对公司的信任度，也能使公司管理层更高效地管理公司业务。

学思见悟

通过本章的学习，我们了解到企业有效的信息与沟通是内部控制的重要保证，良好的信息和沟通系统可以使企业及时掌握营运状况，提供高质量的会计信息，并在有关部门和人员之间进行沟通。除了理论上的知识外，我们应该更加深入地认识到一家企业的信息与沟通与企业内部每个人的职业道德也是息息相关、密不可分的。例如前文提到的4·28事件，充分暴露了一些铁路运营企业安全生产认识不到位、领导不到位、安全生产责任不到位、安全生产措施不到位、隐患排查治理不到位和监督管理不到位的严重问题，这些问题的背后隐藏着员工、管理层和领导等职业道德的缺失。会计职业道德是对从业者最基本的内在要求。一家企业在内部控制信息与沟通方面要想做得出色，需要全员的参加。职业道德是员工素质的主要体现，只有具有良好的职业道德的员工才会更加配合企业的内部管理控制。例如海尔集团的产品从1984年的单一冰箱发展到拥有白色家电、黑色家电、米色家电在内的96大门类产品群，并出口到世界160多个国家和地区，是世界第四大白色家电制造商、中国最具价值品牌。海尔集团的成功离不开集团内部控制的不断完善，而追根求源，离不开海尔集体内部每位员工的良好职业道德水平。员工所具备的良好职业道德水平除了“自律”外，也离不开“他律”，海尔集团对每位员工的管理原则是：充分发挥员工的潜能，将员工的压力转化为动力。此外，海尔集团还设立聘用机制、考核机制和激励机制，并加强对员工的培养和培训。因此，在关注企业信息与沟通的同时，也应加强构建对员工职业道德的提升，这不仅需要企业中每一位员工自身的职业道德约束，企业内部也应设法来推动员工个人职业道德的提升。

请思考作为财务人员如何提升自己的职业道德和素养来服务于企业内控的信息与沟通程序。

本章小结

1.信息是指信息系统辨识、衡量、处理及报告的标的，来源于企业内部或外部，包括获取的行业、经济、监控，以及内部生产经营管理、财务等方面的信息。

2.企业可以通过财务会计资料、经营管理资料、调研报告、专项信息、内部刊物、办公网络等渠道，获取内部信息。

3.企业可以通过行业协会组织、社会中介机构、业务往来单位、市场调查、来信来访、网络媒体以及有关监管部门等渠道，获取外部信息。

4.信息系统，可能是计算机化的信息系统，即由计算机及其相关和配套的设备、设施构成，按照一定的目标和准则对信息进行系统化的采集、加工、储存、传递和检索等处理的人机系统；也可能是手工化的信息系统，即一种以人工处理方式为主的数据处理系统；也有可能是两者结合形成的信息系统，即既有计算机化的信息系统，也包含手工化的信息系统。

5.信息系统是企业经营活动中不可分割的组成部分。信息系统不仅通过决策所需的信息来实施控制，对于贯彻执行战略行动方面也起着至关重要的作用。

6.内部信息沟通指的是企业经营、管理所需的内部信息、外部信息在企业内部的传递与共享。充分的内部信息沟通对企业控制环境、控制作业、风险评估等各方面都起着至关重要的作用，企业所采取的沟通方式要能够达到顺畅沟通的目的，使员工们了解自己应承担的责任、应实现的目标，以及这些目标对企业的影响。电子沟通（互联网、电子邮件、电话传真/方便快捷，但不太安全）；书面沟通（内部报告、员工手册、内部刊物、教育培训资料/规范、准确，但成本高）；口头沟通（会议、讲座/迅速、灵活，但易失真）都可以达到内部信息在企业内部的传递与共享的目的。

7.外部信息沟通是指企业与利益相关者之间信息的沟通。企业有责任建立良好的外部沟通渠道，对外部有关方面的建议、投诉和收到的其他信息进行记录，并及时予以处理、反馈。有效的外部信息沟通既可以扩大企业的影响力，又可以使企业获得很多有关内部控制的重要信息。具体包括：（1）与投资人和债权人的沟通；（2）与客户的沟通；（3）与供应商的沟通；（4）与中介机构的沟通；（5）与监管机构的沟通。

中英文专业术语

内部控制 internal control
信息 information
生命周期 life cycle
战略目标 strategic goals
沟通 communication
向上沟通 upward communication
向下沟通 downward communication
平行沟通 horizontal communication
投资人 investor
债权人 creditor
信息系统 information system
风险评估 assessment of risk

内部控制环境 internal control environment
财务报告 financial statement

章后练习

章后练习-自测版

一、单项选择题

1.内部传递的信息能否满足使用者的需要，取决于信息是否（　　）。

A.安全可靠　B.及时相关　C.有高价值　D.真实准确

2.下列选项中不属于内部信息的是（　　）。

A.财务信息　B.规章制度信息　C.综合信息　D.国家法律法规

3.在内部控制五要素之间的关系中，处于承上启下、沟通内外的关键地位的要素是（　　）。

A.信息与沟通　B.内部监督　C.控制活动　D.内部环境

4.下列不属于信息系统处理外部事项、活动和环境信息的是（　　）。

A.对公司的产品或服务的需求发生变化的特定市场或行业的经济数据

B.处理与采购和销售等交易以及生产过程等内部经营活动有关的内部生成数据

C.主体的生产过程中所需要的商品和服务方面的数据

D.不断变化的客户偏好或需求的市场情报

5.下列不属于信息系统内部控制目标的是（　　）。

A.促进企业有效实施内部控制

B.提高企业现代化管理水平，减少人为操作因素

C.节约纸张，保护环境

D.确保相关信息的保密性、完整性和可用性

6.沟通按照其渠道可以分为（　　）。

A.自下而上沟通、自上而下沟通　B.单向沟通、双向沟通

C.内部沟通、外部沟通　D.正式沟通、非正式沟通

7.内部沟通是指（　　）。

A.在企业正式结构、层次系统进行的沟通

B.通过正式系统以外的途径进行的沟通

C.企业经营、管理所需的内部信息、外部信息在企业内部的传递与共享

D.企业与利益相关者之间的沟通

8.书面沟通的优点是（　　）。

A.规范、信息传递准确度高、信息传递范围广、有据可查、便于保护

B.为了规范而耗用较长的时间导致成本效益不对等

C.反馈性强并且反馈机制灵活

D.安全性高

9.下列属于内部沟通的是（　　）。

A.与客户的沟通　B.与供应商的沟通

C.明确职责和有效沟通　D.与监督者、外部审计师的沟通

10.下列（　　）主要应该考虑实现企业发展战略向信息化流程的转变。

A.信息系统开发阶段　　B.信息系统战略规划阶段

C.信息系统运行阶段　　D.信息系统维护阶段

二、多项选择题

1.内部信息传递至少包括（　　）。

A.信息输入阶段　　B.信息输出阶段　　C.信息形成阶段

D.信息使用阶段　　E.信息分析阶段

2.提供信息带来的可计量收益包括（　　）。

A.增加营业收入　　B.降低人工成本、降低物料成本

C.改善产品质量　　D.提高生产能力

E.降低管理费用、提高资金周转率

3.下列关于内部沟通的说法正确的有（　　）。

A.财务部门应该定期向各部门交流和通报财务状况、经营成果、预算执行情况等，还定期将应收账款情况反馈给销售（信用）部门和清欠办公室

B.生产部门应该与销售部门定期沟通，以确保生产出的产品不积压或者满足市场的需求

C.采购部门、下属单位采购部门应该定期组织与其他业务部门就采购需求、价格信息、采购经验等方面进行沟通与交流

D.公司管理层应该定期或不定期召开各种会议，及时与相关职能部门领导、下属单位负责人就生产、运营等情况进行沟通交流

E.管理层必须让董事会了解最新的业绩、发展、风险、主要行动以及其他任何相关的事项或情形

4.外部沟通应重点关注的领域有（　　）。

A.企业与投资人和债权人的沟通

B.企业与客户的沟通

C.企业与供应商的沟通

D.企业与中介机构的沟通

E.企业与监管机构的沟通

5.良好的外部沟通有利于企业（　　）。

A.对外部有关方面的建议、投诉和收到的其他信息进行记录，并及时予以处理、反馈

B.通过开放的沟通渠道，客户和供应商能够对产品或服务的设计或质量提供非常重要的信息，使公司能够应对不断变化的客户需求和偏好

C.扩大企业的影响力

D.使企业获得很多有效内部控制的重要信息

E.帮助企业实现良好的内部控制体系

三、判断题

1.内部报告指标体系形成以后，要根据企业内外部环境因素的变化进行适时的调整，更好地为企业服务。（　　）

2.信息系统是由计算机硬件、软件、人员、信息流（由运行规程等要素组成）这四个要素组成的。（ ）

3.企业作决策时需要提供相关预测性的信息，信息越多越好，不用考虑传递成本等，因为信息无成本。（ ）

4.沟通是双向的，信息传递者在传递信息后任务并没有结束，还应积极从信息接受者那里获取反馈信息，以促进信息获取质量的改进和信息传递程序的优化。（ ）

5.口头沟通包括例行会议、专题会议、座谈会、讲座等形式。这种形式，沟通迅速、灵活且反馈及时，同时也可以非常好地保证信息的完整性。（ ）

第八章 监督

学习目标

通过学习本章，读者需要理解并掌握《企业内部控制基本规范》中内部监督要素的相关内容；掌握内部控制中企业实施监督检查的两种方式；掌握企业自我评估内部控制的方式及内容；掌握企业自我评价内部控制缺陷的内容及缺陷的不同类别；了解委托代理理论的代理关系及内容。

引导案例与思考

华为技术有限公司由任正非于1987年在中国广东省深圳市正式注册成立。三十多年以来，华为抓住中国改革开放和信息技术行业高速发展所带来的机遇，从一家卖路由器的深圳小公司发展成如今领先全球的ICT行业巨头，稳步成长为世界500强企业。如今的华为仍然坚持以客户为中心、以奋斗者为根本，立足于客户需求，坚持新技术的创新，赢得了客户的尊重与信赖。

华为的成功并不是机缘巧合，多年的业务与管理经验使得华为逐渐拥有了一套最适合自己内部发展的公司治理结构和内部控制体系。在公司治理方面，华为制定了独有的轮值CEO制度和员工持股制度，这在一定程度上分散了公司部分控制权，使公司的决策更加民主化，同时也能够吸引、团结、黏合大批专业型人才。在内部控制方面，华为基于企业内部组织架构和运作模式设计并实施了内部控制体系，发布的内部管理制度及内控框架适用于公司所有流程（包括业务和财务）、子公司以及业务单元。该内控体系基于COSO模型设计，包括控制环境、风险评估、控制活动、信息与沟通、监督五大部分，同时涵盖了财务报告内控体系，以确保财务报告的真实、完整、准确。

在内部控制的监督方面，华为设立了内部投诉渠道、调查机制、防腐机制与问责制度，并在与供应商签订的《诚信廉洁合作协议》中明确相关规则，各供应商能根据协议内提供的渠道，举报员工的不当行为，以协助公司对员工的诚信廉洁进行监察。内部审计部门对公司整体控制状况进行独立和客观的评价，并对违反商业行为准则的经济责任行为进行调查，将审计和调查结果报告给公司高级管理层和审计委员会。此外，华为建立了对各级流程责任人、区域管理者的内控考核、问责及弹劾机制，并例行运作。审计委员会和公司CFO定期审视公司内控状况，听取内控问题改进计划与执行进展的汇报，并有权要求内控状况达不到满意的流程责任人和业务管理者汇报原因及改进计划。

华为公司的内控管理方式受到管理层、员工及客户的全力支持。有长期在华为任职的员工这样评价华为：公司的管理优势给公司带来的成功在于三点：一是华为有完整的产品开发流程，研发人员能力强、倾其所能研发符合客户需求的优良产品；二是销售人员售后服务态度好，产品有问题能马上解决，治标治本同时完成；三是华为作为一线驱动型公司，市场部在整个公司的地位较高，客户投诉到高层领导后响应非常快。

课前思考与讨论：

（1）内部监督的方式有哪几种？

（2）实施内部监督的两大原则是什么？

（3）从“华为”案例中能够看出有效的内部监督带给企业的优势有哪些？

课前预习（思维导图）

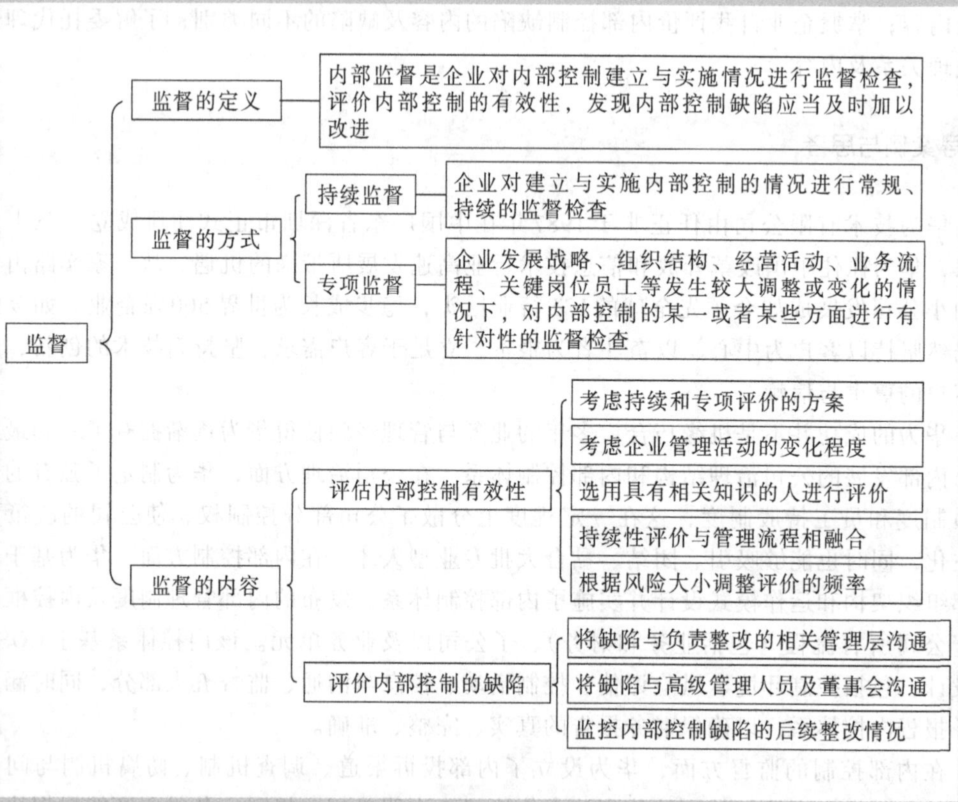

◎第一节　监督的方式

任何一项事前控制都无法确保企业将来能够在正确的轨道上持续运营。基于此潜在风险，内部监督的必要性就体现在对企业各项内部控制机制的设立和实施情况进行定期或不定期的监控检查，及时对原有机制进行改进、调整或补充。充分发挥内部监督职能对企业的可持续发展、提高市场竞争力的长远且坚实的作用，例如：

（1）确保企业实现其战略目标。

（2）保护企业内部资源的安全。

（3）保证企业经营活动的合法性。

（4）确保财务报告的有效、真实。

不管是2013年最新颁布的COSO新版框架，还是财政部等部门发布的《企业内部控制基本规范》及配套指引，监督要素都被设置为最后一项构成要素，企业应当监督其组织机构的设计以及企业内部采取的所有相互协调的方法和措施，这意味着监督是贯穿于企业内部控制机制有效制定与实施全过程的一项重要保证。对企业内部控制机制的监督，永远处在一个发现问题并解决问题的循环往复中。

企业实施监督的方式按照频率和范围的不同可以划分为持续监督和专项监督两种。持续监督要求企业对其内部控制机制的建立与运行情况进行定期、常规的检查。专项监督要求企业在发生重大事项时对内部控制某一方面进行有针对性的重点检查，《企业内部控制基本规范》中列示的重大事项包括企业发展战略、组织结构、经营活动、业务流程、关键岗位员工等发生较大调整或变化的情况。

一、持续监督

持续监督贯穿于企业的日常经营活动与常规管理工作中，具有全面性、动态性、连续性的特点，能够使企业较快地发现内部控制各方面存在的问题，且有效的持续监督能够在一定程度上减少专项监督所耗费的人力、物力。持续监督的关注点在于以下几个方面：

1.监督内部控制机制的日常运行与维护

企业应当严格按照制定的考评标准、评估手段对内部控制各要素的实施情况进行监督检查、维护内部控制的日常实施，以此来保证内部控制的有效运行。

2.获取日常执行内部控制机制的证据

企业内部各部门在进行日常经营、管理工作时，必须保留内部控制执行时的各项相关信息，为后续对内部控制机制的评估及缺陷的识别提供证据。按照内部控制机制实施主体的不同，这些证据的内容可以是企业管理层搜集并汇总出的各部门实施内部控制机制时的实施过程、出现的问题以及实施进度；也可以是各职能部门根据自己部门的实际情况编写的内部控制机制实施及自我监督、检查的文件；还可以是内部控制部门对企业整体的内部控制机制实施过程监督的结果。

3.内外部信息相互印证

内外部信息印证是指将企业内部所记录的信息与企业外部相关方所记录的信息相比较与对应，综合观察是否存在需要整改的内部控制机制。外部相关方主要包括外部客户和外部监管部门。企业接收外部信息并以此来辅助监督内部控制机制的执行情况。

4.会计记录与实物资产的核对

企业应定期将内部会计记录的数据与实物资产进行核对、比较，以确保账实相符。

5.内外部审计建议的反馈

企业应定期整理、归纳内外部审计师提供的关于加强风险管理的建议，并对这些建议做出积极的响应，比如管理层与业务活动责任人相互配合，对存在的缺陷提出整改方案并监督整改措施的后续执行情况。

6.管理层积极监督内部控制的执行

管理层有义务通过各种方式了解内部控制的执行情况及缺陷的整改情况。主要有以下几种渠道：（1）在日常管理培训或管理会议上了解内部控制的执行情况。（2）根据《员工职业道德规范》等的相关文件定期对每位员工的职业道德执行情况实施监督检查。（3）分析审计委员会接收、保留及处理的各种投诉及举报。（4）认真审核中低层员工提出的各项合理建议，并不断完善建议机制。（5）监督管理部门定期组织专项检查和调研，对出现的问题提出整改建议。

二、专项监督

尽管持续监督已经能够全面筛查内部控制的不合理之处，但是针对风险水平较高、影响范围较广的业务与事项实施的内部控制机制进行有针对性的监督也是必不可少的。专项监督能够站在更加专业的角度分析企业的风险点。专项监督的关注点在于以下几个方面：

1.分析企业内控风险点并识别重大风险。

2.选聘专业技能强的专项监督人员。

3.根据风险大小调整专项监督的范围。

专项监督的实施应当遵循特定的程序，该程序的流程为：

1.确定监督的主体

专项监督通常是企业内部的自我监督，因此需要内部特定单位或部门的负责人先采用适当的程序和方法对内部控制的建立与实施情况进行评估并出具书面评估报告，再交由管理层对各个部门的评估结果进行检查。

2.确定监督的范围及频率

企业实施专项监督的范围及频率取决于前期风险评估的结果以及项目在日常经营管理中的重要程度。内部控制管理部门每年也会对重要的会计科目、披露事项、重要业务流程进行更新和再次确认，定期组织相关部门对关键控制管理文件进行修改和完善。

3.确定监督方式

企业通常会派专业人员负责监督工作，专业经验丰富的会计人员会选择与行业标杆或行业均值对比的方式等实施专项监督。

4.开展专项监督工作

在每位监督人员都完全了解了企业内部控制的各项要素内容及实际实施情况后，专项监督工作就正式开始了。监督人员应当适时做好监督过程与结果的书面记录并及时报告给管理层。

持续监督与专项监督两者必须统筹兼顾、综合运用。持续监督是专项监督的基础，专项监督又是持续监督的有效补充，企业如果发现某项专项监督的风险较高、频率较高，可以将该项监督活动纳入持续监督中。总之，在日常内部监督实施中，管理层要根据实际情况适时地调整监督项目、方式及频率。

◎第二节　评价内部控制及其缺陷

《企业内部控制基本规范》第五条要求企业建立与实施有效的内部控制，应当包括五项要素，包括内部环境、风险评估、控制活动、信息与沟通和内部监督。内部监督以控制环境、信息与沟通为基础，与风险评估、控制活动形成了三位一体的闭环控制系统。但是内部控制系统在企业持续不断的经营活动中总是存在死角和盲点。监督作为内部控制的最后一个要素，发挥着两大作用：独立评估内部控制有效性和及时评价内部控制的缺陷。

一、独立评估内部控制有效性

独立评估是企业自主地对内部控制机制进行重新审视的过程，独立评估的期限范围及频率主要取决于企业内部控制机制中风险评估要素的结果以及日常监督程序实施的有效性。

评估人员是独立评估中一项最直接的要素，各评估人员必须充分了解企业内部控制体系的设立基础、运作模式以及企业当前内部控制体系的实际运作情况，充分了解企业的经营活动与控制活动，评估过程自始至终应当由具备专业性职权的高级管理人员主持，评估完成后，将评估结果与已建立的标准进行对照，并对内部控制有效性进行分析。

评估方法是独立评估的另一项重要因素。企业内部首先应当在公允、客观、专业的基础上选择评估人员、成立评估小组，由评估小组共同设计安排评估程序，该评估程序必须能够有效实施且各评估人员对程序的实施要达成一致意见。

《企业内部控制基本规范》第四十六条规定，企业应当结合内部监督情况，定期对内部控制的有效性进行自我评价，出具内部控制自我评价报告。内部控制自我评价的方式、范围、程序和频率，由企业根据经营业务调整、经营环境变化、业务发展状况、实际风险水平等自行确定。2013年修订发布的COSO《内部控制框架》也要求，企业应当选择、制定并实行持续及/或单独的评估，以判定内部控制各要素是否存在且发挥效用。也就是说，评估内部控制有效性要围绕控制环境、风险评估、控制活动、信息与沟通、内部监督五要素进行。

针对控制环境的评价，企业应当以组织架构、发展战略、人力资源、企业文化、社会责任等应用指引为依据。组织架构的评价可以从企业组织架构的设计和运行等方面进行；发展战略的评价可以从发展战略的制定合理性、有效实施和适当调整三方面进行；人力资源的评价应当从企业人力资源引进结构的合理性、开发机制、激励约束机制的制定等方面进行；企业文化的评价应从建设和评估两方面进行；社会责任的评价可以从安全生产、产品质量、环境保护与资源节约、促进就业、员工权益保护等方面进行。

针对风险评估的评价，企业应当以《企业内部控制基本规范》中有关风险评估的要求为指导，以各项应用指引中所列主要风险类型为依据，结合本企业的内部控制制度，对日常经营管理过程中的目标设定、风险识别、风险分析、应对策略等进行认定和评价。

针对控制活动的评价，企业应当以《企业内部控制基本规范》和各项应用指引中的控制措施为依据，结合本企业的内部控制制度，对相关控制措施的设计和运行情况进行认定和评价。

针对信息与沟通的评价，企业应当以内部信息传递、财务报告、信息系统等相关指引为依据，结合本企业的内部控制制度，对信息收集、处理和传递的及时性、反舞弊机制的健全性、财务报告的真实性、信息系统的安全性，以及利用信息系统实施内部控制的有效性进行认定和评价。

针对内部监督的评价，企业应当以《企业内部控制基本规范》中有关内部监督的要求为指导，以各项应用指引中有关日常管控的规定为依据，结合本企业的内部控制制度，对内部监督机制的有效性进行认定和评价，重点关注监事会、审计委员会、内部审计机构等是否在内部控制设计和运行中有效发挥监督作用。

由于各个公司的实际运作情况、发展水平存在差异，针对各项要素的评价指标、评价内容并没有特定的标准与要求。各企业应当在执行内部控制评价的初期就对具体的内部控制评价内容设计内部控制评价指标体系，并作为评价报告和结果分析的依据。内部控制有效性评估完成后，企业应当出具内部控制评价报告。在实际工作中，评估内部控制的频率采用定期与不定期相结合的方式会更快速、全面地发现当前内部控制的漏洞并及时解决。

内部控制有效性评价报告分为对外报告和对内报告两种。对外报告一般采用定期的方式，即企业至少应该每年进行一次内部控制评价并由董事会对外发布内部控制报告。内部报告一般采用不定期的方式，即企业可以持续地开展内部控制的监督与评价，并根据结果的重要性随时向董事会（审计委员会）或经理层报送评价报告。企业应尽量按照统一的格式编制内部控制评价报告，以满足外部信息使用者对内控信息可比的要求。

根据《企业内部控制评价指引》（以下简称《评价指引》）第二十一条和二十二条的规定，内部控制评价对外报告一般包括以下内容。

1.董事会声明。声明董事会及全体董事对报告内容的真实性、准确性、完整性承担个别及连带责任，保证报告内容不存在任何虚假记载、误导性陈述或重大遗漏。

2.内部控制评价工作的总体情况。明确企业内部控制评价工作的组织、领导体制、进度安排，是否聘请会计师事务所对内部控制有效性进行独立审计。

3.内部控制评价的依据。说明企业开展内部控制评价工作所依据的法律法规和规章制度。

4.内部控制评价的范围。描述内部控制评价所涵盖的被评价单位，以及纳入评价范围的业务事项，及重点关注的高风险领域。内部控制评价的范围如有所遗漏，应说明原因，及其对内部控制评价报告真实完整性产生的重大影响等。

5.内部控制评价的程序和方法。描述内部控制评价工作遵循的基本流程，以及评价过程中采用的主要方法。

6.内部控制缺陷及其认定。描述适用于本企业的内部控制缺陷具体认定标准，并声明与以前年度保持一致或做出的调整及相应原因；根据内部控制缺陷认定标准，确定评价期末存在的重大缺陷、重要缺陷和一般缺陷。

7.内部控制缺陷的整改情况。对于评价期间发现、期末已完成整改的重大缺陷，说明企业有足够的测试样本显示，与该重大缺陷相关的内部控制设计良好且运行有效。针对评价期末存在的内部控制缺陷，公司拟采取的整改措施及预期效果。

8.内部控制有效性的结论。对于不存在重大缺陷的情形，做出评价内部控制有效的结论；对于存在重大缺陷的情形，不得做出内部控制有效的结论，并需描述该重大缺陷的性质及其对实现相关控制目标的影响程度，可能给公司未来生产经营带来的相关风险。自内部控制评价报告基准日至内部控制评价报告发出日之间发生重大缺陷的，企业须责成内部控制评价机构予以核实，并根据核查结果对评价结论进行相应调整，说明董事会拟采取的措施。

二、及时评价内部控制的缺陷

当企业的组织架构或运作模式等内外部环境发生变化时，企业的原内部控制体系就必定会显示出缺陷。《企业内部控制基本规范》第四十五条规定，企业应当制定内部控制缺陷认定标准，对监督过程中发现的内部控制缺陷，应当分析缺陷的性质和产生的原因，提出整改方案，采取适当的形式及时向董事会、监事会或者经理层报告。2013年修订发布的COSO《内部控制框架》也要求企业应当及时评估内部控制缺陷，并将有关缺陷及时通报给负责整改的相关方，包括高级管理层和董事会（如适当）。

内部控制的缺陷按照重要程度可分为重大缺陷、重要缺陷和一般缺陷。重大缺陷是指发现公司董事、监事和高级管理人员存在舞弊；已经发现并报告给管理层的重大内部控制缺陷在经过合理的时间后并未加以改正；控制环境无效；审计委员会和内部审计机构对内部控制的监督无效；影响收益趋势的缺陷；外部审计发现的重大错报不是由公司首先发现的；公司更正已经公布的财务报表。重要缺陷是指未按照公认会计准则选择和应用相应会计政策；财务报告存在重大错报、漏报；非常规或特殊交易账务处理未建立相应控制或未实施相应补偿性措施。一般缺陷是指除上述重大缺陷和重要缺陷外的其他缺陷。

按照另一种分类方式，内部控制的缺陷可分为设计缺陷和运行缺陷。设计缺陷是指内部控制的制度制定存在问题，运行缺陷是指内部控制的实施过程出现问题。针对不同的缺陷种类要分析并找出不同的解决办法。

企业一旦发现内部控制出现漏洞、缺陷，就必须在第一时间分析该缺陷的类型及产生的原因，据此企业才能够有针对性地提出改进方案并适时监督改进方案的实施进度和实施效果。

◎第三节 案例分析

一、案例背景

北京京西文化旅游股份有限公司于1998年在中国深圳证券交易所主板上市，股票代码000802，简称“北京文化”。北京文化作为影视娱乐传媒的龙头企业，自2013年起先后收购摩天轮、世界伙伴、星河文化三家公司，进军影视文化产业。后又通过整合娱乐产业上下游资源搭建全产业链服务型平台，曾出品过《同桌的你》《心花路放》《我不是潘金莲》《战狼2》《芳华》《我不是药神》《流浪地球》等多部影片；在电视剧方面，《少帅》《九州·海上牧云记》《武动乾坤》等作品先后面世。此外，北京文化还表明将在新媒体、艺人经纪、文化旅游、IP授权等七大板块共同发展，打造更完善的全产业链影视娱乐集团。

2021年1月4日是2021年的第一个股票交易日，北京文化在这一天开盘跌停。原因是2021年1月3日北京文化发布公告：公司于2020年12月31日收到中国证券监督管理委员会《调查通知书》，因其涉嫌信息披露违法违规，根据《中华人民共和国证券法》的有关规定，决定对公司立案调查。同日，北京文化还发布了《关于公司及相关人员收到北京证监局警示函的公告》。

公告内容为北京证监局查明北京文化存在两方面的违规事项：

其一，北京文化于2018年部分项目收入不符合《企业会计准则第14号——收入》规定的确认条件，导致公司于2018年度多计营业收入约4.6亿元，多计净利润约1.91亿元。北京文化2018年年报财务信息披露不准确。

其二，北京文化因未能对收购子公司进行有效整合，缺少对子公司项目管控、预付资金管理与监督等关键控制环节，内控设计层面存在缺陷。

二、案例评述

北京文化在电影市场行业一直被称作"爆款电影发动机"，几乎每年都会压中一部爆款电影出品，但屡次压中爆款的北京文化实际上所得收入并不高。自2017年以来，公司净利润持续下降，2019年甚至巨亏23.06亿元。导致利润持续下降的原因实际上是北京文化的背后运营出现了很大的问题——大股东减持、高管内斗、立案审查、股东纠纷。北京文化在内部监督方面存在以下几个问题：

（一）缺乏健全的监督检查机制

北京文化子公司部分项目预算调整、合同签订并没有经过母公司层面审批，这一做法严重不符合公司《合同审批流程及管理制度》的相关规定，也显露出北京文化在内控执行层面存在重大缺陷。公司在对子公司管理、预付款及投资款管控、项目管理等方面也不符合《上市公司治理准则》第九十四条第一款的规定。而且，公司2018年年报中内控自我评价报告部分披露财务报告重要缺陷数量为0，该信息披露不准确，财务上出现问题。可见，北京文化的持续监督并没有做到位，子公司的预付款账目、项目管理出现问题说明北京文化并没有根据风险评估的结果设置专项监督的措施。

（二）董事会并未承担监督职责

2020年4月，北京文化前副董事长娄晓曦在微博举报北京文化系统性财务造假，并指控董事长宋歌和董事张云龙涉嫌"背信损害上市公司利益罪、欺诈发行债券罪、违规披露和不披露重要信息罪，以及职务侵占罪"。证监会调查发现北京文化对子公司管理、预付款及投资款管控、项目管理等方面存在重大问题。宋歌、张云龙、陈晨分别作为董事长兼总经理、财务负责人及董事会秘书，正是上述违规行为的责任人。然而宋歌本人已于2020年12月24日晚辞去北京文化董事长一职。宋歌、张云龙、陈晨分别作为北京文化董事长兼总经理、财务负责人及董事会秘书，未按照《上市公司信息披露管理办法》第三条及第五十八条的规定履行勤勉尽责义务。

（三）没有定期评价内部控制及其缺陷

内部控制的评价工作需要大量的基层员工访谈、阅读规章制度及内部控制操作流程，并不断推敲内控流程图，以此来发现内控缺陷或不足。北京文化的审计部门常常忽略对内部控制的评价，而是直接通过大数据分析发现疑点或者经过筛选、抽样后直接开展实质性测试，虽然部分审计人员能够发现问题，但由于对内部控制流程没有全面的了解，因此会造成审计报告上反映的问题不能揭示深层次问题、不能切中问题的根本和要害。另外，北京文化审计部门对内部控制评价的积极性也不高，因为内部控制的评价工作往往费工、费时、费力。

三、案例启示

北京文化要想实现持续稳定的发展，必须加强对内部控制环境的监督。有效的监督会促使企业内部各部门提高各自工作的效率，及时发现并纠正工作中出现的问题，从整体上提高公司的运作水平。企业在实施强有力的监督机制时可以考虑以下几项措施：

（一）完善内部控制监督机制

北京文化的管理层必须充分了解公司的运行方式、组织架构，以此来建立适合内部管理、适合自身发展、切合北京文化既定内控管理目标的内部控制监督机制。这样一套全面的内控监督机制能够用条文来规范内部控制工作行为，保证各项工作被科学地落实到位。员工能认识到各种制度的具体要求，杜绝内控机制体系中的漏洞，并且根据企业内控工作的现实需要，对相关的机制条文做全面的解读和完善，增强其实用性，使其被推广运用到不同部门中去。而且，工作人员应该把内控机制的落实状况和奖惩制度进行高效融合，以此增强内控活动的科学性，使得内控目标能够高效落实，并且对内控工作的落实情况展开合理的评价，保证企业内控目标和长期战略目标达到动态平衡。

（二）提高管理层对内控的重视

北京文化的管理层必须要吸取其他公司的管理经验。内部控制作为企业管理的一种手段，有着控制并防范企业经营风险和财务风险的重要作用。所以企业要想获得可持续的发展，就必须对内部控制有一个正确的认识。内部控制的有效实施能够帮助企业随时掌握相关工作的进程，及时发现存在的问题并进行有针对性的反馈，从而能够在第一时间获取有效的改进建议。

（三）加强监督机制的执行力度

不仅仅是高级管理层，中低级管理层和基层员工也要提高自身对内部控制机制实施的重视程度。健全的内控制度如果得不到有效实施也形同虚设。在相关业务管理部门要建立有效的检查和考核机制，着重检查和监督内控制度的执行情况，遇到内部控制缺陷点要深入分析问题所在，尽快制定改善措施。

学思见悟

COSO框架与委托代理理论

企业间的竞争正随着市场经济的快速发展和内外部环境的不断变化变得日益激烈，这就对企业内部控制制度的建设提出了更高的要求。企业内控管理的效果能否得到最好的发挥，一定程度上取决于内部监督的严肃性、协同性、有效性，而高效的内部监督又与内控监督人员和财务人员的素质息息相关，并且直接影响内控制度的执行情况。所以在提高企业内控监督人员和财务人员业务水平的同时也要提高其职业道德水平，避免员工采用不良手段做出干扰社会正常经济秩序、损害国家和社会公众利益的事情，调动员工的主观能动性。

规范内控监督人员和财务人员的职业道德可以从以下几个方面入手：第一，加大对内控监督人员及财务人员的人格教育。人格是每一个人人生价值观念形成的心理基础，也是每个人拥有正确人生观与世界观的前提条件。个人应当从良好的日常习惯与外向的心理倾向两方面改变自己，养成朴素、节俭、健康、卫生的生活方式，改掉奢侈、过度浪费的不良习惯，培养自己外向的心理以较快地接受并适应新的事物。第二，培养内控监督人员及财务人员的职业感情。俗话说“三百六十行，行行出状元”，既然选择了会计行业，就应当接受它、热爱它、敬重它，会计行业是一项考验综合业务技能和职业素养的工作，成为一名好会计也同样是一件平凡而伟大的事业。第三，树立良好的职业道德观念。我国的法律法规明确规定了会计人员应当掌握和遵守的职业道德，因此会计人员应当时刻以会计职业道德规范标尺认真度量自己在职业活动中的言行，不断自我批评，逐步树立正确的职业道德观念。

问题：作为一名当代大学生，你认为还可以从哪些角度出发提高财务人员的职业道德水平？

本章小结

1.内部监督是内部控制的第五项要素，是指企业对内部控制的建立与实施情况进行监督检查，包括持续监督检查和专项监督检查，以此评价内部控制的有效性，针对发现的内部控制缺陷，及时加以改进。

2.企业实施监督的方式有持续监督和专项监督两种。持续监督要求企业对其内部控制的建立与运行情况进行定期、常规的检查。专项监督要求企业在其发展战略、组织结构、经营活动、业务流程、关键岗位员工等发生较大调整或变化的情况下对内部控制某一方面进行有针对性的重点检查。

3.监督的两大任务是独立评估内部控制有效性与及时评价内部控制的缺陷。评价内部控制有效性要围绕控制环境、风险评估、控制活动、信息与沟通、内部监督五要素进行。评价内部控制缺陷首先要对缺陷进行等级分类，并将有关缺陷及时通报给负责整改的相关项目负责人、高级管理层和董事会。

中英文专业术语

监督 monitoring activities

内部控制系统 internal control system

闭环控制系统 closed-loop control system

持续监督 ongoing evaluations

专项监督 separate evaluations

章后练习

章后练习-自测版

一、单项选择题

1.内部监督的意义不包括（　　）。

A.确保企业实现其战略目标　　B.保护企业内部资源的安全

C.保证企业经营活动的合法　　D.节约企业日常运营的成本

2.我国企业内部监督体系的构成不包括（　　）。

A.审计委员会　　B.监事会　　C.股东大会　　D.内部审计机构

3. 持续监督不包括（　　）。

A. 监督内控的日常运行

B. 监督内控的日常维护

C. 检查员工对内控的执行情况

D. 依据风险评估结果改变监督的方向

4. 内部监督的关键控制点不包括（　　）。

A. 内部控制实施过程复杂程度高的方面

B. 内部控制实施过程需要较高职业判断力的方面

C. 内部控制实施过程实施成本过高的方面

D. 相关人员缺少实施内部控制所需资质或经验的方面

5. 内部控制缺陷报告对象不包括（　　）。

A. 负责整改的相关管理层

B. 高级管理人员及董事会

C. 与该缺陷相关的责任单位

D. 审计委员会

6. 专项监督的步骤不包括（　　）。

A. 计划阶段

B. 评价阶段

C. 执行阶段

D. 报告和纠正措施阶段

7. 专项监督的范围和频率的决定因素不包括（　　）。

A. 内部控制环境的变化

B. 风险评估的结果

C. 行业环境的变化

D. 持续监督的有效性

8. 持续监督和专项监督的关系是（　　），如果发现某些专项监督活动需要经常开展，那么企业有必要将其纳入日常监督。

A. 持续监督是专项监督的基础

B. 持续监督是专项监督的有效补充

C. 持续监督有效性高时可以不设置专项监督

D. 专项监督有效性高时可以不设置持续监督

9. 内部监督文档不包括（　　）。

A. 往来询证函

B. 组织架构图

C. 资产盘点报告

D. 缺陷整改说明书

10. 专项监督在计划阶段的主要任务不包括（　　）。

A. 从业务单元或业务流程的管理人员处获得情况说明和纠正措施

B. 规定监督的目标和范围并确定具有该项监督权力的主管部门和人员

C. 确定监督小组、辅助人员和主要业务单元联系人

D. 规定监督方法、时间、实施步骤并就监督计划达成一致

二、多项选择题

1. 企业实施内部监督的基本要求包括（　　）。

A. 监督人员应保持独立性

B 监督人员应具备相应的胜任能力

C. 监督人员应重点关注关键控制事项

D. 监督人员应评估相应的风险水平

E. 进行常规、持续的监督检查

2. 企业实施内部监督的程序包括（　　）。

A. 建立健全内部监督制度

B. 制定内部控制缺陷标准

C. 实施监督

D. 记录和报告内部控制缺陷

E.进行内部控制缺陷整改

3.内部控制缺陷按重要程度可划分为（　　）。

A.一般缺陷　　B.重要缺陷　　C.重大缺陷

D.执行缺陷　　E.系统缺陷

4.内部控制缺陷按缺陷的类别可划分为（　　）。

A.设计缺陷　　B.重大缺陷　　C.运行缺陷

D.一般缺陷　　E.重要缺陷

5.专项监督需要重点关注的有（　　）。

A.风险较高的项目　　B.成本较高的项目

C.被认定为重大的项目　　D.内部控制环境发生变化的阶段

E.发生频率较高的项目

三、判断题

1.在内部控制五要素之间的关系中，监督要素处在一个承上启下、沟通内外的关键性位置上。（　　）

2.专项监督是指在企业发展战略、组织结构、经营活动、业务流程、关键岗位员工等发生较大调整或变化的情况下，对内部控制的某一或者某些方面进行有针对性的监督检查过程。（　　）

3.持续监督与专项监督成正比例变化，持续监督的程度越小，其有效性就越高，相应所需要的专项监督就越少。（　　）

4.内部控制缺陷认定标准会直接影响内部监督工作的效果和效率。（　　）

5.内部审计机构对审计过程中发现的问题不能直接向审计委员会或者董事会报告。

（　　）

第九章
资金活动内部控制

学习目标

通过本章的学习，理解筹资活动、投资活动、资金营运活动的业务流程，以业务流程为主线，了解各业务流程环节可能发生的主要风险，掌握各个流程中的关键控制点及控制措施。

引导案例与思考

2021年7月19日，一封关于中国恒大的民事裁定书引爆了资本市场，广发银行申请诉前保全，紧急冻结了恒大集团旗下1.32亿元银行存款。闻此消息，恒大系股票中国恒大、恒大汽车、恒大物业、恒腾网络等全线下跌。几家公司在短短三天时间内，共失去市值1 171.23亿元。与此同时，债券市场更是一片哀嚎，多只恒大债券暴跌，到期收益率纷纷跌破30%。于2022年7月到期，票面利率为6.98%的15恒大03更是跌破了70元。

中国恒大以往商业模式的一个显著特征是：利用高负债扩张圈地，再通过房价上涨消化其高负债带来的高融资成本。在2018年之前，恒大地产平均楼面售价年均上涨10.63%。而恒大地产长期平均融资成本约为9%，处于同行业较高水平。但是由于对房地产融资的监管政策逐渐收缩，导致2020年与2021年恒大地产为了缓解债务危机而打折促销，2021年中报楼面均价已经跌至8 295元/平方米，8月单月销售均价更是跌到了7 129元/平方米，相比2018年跌幅达30%。受此影响，恒大地产2021中期亏损41亿元。

虽然中国恒大在2017年第六次重大战略决策中就指出了向低负债、低杠杆、低成本、高周转的“三低一高”转型。但是患上了融资饥渴症的中国恒大这一转型之路走得异常艰辛。从2018年到2020年，中国恒大长期有息负债规模由期初的3 762.44亿元增加至期末的3 810.55亿元，短期有息负债规模由期初的3 488.03亿元减少至期末的3381.17亿元，有息负债总额三年累计减少58.75亿元，有息负债总额由期初的7 250.47亿元降至期末的7 191.72亿元。也就是说，中国恒大“壮士断腕”式的降负债决心，仅使其有息负债规模比三年前略微下降，这也说明了中国恒大要改掉与生俱来的“高负债扩张”冲动有多难。

资料来源：王建勇，陈瑞琛．恒大到底遇到了什么危机，关于恒大危机的思考和建议［EB/OL］．［2022-10-27］．

案例分析：

1.投资决策不当

风险点：投资决策失误，引发盲目扩张或丧失发展机遇，可能导致资金链断裂或资金使用效益低下。

2.筹资决策不当

风险点：筹资决策不当，引发资本结构不合理或无效融资，可能导致企业筹资成本过高或债务危机。

3.资金调度不合理

风险点：未有效地组织召开资金调度会或资金安全检查，未对资金预算执行情况进行综合分析，对异常情况，未及时采取措施妥善处理，导致资金链断裂。

4.资金活动管控不严

风险点：资金活动管控不严，可能导致资金被挪用、侵占、抽逃或遭受欺诈。

课前预习（思维导图）

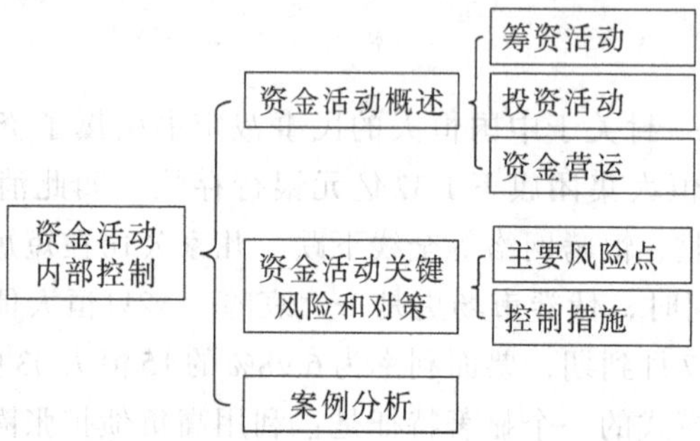

◎第一节　资金活动概述

企业的资金活动与生产经营过程密不可分，企业生产经营活动的开展，总是依赖于一定形式的资金支持；生产经营的过程和结果，也是通过一定形式的资金活动体现出来的。因此，资金管理一直被视为企业财务管理的核心内容，构成企业经营管理的重要部分。与此同时，资金活动内部控制通常是企业内部管理的关键薄弱环节。由于影响企业资金活动的因素很多、涉及面很广、不确定性很强，因此企业资金活动的管理和控制面临的困难很大。一是做好资金活动的管控，需要企业对自身业务活动作出科学、准确的定位；二是做好资金活动的管控，需要对企业所处的政治、经济、文化和技术等环境作出客观、清晰的判断；三是做好企业资金活动的管控，需要企业相机抉择，合理处理自身与外界的各种关系和矛盾。企业由于受到主客观条件的限制，很难做到自动对资金活动施以有效控制。资金活动内部控制的失误，往往给企业带来致命打击。因此，加强和改进资金活动内部控制，是企业生存和发展的内在需要。

一、资金活动内部控制的总体要求

对资金活动实施内部控制，需要根据国家和地方有关法律法规和监管制度的要求，结合企业生产经营的实际需要，设计科学合理、重点突出、便于操作的业务流程，同时还要有针对关键控制点以及主要风险来源的内控措施。

第一，科学决策是核心。推进资金管理信息化建设，将资金预算管理与资金实时监控相结合，及时准确地反映资金运行状况和风险，可以提高决策的科学性，提高资金管理的及时性。具体地说，企业应当根据自身发展战略，综合考虑宏观经济政策、市场环境、环保要求等因素，结合本企业发展实际，科学确定投融资目标和规划。如果目标不明确，决策不正确，控制措施就难以执行到位，资金活动将难以顺利进行。

第二，制度建设是基础。企业资金活动内部控制制度主要涉及资金授权、批准、审验等方面。比如，通过资金集中归口管理制度，明确筹资、投资、营运等各环节相关部门和人员的职责权限；通过不相容岗位分离制度，形成有力的内部牵制关系；通过严格的监督检查和项目后评价等制度，跟踪资金活动内部控制的实际情况，据以修正制度、改善控制效果。

第三，业务流程是重点。对资金活动实施内部控制，本质上是对资金业务的控制。企业在设计资金活动相关内控制度时，应该重点明确各种资金活动的业务流程，确定每一个环节、每一个步骤的工作内容和应该履行的程序，并将其落实到具体部门和人员。此外，由于很多资金业务是伴随企业生产经营活动的开展而开展的，两者相互联系又互相影响，因此，在设计资金活动业务流程的同时，要充分考虑相关生产经营活动的特征，根据生产经营活动的流程设计合理的资金控制流程。反之，也可以根据资金控制流程调整和优化生产经营活动流程，达到通过控制资金活动来规范企业生产经营活动的目标。

第四，风险控制点是关键。在资金活动较为复杂的情况下，资金内部控制不可能面面俱到。因此，企业必须识别并关注主要风险来源和主要风险控制点，以提高内部控制的效率。具体而言，是明确业务流程以后，企业应该针对流程中的每一个环节、每一个步骤，认真细致地进行分析，根据不确定性的大小、危害性的严重程度等，明确关键的业务、程序、人员和岗位等，从而确定关键的风险控制点；然后针对关键风险控制点制定有效的控制措施，集中精力管控关键风险。

第五，资金集中管理是方向。一般认为，企业规模越大，管理的难度也越大，如果管理技能一定，企业应当在集权与分权之间作出适当均衡。科学技术的快速发展极大地提高了企业资金管理的能力，资金集中管理的优势明显扩大，并且日益成为较大规模企业的首选资金管控模式。

第六，严格执行是保障。再好的制度、措施，如果只停留在纸面，不严格执行，就只能流于形式而无法发挥实效。因此，制度的执行到位与否是事关整个内控活动能否取得实效的关键，只有严格执行，才能保证实现资金活动决策目标。为了加强对资金活动的管控，促使资金活动内部控制制度得到切实有效的实施，企业财会部门应负责资金活动的日常管理，参与对投融资方案等的可行性研究；总会计师或分管会计工作的负责人应当参与投融资决策过程。

二、资金活动内部控制的主要内容和业务流程

资金活动内部控制的主要内容包括筹资活动内部控制、投资活动内部控制和资金营运活动内部控制。

（一）筹资活动的业务流程

筹资活动是企业资金活动的起点，也是企业整个经营活动的基础。企业筹资活动的内部控制，应该根据筹资活动的业务流程，区分不同筹资方式，按照业务流程中不同环节体现出来的风险，结合资金成本与资金使用效益情况，采用不同措施进行控制。因此，设计筹资活动的内部控制制度，首先必须深入分析筹资业务流程。通常情况下，筹资活动的业务流程如图9-1所示，一般包括：

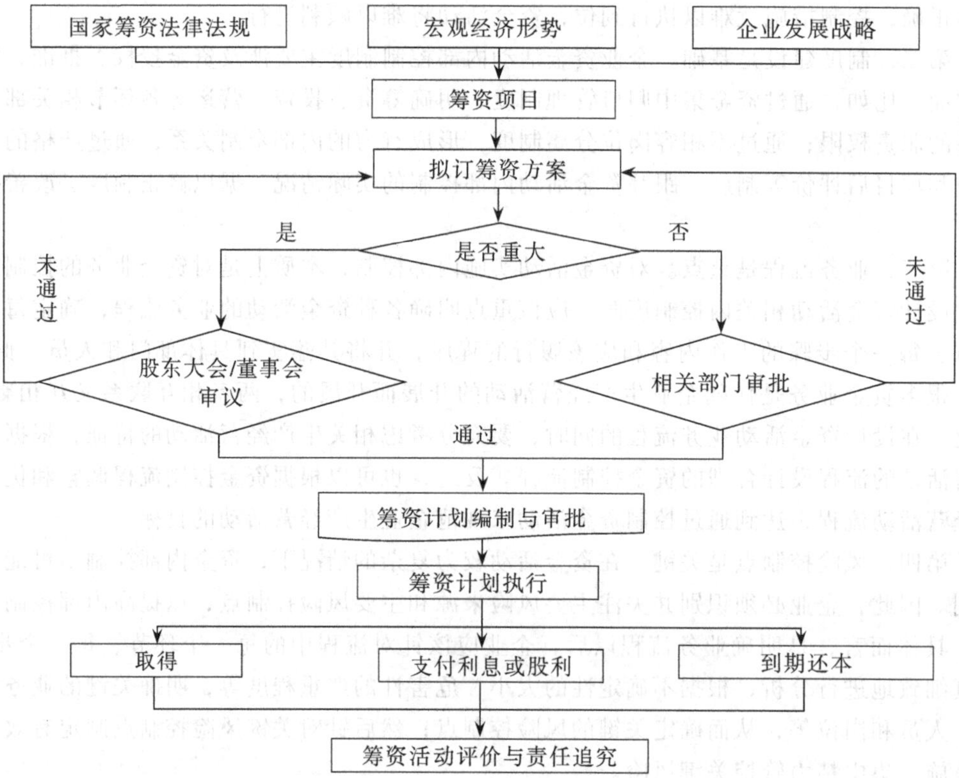

图9-1 筹资活动流程图

第一，提出筹资方案。一般由财务部门根据企业经营战略、预算情况与资金现状等因素，提出筹资方案。

第二，筹资方案论证。初始筹资方案还应经过充分的可行性论证。

第三，筹资方案审批。通过可行性论证的筹资方案，需要在企业内部按照分级授权审批的原则进行审批，重点关注筹资用途的可行性。

第四，筹资计划编制与执行。企业应根据审核批准的筹资方案，编制较为详细的筹资计划，经过财务部门批准后，严格按照相关程序筹集资金。

第五，筹资活动的监督、评价与责任追究。筹资活动完成后要按规定进行筹资后评价，对存在违规现象的，严格追究其责任。

（二）投资活动业务流程

投资活动是筹资活动的延续，也是筹资的重要目的之一。企业投资活动的内部控制，应该根据不同投资类型的业务流程，以及流程中各个环节体现出来的风险，采用不同的具体措施进行投资活动的内部控制。投资活动的业务流程如图 9–2 所示，一般包括：

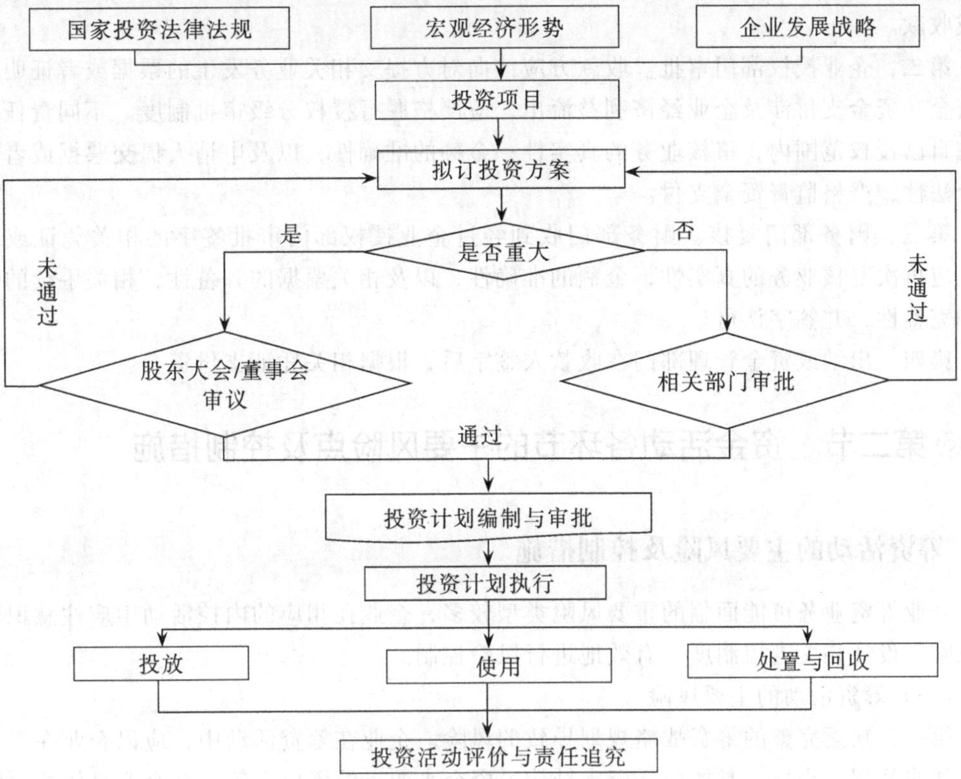

图 9–2　投资活动业务流程图

第一，拟订投资方案。应根据企业发展战略、宏观经济环境、市场状况等，提出本企业的投资项目规划。在对规划进行筛选的基础上，确定投资项目。

第二，投资方案可行性论证。对投资项目应进行严格的可行性研究与分析。可行性研究需要从投资战略是否符合企业的发展战略、是否有可靠的资金来源、能否取得稳定的投资收益、投资风险是否处于可控或可承担范围内、投资活动的技术可行性、市场容量与前景等几个方面进行论证。

第三，投资方案决策。按照规定的权限和程序对投资项目进行决策审批，要通过分级审批，集体决策来进行，决策者应与方案制订者适当分离。

第四，投资计划编制与审批。根据审批通过的投资方案，与被投资方签订投资合同或协议，编制详细的投资计划，落实不同阶段的资金投资数量、投资具体内容、项目进度、完成时间、质量标准与要求等，并按程序报经有关部门批准。

第五，投资计划实施。投资项目往往周期较长，企业需要指定专门机构或人员对投资项目进行跟踪管理，进行有效管控。

第六，投资项目的到期处置。对已到期投资项目的处置同样要经过相关审批流程，妥善处置并实现企业最大的经济收益。

（三）资金营运活动的业务流程

企业资金营运活动是一种价值运动，为保证资金价值运动的安全、完整、有效，企业资金营运活动应按照设计严密的流程进行控制。

第一，资金收付需要以业务发生为基础。企业资金收付，应该有根有据，不能凭空付款或收款。

第二，企业授权部门审批。收款方应该向对方提交相关业务发生的票据或者证明，收取资金。资金支付涉及企业经济利益流出，应严格履行授权分级审批制度。不同责任人应该在自己授权范围内，审核业务的真实性，金额的准确性，以及申请人提交票据或者证明的合法性，严格监督资金支付。

第三，财务部门复核。财务部门收到经过企业授权部门审批签字的相关凭证或证明后，应再次复核业务的真实性，金额的准确性，以及相关票据的齐备性，相关手续的合法性和完整性，并签字认可。

第四，出纳或资金管理部门在收款人签字后，根据相关凭证支付资金。

◎第二节　资金活动各环节的主要风险点及控制措施

一、筹资活动的主要风险及控制措施

企业筹资业务可能面临的重要风险类型较多，企业在相应的内控活动中应注意识别关键风险，设计相关内控制度，有效地进行风险控制。

（一）筹资活动的主要风险

第一，缺乏完整的筹资战略规划导致的风险。企业在筹资活动中，应以企业在资金方面的战略规划为指导，具体包括资本结构、资金来源、筹资成本等，在企业具体的筹资活动中，应贯彻既定的资金战略，以目标资本结构为指导，协调企业的资金来源、期限结构、利率结构等，如果忽视战略导向，缺乏对目标资本结构的清晰认识，很容易导致盲目筹资，使企业资本结构、资金来源结构、利率结构等处于频繁变动中，给企业的生产经营带来巨大的财务风险。

第二，缺乏对企业资金现状的全面认识导致的风险。企业在筹资之前，应首先对企业的资金现状有一个全面正确的了解，并在此基础上结合企业战略和宏、微观形势等提出筹资方案。如果资金预算和资金管控工作不到位，企业就无法全面了解资金现状，也无法正确评估资金的实际需要以及期限等，很容易导致筹资过度或者筹资不足。特别是对于大型企业集团来说，如果没有对全集团的资金现状进行深入完整的了解，很可能出现一部分企业资金结余，而其他部分企业仍然对外筹资，使得集团的资金利用效率低下，增加了不必要的财务成本。

第三，缺乏完善的授权审批制度导致的风险。筹资方案必须经过完整的授权审批流程方可正式实施，这一流程既是企业上下沟通的一个过程，同时也是各个部门、各个管理层次对筹资方案进行审核的重要风险控制程序。审批流程中，每一个审批环节都应对筹资方案的风险控制等问题进行评估，并认真履行审批职责。完善的授权审批制度有助于对筹资风险进行管控，如果忽略这一完善的授权审批制度，则有可能忽视筹资方案中的潜在风险，使得筹资方案草率决策、仓促上马，给企业带来严重的潜在风险。

第四，缺乏对筹资条款的认真审核导致的风险。企业在筹资活动中，都要签订相应的筹资合同、协议等法律文件，筹资合同一般应载明筹资数额、期限、利率、违约责任等内容，企业应认真审核、仔细推敲筹资合同的具体条款，防止因合同条款而给企业带来潜在的不利影响，使得企业在未来可能发生的经济纠纷或诉讼中处于不利地位。在这一方面，企业可以借助专业的法律中介机构来进行合同文本的审核。

第五，因无法保证支付筹资成本导致的风险。任何筹资活动都需要支付相应的筹资成本。对于债权类筹资活动来说，相应的筹资成本表现为固定的利息费用，是企业的刚性成本，企业必须按期足额支付，用以作为资金提供者的报酬。对于股权类筹资活动来说，虽然没有固定的利息费用而且没有还本的压力，但是保证股权投资者的报酬一样不可忽视，企业应认真制订好股利支付方案，包括股利金额、支付时间、支付方式等，如果因股利支付不足，或者对股权投资者报酬不足，将会导致股东抛售股票，从而使企业股价下跌，给企业的经营带来重大不利影响。

第六，缺乏严密的跟踪管理制度导致的风险。企业筹资活动的流程很长，不仅包括资金的筹集到位，更要包括资金使用过程中的利息、股利等筹资费用的计提支付，以及最终的还本工作，这一流程一般贯穿于企业整个经营活动的始终，是企业的一项常规管理工作。企业在筹资跟踪管理方面应制定完整的管理制度，包括资金到账、资金使用、利息支付、股利支付等，并时刻监控资金的动向。如果缺乏严密的跟踪管理，可能会使企业资金管理失控，因资金被挪用而导致财务损失，也可能因此导致利息没有及时支付而被银行罚息，这些都会使企业面临不必要的财务风险。

（二）筹资活动的主要控制措施

筹资活动的流程较长，根据筹资业务流程，找出其中的关键风险控制点进行风险控制，可以提高风险管控的效率（见表9-1）。一般来说，筹资活动各环节的主要风险控制点包括：一是提出筹资方案。提出筹资方案是筹资活动的第一个重要环节，也是筹资活动的起点，筹资方案的内容是否完整、考虑是否周密、测算是否准确等，直接决定着筹资决策的正确与否，关系到整个筹资活动的效率和风险。二是筹资方案审批。相关责任部门拟订筹资方案并进行可行性论证以后，股东（大）会或者董事会、高管层应对筹资方案履行严格的审批责任。审批中应实行集体决策审议或者联签制度，避免一人说了算或者拍脑袋行为。三是编制筹资计划。根据批准的筹资方案，财务部门应制订严密细致的筹资计划，通过筹资计划，对筹资活动进行周密安排和控制，使筹资活动在严密控制下高效、有序进行。四是实施筹资方案。筹资计划经层层授权审批之后，就应付诸实施。在实施筹资计划的过程中，企业必须认真做好筹资合同的签订、资金的划拨、使用以及跟踪管理等工作，保证筹资活动按计划进行，妥善管理所筹集的资金，保证资金的安全性。五是筹资后管理。筹集资金到位以后，企业应该做好筹资费用的计提、支付以及会计核算等工作。对于债权类筹资，企业应按时计提并及时支付债务利息，保持良好的信用记录，对于股权类筹资，企业应制订科学合理并能让股东满意的股利支付方案，并严格按方案支付股利。筹资费用的管理事关资金提供者的积极性，对营造企业良好的筹资环境极为重要。

表9-1 筹资活动内部控制的关键控制点、控制目标与控制措施

关键控制点	控制目标	控制措施
提出筹资方案	进行筹资方案可行性论证	1.进行筹资方案的战略性评估，包括是否与企业发展战略相符合，筹资规模是否适当； 2.进行筹资方案的经济性评估，如筹资成本是否最低，资本结构是否恰当，筹资成本与资金收益是否匹配； 3.进行筹资方案的风险性评估，如筹资方案面临哪些风险，风险大小是否适当、可控，是否与收益匹配
筹资方案审批	选择批准最优筹资方案	1.根据分级授权审批制度，按照规定的程序严格审批经过可行性论证的筹资方案； 2.审批中应实行集体审议或联签制度，保证决策的科学性
制订筹资计划	制订切实可行的具体筹资计划，科学规划筹资活动，保证低成本、高效率筹资	1.根据筹资方案，结合当时经济金融形势，分析不同筹资方式的资金成本，正确选择筹资方式和不同方式的筹资数量，财务部门或资金管理部门制订具体筹资计划； 2.根据授权审批制度报有关部门批准
实施筹资	保证筹资活动正确、合法、有效进行	1.根据筹资计划进行筹资； 2.签订筹资协议，明确权利义务； 3.按照岗位分离与授权审批制度，各环节和各责任人正确履行审批监督责任，实施严密的筹资程序控制和岗位分离控制； 4.做好严密的筹资记录，发挥会计控制的作用
筹资活动评价与责任追究	保证筹集资金的正确有效使用，维护筹资信用	1.促成各部门严格按照确定的用途使用资金； 2.监督检查，督促各环节严密保管未发行的股票、债券； 3.监督检查，督促正确计提、支付利息； 4.加强债务偿还和股利支付环节的监督管理； 5.评价筹资活动过程，追究违规人员责任

（三）筹资业务的会计控制

对于筹资业务，企业还应设置记录筹资业务的会计凭证和账簿，按照国家统一会计准则和制度，正确核算和监督资金筹集、本息偿还、股利支付等相关情况，妥善保管筹资合同或协议、收款凭证、入库凭证等资料，定期与资金提供方进行账务核对，确保筹资活动符合筹资方案的要求。具体从以下几个方面入手：一是对筹资业务进行准确的账务处理。企业应按照国家统一的会计准则，对筹资业务进行准确的会计核算与账务处理，应通过相应的账户准确进行筹集资金核算、本息偿付、股利支付等工作。二是对筹资合同、收款凭证、入库凭证等，应妥善保管。与筹资活动相关的重要文件，如合同、协议、凭证等，企业的财会部门需登记造册、妥善保管，以备查用。三是企业财会部门应做好具体资金管理工作，随时掌握资金情况。财会部门应编制贷款申请表、内部资金调拨审批表等，严格管理筹资程序；财会部门应通过编制借款存量表、借款计划表、还款计划表等，掌握贷款资金的动向；财会部门还应与资金提供者定期进行账务核对，以保证资金及时到位与资金安

全。四是财务部门应协调好企业筹资的利率结构、期限结构等，力争最大限度地降低企业的资金成本。

二、投资活动的主要风险及控制措施

（一）投资活动的主要风险

第一，投资活动与企业战略不符带来的风险。企业发展战略是企业投资活动、生产经营活动的指南和方向。企业投资活动应该以企业发展战略为导向，正确选择投资项目，合理确定投资规模，恰当权衡收益与风险。要突出主业，妥善选择并购目标，控制并购风险；要避免盲目投资，或者贪大贪快，乱铺摊子，以及投资无所不及、无所不能的现象。

第二，投资与筹资在资金数量、期限、成本与收益上不匹配的风险。投资活动的资金需求，需要通过筹资予以满足。不同的筹资方式，可筹集资金的数量、偿还期限、筹资成本不一样，这就要求投资应量力而为，不可贪大求全，超过企业资金实力和筹资能力进行投资；投资的现金流量在数量和时间上要与筹资的现金流量保持一致，以避免财务危机发生；投资收益要与筹资成本相匹配，保证筹资成本的足额补偿和投资盈利性。

第三，投资活动忽略资产结构与流动性的风险。企业的投资活动会形成特定资产，并由此影响企业的资产结构与资产流动性。对于企业而言，资产流动性和盈利性是一对矛盾，这就要求企业在投资中恰当处理资产流动性和盈利性的关系，通过投资保持合理的资产结构，在保证企业资产适度流动性的前提下追求最大盈利性，这也就是投资风险与收益的均衡问题。

第四，缺乏严密的授权审批制度和不相容职务分离制度的风险。授权审批制度是保证投资活动合法性和有效性的重要手段，不相容职务分离制度则通过相互监督与牵制，保证投资活动在严格控制下进行，这是堵塞漏洞、防止舞弊的重要手段。没有严格的授权审批制度和不相容职务分离制度，企业投资就会呈现出随意、无序、无效的状况，导致投资失误和企业生产经营失败。因此，授权审批制度和不相容职务分离制度是投资内部控制、防范风险的重要手段。同时，与投资责任制度相适应，还应建立严密的责任追究制度，使责、权、利得到统一。

第五，缺乏严密的投资资产保管与会计记录的风险。投资是直接使用资金的行为，也是形成企业资产的过程，容易发生各种舞弊行为。在严密的授权审批制度和不相容职务分离制度以外，是否有严密的投资资产保管制度和会计控制制度，也是避免投资风险、影响投资成败的重要因素。企业应建立严密的资产保管制度，明确保管责任，建立健全账簿体系，严格账簿记录，通过账簿记录对投资资产进行详细、动态的反映和控制。

（二）投资活动的主要控制措施

投资业务的风险控制点、控制目标和对应的控制措施见表9-2。

（三）投资业务的会计控制

企业应当按照会计准则的规定，准确进行投资的会计处理。根据对被投资方的影响程度，合理确定投资业务适用的会计政策，建立投资管理台账，详细记录投资对象、金额、期限、收益等事项，妥善保管投资合同或协议、出资证明等资料。对于被投资方出现财务状况恶化、市价当期大幅下跌等情形的，企业财会机构应当根据国家统一的会计准则和制度的规定，合理计提减值准备、确认减值损失。具体包括：一是企业必须按照会计准则的

表 9–2 投资活动内部控制的关键风险控制点、控制目标和控制措施

风险控制点	控制目标	控制措施
提出投资方案	进行投资方案可行性论证	1. 进行投资方案的战略性评估，包括是否与企业发展战略相符合； 2. 投资规模、方向和时机是否适当； 3. 对投资方案进行技术、市场、财务可行性研究，深入分析项目的技术可行性与先进性、市场容量与前景，以及项目预计现金流量、风险与报酬，比较或评价不同项目的可行性
投资方案审批	选择批准最优投资方案	1. 明确审批人对投资业务的授权批准方式、权限、程序和责任，不得越权； 2. 审批中应实行集体决策审议或者联签制度； 3. 与有关被投资方签署投资协议
编制投资计划	制订切实可行的具体投资计划，作为项目投资的控制依据	1. 核查企业当前资金额及正常生产经营预算对资金的需求量，积极筹措投资项目所需资金； 2 制订详细的投资计划，并根据授权审批制度报有关部门审批
实施投资方案	保证投资活动按计划合法、有序、有效进行	1. 根据投资计划进度，严格分期、按进度适时投放资金，严格控制资金流量和时间； 2. 以投资计划为依据，按照职务分离制度和授权审批制度，各环节和各责任人正确履行审批监督责任，对项目实施过程进行监督和控制，防止各种舞弊行为，保证项目建设的质量和进度要求； 3. 做好严密的会计记录，发挥会计控制的作用； 4. 做好跟踪分析工作，及时评价投资的进展，将分析和评价的结果反馈给决策层，以便及时调整投资策略或制定投资退出策略
投资资产处置控制	保证投资资产的处理符合企业的利益	1. 投资资产的处置应该通过专业中介机构，选择相应的资产评估方法，客观评估投资价值，同时确定处置策略； 2. 投资资产的处置必须经过董事会的授权批准

要求，对投资项目进行准确的会计核算、记录与报告，确定合理的会计政策，准确反映企业投资的真实状况。二是企业应当妥善保管投资合同、协议、备忘录、出资证明等重要的法律文书。三是企业应当建立投资管理台账，详细记录投资对象、金额、期限等情况，作为企业重要的档案资料以备查用。四是企业应当密切关注投资项目的营运情况，一旦出现财务状况恶化、市价大幅下跌等情形，必须按会计准则的要求，合理计提减值准备。企业必须准确合理地对减值情况进行估计，而不应滥用会计估计，把减值准备作为调节利润的手段。

三、资金营运活动的主要风险及控制措施

（一）资金营运活动的主要风险

第一，生产经营各环节资金供求的不平衡带来的风险。企业如未能将资金合理安排到

采购、生产、销售等各环节，可能会造成实物流和资金流的不协调、资金收支在数量上及在时间上的不协调。

第二，资金循环和周转情况差，资金使用效率低。资金只有在不断流动的过程中才能带来价值增值。如不能合理实施资金营运活动的内部控制，可能造成资金周转效率低，出现资金闲置和沉淀等低效现象。

第三，资金安全风险。企业的资金营运活动大多与流动资金尤其是货币资金有关，这些资金由于流动性很强，出现错弊的可能性也很大。

（二）资金营运活动的主要控制措施

资金营运内部控制的关键控制点（见表9-3）主要包括：

一是审批控制点。把收支审批作为关键点，是为了控制资金的流入和流出，审批权限的合理划分是资金营运活动业务顺利开展的前提条件。审批活动关键控制点包括制定资金的限制接近措施，经办人员进行业务活动时应该得到授权审批，未经授权的人员不得办理资金收支业务；使用资金的部门应提出用款申请，记载用途、金额、时间等事项；经办人员在原始凭证上签章；经办部门负责人、主管总经理和财务部门负责人审批并签章。

二是复核控制点。复核是减少错误和舞弊的重要措施。复核根据企业内部层级的隶属关系可以划分为纵向复核和横向复核这两种类型。前者是指上级主管对下级活动的复核；后者是指平级或无上下级关系人员的相互核对，如财务系统内部的核对。复核关键控制点包括资金营运活动会计主管审查原始凭证反映的收支业务是否真实合法，经审核通过并签字盖章后才能填制原始凭证；凭证上的主管、审核、出纳和制单等印章是否齐全。

三是收付控制点。资金的收付导致资金流入流出，反映着资金的来龙去脉。该控制点包括出纳人员按照审核后的原始凭证收付款，并对已完成收付的凭证加盖戳记，并登记日记账；主管会计人员及时准确地记录在相关账簿中，定期与出纳人员的日记账核对。

四是记账控制点。资金的凭证和账簿是反映企业资金流入流出的信息源，如果记账环节出现管理漏洞，很容易导致整个会计信息处理结果失真。记账控制点包括出纳人员根据资金收付凭证登记日记账，会计人员根据相关凭证登记有关明细分类账；主管会计登记总分类账。

五是对账控制点。对账是账簿记录系统的最后一个环节，也是报表生成的前一个环节，对保证会计信息的真实性起到重要作用。对账控制点包括账证核对、账账核对、账表核对、账实核对等。

六是银行账户管理控制点。企业应当严格按照《支付结算办法》等国家有关规定，加强对银行账户的管理，严格按规定开立账户，办理存款、取款和结算。银行账户管理的关键控制点包括银行账户的开立、使用和撤消是否有授权，下属企业或单位是否有账外账。

七是票据与印章管理控制点。印章是明确责任、表明业务执行及完成情况的标记。票据与印章管理控制点包括：印章的保管要贯彻不相容职务分离的原则，严禁将办理资金支付业务的相关印章和票据集中由一人保管，印章要与空白票据分管，财务专用章要与企业法人章分管。

总之，强化企业资金管理，控制资金风险，保障资金安全，发挥资金规模效益，有利于企业宏观掌握和控制资金筹措、运用及综合平衡，促进企业可持续健康发展。

表9-3 资金运营活动内部控制的关键风险控制点、控制目标及控制措施

风险控制点	控制目标	控制措施
审批	合法性	未经授权不得经办资金收付业务；明确不同级别管理人员的权限
复核	真实性与合法性	会计对相关凭证进行横向复核和纵向复核
收支点	收入入账完整，支出手续完备	出纳根据审核后的相关原始凭证收款和付款，并加盖戳记
记账	真实性	出纳人员根据资金收付凭证登记日记账，会计人员根据相关凭证登记有关明细分类账；主管会计登记总分类账
对账	真实性和财产安全	账证核对、账表核对与账实核对
保管	财产安全与完整	授权专人保管资金；定期、不定期盘点
银行账户管理	防范小金库；加强业务管控	开设、使用与撤消的授权；是否有账外账
票据与印章管理	财产安全	票据统一印制或购买；票据由专人保管；印章与空白票据分管；财务专用章与企业法人章分管

◎第三节 案例分析

巨额银行存款不翼而飞

一、案例介绍

2005年1月4日，东北高速公司在河松街支行对账时，河松街支行出具的该公司截至2004年12月31日电脑打印的银行对账单结果显示，公司两个账户应有的存款余额近3亿元，但实际账上只剩下7万多元，其余存款去向不明。此外，东北高速公司子公司——黑龙江东高投资开发有限公司存于该行的530万元资金也去向不明，与此同时，河松街支行行长高山也神秘“失踪”，东北高速公司随即向警方报案。警方后来调查发现，此案10亿元资金涉及东北高速公司在哈尔滨河松街支行的两个账户中共计存款余额2.9337亿元；东北高速公司子公司——黑龙江东高投资开发有限公司存于该行的530万元资金；黑龙江辰能哈工大高科技风险投资有限公司所存的3亿余元资金；黑龙江社保局所存的1.8亿元资金；同时，东高投资存在大庆市农业银行的履约保证金2 427.98万元亦被悉数卷走。事后查明，该行行长高山以跳票飞单的形式，利用高息获得巨额存款，在休眠期串通世纪绿洲系企业的实际控制人李东哲通过地下钱庄将超过10亿元的资金汇往国外，并顺利出境。

这次中行巨额资金被高山卷走主要利用了银行内部有一种叫“飞单”或“跳票”的融资手段，即用高息揽存的方法，把企业的大额资金套进指定银行，然后通过各种手段把固定期限的存款划转到另一家企业的账户上使用，到期限结算时再把本金连同利息回笼，从而完成一次交易。一般贷方只需将钱以活期形式存入指定银行，然后自己拿着高息承诺的存款凭据。贷方唯一的代价是要签一份书面文件，并加盖法人印鉴和本单位支票专用印

鉴，承诺一年的休眠期之内不得支取这笔款项。按照知情人士的说法，持有大量资金的企业高管人员将资金存入河松街支行，私下必然有利益交易，客户将存款户开到该支行后，将被许以好处，即一些银行吸引大量资金后会将一部分资金体外循环，派生高利给当事人回扣。包括东北高速公司在内的多家企业，将账户开在河松街支行后，运用支票的形式将资金转移到河松街支行的账上，然后通过背书转让或者其他转账方式转至其他账户用作他途；同时，河松街支行向企业出具虚假的存款凭据和对账单，维持资金仍在企业的中行账户上的假象。

二、案例分析

（一）忽略预警征兆，内控环境存在问题

内部控制环境是其他要素的基础，发挥着重要的作用。但这点在中行却没有得到应有的重视。早在2002年，与此案有关联的一家企业高管曾对中行黑龙江省分行领导抱怨："你们的那个支行行长胆子也太大了，竟敢将我们账上的4 000万元给划走了，不信你们就查一查！"中行的工作人员下去一查，着实吓了一跳：确有此事！但此时，中行接到了该企业法人代表的电话："那是我们自己家的事，你们就没有必要查了！"此事就此搁浅。在已有事先预警的情况下，中行黑龙江分行领导却仅因为客户的一个电话就忽略了此风险，至少说明分行领导风险意识薄弱。

（二）行长权力过大，内外人员合谋

本案中，中行河松街支行的存贷款业务完全掌握于行长高山手中。根据中国人民银行2002年《商业银行内部控制指引》第三十四条：商业银行应建立授信审查委员会，负责审批权限内的授信。委员会遵循集体审议，多数通过原则，行长不得担任授信审查委员会的成员。中行河松街支行不仅不存在集体审议贷款的原则，行长更是本人亲自负责贷款业务。实际上，中行河松街支行完全是由高山一手建立起来的。面对支行行长高山和李东哲合谋卷走上亿元的巨额存款，银行内部为什么无人发现，无人监督呢？

中国银行一位人士称，如果没有外部人员与内部人员的勾结，钱无论如何也倒不出去。根据知情人士提供的线索，大约只有1亿多元的资金是通过中国银行系统提走的，其他大部分款项则是通过其他银行消失的。应该有其他涉案企业负责人和财务人员参与串谋。

（三）违规业务存在，银行内控失效

银行内部控制制度未能杜绝违规业务的存在，不仅为高山提供了可乘之机，也令违规操作者付出了惨重的代价。根据中国人民银行2002年《商业银行内部控制指引》第一百零四条，商业银行严禁设置账外账。"在河松街支行属于企业账外资金的账户多达上百个。"知情人士说，即使按照每家企业一般存款户6个计算，也有近二十家企业。成也萧何，败也萧何！这种违规行在帮助高山拉到巨额存款后，也为高山盗走巨额的银行存款提供了便利。正是利用了这种账外账，高山后来才会卷走资金并成功地躲避了监管。

根据事后的材料来看，黑龙江社保局的1.8亿元资金的存单是假的，说明这是账外账，压根就没存入账户。当然名义上是大额协议存款。一位熟悉银行业务的人士分析，"这笔资金可能早已被转移走。如果那个时候社保局要求取消续存，高山可能带走的只是1.8亿元"。东北高速公司与辰能公司的资金也是被类似操作的。

（四）信息未入网，信息系统存在漏洞

许多业内人士表示，中行河松街支行之所以能进行资金的来回调度，与其没有完善的计算机信息系统有关，据了解，河松街支行尽管具备同城结算资格，但始终没有进入同城结算系统。按照通常的惯例，如果有完整的结算系统，上一级分行可以适时查询下一级分行的资金调度情况。而且每天还会轧平资金的头寸，一旦发现大额的可疑资金流动，就会进行风险预警。但中行河松街支行并未首先发现问题，直到东北高速公司前来查账才意识到资金可能被抽走，本身就不正常。

据中行道里支行一位人士称，河松街支行确实没有使用人民银行分配的同城结算交换号，其所有业务都是通过道里支行的同城结算交换号进行的。由于道里支行根本难以了解客户账户内容，河松街支行实际上规避了外部监管。这种从根本上避开银行信息系统的问题导致了许多监督等内部控制活动无法展开，为高山从事违法活动提供了一条便利的通道。

学思见悟

中共十九大把防范化解重大风险作为三大攻坚战之一，几年来，在党中央的坚强领导下，防范化解重大金融风险攻坚战取得了重要阶段性成果，守住了不发生系统性金融风险的底线，有力维护了国家经济、金融稳定和人民财产安全。因此，我们要强化风险意识，常观大势、常思大局，科学预见形势发展走势和隐藏其中的风险挑战，做到未雨绸缪。根据以风险导向为核心的理念，全面系统地识别、分析监督和评价资金活动各环节的主要风险点，针对风险点设置关键控制点，实施相应的风险控制措施，这样才能更好地做到防患于未然。

资料来源：佚名. 正确认识和把握防范化解重大风险［N］. 人民日报，2022-02-10.

本章小结

资金管理流程是内部控制的重要组成部分。它既是完成业务活动所必需的步骤，也是保证业务活动按预定目标进行的措施。

在不同交易循环中，由于具体业务的特点有所差别，因此可采用的具体内部控制措施也有所差异。在设计、实施和评价不同交易循环内部控制时，应当对内部控制的措施与方法加以灵活运用。

中英文专业术语

资金活动 financing activities

资金活动风险 risk of financing activities

资金活动内部控制 internal control of financing activities

章后练习

章后练习-自测版

一、单项选择题

1.货币资金内部控制中，不相容岗位分离的基本要求是（　　）。

A.实行钱账分管　　B.实行账账分管

C.实行钱物分管　　D.以上都不对

2.企业应该定期对投融资活动进行营运评价，这属于（　　）控制行为。

A.运营分析控制　　B.不相容职务分离控制

C.会计记录控制　　D.财产保护控制

3.关于资金活动说法不正确的是（　　）。

A.加强资金活动内部控制的目的是维护资金的安全与完整，促进企业健康发展

B.资金活动的风险管控事关企业生死存亡

C.加强企业资金管控有利于企业可持续发展

D.资金活动内部控制通常是企业内部管理的关键环节

4.关于资金营运内部控制的关键控制点的说法错误的是（　　）。

A.把收支审批点作为关键点，是为了控制资金的流入和流出，审批权限的合理划分是资金营运活动业务顺利开展的前提条件

B.复核控制点是减少错误和舞弊的重要措施

C.印章的保管要贯彻不相容职务分离的原则

D.资金营运内部控制的关键控制点不包括收付控制点

二、多项选择题

1.某贸易公司的应收票据管理存在缺陷，下列选项中可以完善应收票据的内部控制措施有（　　）。

A.审查背书审批手续

B.指定专人登记保管应收票据

C.复核并调查所有与发票不配比的销售凭证

D.定期对应收票据进行清查盘点

2.实施资金活动内部控制的总体要求包括（　　）。

A.建立科学决策机制　　B.实施资金集中管控

C.合理设计流程　　D.抓住关键控制点

3.以下属于投资活动的主要风险的有（　　）。

A.投资活动与企业战略不符带来的风险

B.投资活动忽略资产结构与流动性的风险

C.缺乏严密的授权审批制度和不相容职务分离制度的风险

D.缺乏严密的投资资产保管与会计记录的风险

三、判断题

1.所谓资金活动，是指企业筹资、投资和资金营运等活动的总称。　　（　　）

2.企业应当提倡资金的体外循环。　　（　　）

3. 企业办理资金收付业务，应当遵守现金和银行存款管理的有关规定，由一人办理货币资金全过程业务。（ ）

4. 筹资的目的就是获得尽可能多的资金。（ ）

四、案例分析

1. 某公司有以下情况：（1）该公司领导规定，当出纳会计因事不在班时，为了不影响工作，出纳业务由主管会计代理。（2）该公司财务科主管会计张山东与出纳会计刘小梅，两人经过两年交往于2018年3月1日结婚，在结婚典礼上经理举杯祝贺说："祝你们夫妻在今后的会计和出纳工作中配合得更好，为公司财务工作做出更大的贡献。"（3）采购员小张以现金860元购买办公用品返回后，凭发票直接到财务科作了报销。（4）某商品仓库有4名保管员，4个人经常轮班休息。为了商品出入库方便，领导决定配4套钥匙，每人一套。（5）某经理经常外出联系业务，回来后填制"差旅费报销单"，在"领导批示"栏经理直接签署同意，即予报销。

要求：根据上列资料判断该公司内部控制是否符合内控建设实施要求，并说明理由。

2. 某上市公司2022年制定了内部控制制度，其要点如下：

（1）为提高工作效率，公司重大资产处置、对外投资和资金调度等事宜统一由总经理审批；

（2）为加快货款回收，允许公司销售部门及其销售人员直接收取货款。

要求：从内部控制的角度对该公司制定的内部控制制度进行分析，并简要说明理由。

五、讨论

结合共享单车案例让学生深刻体会资金的内控过程。了解共享单车资金营运模式，从下载APP注册、缴纳押金到成功骑行、扣费、退还押金这一系列流程，让学生主动思考共享单车营运的法则，结合各种共享单车现象让学生讨论深层次的原因，使押金背后的奥秘引发学生大思考。

从企业微观层面、行业中观层面，到宏观环境层面分析共享单车成功与失败的根源。

第十章 采购业务内部控制

学习目标

通过本章的学习，掌握采购业务的定义及内容，了解采购活动的业务流程及管理，掌握采购业务的关键风险点及控制方法。

引导案例与思考

一、宝洁公司内部腐败现象——揭开宝洁公司内部腐败的黑幕：员工贪污成风

南方网讯 日前，宝洁（中国）有限公司致函各大供应商，重申“赠送礼品、娱乐交际及其他商业行为政策的规定”，要求严厉杜绝上述行为。并进一步要求，“我们期望供应商可以在2002年3月1日前将所了解的宝洁公司员工过往的违反公司政策行为（如收受贿赂、利益冲突等）通知我们。否则，宝洁公司将终止与该公司的生意来往。”这一申明捅出了宝洁（中国）有限公司的管理漏洞。

（一）事缘“玉兰油事件”

2001年9月30日，宝洁（中国）有限公司市场总监奥斯汀、人力资源部高级经理张军华以及安全经理杨新联合出动，围守广州花园酒店荔湾厅，当场捉获涉嫌巨额贪污的玉兰油某品牌经理。由于人赃俱获，该经理立即被宝洁公司开除。知情人士透露，此次贪污金额估计在100万元左右。而在此之前，该经理曾分别在广州市的丽江花园、翠湖山庄、华景新城等多个小区购置豪宅，其收入来源已经遭受广泛质疑。对于此次“玉兰油事件”，宝洁公司显然不希望家丑外扬。“这只是个别案例，我想每家公司都会出现这种情况。”宝洁（中国）有限公司对外关系部副总监裴逸群极力轻描淡写。

（二）腐败已是公开秘密

据内部有关人士透露，就在“玉兰油事件”前后，宝洁公司曾先后出现诸如媒介经理利用职务之便贪污广告时段资金等多宗腐败事件。

在业内，宝洁公司的腐败现象早已是公开的秘密。“宝洁公司内部贪污风的确很盛，很多人收过我们的钱。”宝洁公司的一位不愿透露姓名的供应商深受其害。他介绍说，宝洁公司内部的贪污行为主要分为两种方式，最为广泛的一种被称为“10%法则”，即所做项目的回扣占总业务额的10%，据这位曾经送过巨额贿赂的宝洁公司供应商声称，“这一法则在宝洁公司内部已经是心照不宣了。”另外一种方式则是参股，即宝洁公司员工及其直系亲属在与其有业务联系的供应商、代理商或客户的公司中拥有所有者权益或利润权益。

有宝洁公司高层透露，各种腐败行为每年使宝洁公司直接损失不少于500万美元。只不过在最辉煌的前几年，宝洁公司的快速成长掩盖了不洁的内幕。随着宝洁公司风光日微及市场竞争的不断加剧，公司治理中存在的问题开始浮出水面。

（三）公司治理约束不足

宝洁公司内部治理结构的问题，主要表现为激励有余而约束不足。其中，宝洁公司赖以成功的品牌经理制度更被认为是罪魁祸首。

宝洁公司目前的运作架构中，品牌经理制度是主体，几乎所有部门都围绕不同的品牌经理开展工作。因此，品牌经理无疑有着巨大的权力空间，而这种空间正是滋生腐败的沃土。事实上，为削弱品牌经理的权力，宝洁公司也建立了相应的约束机制，比如超过品牌经理批准额度的促销费必须报市场服务部批准等。

（四）腐败影响了竞争力

尽管宝洁公司方面不愿大力张扬正在进行中的反腐行动，但腐败已经严重影响了宝洁公司的市场竞争力。

始创于1837年的宝洁公司，是世界最大的日用消费品公司之一，在全球拥有250多个品牌。1988年，宝洁公司开始进入中国市场，并随即为中国日化行业带来前所未有的革命。

在最辉煌的1996年、1997年间，飘柔、海飞丝、潘婷和玉兰油等日常洗护用品如日中天，中国老百姓言必称宝洁。

宝洁公司在中国市场的空前成功，带动了日化行业的迅速发展。很多企业开始模仿宝洁模式，打造自己的日化品牌。“人们都说，宝洁公司就是中国日用消费品市场的教父。”宝洁（中国）有限公司开始进入多事之秋。

宝洁公司遭受的第一波攻击来自“假冒伪劣”。事实证明，这场游击战耗费了宝洁公司大量的人力和物力。一个比较保守的数据表明，假冒伪劣产品至少减少了宝洁公司10%的收入，而实际份额却远不止这些。眼下，随着政府打击力度的不断加大，假货对宝洁公司的影响已经越来越小。

然而，另一个层面的竞争却不期而至——风起云涌的品牌以正规军的方式从各个角落阻击宝洁。一种颇为流行的观点认为，目前市场上的不少品牌都是当年的“李鬼”，走投无路之后才不得不做品牌，而它们做品牌的方式依然是仿照当年的宝洁。

面对对手们新一轮的攻击，宝洁公司却意外地疲态凸显。一项权威统计表明，2001年，宝洁公司除了飘柔之外，其他品牌的市场占有率都有不同程度的下降，其中潘婷等品牌尤甚。对此，公司有关人士并没有否认：“我们的市场占有率的绝对份额的确减少，但这个市场的总份额大了。”然而，有市场人士指出，宝洁公司2001年的销售总额大约是90亿元人民币，而这恰好与1997年情况相仿。如果考虑市场增量，宝洁公司的实际销量则是不进反退。

（五）“终端不行”症在腐败

对于宝洁公司面临的问题，有市场专业人士认为，除了“产品同质化日趋严重，不少人开始选择一些相对便宜的新品牌”等客观因素之外，“主要是宝洁的终端不行”。这位人士说：“我在上海家乐福调研发现，这里几乎是丝宝和联合利华的天下，宝洁不是商场主推产品。”相反，正是凭借终端策略，丝宝旗下的舒蕾已经成为市场第二大品牌，而另一个品牌风影也进入市场前五。

宝洁公司显然已经意识到这个问题。“目前终端销售确实很重要，因为中国市场洗发水消费还不成熟，需要你通过终端渠道去不断宣传和介绍。这也是我为什么说宝洁需要竞争的原因，因为我们可以向对手学习很多东西。”

据称，2001年宝洁公司动作频频，主要加大市场投入力度，改变过多依靠广告拉动销售的模式。一方面把飘柔降价20%增强价格优势；另一方面加大终端投入。“比如沙宣在很多地方都像卖化妆品一样开设专柜，然后配备检测发质的电子仪器，效果非常好。我们在北京、上海和广州等地已经投入400多个专柜。”

但有市场人士指出，如果不解决寄生在体内的腐败蛀虫，宝洁公司的努力将很难见成效。

一个典型的例子是，宝洁公司曾在上海等地推广一个叫“BOOM-ING”的终端促销计划，目的是针对舒蕾等品牌加强终端的生动化。然而，为了贪污促销费用，市场销售人员和供应商竟然相互勾结，伪造促销效果图，而实际并无现场促销。“BOOM-ING”计划效果甚微。

资料来源：21世纪经济报道，2002-02-26.

讨论及思考：

1.采购业务内部控制的主要风险点有哪些？

2.采购业务内部控制失效的危害是什么？

3.如何有效防止采购业务中的内部腐败行为？

课前预习（思维导图）

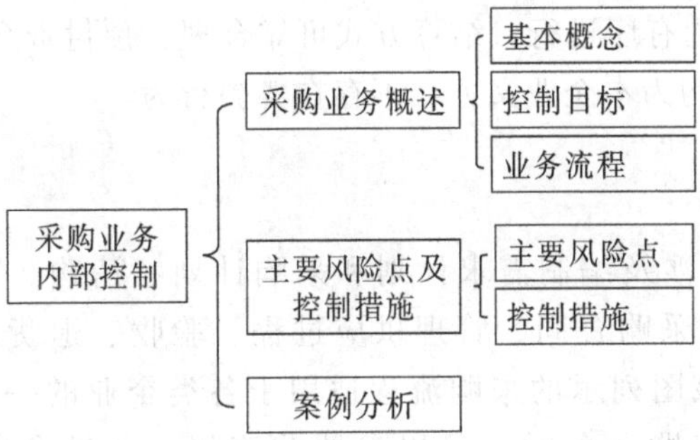

◎第一节　采购业务概述

一、采购业务内控概述

《企业内部控制应用指引第7号——采购业务》中所称采购，是指企业购买物资（或接受劳务）及支付款项等相关活动。其中，物资主要包括企业的原材料、商品、工程物资、固定资产等。采购是企业生产经营的起点，既是企业的“实物流”的重要组成部分，又与“资金流”密切关联。众所周知，采购物资的质量和价格、供应商的选择、采购合同的订立、物资的运输、验收等供应链状况，在很大程度上决定了企业的生存与可持续发展。采购流程的环节虽不是很复杂，但蕴藏的风险却是巨大的。基于以上考虑，《企业内部控制应用指引第7号——采购业务》对采购的主要流程进行了梳理，明确了采购业务的主要风险点，针对性地提出了相应的控制措施。

企业在健全采购业务内部控制时，应当比照健全资金、资产业务内部控制，着力从全面梳理相关流程入手。在此过程中，企业应当对采购业务管理现状进行全面分析与评价，既要对照现有采购管理制度，检查相关管理要求是否落实到位，又要审视相关管理流程是否科学合理、是否能够较好地保证物资和劳务供应顺畅、物资采购是否能够与生产和销售等供应链其他环节紧密衔接。在此基础上，要着力健全各项采购业务管理制度，落实责任制，不断提高制度执行力，确保物资和劳务采购按质、按量、按时和经济高效地满足生产经营的需求。

二、采购业务的内部控制目标

1.制订科学合理的采购计划，所采购物资符合企业生产经营的实际需要，且在力所能及的范围内降低采购成本，保证采购质量；

2.采购合同的签订符合法律规定程序，不存在法律纠纷和诉讼风险；

3.所记录的购货都已收到货物，或已接受劳务，并符合相关采购合同的规定，所采购的货物质量及数量不存在问题；

4.已发生的采购业务均已及时、正确记录；

5.付款业务按照合同有序进行，结算方式可靠合理，预付资金安全及时收回，占用期限合理，所有付款行为均为本企业义务，不存在舞弊行为。

三、采购业务流程

采购业务流程主要涉及编制需求计划和采购计划、请购、选择供应商、确定采购价格、订立框架协议或采购合同、管理供应过程、验收、退货、付款、会计控制等环节，如图10-1所示。该图列示的采购流程适用于各类企业的一般采购业务，具有通用性。企业在实际开展采购业务时，可以参照此流程，并结合自身情况予以扩充和具体化。

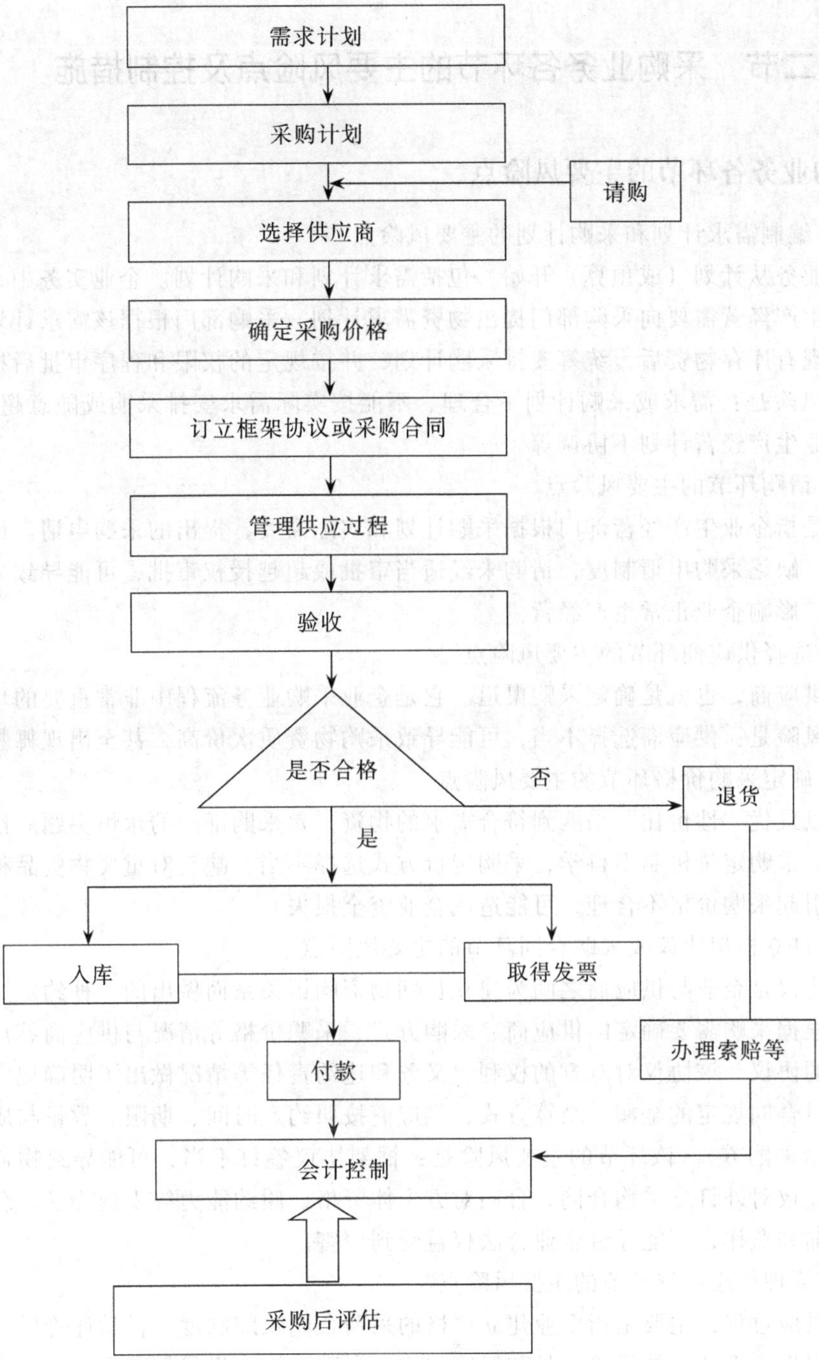

图 10-1　采购业务流程图

◎第二节 采购业务各环节的主要风险点及控制措施

一、采购业务各环节的主要风险点

（一）编制需求计划和采购计划的主要风险点

采购业务从计划（或预算）开始，包括需求计划和采购计划。企业实务中，需求部门一般根据生产经营需要向采购部门提出物资需求计划，采购部门根据该需求计划归类、汇总、平衡现有库存物资后，统筹安排采购计划，并按规定的权限和程序审批后执行。该环节的主要风险是：需求或采购计划不合理、不能按实际需求安排采购或随意超计划采购，甚至与企业生产经营计划不协调等。

（二）请购环节的主要风险点

请购是指企业生产经营部门根据采购计划和实际需要，提出的采购申请。该环节的主要风险是：缺乏采购申请制度，请购未经适当审批或超越授权审批，可能导致采购物资过量或短缺，影响企业正常生产经营。

（三）选择供应商环节的主要风险点

选择供应商，也就是确定采购渠道。它是企业采购业务流程中非常重要的环节。该环节的主要风险是：供应商选择不当，可能导致采购物资质次价高，甚至出现舞弊行为。

（四）确定采购价格环节的主要风险点

如何以最优“性价比”采购到符合需求的物资，是采购部门的永恒主题。该环节的主要风险是：采购定价机制不科学，采购定价方式选择不当，缺乏对重要物资品种价格的跟踪监控，引起采购价格不合理，可能造成企业资金损失。

（五）订立框架协议或采购合同环节的主要风险点

框架协议是企业与供应商之间为建立长期物资购销关系而做出的一种约定。采购合同是指企业根据采购需要确定的供应商、采购方式、采购价格等情况与供应商签订的具有法律约束力的协议，该协议对双方的权利、义务和违约责任等情况做出了明确规定（企业向供应商支付合同规定的金额、结算方式，供应商按照约定时间、期限、数量与质量、规格交付物资给采购方）。该环节的主要风险是：框架协议签订不当，可能导致物资采购不顺畅；未经授权对外订立采购合同，合同对方主体资格、履约能力等未达要求、合同内容存在重大疏漏和欺诈，可能导致企业合法权益受到侵害。

（六）管理供应过程环节的主要风险点

管理供应过程，主要是指企业建立严格的采购合同跟踪制度，科学评价供应商的供货情况，并根据合理选择的运输工具和运输方式，办理运输、投保等事宜，实时掌握物资采购供应过程的情况。该环节的主要风险是：缺乏对采购合同履行情况的有效跟踪，运输方式选择不合理，忽视运输过程保险风险，可能导致采购物资损失或无法保证供应。

（七）验收环节的主要风险点

验收是指企业对采购物资和劳务的检验、接收，以确保其符合合同相关规定或产品质量要求。该环节的主要风险是：验收标准不明确、验收程序不规范、对验收中存在的异常情况不作处理，可能造成账实不符、采购物资损失。

（八）付款环节的主要风险点

付款是指企业在对采购预算、合同、相关单据凭证、审批程序等内容审核无误后，按照采购合同规定及时向供应商办理支付款项的过程。该环节的主要风险是：付款审核不严格、付款方式不恰当、付款金额控制不严，可能导致企业资金损失或信用受损。

（九）会计控制环节的主要风险点

会计控制主要指采购业务会计系统控制。该环节的主要风险是：缺乏有效的采购会计系统控制，未能全面真实地记录和反映企业采购各环节的资金流和实物流情况，相关会计记录与相关采购记录、仓储记录不一致，可能导致企业采购业务未能如实反映，以及采购物资和资金受损。

二、采购业务各环节的控制措施

（一）编制需求计划和采购计划环节的控制措施

第一，生产、经营、项目建设等部门，应当根据实际需求准确、及时地编制需求计划。需求部门提出需求计划时，不能指定或变相指定供应商。对独家代理、专有、专利等特殊产品应提供相应的独家、专有资料，经专业技术部门研讨后，经具备相应审批权限的部门或人员审批。

第二，采购计划是企业年度生产经营计划的一部分，在制订年度生产经营计划的过程中，企业应当根据发展目标实际需要，结合库存和在途情况，科学安排采购计划，防止采购量过高或过低。

第三，采购计划应纳入采购预算管理，经相关负责人审批后，作为企业刚性指令严格执行。

（二）请购环节的控制措施

第一，建立采购申请制度，依据购买物资或接受劳务的类型，确定归口管理部门，授予相应的请购权，明确相关部门或人员的职责权限及相应的请购程序。企业可以根据实际需要设置专门的请购部门，对需求部门提出的采购需求进行审核，并进行归类汇总，统筹安排企业的采购计划。

第二，具有请购权的部门对于预算内采购项目，应当严格按照预算执行进度办理请购手续，并根据市场变化提出合理采购申请。对于超预算和预算外采购项目，应先履行预算调整程序，由具备相应审批权限的部门或人员审批后，再行办理请购手续。

第三，具备相应审批权限的部门或人员审批采购申请时，应重点关注采购申请内容是否准确、完整，是否符合生产经营需要，是否符合采购计划，是否在采购预算范围内等。对不符合规定的采购申请，应要求请购部门调整请购内容或拒绝批准。

提出物品和劳务的需要是采购环节的开始，企业可以根据不同的需要制定不同的请购制度。其中还包括询价并确定供应商。由企业指定的询价人员对拟采购的物资进行供应商查询，查询内容包括供应商的价格、质量、可享受的折扣、付款条件、交货时间和供应商的信誉等，采购询问比较清楚后，交由授权的主管人员对请购单或订货单进行二次审批，确定供应商。

（三）选择供应商环节的主要控制措施

第一，建立科学的供应商评估和准入制度，对供应商资质、信誉情况的真实性和合法性进行审查，确定合格的供应商清单，健全企业统一的供应商网络。定期审查供应商的基本资料，如产品价格、质量、供货条件、信誉、售后服务以及供应商的设备状况、技术水平和财务状况等，为企业采购决策提供可靠信息。企业新增供应商的市场准入、供应商新增服务关系以及调整供应商物资目录，都要由采购部门根据需要提出申请，并按规定的权限和程序审核批准后，纳入供应商网络。企业可委托具有相应资质的中介机构对供应商进行资信调查。

第二，采购部门应当按照公平、公正和竞争的原则，择优确定供应商，在切实防范舞弊风险的基础上，与供应商签订质量保证协议。对所有潜在供应商应就其质量、技术、财务状况的可行性进行调查。调查内容包括：企业采购业务内部控制、工艺能力、质量记录、运输记录、劳动力情况、成本结构、财务状况、售后培训意向。对于一般和重要物品或劳务采购，应建立由采购、技术等部门参与的比质比价体系，综合考虑价格、质量、供货条件、信誉和售后服务等。

第三，建立供应商管理信息系统和供应商淘汰制度，对供应商提供的物资或劳务的质量、价格、交货及时性、供货条件及其资信、经营状况等进行实时管理和考核评价，根据考核评价结果，提出供应商淘汰和更换名单，经审批后对供应商进行合理选择和调整，并在供应商管理系统中做出相应记录。

（四）确定采购价格环节的控制措施

第一，健全采购定价机制，采取协议采购、招标采购、询比价采购、动态竞价采购等多种方式，科学合理地确定采购价格。对标准化程度高、需求计划性强、价格相对稳定的物资，通过招标、联合谈判等公开、竞争方式签订框架协议。

第二，采购部门应当定期研究大宗通用重要物资的成本构成与市场价格变动趋势，确定重要物资品种的采购执行价格或参考价格。建立采购价格数据库，定期开展重要物资的市场供求形势及价格走势商情分析并合理利用。

（五）订立框架协议或采购合同环节的控制措施

第一，对拟签订框架协议的供应商的主体资格、信用状况等进行风险评估；框架协议的签订应引入竞争制度，确保供应商具备履约能力。

第二，根据确定的供应商、采购方式、采购价格等情况，拟订采购合同，准确描述合同条款，明确双方权利、义务和违约责任，按照规定权限签署采购合同。对于影响重大、涉及较高专业技术或法律关系复杂的合同，应当组织法律、技术、财会等专业人员参与谈判，必要时可聘请外部专家参与相关工作。

第三，对重要物资验收量与合同量之间允许的差异，应当做出统一规定。

（六）管理供应过程的控制措施

第一，依据采购合同中确定的主要条款跟踪合同履行情况，对有可能影响生产或工程进度的异常情况，应出具书面报告并及时提出解决方案，采取必要措施，保证需求物资的及时供应。

第二，对重要物资建立并执行合同履约过程中的巡视、点检和监造制度。对需要监造的物资，择优确定监造单位，签订监造合同，落实监造责任人，审核确认监造大纲，审定监造报告，并及时向技术等部门通报。

第三，根据生产建设进度和采购物资特性等因素，选择合理的运输工具和运输方式，办理运输、投保等事宜。

第四，实行全过程的采购登记制度或信息化管理，确保采购过程的可追溯性。

（七）验收环节的控制措施

第一，制定明确的采购验收标准，结合物资特性确定必检物资目录，规定此类物资出具质量检验报告后方可入库。

第二，验收机构或人员应当根据采购合同及质量检验部门出具的质量检验证明，重点关注采购合同、发票等原始单据是否与采购物资的数量、质量、规格型号等核对一致。对验收合格的物资，填制入库凭证，加盖物资"收讫章"，登记实物账，及时将入库凭证传递给财会部门。物资入库前，采购部门须检查质量保证书、商检证书或合格证等证明文件。验收时涉及技术性强、大宗的和新、特物资的，还应进行专业测试，必要时可委托具有检验资质的机构或聘请外部专家协助验收。

第三，对于验收过程中发现的异常情况，比如无采购合同或大额超采购合同的物资、超采购预算采购的物资、毁损的物资等，验收机构或人员应当立即向企业有权管理的相关机构报告，相关机构应当查明原因并及时处理。对于不合格物资，采购部门依据检验结果办理让步接收、退货、索赔等事宜。对延迟交货造成生产建设损失的，采购部门要按照合同约定索赔。

（八）付款环节的控制措施

企业应当加强对采购付款的管理，完善付款流程，明确付款审核人的责任和权利，严格审核采购预算、合同、相关单据凭证、审批程序等相关内容，审核无误后按照合同的规定，合理选择付款方式，及时办理付款。付款环节要着力关注以下方面：

第一，严格审查采购发票等票据的真实性、合法性和有效性，判断采购款项是否确实应予支付。如审查发票填制的内容是否与发票种类相符、发票加盖的印章是否与票据的种类相符等。企业应当重视采购付款的过程控制和跟踪管理，如果发现异常情况，应当拒绝向供应商付款，避免出现资金损失和信用受损。

第二，根据国家有关支付结算的相关规定和企业生产经营的实际，合理选择付款方式，并严格遵循合同规定，防范付款方式不当带来的法律风险，保证资金安全。除了不足转账起点金额的采购可以支付现金外，采购价款应通过银行办理转账。

第三，加强对预付账款和定金的管理，涉及大额或长期预付款项的，应当定期进行追踪核查，综合分析预付账款的期限、占用款项的合理性、不可收回风险等情况，发现有疑问的预付款项，应当及时采取措施，尽快收回款项。

（九）会计控制的主要措施

第一，企业应当加强对购买、验收、付款业务的会计系统进行控制，详细记录供应商情况、采购申请、采购合同、采购通知、验收证明、入库凭证、退货情况、商业票据、款项支付等情况，做好采购业务各环节的记录，确保会计记录、采购记录与仓储记录核对一致。

第二，指定专人通过函证等方式，定期向供应商寄发对账函，核对应付账款、应付票据、预付账款等往来款项，对供应商提出的异议应及时查明原因，报有权管理的部门或人员批准后，作出相应调整。

财务部门应于每月月末与供应商进行货款结算的核对。取得供应商对账单，审核其余额与企业“应付账款”账户余额是否一致，在考虑买卖双方在收发货物上可能存在时间差等因素之后，企业与供应商的月末余额应保持一致。总之，内部控制制度贯穿于企业经营活动的各个方面，企业应在采购业务中实施内部会计控制，对请购、审批、签约、采购、验收、审核和付款等环节建立标准化的业务处理程序；健全以采购申请、经济合同、结算凭证、验收入库单据为载体的控制系统；加强对请购、采购、验收、付款关键点的控制，实施采购决策环节的相互制约和监督机制。只有这样，才能有效地堵塞采购业务过程中的漏洞、消除隐患、保护企业财产安全、防止舞弊行为的发生。相信随着管理层对这项工作重视程度的加深，企业一定会沿着各项制度良性循环的轨道健康发展。

三、采购业务的后评估

由于采购业务对企业生存与发展具有重要影响，《企业内部控制应用指引第7号——采购业务》强调企业应当建立采购业务后评估制度。就此，企业应当定期对物资需求计划、采购计划、采购渠道、采购价格、采购质量、采购成本、协调或合同签订与履行情况等物资采购供应活动进行专项评估和综合分析，及时发现采购业务的薄弱环节，优化采购流程，同时，将物资需求计划管理、供应商管理、储备管理等方面的关键指标纳入业绩考核体系，促进物资采购与生产、销售等环节的有效衔接，不断防范采购风险，全面提升采购效能。

◎第三节　案例分析

烟草公司采购流程案例分析

一、案例基本情况介绍

（一）行业背景

烟草行业作为嗜好类消费品行业，有着明显的行业特殊性。为了加强对该行业的管理，更好地服务于国民经济发展，中国政府于1981年决定改革烟草管理体制、实行烟草专卖制度，分别于1982年1月和1984年1月批准成立中国烟草总公司和国家烟草专卖局，并出台了《中华人民共和国烟草专卖法》和《中华人民共和国烟草专卖法实施条例》。中国烟草行业实行统一领导、垂直管理和专卖专营的专卖管理体制。国家烟草专卖局（中国烟草总公司）主管全国的烟草专卖工作及统一管理和经营全国烟草行业的产供销、人财物、内外贸业务。国家烟草专卖局和中国烟草总公司在全国省、地、县设有各级烟草专卖局和烟草公司，全系统有50多万名员工，分别从事着烟草专卖行政管理工作和烟叶种植的技术指导及收购，烟叶复烤，卷烟、雪茄烟等烟草制品的加工，烟草机械和烟用辅助材料的生产，卷烟批发，烟草行业对外贸易与合作等。

（二）某省烟草公司简介

某省烟草公司暨某省烟草专卖局隶属于中国烟草总公司暨国家烟草专卖局，是某省烟草行业的省级管理机构，具有烟草专卖市场的行政管理职能；同时作为企业，依法承担烟草产品购进、生产、调拨、营销及行业管理工作，具有半行政（计划）半企业（市场）的特点。目前管辖地市州烟草（分）公司、县公司等独立核算单位，同时对省内烟厂进行行业管理和指导。另外，各级市县公司拥有近千家批发部，具体承担卷烟批发销售工作（批发部不作为独立核算单位)。

二、采购业务流程及内部控制存在的问题评述

(一) 采购业务流程描述

1.省外卷烟的采购流程

(1) 签订合同

公司业务部门根据市场变动情况、结合历史销售业绩和上级公司下达的购销指标，作出销售预测，在每年的5月和10月与全国主要供应商进行业务洽谈，形成购销意向。然后公司在一年两次的全国订货会上和供应商签订合同。由于运输中存在专卖检查问题，一般需要按每次发货的实际运输能力签订数张合同，每张合同明确品牌、数量、价格、运输方式等。在购销总指标内，公司经过与省外供应商协商可以调整合同的执行，如推迟发货时间、取消合同执行等。如果需要临时或追加采购，公司可以到中国烟草交易中心批发市场进行交易，重新签订合同。

(2) 供应商通知发货并开出发票

省外供应商在发货之前与业务部门协商，确定是否执行合同，一般是按合同执行，但也有不执行、变更合同和推迟执行等情况。确定执行合同后，省外供应商根据合同安排发货。同时该供应商开出销售发票递交到业务部门。

(3) 验收入库

货物到达仓库以后，仓库保管员根据随货同行联验收入库，填写卷烟入库验收单，一式四联，其中第一联存根、第二联业务部门、第三联财务、第四联统计。第三联送交财务部门做账，第二联送交业务部门，以便业务员根据库存情况开展销售业务。同时，仓库保管员在送货回单上签字交给送货人。

(4) 申请付款

业务员收到供应商转来的发票，核实无误后填写付款申请单，经业务主管签字后将发票和付款申请单一并交财务部门。另外，如供应商要求先付款后发货，业务员填写预付款申请单，经业务主管同意签字后交财务部门。

(5) 财务付款

财务部门收到业务部门转来的付款申请单、采购发票以及库管部门转来的入库验收单，审核无误后付款，或者根据预付款申请单审核付款。付款方式有汇票和托收承付两种。

2.省内卷烟的采购流程

省内卷烟的采购业务流程与省外的情况基本相同。只是在省内的两次订货会上签订的不是合同，而是计划衔接书。在计划衔接书中没有细化品牌，只明确购进总量。在总量不变的情况下，以省内供应商（中央直属烟厂）为主确定每月安排发货的卷烟品牌及数量。

(二) 采购流程及内部控制存在的问题

由于烟草行业是一个半市场半计划的行业，其业务流程不太规范，管理也有待加强。目前采购流程主要存在的问题概述如下。

1.合同管理存在缺陷，具体表现为：

(1) 合同签订存在代签的情况。有些县级公司没有与某些省外烟草公司签合同的权限，所以由其上一级分公司代它签合同。

(2) 县级公司或分公司向其上级公司购进卷烟。由于市场行情好，县级公司可能出现某种品牌短缺，这时可以向其上级分公司要货，如果分公司同意则成交，但没有正式的采购合同。分公司同样存在向省公司要烟的情况，但也没有正式的采购合同。这给以后的营销信息系统录入采购订单带来麻烦。

(3) 省外采购业务成本较高，向省外烟草公司购进卷烟。省公司或分公司可以从省外烟草公司购进卷烟，但必须在国家烟草交易中心签合同，这势必造成公司的开支增大。

2.采购业务供应商管理存在漏洞，在采购的过程中存在一些违规行为，上级公司规定下面不执行，如从平级公司购进。对地方烟厂缺乏管理，对其限区销售执行不严，这样，有些公司从不允许购进的地方烟厂购进卷烟。

3.会计凭证设置存在缺陷，具体表现为：

(1) 单据不统一，这样不利于统计和日后营销系统的实施。例如，仓库验收入库的单据在有些地方称为入库验收单，有些称为商品验收单，这些内部单据建议应在名称、格式和联数上作到统一规范。

(2) 订单管理存在缺陷，缺少明确的采购订单，采购合同严肃性差。

(3) 计划衔接书没有明确品牌和相应的数量，只有总数控制，给采购工作带来很大的不确定性。同时也给以后的营销系统采购订单的录入带来困难。

(4) 烟厂调拨站给市县公司开的随货同行联不是发票的随货同行联，这样给财务记账和处理带来麻烦。

三、案例分析——对采购流程的改进

在某省烟草公司现有流程的基础之上，结合IT技术的最新发展，提出改进的采购流程。出发点是依托信息技术，最大程度实现信息的共享。

基本流程如下：

1.采购计划管理

将询价结果处理后可以由系统自动生成或手工录入生成采购计划。采购计划通过工作流方式传递到本级公司主管做初步审核，并汇总采购计划报上级公司平衡。然后根据上级公司确定的总量指标调整、确定采购计划。

2.供应商管理

收集整理有关当前市场信息，了解市场上供应商的信息，如规模、实力、市场份额、产品品种、价格（进价和销售价）、付款条件、供货能力等，从中筛选出候选的供应商以便进一步联系。如果该供应商已经实现网上信息发布或电子商务，则业务员根据系统储存的供应商主页地址登陆到供应商的主页了解其最新信息。

3.询价和交易

有了候选的供应商后，业务员输入必要的信息，如采购数量、品种、批次等，由系统自动生成询价单。业务员将询价单以传真或电子邮件形式发往供应商处以了解其供货意向，进行业务交易。

4.签订合同

业务员根据批准的采购计划在每年两次的全国订货会或省内衔接会上和供应商签署合同或计划衔接书（为简便起见，本文以后把合同和计划衔接书统称为合同）。对省外购进业务来讲，由于运输中存在专卖检查问题，一般需要根据每批次的运输能力，签多张明确到品牌、数量、运输方式等信息的合同；对省内购进业务来讲，合同只规定了总量，需要供应商进一步分解。但省内外购进数量之和不能超过采购计划指标。这步工作在系统外执行。

5. 合同管理

对省外购进业务，签完合同后，业务员将一张或多张合同直接输入系统；对省内购进业务，需要按供应商分解的计划安排表作为合同输入系统。然后由系统自动汇总所有合同的合计数，判断是否超过采购计划指标。如果超过，系统给予提示或禁止进一步处理。在合同管理中，可以对合同进行更新、暂挂和终止等处理，如货物入库后系统自动根据验收入库单上的实收数（应收数-差异数）核减合同数量和金额。

6. 生成采购订单

供应商发货前通知业务员发货计划，业务员如果同意执行，则在系统中根据合同自动生成采购订单。对有些购进业务可以从手工输入采购订单开始采购流程处理。

7. 订单审核确认

采购订单审核确认后，自动生成入库通知单和电子发票。其中，入库通知单和电子发票存储在中央数据库中，以便仓库调用入库通知单和财务部门调用电子发票。

8. 匹配发票

业务员收到供应商转来的实物发票后，将该发票的票号补入到系统生成的电子发票有关字段中。

9. 仓库验收入库

库管员根据供应商转来的随货同行联的合同号（或订单号）从系统中调入对应的入库通知单，审核无误后由系统根据入库通知单自动生成（也可以手工录入）验收入库单。如入库数量和随货同行联上的数量有差异，可由库管部门会同业务部门判明原因，如果是供应商的责任，则可以由验收入库单上“差异”字段反映出来，同时按实收数核减合同数量和金额，由供应商下次补发或做其他处理。如果是承运方的责任，则按零售价销售方式销售给对方，由对方承担损失，同时按应收数核减合同数量和金额。如果没有对应的入库通知单，库管员应与业务部门联系，明确对这批货物的处理意见。

10. 会计控制

财务部门可以在系统内根据合同号调出相应的验收入库单、电子发票，结合供应商的实物发票进行账务处理。如根据电子发票票号字段判断是做正常账务处理（有票号信息）还是做暂估处理（无票号信息）。然后经过主管审批后向供应商付款。

四、案例的启示——对采购流程改进的总结

从上述的采购流程及改进后的采购流程中可以看出，目前烟草企业的行业特殊性，其中的问题不是一两家烟草公司所能解决的，作为烟草行业本身，需要国家调整烟草行业运作模式及相应的政策法规。而本案例中提出的方案是在原有的管理体制下进行改进的解决方案。

1. 在改进的方案中，增加了电子商务的某些模式，如业务员根据系统储存的供应商主页地址登陆到供应商的主页了解其最新信息。

2. 在供应商管理模块中，业务员可以充分掌握供应商的信息，以及交易的记录。

3. 合同管理模块对合同进行有效的管理，如用入库验收单核减合同数量等。

4. 增加了入库通知单和电子发票，仓库保管员通过入库通知单、随货同行联和实际的到货情况填写入库验收单，在此入库验收单中包含了合同信息和采购订单信息，电子发票和供应商的实物发票相关联，关联后在电子发票上同样包含了合同信息和采购订单信息，这样方便了账务处理。

5. 建议加强计划衔接书的严肃性，烟厂调拨站要把分解的发货计划及时通知烟草公司，以便烟草公司的采购流程顺利进行。

6. 通过使用此营销系统，单据名称、格式都规范化了，便于管理工作。

7. 业务人员可以及时查询库存情况，进行合理的采购安排和销售业务。

在研究项目的解决方案时，一定要把一个行业的最佳做法与该企业的实际情况相结合，拟出切实可行的方案，这样既能保证以后项目的顺利进行，又能真正提高企业的效益，这也正是解决方案的真正意义。

本案例改编自：佚名. 某烟草公司采购流程案例分析 [EB/OL]. [2004-09-24].

学思见悟 ◎ 国际酒店的水晶灯

国际酒店是某集团公司投资成立的涉外星级酒店，该酒店拥有装潢豪华、设施一流的套房和标准客房。由于集团公司资金雄厚、实力强大，因此在开业当天，不仅社会各界知名人士到场剪彩庆祝，更吸引了大批新闻媒体竞相采访报道。

最让国际人感到骄傲和荣耀的是酒店大堂天花板上如天宇星际一般的灯光装饰，和一个圆圆的、超级真实的月亮水晶灯。这些灯光装饰使整个酒店绚丽夺目、熠熠生光。这些天花板上装饰所用的材料以及星球灯饰均是由水晶材料雕琢而成的，是公司王副总经理亲自组织货源，最终从瑞士某珠宝公司高价购买的，货款总价高达150万美元。这样的超级豪华水晶灯饰不仅在全国罕见，即使是国外，也只有在少数几家五星级酒店里才能见到。开业当天，来往宾客无不对这个豪华的水晶天花板灯饰赞不绝口，称羡不已。尤其是经过媒体报道，更成为当天的头条新闻，国际酒店在这一天也像那盏水晶灯饰一样，一举成名，当天客房入住率就达到了80%以上。

王副总经理也因此受到了公司领导的高度赞扬，一连几天，王总的脸上都洋溢着快乐而满足的笑容。然而，好景不长。两个月后，这些高规格高价值的水晶灯饰就出了状况。首先，水晶灯饰失去了原来的光泽，变得灰蒙蒙的，即使用清洁布使劲擦拭都不复往日光彩。其次，部分连接的金属灯杆出现了锈斑，还有一些灯珠破裂甚至脱落。鉴于情况严重，公司领导责令王副总经理限期内对此事作出合理解释，并停止了他的一切职务。

事件真相很快就水落石出，原来这盏价值百万美元的水晶灯根本不是从瑞士某珠宝公司购得的，而是通过南方某地的奥尔公司代理购入的赝品水晶灯。王副总经理在交易过程中贪污受贿，中饱私囊。虽然出事之后，王副总经理不无例外地得到了法律的严惩，然而国际酒店不仅因此遭受了数千万元的巨额损失，更为严重的是酒店名誉蒙受重创，成为同行的笑柄。这对于一家新开业的公司而言，无异于一个致命的打击。

扩展阅读：《中华人民共和国刑法》中关于商业贿赂罪的相关规定，《反不正当竞争法》《联合国反腐败公约》。

思考题：

1. 国际酒店怎么会发生这样的悲剧，在以后的企业经营中又应如何防范呢？

2. 商业贿赂行为与采购业务内部控制的关系如何？

3. 采购业务内部控制与依法治国的关系如何？

4. 为什么说根治商业贿赂行为是反腐败斗争的必然要求？

本章小结

1. 采购业务流程主要涉及编制需求计划和采购计划、请购、选择供应商、确定采购价格、订立框架协议或采购合同、管理供应过程、验收、退货、付款、会计控制等环节。

2. 各环节主要风险点：编制需求计划和采购计划的主要风险点是需求或采购计划不合理、不能按实际需求安排采购或随意超计划采购，甚至与企业生产经营计划不协调等；请购环节的主要风险点是缺乏采购申请制度，请购未经适当审批或超越授权审批，可能导致采购物资过量或短缺，影响企业正常生产经营；选择供应商环节的主要风险点是供应商选择不当，可能导致采购物资质次价高，甚至出现舞弊行为。确定采购价格环节的主要风险点是采购定价机制不科学，采购定价方式选择不当，缺乏对重要物资品种价格的跟踪监控，引起采购价格不合理，可能造成企业资金损失；订立框架协议或采购合同环节的主要风险点是框架协议签订不当，可能导致物资采购不顺畅；未经授权对外订立采购合同，合同对方主体资格、履约能力等未达要求、合同内容存在重大疏漏和欺诈，可能导致企业合法权益受到侵害；管理供应过程环节的主要风险点是缺乏对采购合同履行情况的有效跟踪，运输方式选择不合理，忽视运输过程保险风险，可能导致采购物资损失或无法保证供应；验收环节的主要风险点是验收标准不明确、验收程序不规范、对验收中存在的异常情况不作处理，可能造成账实不符、采购物资损失；付款环节的主要风险点是付款审核不严格、付款方式不恰当、付款金额控制不严，可能导致企业资金损失或信用受损；会计控制环节的主要风险点是缺乏有效的采购会计系统控制，未能全面真实地记录和反映企业采购各环节的资金流和实物流情况，相关会计记录与相关采购记录、仓储记录不一致，可能导致企业采购业务未能如实反映，以及采购物资和资金受损。

中英文专业术语

采购 procurement

采购业务内部控制 procurement business internal control

商业贿赂 business Bribery

验收 check before acceptance

供应商 supplier

会计控制 accounting control

章后练习

章后练习-自测版

一、单选题

1. 以下哪项属于供应商环节的主要风险点（　　）。

A.缺乏采购申请制度
B.请购未经适当审批或超越授权审批
C.不能按实际需求安排采购或随意超计划采购
D.供应商选择不当，可能导致采购物资质次价高
2.企业采购申请书应该先由（　　）签名批准。
A.董事长　　B.总经理
C.负责采购的副总经理　　D.部门主管
3.以下哪项业务不属于采购业务流程（　　）。
A.请购　　B.验收　　C.筹集资金　　D.选择供应商
4.付款环节的主要风险不包括（　　）。
A.付款审核不严格　　B.验收标准不明确
C.付款方式不恰当　　D.付款金额控制不严
5.需求部门提出需求计划时，（　　）指定供应商。
A.不能指定或变相　　B.根据实际需求
C.根据个人关系　　D.根据长期合作关系
6.企业应当依法组建评标委员会，评标委员会应当（　　）。
A.与投标人就投标价格进行谈判　　B.对所提出的评审意见承担责任
C.进行可行性研究报告的评审　　D.从中标候选人中确定中标人
7.（　　）是采购决策最关键的环节，也是最终确定供应商，签订采购合同的依据。
A.采购方式的选择　　B.供应商的选择
C.验收程序　　D.价格谈判
8.整个采购的关键控制环节是（　　）。
A.采购预算　　B.采购作业
C.采购验收　　D.采购付款及记录
9.单位对重要的采购与付款业务，应当组织专家进行可行性论证，由（　　）审批。
A.董事长　　B.总经理
C.企业领导集体决策　　D.负责采购的副总经理
10.采购业务流程中的不相容职务包括（　　）。
A请购与审批　　B.询价与确定供应商
C.采购与验收　　D.以上都是
11.以下哪项不属于请购与审批控制原则（　　）。
A.计划控制原则　　B.预算控制原则
C.政策控制原则　　D.审批控制原则

二、多选题

1.编制需求计划和采购计划环节的主要风险包括（　　）。
A.需求或采购计划不合理
B.不能按实际需求安排采购或随意超计划采购
C.采购计划与企业生产经营计划不协调
D.缺乏采购申请制度

2.请购环节的主要风险点包括（　　）。

A.缺乏采购申请制度

B.请购未经适当审批或超越授权审批

C.不能按实际需求安排采购或随意超计划采购

D.与企业生产经营计划不协调

3.确定采购价格环节的主要风险包括（　　）。

A.采购定价机制不科学

B.采购定价方式选择不当

C.缺乏对重要物资品种价格的跟踪监控

D.采购计划与经营计划不协调

4.验收环节的主要风险包括（　　）。

A.验收标准不明确　　B.验收程序不规范

C.未进行价格跟踪　　D.对验收中存在的异常情况不作处理

5.采购业务内部控制目标包括（　　）。

A.制订科学合理的采购计划

B.采购合同的签订符合法律规定程序，不存在法律纠纷和诉讼风险

C.所记录的购货都已收到货物，或已接受劳务，并符合相关采购合同的规定，所采购的货物质量及数量不存在问题

D.已发生采购业务均已及时、正确记录

E.付款业务按照合同有序进行，结算方式可靠合理，预付资金安全及时收回，占用期限合理，所有付款行为均为本企业义务，不存在舞弊行为

三、判断题

1.小额零星商品的采购可以直接进行，不需要审批。（　　）

2.采购执行人可单独完成供应商的选择环节。（　　）

3.已付款且验收入库但发票凭证尚未到达的货物，财会部门不需要做账务处理。（　　）

4.企业的采购计划应该与经营计划协调一致。（　　）

5.企业的所有采购业务都必须和供应商签订合同或框架协议。（　　）

Telecommunications
Wood
Steel industry
Oil and Gas
Finance
Information technology 9,00%
Electronic commerce 6,73%
Securities 9,77%
Nuclear energy industry 2,30%
100 EURO

第三篇

内部控制设计

第十一章 资产管理内部控制

学习目标

通过本章学习，了解资产管理的业务流程，掌握资产管理内部控制总体要求，重点掌握资产管理的主要风险、关键控制点和控制措施。

引导案例与思考

合信木制品公司是一家外资企业。从1999年到2004年每年的出口创汇额均位居全市第三，年销售额为4 300万元左右。2005年以后该企业的业绩逐渐下滑，亏损严重，2007年破产倒闭。这样一家中型的企业，从鼎盛到衰败，探究其原因，不排除市场同类产品的价格下降、原材料价格上涨等客观因素的变化。但内部管理的混乱，是其破产倒闭的根本原因，在税务部门的检查中发现：该企业的产品成本、费用核算不准确，浪费现象严重，存货的采购、验收入库、领用、保管不规范，归根到底是缺乏一个良好的内部控制制度。这里我们主要介绍存货的管理问题：

1.董事长常年在国外，材料的采购由董事长个人掌握，材料到达入库后，仓库的保管员按实际收到的材料数量和品种入库，实际的采购数量和品种保管员无法掌握，也没有合同等相关的资料。财务的入账不及时，会计自己估价入账，发票几个月以后，甚至有的长达一年才回来，发票的数量和实际入库的数量不一致，也不进行核对，造成材料的成本不准确，忽高忽低。

2.期末仓库的保管员自己盘点，盘点的结果与财务核对不一致的，不去查找原因，也不进行处理，使盘点流于形式。

3.材料的领用没有建立规范的领用制度，车间在生产中随用随领，没有计划，多领不办理退库手续。生产中的残次料随处可见，随用随拿，浪费现象严重。

资料来源：百度文库，https：//wenku.baidu.com/view/3cbb763d5c0e7cd184254b35eefdc8d376ee1485.

课前预习（思维导图）

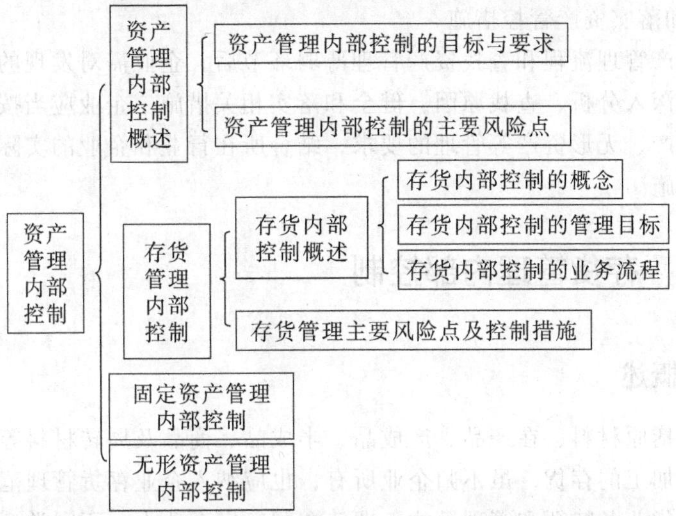

◎第一节　资产管理内部控制概述

一、资产管理概述

资产作为企业重要的经济资源，是企业从事生产经营活动并实现发展战略的物质基础和重要保障，是能够给企业带来经济利益的经济资源。强调资产能够为企业创造价值，资产管理必须贯穿于企业生产经营全过程。在企业早期的资产管理实践中，如何保障资产的安全是内部控制的重点。在现代企业制度中，资产业务内部控制已从如何防范资金被挪用、被非法占用和实物资产被盗拓展到重点关注资产效能，充分发挥资产资源的物质基础作用，以促进战略目标的实现。

二、资产管理的总体要求

为促进实现资产管理目标，企业应加强资产管理，及时发现资产管理中的薄弱环节，关注资产减值迹象，合理确认资产减值损失，不断提高企业资产管理水平。

（一）全面梳理资产管理流程

固定资产、无形资产等在资产总额中的比重最大。无论是新企业还是存续企业，为组织生产经营活动，都需要或已经制定相关资产管理制度，并按照沿革的制度管理资产。

为保障资产安全、提升资产使用效能，企业应全面梳理资产管理流程。

（二）查找资产管理薄弱环节

企业强化资产管理的关键步骤是通过全面梳理资产管理流程，查找资产管理薄弱环节。薄弱环节若不引起重视并及时加以改进，可能会引发资产流失或运行风险，或者资产不能发挥应有的效能。

（三）健全和落实资产管控措施

全面梳理资产管理流程和查找资产管理薄弱环节后，企业需对发现的薄弱环节和问题进行归类整理，深入分析、查找原因，健全和落实相关措施。企业应当按照内部控制规范提出的对固定资产、无形资产等管理的要求，结合所在行业和企业的实际情况，建立健全各项资产管理措施。

◎第二节　存货管理内部控制

一、存货管理概述

存货主要包括原材料、在产品、产成品、半成品、商品及周转材料等。企业代销、代管、代修、受托加工的存货，虽不归企业所有，也应纳入企业存货管理范畴。不同类型的企业有不同的存货业务特征和管理模式；即使在同一家企业中，不同类型存货的业务流程和管控方式也可能不尽相同。企业建立和完善存货内部控制制度，必须结合本企业的生产经营特点，针对业务流程中主要风险点和关键环节，制定有效的控制措施；同时，充分利用计算机信息管理系统，强化会计、出入库等相关记录，确保存货管理全过程的风险得到有效控制。图 11-1、图 11-2 分别列示了生产企业和商品流通企业存货流转的程序。

从图 11-1 可以看出，一般生产企业的存货业务流程可分为取得、验收、仓储保管、生产加工、盘点处置等阶段，历经取得存货、验收入库、仓储保管、领用发出、原料加工、装配包装、盘点清查、销售处置等主要环节。具体到某个特定生产企业，存货业务流程可能更为复杂，不仅涉及上述所有环节，甚至有更多、更细的流程，且存货在企业内部要经历多次循环。比如，原材料要经历验收入库、领用加工，形成半成品后又入库保存或现场保管，领用半成品继续加工，加工成产成品后再入库保存，直至发出销售等过程。也有部分生产企业的生产经营活动较为简单，其存货业务流程可能只涉及上述阶段中的某几个环节。

从图 11-2 可以看出，作为商品流通企业的批发商的存货，通常经过取得、验收入库、仓储保管和销售发出等主要环节；零售商从生产企业或批发商（经销商）那里取得商品，经验收后入库保管或者直接放置在经营场所对外销售。比如，仓储式超市货架上摆放的商品就是超市的存货，商品仓储与销售过程紧密联系在一起。

总之，无论是生产企业，还是商品流通企业，存货取得、验收入库、仓储保管、领用发出、盘点清查、销售处置等是其共有的环节。

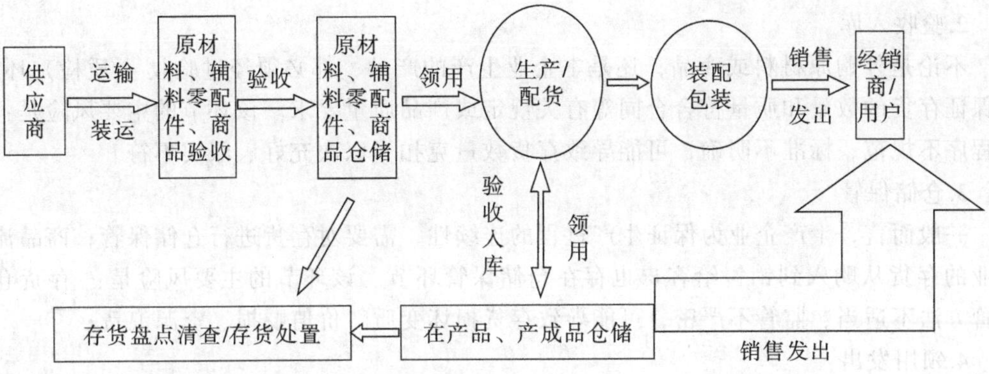

资料来源 财政部会计司.《企业内部控制应用指引第 8 号——资产管理》解读 [J]. 财务与会计，2011（5）.

图 11-1 生产企业存货流转程序图示

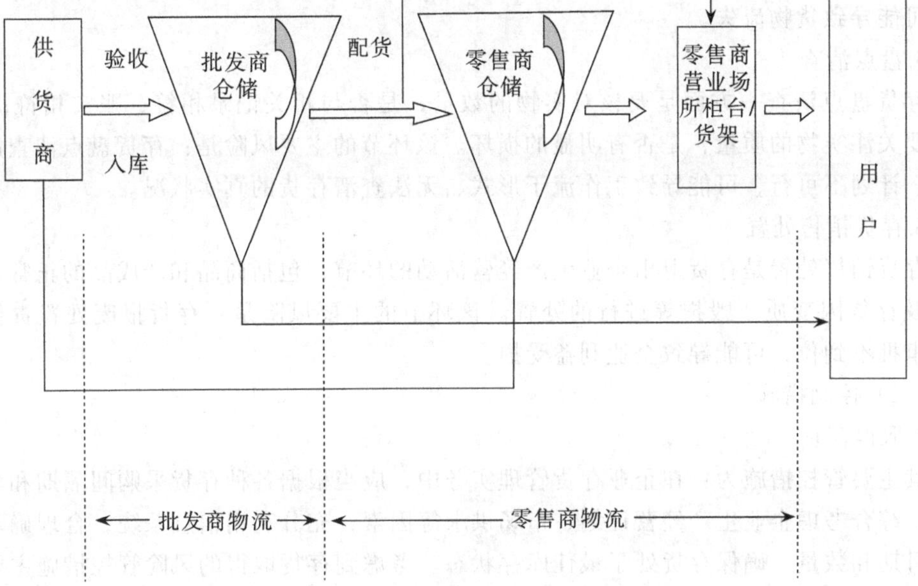

资料来源 财政部会计司.《企业内部控制应用指引第 8 号——资产管理》解读 [J]. 财务与会计，2011（5）.

图 11-2 商品流通企业存货流转程序图示

二、存货管理主要风险点及控制措施

（一）主要风险点

1.取得存货

存货的取得有诸如外购、委托加工或自行生产等多种方式，企业应根据行业特点、生产经营计划和市场因素等综合考虑，本着成本效益原则，确定不同类型的存货取得方式。该环节的主要风险是：存货预算编制不科学、采购计划不合理，可能导致存货积压或短缺。

2.验收入库

不论是外购原材料或商品，还是本企业生产的产品，都必须经过验收（质检）环节，以保证存货的数量和质量符合合同等有关规定或产品质量要求。该环节的主要风险是：验收程序不规范、标准不明确，可能导致存货数量克扣、以次充好、账实不符。

3.仓储保管

一般而言，生产企业为保证生产过程的连续性，需要对存货进行仓储保管；商品流通企业的存货从购入到销售给客户也存在仓储保管环节。该环节的主要风险是：存货仓储保管方法不适当、监管不严密，可能导致存货损坏变质、价值贬损、资源浪费。

4.领用发出

生产企业的生产部门领用原材料、辅料、燃料和零部件等用于生产加工，仓储部门根据销售部门开出的发货单向经销商或用户发出产成品，商品流通领域的批发商根据合同或订货单等向下游经销商或零售商发出商品，消费者凭交款凭证等从零售商处取走商品等，都涉及存货领用发出问题。该环节的主要风险是：存货领用发出审核不严格、手续不完备，可能导致货物流失。

5.盘点清查

存货盘点清查一方面是要核对实物的数量，是否与相关记录相符、账实相符；另一方面要关注实物的质量，是否有明显的损坏。该环节的主要风险是：存货盘点清查制度不完善、计划不可行，可能导致工作流于形式、无法查清存货的真实状况。

6.存货销售处置

存货销售处置是存货退出企业生产经营活动的环节，包括商品和产成品的正常对外销售以及存货因变质、毁损等进行的处置。该环节的主要风险是：存货报废处置责任不明确、审批不到位，可能导致企业利益受损。

（二）控制措施

1.取得存货

其主要管控措施为：在企业存货管理实务中，应当根据各种存货采购间隔期和当前库存量，综合考虑企业生产经营计划、市场供求等因素，充分利用信息系统，合理确定存货采购日期和数量，确保存货处于最佳库存状态。考虑到存货取得的风险管控措施主要体现在预算编制和采购环节，将由相关的预算和采购内部控制应用指引加以规范。

2.验收入库

其主要管控措施为：企业应当重视存货验收工作，规范存货验收程序和方法，着力做好以下工作。

（1）外购存货的验收，应当重点关注合同、发票等原始单据与存货的数量、质量、规格等核对一致。涉及技术含量较高的货物，必要时可委托具有检验资质的机构或聘请外部专家协助验收。

（2）自制存货的验收，应当重点关注产品质量，检验合格的半成品、产成品才能办理入库手续，对不合格品应及时查明原因、落实责任、报告处理。

（3）其他方式取得存货的验收，应当重点关注存货来源、质量状况、实际价值是否符合有关合同或协议的约定。经验收合格的存货可进入入库或销售环节。仓储部门对于入库的存货，应根据入库单的内容对存货的数量、质量、品种等进行检查，符合要求的予以入库；不符合要求的，应当及时办理退换货等相关手续。入库记录要真实、完整，定期与财会等相关部门核对，不得擅自修改。

3.仓储保管

其主要管控措施为：

（1）存货在不同仓库之间流动时，应当办理出入库手续。

（2）存货仓储期间要按照仓储物资所要求的储存条件妥善储存，做好防火、防洪、防盗、防潮、防病虫害、防变质等保管工作，不同批次、型号和用途的产品要分类存放。生产现场的在加工原料、周转材料、半成品等要按照有助于提高生产效率的方式摆放，同时防止浪费、被盗和流失。

（3）对代管、代销、暂存、受托加工的存货，应单独存放和记录，避免与本单位存货混淆。

（4）结合企业实际情况，加强对存货的投保，保证存货安全，合理降低存货意外损失风险。

（5）仓储部门应对库存物料和产品进行每日巡查和定期抽检，详细记录库存情况；发现毁损、存在跌价迹象的，应及时与生产、采购、财务等相关部门沟通。对于进入仓库的人员应办理进出登记手续，未经授权的人员不得接触存货。

4.领用发出

其主要管控措施为：企业应当根据自身的业务特点，确定适用的存货发出管理模式，制定严格的存货准出制度，明确存货发出和领用的审批权限，健全存货出库手续，加强存货领用记录。通常情况下，对于一般的生产企业，仓储部门应核对经过审核的领料单或发货通知单的内容，做到单据齐全，名称、规格、计量单位准确；符合条件的准予领用或发出，并与领用人当面核对、点清交付。在商场超市等商品流通企业，在存货销售发出环节应侧重于防止商品失窃、随时整理弃置商品、每日核对销售记录和库存记录等。无论是何种企业，对于大批存货、贵重商品或危险品的发出，均应当实行特别授权；仓储部门应当根据经审批的销售（出库）通知单发出货物。

5.盘点清查

其主要管控措施为：企业应当建立存货盘点清查工作规程，结合本企业实际情况确定盘点周期、盘点流程、盘点方法等相关内容，定期盘点和不定期抽查相结合。盘点清查时，应拟订详细的盘点计划，合理安排相关人员，使用科学的盘点方法，保持盘点记录的完整，以保证盘点的真实性、有效性。盘点清查结果要及时编制盘点表，形成书面报告，包括盘点人员、盘点时间、盘点地点，实际所盘点存货名称、品种、数量、存放情况以及盘点过程中发现的账实不符情况等内容，对盘点清查中发现的问题，应及时查明原因，落实责任，按照规定权限报经批准后处理。多部门人员共同盘点的，应当充分体现相互制衡机制，严格按照盘点计划认真记录盘点情况。此外，企业至少应当于每年年度终了开展全面的存货盘点清查，及时发现存货减值迹象，将盘点清查结果形成书面报告。

6.存货销售处置

其主要管控措施为：企业应定期对存货进行检查，及时、充分了解存货的存储状态，对于存货变质、毁损、报废或流失的处理要分清责任、分析原因、及时合理。

◎第三节　固定资产管理内部控制

一、固定资产管理概述

固定资产主要包括房屋、建筑物、机器、机械、运输工具，以及其他与生产经营活动有关的设备、器具、工具等。固定资产属于企业的非流动资产，是企业开展正常的生产经营活动必要的物质条件，其价值随着企业生产经营活动逐渐转移到产品成本中。固定资产的安全、完整直接影响到企业生产经营的可持续发展能力。企业应当根据固定资产的特点，分析、归纳、设计合理的业务流程，查找管理的薄弱环节，健全全面风险管控措施，保证固定资产安全、完整、高效运行。固定资产管理控制流程，通常可以分为资产取得、投保、日常维护、资产改造和报废淘汰等五个环节，如图 6-3 所示。

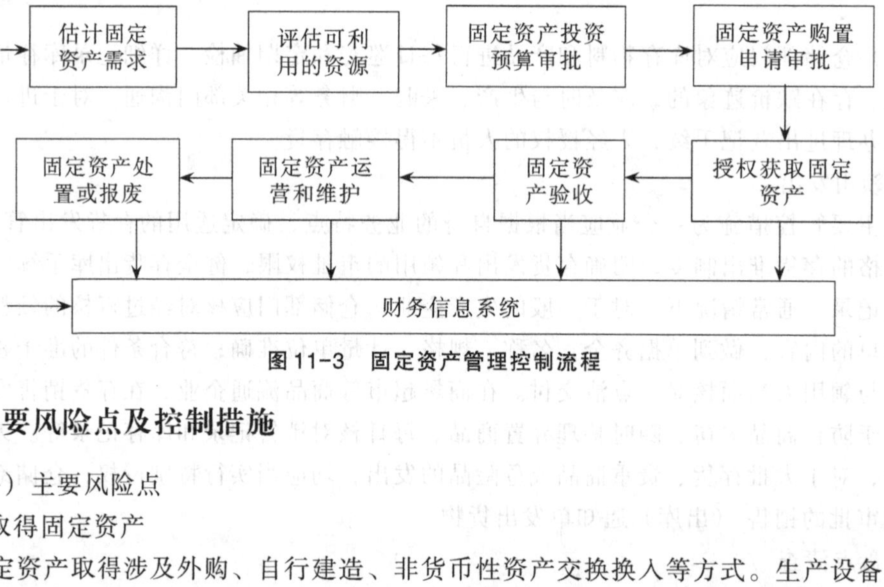

图 11-3　固定资产管理控制流程

二、主要风险点及控制措施

（一）主要风险点

1.取得固定资产

固定资产取得涉及外购、自行建造、非货币性资产交换换入等方式。生产设备、运输工具、房屋建筑物、办公家具和办公设备等不同类型固定资产有不同的验收程序和技术要求，同一类固定资产也会因其标准化程度、技术难度等的不同而对验收工作提出不同的要求。通常来说，办公家具、电脑、打印机等标准化程度较高的固定资产验收过程较为简化，对于一些复杂的大型生产设备，尤其是定制的高科技精密仪器，以及建筑物竣工验收等，需要一套规范、严密的验收制度。该环节的主要风险是：新增固定资产验收程序不规范，可能导致资产质量不符合要求，进而影响资产运行；固定资产投保制度不健全，可能导致应投保资产未投保、索赔不力，不能有效防范资产损失风险。

2.资产登记造册

企业取得每项固定资产后均需要进行详细登记，编制固定资产目录，建立固定资产卡片，便于固定资产的统计、检查和后续管理。该环节的主要风险是：固定资产登记内容不完整，可能导致资产流失、资产信息失真、账实不符。

3. 固定资产运行维护

该环节的主要风险是：固定资产操作不当、失修或维护过剩，可能造成资产使用效率低下、产品残次率高，甚至发生生产事故或资源浪费。

4. 固定资产升级改造

企业需要定期或不定期地对固定资产进行升级改造，以便不断提高产品质量，开发新品种，降低能源资源消耗，保证生产的安全环保。固定资产更新有部分更新与整体更新两种情形。部分更新的目的通常包括局部技术改造、更换高性能部件、增加新功能等方面，需权衡更新活动的成本与效益综合决策；整体更新主要指对陈旧设备的淘汰与全面升级，更侧重于资产技术的先进性，符合企业的整体发展战略。该环节的主要风险是：固定资产更新改造不够，可能造成企业产品线老化、缺乏市场竞争力。

5. 资产清查

企业应建立固定资产清查制度，至少每年要全面清查一次，保证固定资产账实相符，及时掌握资产盈利能力和市场价值。固定资产清查中发现的问题，应当查明原因，追究责任，妥善处理。该环节的风险主要是：固定资产丢失、毁损等造成账实不符或资产贬值严重。

6. 抵押质押

抵押是指债务人或者第三人不转移对财产的占有权，而将该财产抵押作为债权的担保，当债务人不履行债务时，债权人有权依法以抵押财产折价或以拍卖、变卖抵押财产的价款优先受偿。质押也称质权，就是债务人或第三人将其动产移交债权人占有，将该动产作为债权的担保，当债务人不履行债务时，债权人有权依法就该动产卖得价款优先受偿。企业有时因资金周转等原因以其固定资产作为抵押物或质押物向银行等金融机构借款，如到期不能归还借款，银行则有权依法将该固定资产折价或拍卖。该环节的主要风险是：固定资产抵押制度不完善，可能导致抵押资产价值被低估和资产流失。

7. 固定资产处置

该环节的主要风险是：固定资产处置方式不合理，可能造成企业经济损失。

（二）控制措施

1. 固定资产的取得

其主要管控措施为：

（1）建立严格的固定资产交付使用验收制度。企业外购固定资产应当根据合同、供应商发货单等对所购固定资产的品种、规格、数量、质量、技术要求及其他内容进行验收，出具验收单，编制验收报告。企业自行建造的固定资产，应由建造部门、固定资产管理部门和使用部门共同填制固定资产移交使用验收单，验收合格后移交使用部门投入使用。未通过验收的不合格资产不得接收，必须按照合同等有关规定办理退换货或采取其他弥补措施。对于具有权属证明的资产，取得时必须有合法的权属证书。

（2）重视和加强固定资产的投保工作。企业应当通盘考虑固定资产状况，根据其性质和特点，确定和严格执行固定资产的投保范围和政策。投保金额与投保项目力求适当，对应投保的固定资产项目按规定程序进行审批，办理投保手续，规范投保行为，应对固定资产损失风险。对于重大固定资产项目的投保，应当考虑采取招标方式确定保险人，防范固定资产投保舞弊。已投保的固定资产发生损失的，应及时调查原因及受损金额，到保险公司办理相关的索赔手续。

2.资产登记造册

其主要管控措施为：

（1）根据固定资产的定义，结合自身实际情况，制定适合本企业的固定资产目录，列明固定资产编号、名称、种类、所在地点、使用部门、责任人、数量、账面价值、使用年限、损耗等内容，有利于企业了解固定资产使用情况的全貌。

（2）按照单项资产建立固定资产卡片，资产卡片上的资产编号应与固定资产目录保持对应关系，详细记录各项固定资产的来源、验收情况、使用地点、责任单位和责任人、运转情况、维修情况、改造情况、折旧情况、盘点情况等相关内容，便于固定资产的有效识别。固定资产目录和卡片均应定期或不定期复核，保证信息的真实和完整。

3.固定资产的运行维护

其主要管控措施为：

（1）固定资产使用部门会同资产管理部门负责固定资产日常维修、保养，将资产日常维护流程体制化、程序化、标准化，定期检查，及时消除风险，提高固定资产的使用效率，切实消除安全隐患。

（2）固定资产使用部门及管理部门建立固定资产运行管理档案，据以制订合理的日常维修和大修理计划，并经主管领导审批。

（3）固定资产实物管理部门审核施工单位资质和资信，并建立管理档案；修理项目应分类，明确需要招投标项目。修理完成，由施工单位出具交工验收报告，经资产使用和实物管理部门核对工程量并审批。重大项目应进行专项审计。

（4）企业生产线等关键设备的运作效率与效果将直接影响企业的安全生产和产品质量，操作人员上岗前应由具有资质的技术人员对其进行充分的岗前培训，特殊设备实行岗位许可制度，需持证上岗，必须对资产运转进行实时监控，保证资产使用流程与既定操作流程相符，确保安全运行，提高使用效率。

4.固定资产升级改造

其主要管控措施为：

（1）定期对固定资产技术先进性进行评估，结合盈利能力和企业发展可持续性，资产使用部门根据需要提出技改方案，与财务部门一起进行预算可行性分析，并且经过管理部门的审核批准。

（2）管理部门需对技改方案实施过程实施监控、加强管理，有条件的企业应建立技改专项资金并进行定期或不定期审计。

5.资产清查

其主要管控措施为：

（1）财务部门需定期组织固定资产使用部门和管理部门进行清查，明确资产权属，确保实物与卡、财务账表相符，在清查作业实施之前编制清查方案，经过管理部门审核后进行相关的清查作业。

（2）在清查结束后，清查人员需要编制清查报告，管理部门须就清查报告进行审核，确保真实性、可靠性。

（3）清查过程中发现的盘盈（盘亏），应分析原因，追究责任，妥善处理，报告审核通过后及时调整固定资产账面价值，确保账实相符，并上报备案。

6.抵押质押

其主要管控措施为：

（1）加强固定资产抵押、质押的管理，明晰固定资产抵押、质押流程，规定固定资产抵押、质押的程序和审批权限等，确保资产抵押、质押经过授权审批及适当程序。同时，应做好相应记录，保障企业资产安全。

（2）财务部门办理资产抵押时，如需要委托专业中介机构鉴定评估固定资产的实际价值，应当会同金融机构有关人员、固定资产管理部门、固定资产使用部门现场勘验抵押品，对抵押资产的价值进行评估。对于抵押资产，应编制专门的抵押资产目录。

7.固定资产处置

其主要管控措施为：企业应当建立健全固定资产处置的相关制度，区分固定资产不同的处置方式，采取相应控制措施，确定固定资产处置的范围、标准、程序和审批权限，保证固定资产处置的科学性，使企业的资源得到有效的运用。

（1）对使用期满、正常报废的固定资产，应由固定资产使用部门或管理部门填制固定资产报废单，经企业授权部门或人员批准后对该固定资产进行报废清理。

（2）对使用期限未满、非正常报废的固定资产，应由固定资产使用部门提出报废申请，注明报废理由、估计清理费用和可回收残值、预计处置价格等。企业应组织有关部门进行技术鉴定，按规定程序审批后进行报废清理。

（3）对拟出售或投资转出及非货币性资产交换换出的固定资产，应由有关部门或人员提出处置申请，对固定资产价值进行评估，并出具资产评估报告，报经企业授权部门或人员批准后予以出售或转让。企业应特别关注固定资产处置中的关联方交易和处置定价，固定资产的处置应由独立于固定资产管理部门和使用部门的相关授权人员办理，固定资产处置价格应报经企业授权部门或人员审批后确定。对于重大固定资产处置，应当考虑聘请具有资质的中介机构进行资产评估，采取集体审议或联签制度。涉及产权变更的，应及时办理产权变更手续。

（4）对于出租的固定资产，由相关管理部门提出出租或出借的申请，写明申请的理由和原因，并由相关授权人员和部门就申请进行审核。审核通过后应签订出租或出借合同，包括合同双方的具体情况、出租的原因和期限等内容。

◎第四节　无形资产管理内部控制

一、无形资产管理概述

无形资产是企业拥有或控制的没有实物形态的可辨认非货币性资产，通常包括专利权、非专利技术、商标权、著作权、特许权、土地使用权等。企业应当加强对无形资产的管理，建立健全无形资产分类管理制度，保护无形资产的安全，提高无形资产的使用效率，充分发挥无形资产对提升企业创新能力和核心竞争力的作用。无形资产管理控制的基本流程包括无形资产的取得、验收并落实权属、自用或授权其他单位使用、安全防范、技术升级与更新换代、处置与转移等环节，如图11-4所示。

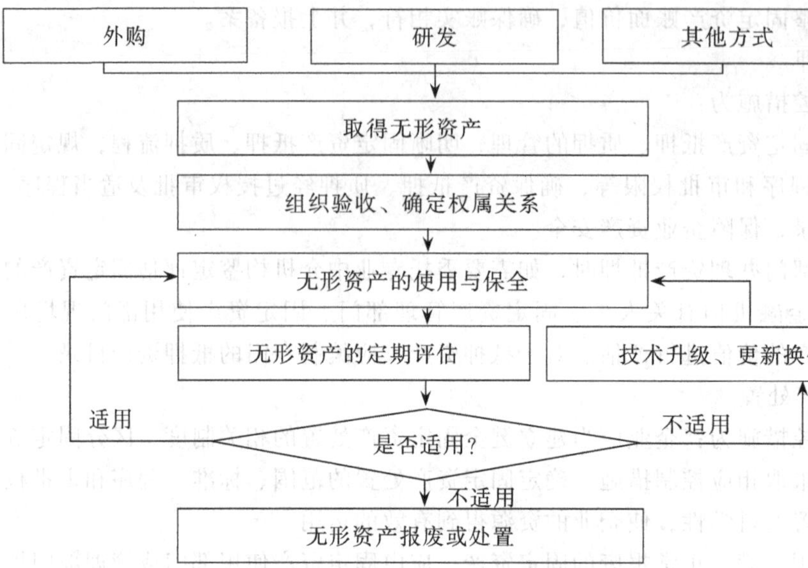

图11-4 无形资产管理控制的基本流程

二、主要风险点及控制措施

（一）主要风险点

企业应当在对无形资产的取得、验收、使用、保护、评估、技术升级、处置等环节进行全面梳理的基础上，明确无形资产业务流程中的主要风险，并采用适当的控制措施，实施无形资产内部控制。

（1）无形资产的取得与验收。该环节的主要风险是：取得的无形资产不具有先进性，或权属不清，可能导致企业资源浪费或引发法律诉讼。

（2）无形资产的使用与保全。该环节的主要风险是：无形资产使用效率低下，效能发挥不到位；缺乏严格的保密制度，致使体现在无形资产中的商业机密泄漏；由于商标等无形资产疏于管理，导致其他企业侵权，严重损害企业利益。

（3）无形资产的技术升级与更新换代。该环节的主要风险是：无形资产内含的技术未能及时升级换代，导致技术落后或存在重大技术安全隐患。

（4）无形资产的处置。该环节的主要风险在于：无形资产长期闲置或低效使用，就会逐渐失去其使用价值；无形资产处置不当，往往造成企业资产流失。

（二）控制措施

1.无形资产的取得与验收

其主要管控措施为：企业应当建立严格的无形资产交付使用验收制度，明确无形资产的权属关系，及时办理产权登记手续。企业外购无形资产，必须仔细审核有关合同协议等法律文件，及时取得无形资产所有权的有效证明文件，同时特别关注外购无形资产的技术先进性；企业自行开发的无形资产，应由研发部门、无形资产管理部门和使用部门共同填制无形资产移交使用验收单，移交使用部门使用；企业购入或者以支付土地出让金方式取得的土地使用权，必须取得土地使用权的有效证明文件。当无形资产权属关系发生变动时，应当按照规定及时办理权证转移手续。

2. 无形资产的使用与保全

其主要管控措施为：企业应当强化无形资产使用过程的风险管控，充分发挥无形资产对提升企业产品质量和市场影响力的重要作用；建立健全无形资产核心技术保密制度，严格限制未经授权人员直接接触技术资料，对技术资料等无形资产的保管及接触应保有记录，实行责任追究制，保证无形资产的安全与完整；对侵害本企业无形资产的，要积极取证并形成书面调查记录，提出维权对策，按规定程序审核并上报等。

3. 无形资产的技术升级与更新换代

其主要管控措施为：企业应当定期对专利、专有技术等无形资产的先进性进行评估。发现某项无形资产给企业带来经济利益的能力受到重大不利影响时，应当考虑淘汰落后技术，同时加大研发投入，不断推动企业自主创新与技术升级，确保企业在市场经济竞争中始终处于优势地位。

4. 无形资产的处置

其主要管控措施为：企业应当建立无形资产处置的相关管理制度，明确无形资产处置的范围、标准、程序和审批权限等要求。无形资产的处置应由独立于无形资产管理部门和使用部门的其他部门或人员按照规定的权限和程序办理；应当选择合理的方式确定处置价格，并报经企业授权部门或人员审批；重大的无形资产处置，应当委托具有资质的中介机构进行资产评估。

学思见悟 ◎ “扇贝跑路事件”终迎大结局

自2014年以来，在不到6年的时间里，獐子岛集团股份有限公司（以下简称“獐子岛”）的扇贝先后四次离奇“失踪”，一度被股民视为国内最离奇的资本市场闹剧。

2020年6月15日，证监会依法对獐子岛及相关人员涉嫌违反证券法律法规案做出行政处罚和市场禁入决定。证监会认定，獐子岛2016年虚增利润1.3亿元，占当期披露利润总额的158%；2017年虚减利润2.8亿元，占当期披露利润总额的39%。

獐子岛上述行为涉嫌违规披露、不披露重要信息罪。根据《行政执法机关移送涉嫌犯罪案件的规定》（国务院令第310号），证监会2020年9月11日决定将獐子岛及相关人员依法移送公安机关追究刑事责任。

6年离奇失踪四次

2014年以前，獐子岛是大连的一家海产品养殖公司，主营业务是养殖虾夷扇贝和海参。

在2006年登陆中小板上市前，其虾夷扇贝底播增殖面积和产量已经达到全国首位，此后养殖海面积由上市时的65.63万亩上涨至230余万亩。

作为海产品养殖企业，獐子岛的第一大资产是存货——主要包括播撒在230余万亩茫茫海底的虾夷扇贝、海参等海珍品，它们在獐子岛资产中的比重约为30%，若扇贝等存货产量受损，公司资产势必大打折扣。

于是有意思的一幕来了。

2014年10月，獐子岛宣布他们养殖的价值10亿元人民币的扇贝全都跑了，因为扇贝的生长水域北黄海的水温异常冰冷。

半年后，“冷水团”事件再次被提及。2015年6月1日晚，獐子岛发布公告称，于2015年5月15日启动春季底播虾夷扇贝抽测活动，抽测涉及2012年、2013年、2014年底播未收获的海域160余万亩，抽测调查结果显示，公司底播虾夷扇贝“尚不存在减值的风险”。

这引起大量投资者质疑，“难道因冷水团失踪的扇贝又游回来了?”

好戏没持续太久，2018年1月，獐子岛又发布公告说，海洋灾害导致扇贝“饿死”，公司在年报中披露亏损7.23亿元。2019年一季度，獐子岛又说“扇贝跑了”，公司亏了4 514万元。

巧妙避开暂停上市规则

翻看獐子岛财报，公司自2014年出现“扇贝跑路”事件之后的业绩呈现出一年亏损一年盈利的特点，2015—2018年的归母净利润分别为-2.43亿元、7 959万元、-7.23亿元、3 211万元。

根据深交所的规定，中小板企业连续两年亏损将被ST，连续三年亏损将被暂停上市，连续四年亏损将被终止上市，而獐子岛却完美避开了这一点。

对此，有网友展开了“一本正经”的分析：

“扇贝们极有可能具备金融行业背景，并取得注册会计师资质，非常熟悉上市公司审计的相关工作。2014年需要亏损的时候就集体出逃，2015年需要盈利的时候又集体返乡。在獐子岛戴上ST帽子、连续三年亏损就退市之时，扇贝们表现稳定，‘两年亏损，一年赚’，严格服从组织安排，精准走位，堪称卡点精英。”

但真相是什么呢？2019年7月，证监会发布对獐子岛的调查结果：这家公司及其董事长吴厚刚等人涉嫌财务造假、虚假记载，被证监会勒令终身禁入市场。

在獐子岛的违规操作中，财会分析人士给出了许多可能性，最显著的是钻了“特殊存货不易监控”的空子。

扇贝这类水产品生长在海底，存货盘点的时候只能进行抽样检测，不能让审计人员穿上潜水衣搞实地盘存。

原因很简单，一是审计员不愿意，二是就算愿意也根本数不过来，三是就算数了，又怎么知道何时可能“跑路”、何时又会“饿死”。

因此有财会人员说：“除非每个扇贝都安装一个带4G 物联网卡的无线摄像头，否则你无法证明獐子岛的解释是否正确。”

北斗卫星出动揭开“弥天大谎”

为了查办獐子岛案，证监会最终借助了北斗导航定位系统，委托专业机构中科宇图科技股份有限公司和中国水产科学研究院东海水产研究所，通过獐子岛采捕船卫星定位数据，还原了采捕船只的真实航行轨迹，进而复原了公司真实的采捕海域，最终揭开了獐子岛财务造假手段的谜题。

通过对比分析獐子岛记录的捕捞区域和调查人员根据獐子岛采捕船的卫星定位数据还原的獐子岛行驶轨迹，可以看出明显差异，说明獐子岛并没有如实记录采捕海域。

调查人员还聘请了两家专业的第三方机构分别对卫星定位数据进行作业状态分析，对捕捞轨迹进行还原并计算面积，三方分别还原出来的捕捞航行轨迹高度一致。

通过对比：2016年，公司实际采捕的海域面积比账面记录多出近14万亩，这意味着实际的成本比账面要多出6 000万元人民币，这6 000万元成本都被獐子岛公司隐藏了起来。

调查人员还发现：獐子岛在部分海域没有捕捞的情况下，在2016年底重新进行了底播。根据獐子岛成本核算方式，重新底播的区域的库存资产应作核销处理，涉及库存资产7 111万元，需要计入营业外支出视为亏损。

通过这两种方式，獐子岛成功地在2016年实现了所谓的“账面盈利”，成功摘帽，保住了上市公司地位。到了2017年，獐子岛故技重施，再度宣称扇贝跑路和死亡，借此消化掉前一年隐藏的成本和亏损，共计约1.3亿元。这种乾坤大挪移，把2016年的成本和损失移转到2017年的做法是典型的“寅吃卯粮”，操纵财务报表的行为。

资料来源：雪球. 6年离奇失踪四次！“扇贝跑路事件”终迎大结局！獐子岛及相关人员移送公安机关，追究刑事责任！[EB/OL]. [2019-09-12].

请思考：存货管理主要风险点及控制措施有哪些？针对特殊存货的内部控制，有哪些可以改进的地方？

本章小结

本章主要学习了资产管理内部控制的主要内容。本章首先介绍了资产管理内部控制的目标与要求，接下来详细介绍了资产管理内部控制主要风险点。其次，介绍了存货管理内部控制概述、风险点及控制措施。最后，分别介绍了固定资产和无形资产管理内部控制。本章需要读者把握内部控制中资产管理的主要风险点及控制措施。

中英文专业术语

资产管理 assets management

存货 inventory

固定资产 fixed asset

无形资产 intangible asset

章后练习

章后练习-自测版

一、单项选择题

1.以下不属于资产管理总体要求的是（　　）。

A.全面梳理资产管理流程　　B.加强人员管理

C.查找资产管理薄弱环节　　D.健全和落实资产管控措施

2.存货发出记录保管部门需要定期与（　　）核对。

A.生产部门　　B.采购部门

C.财务部门　　D.管理部门

3.无形资产取得、验收与款项支付属于（　　）行为。

A.授权控制　　B.不相容职务分离控制

C. 会计记录控制　　　　　　　　D. 资产保护控制

4. 企业根据固定资产的性质和特点，确定固定资产投保范围和政策。投保范围和政策应足以应对固定资产因各种原因发生损失的风险。这种行为属于（　）行为。

A. 授权控制　　　　　　　　B. 不相容职务分离控制

C. 会计记录控制　　　　　　　　D. 资产保护控制

二、判断题

1. 由存货实物管理的人员根据盘点情况清查存货盘盈、盘亏产生的原因，并编制存货盘点报告。（　）

2. 固定资产的处置应由固定资产管理部门和使用部门以外的其他部门或人员办理。（　）

3. 存货的保管与相关记录工作可以由同一个人员担任。（　）

4. 对于重大的固定资产投资项目，应当考虑聘请独立的中介机构专业人士进行可行性研究与评价，并由企业实行集体决策和审批。（　）

5. 企业代销、代管存货，委托加工、代修存货不属于存货范围。（　）

第十二章
销售业务内部控制

学习目标

通过本章学习，了解销售业务流程，并以销售业务流程为主线，了解销售业务流程中各环节可能存在的内部控制主要风险，掌握销售业务流程中的关键控制点及控制措施。

引导案例与思考

SQ公司为一家服装生产企业，服装以出口为主。当年其他应付款-外协加工费余额为1 000万元，外协加工费当年累计发生额占销售成本的22%。

SQ公司内控现状：

1.由生产部经理负责是否委托、对外委托和验收；

2.对外委托的外协加工情况财务部门一无所知，财务部门对委托过程失去控制；

3.发生退货时，直接报生产部经理备案，生产部未设备查账簿，全凭生产部经理一人控制，财务部门同样失去监督。

案例分析：

本案例中生产部经理一人控制委托加工交易的全部过程，很可能存在以下舞弊风险：

1.生产部经理可能会利用委托价格、委托数量、退货索赔等环节的内部控制漏洞，获取不正当利益；甚至在有些情况下为获取不当利益，在本公司生产能力允许的情况下，将生产订单对外委托，从而浪费本公司生产能力。

2.通过控制外协加工的数量、价格，甚至通过虚假的委托操纵公司利润。

在本案例中，公司应在以下环节进行改进：

1.所有委托外协事项应由独立于生产部的部门和人员决定；

2.委托事项应报财务部门备案；

3.收回的委托加工商品应经过独立的检验部门检验；

4.总经理审批前应将发票、检验单、入库单一同报财务部门审核，财务部门应将上述资料与备案的委托资料进行核对；

5.发生退货时应及时报财务部门和委托部门备案，以便及时向外协加工单位索赔。

课前预习（思维导图）

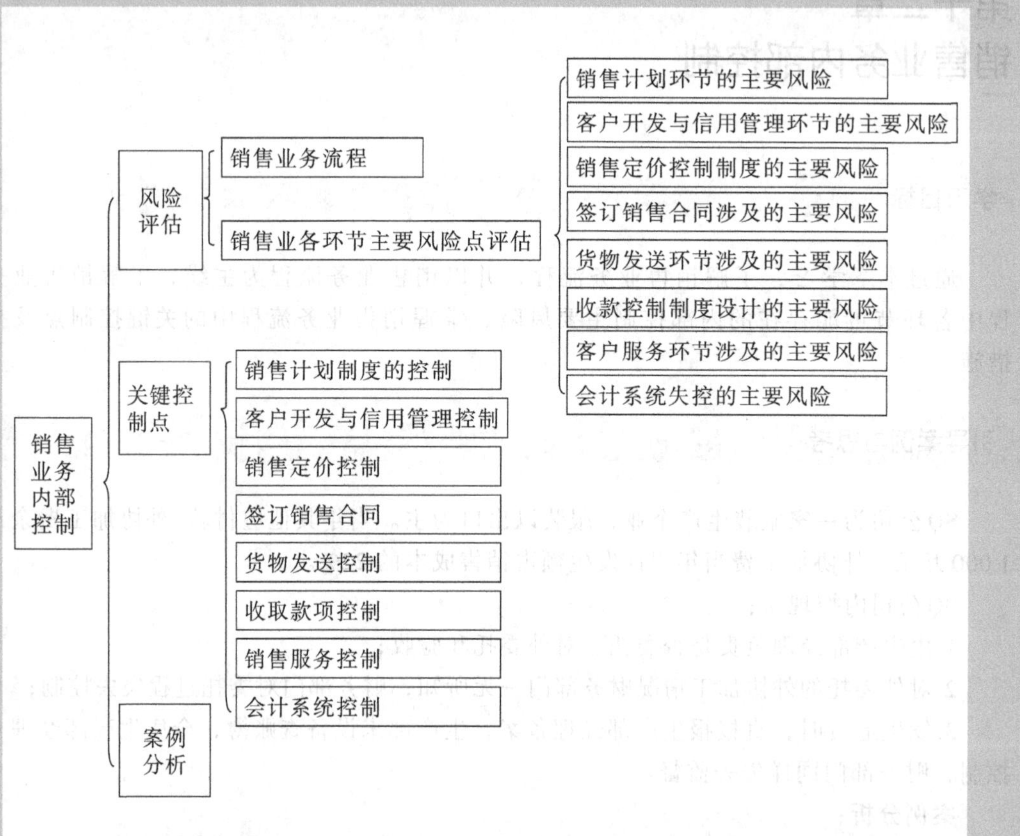

◎第一节 风险评估

一、销售业务流程

销售业务是指企业出售商品或者提供劳务及之后产生的收取款项等相关活动。销售是企业实现商品价值、增加收入、获取利润的重要途径，是企业经营的主要环节之一。销售业务的内部控制制度是加强企业销售管理、控制销售活动的主要方式。

为促进企业销售的稳定增长，规范销售行为，防范销售带来的风险，企业需强化销售业务管理，对现行销售业务流程进行全面梳理，查找管理漏洞，确定适当的销售策略；与此同时，还应当完善销售业务的相关管理制度，确定适当的销售策略。明确以风险为导向的、符合成本效益原则的销售管控措施，明确各环节的职责。实现与生产、资产、资金等方面管理的衔接，落实责任制，有效防范和化解经营风险，确保实现销售目标。企业销售业务至少应当关注下列风险：

1.销售不畅，库存积压，可能导致企业经营难以为继；

2.货款不能及时收回，可能导致企业出现财务困难；

3.销售过程存在操纵价格等舞弊行为。

企业销售业务流程主要包括销售计划制订、客户开发与信用管理、销售定价、签订销售合同、货物发送、收款、客户服务和会计系统控制等环节。如图12-1所示，该图列示的销售流程适用于各类企业的一般销售，具有通用性。企业在实际开展销售业务时可以参照此流程，并结合自身业务特点和管理要求，构建销售业务流程。

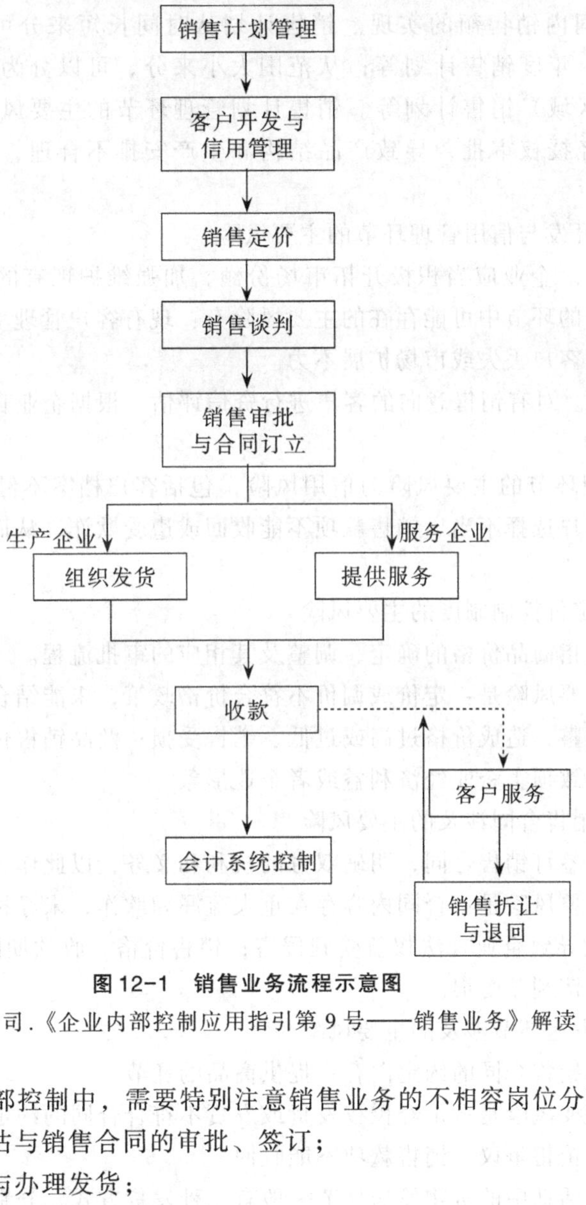

图12-1　销售业务流程示意图

资料来源：财政部会计司.《企业内部控制应用指引第9号——销售业务》解读［J］. 财务与会计，2011（5）.

在企业销售业务内部控制中，需要特别注意销售业务的不相容岗位分离制度：

1.客户信用调查评估与销售合同的审批、签订；

2.销售合同的签订与办理发货；

3.销售货款的催收与相关会计记录；

4.销售退回货品的验收与相关会计记录；

5.销售业务经办与发票开具；

6.坏账准备的计提与审批、坏账的核销与审批。

7.销售人员应定期进行岗位轮换或者管区、管户调整。

二、销售业务各环节主要风险点评估

（一）销售计划环节的主要风险

销售计划是指在进行销售预测的基础上，结合企业生产能力，设定总体目标额及不同产品的销售目标额，进而为能实现该目标而设定具体营销方案和实施计划，以支持未来一定期间内销售额的实现。销售计划从时间长短来分可以分为月度销售计划、季度销售计划、年度销售计划等；从范围大小来分，可以分为企业总体销售计划、分公司（部门、区域）销售计划等。销售计划管理环节的主要风险是：销售计划缺乏或不合理，或未经授权审批，导致产品结构和生产安排不合理，难以实现企业生产经营的良性循环。

（二）客户开发与信用管理环节的主要风险

1.客户开发。企业应当积极开拓市场份额，加强维护现有的客户，开发潜在目标客户。在开发客户的环节中可能存在的主要风险有：现有客户管理不足，潜在市场需求开发不够，可能导致客户丢失或市场扩展不力。

2.信用管理。对有销售意向的客户进行资信评估，根据企业自身风险接受程度确定具体的信用等级。

在信用管理环节的主要风险为信用风险，包括客户档案不健全、缺乏合理的资信评估，可能导致客户选择不当、销售款项不能收回或遭受欺诈，从而影响企业的资金流转和正常经营。

（三）销售定价控制制度的主要风险

销售定价是指商品价格的确定、调整及其相应的审批流程。

该环节的主要风险是：定价或调价不符合价格政策，未能结合市场供需状况、盈利测算等进行适时调整，造成价格过高或过低、销售受损；商品销售价格未经恰当审批，或存在舞弊，可能导致损害企业经济利益或者企业形象。

（四）签订销售合同涉及的主要风险

企业与客户签订销售合同，明确双方的权利和义务，以此作为开展销售活动的基本依据。该环节的主要风险是：合同内容存在重大疏漏和欺诈，未经授权的销售人员对外签订销售合同，可能导致企业合法权益受到侵害；销售价格、收款期限等违背企业销售政策，可能导致企业经济利益受损。

（五）货物发送环节涉及的主要风险

发货是根据销售合同的约定向客户提供商品的环节。

该环节的主要风险是：未经授权发货或发货不符合合同的约定，可能导致货物损失或客户与企业产生销售争议、销售款项不能收回。

企业在销售活动中的货物发送环节一般有三种发货方式，分别是发货制、提货制、运货制。三种不同的发货方式，因其特点、结算方式的差异，所需关注的风险点也不相同。

三种发货方式的介绍见表12-1。

表12-1　　发货方式

发货方式	特点	结算方式
发货制	企业运输部门将货物运到相关运输机构并办妥托收手续	异地托收承付、委托收款
提货制	购货方持提货单自行到销售方指定地点提货，一般是先付钱后提货	支票、本票、银行汇票等
运货制	企业运输部门将货物送到购货单位指定地点	支票、本票、银行汇票等

（六）收款控制制度涉及的主要风险

收款是指企业经授权发货后与客户结算的环节，按照发货时是否收到货款，可分为现销和赊销。

该环节的主要风险是：企业信用管理不到位，结算方式选择不当，票据管理不善，账款回收不力，导致销售款项不能收回或遭受欺诈；收款过程中存在舞弊，使企业经济利益受损。

（七）客户服务环节涉及的主要风险

客户服务是指在企业与客户之间建立信息沟通机制，对客户提出的问题，企业应及时解答或反馈、处理，不断改进商品质量和提升服务水平，以提升客户满意度和忠诚度。客户服务包括产品维修、销售退回、维护升级等。

该环节的主要风险是：客户服务水平低，消费者满意度不高，影响公司品牌形象，造成客户流失。

（八）会计系统控制环节涉及的主要风险

会计系统控制是指利用记账、核对、岗位职责落实和相互分离、档案管理、工作交接程序等会计控制方法，确保企业会计信息真实、准确、完整。会计系统控制包括销售收入的确认、应收款项的管理、坏账准备的计提和冲销、销售退回的处理等内容。

该环节的主要风险是：缺乏有效的销售业务会计系统控制，可能导致企业账实不符、账证不符、账账不符或者账表不符，影响销售收入、销售成本、应收款项等会计核算的真实性和可靠性。

◎第二节　关键控制点

（一）销售计划制度的控制

关键控制点：第一，企业应当根据发展战略和年度生产经营计划，结合企业的实际情况，制订年度销售计划，在此基础上，结合客户订单情况，制订月度销售计划，并按规定的权限和程序审批后下达执行。第二，定期对各产品（商品）的区域销售额、进销差价、销售计划与实际销售情况等进行分析，结合生产现状，及时调整销售计划，调整后的销售计划需履行相应的审批程序。

（二）客户开发与信用管理控制

关键控制点：

1.识别客户信用，防患于未然。

（1）资信调查。企业内部组织进行，也可以委托专业资信调查机构进行，具体包括：①客户概况；②历史背景；③组织管理；④经营状况；⑤财务状况；⑥内部评价；⑦实地考察；⑧信用记录；⑨行业分析。（2）信用分析。（3）确定资信等级。（4）记入客户信用档案。

2.根据客户信用等级和企业信用政策，拟定客户赊销限额和时限。

信用政策内容：信用期限、现金折扣率、信用标准。

信用政策类型：保守型、中庸型、激进型。

3.审批客户赊销限额和时限。信用批准的权限一般仅限于信用部门经理及总经理，绝不可以将信用批准权下放给销售部门。对于境外客户和新开发客户，应当建立严格的信用保证制度。

小拓展12-1

专业信用评级机构

国际三大评级机构：穆迪（Moody's）、标准普尔（S&P）、惠誉国际（Fitch Ratings）

国内三大评级机构：中诚信国际、联合资信、大公国际（无外资的民企）

（三）销售定价控制

关键控制点：第一，保证产品售价的合理性。应当根据有关价格政策，综合考虑企业财务目标、营销目标、产品成本、市场状况及竞争对手情况等方面因素，确定产品价格，保证产品价格合理。第二，制定折扣政策，保证折扣政策的适度性。销售折扣、销售折让等政策的制定应由具有相应权限人员审核批准。销售折扣、销售折让授予的实际金额、数量、原因及对象应予以记录，并归档备查。第三，销售定价、调价的授权批准。销售部门可结合产品市场特点，将价格浮动权向下实行逐级递减分配，同时明确权限执行人。价格浮动权限执行人必须严格遵守规定的价格浮动范围，不得擅自突破。

（四）签订销售合同控制

关键控制点：第一，合同谈判控制。订立销售合同前，企业应当指定专门人员与客户进行业务洽谈、磋商或谈判，关注客户信用状况，明确销售定价、结算方式、权利与义务条款等相关内容。谈判人员至少两人，重大的销售业务谈判还应当吸收财会、法律等专业人员参加，对谈判中涉及的重要事项，应当有完整的书面记录。第二，合同审批控制。企业应当建立健全销售合同订立及审批管理制度，明确必须签订合同的范围，规范合同订立程序，确定具体的审核、审批程序和所涉及的部门人员及相应权责。审核、审批应当重点关注销售合同草案中提出的销售价格、信用政策、发货及收款方式等。重要的销售合同，应当征询法律专业人员的意见。销售合同草案经审批同意后，企业应授权有关人员与客户签订正式销售合同。最好有统一的合同文本模板。第三，合同签订控制。在签订销售合同的过程中，谈判人员不得签订合同，并且销售合同应当明确与销售商品相联系的所有权和风险与报酬的转移时点。

（五）货物发送控制

关键控制点：第一，销售部门应当按照经审核的销售合同开具相关的销售通知单交仓储部门和财会部门。其中，销售通知单要求一式多联、连续编号。对于赊销业务，其中一联销售通知单要给信用部门，由信用部门批准赊销额度，签署意见后将销售通知单送回销售单管理部门。第二，仓储部门应当对销售通知单进行审核，落实出库、运输等环节的岗位职责，严格按照所列的发货品种和规格、发货数量、发货时间、发货方式、接货地点等，按规定时间组织发货，形成相应的发货单据（出库单）。其中，发货单据（出库单）要求根据批准的销售通知单编制，一式多联、连续编号。第三，装运部门（运输部门）应签订运输合同或条款。以运输合同或条款等形式明确运输方式，商品短缺、毁损或变质的责任，到货验收方式，运输费用承担，保险等内容，货物交接环节应做好装卸和检验工作，确保货物的安全发运，由客户验收确认。其中，发运凭证要求一式多联、连续编号，至少有装运人员及客户的签字才能证明商品发出。第四，应当做好发货各环节的记录，填制相应的凭证，设置销售台账，实现全过程的销售登记制度。

（六）收取款项控制

关键控制点：第一，结合公司销售政策，选择恰当的结算方式，加快款项回收，提高资金的使用效率。对于商业票据，结合销售政策和信用政策，明确应收票据的受理范围和管理措施。第二，建立票据管理制度，特别是加强商业汇票的管理：一是对票据的取得、贴现、背书、保管等活动予以明确规定：①应收票据的取得和贴现必须经由保管票据以外的主管人员的书面批准；②非经赊销审批或临时性赊销审批通过的客户，一律不得以商业承兑汇票结算。二是严格审查票据的真实性和合法性，防止票据欺诈。三是由专人保管应收票据，对即将到期的应收票据，及时办理托收，定期核对盘点。四是票据贴现、背书应经恰当审批，已贴现但仍承担收款风险的票据应在备查簿中登记，以便日后追踪管理。第三，加强赊销管理。一是需要赊销的商品，应由信用管理部门按照客户信用等级审核，并经具有相应权限的人员审批。二是赊销商品一般应取得客户的书面确认，必要时，要求客户办理资产抵押、担保等收款保证手续。三是应完善应收款项管理制度，落实责任、严格考核、实行奖惩。财会部门负责办理资金结算并监督款项回收，销售部门负责应收款项的催收，催收记录（包括往来函电）应妥善保存。第四，建立应收账款账龄分析、催收和预警制度。账龄分析表由信用部门和财会部门共同编制。应收账款超过2年会失去诉讼时效，企业应按季度分析账龄，建立风险预警程序，向货款清收部门预警接近诉讼时效的应收账款。根据账龄分析结果制定催账政策，对应收账款进行分类管理。第五，加强代销业务款项的管理，及时与代销商结算款项。第六，收取的现金、银行本票、汇票等应及时缴存银行并登记入账，不得擅自坐支现金。对于以银行转账方式办理的销售收款，应当通过公司账户进行结算，不得经第三方周转。防止由销售人员直接收取款项，如必须由销售人员收取，应由财会部门加强监控。

（七）客户服务控制

关键控制点：第一，结合竞争对手客户服务水平，建立和完善客户服务制度，包括客户服务内容、标准、方式等。第二，设专人或部门进行客户服务和跟踪。有条件的企业可以按产品线或地理区域建立客户服务中心。加强售前、售中和售后技术服务，使客户服务人员的薪酬与客户满意度挂钩。第三，建立产品质量管理制度，加强销售、生产、研发、质量检验等相关部门之间的沟通协调。第四，做好客户回访工作，定期或不定期地开展客户满意度调查；建立客户投诉制度，记录所有的客户投诉，并分析产生原因及解决措施。

第五，加强销售退回控制。销售退回需经具有相应权限的人员审批后方可执行；销售退回的商品应当参照物资采购入库管理。

（八）会计系统控制

关键控制点：第一，企业应当加强对销售、发货、收款业务的会计系统控制，详细记录销售客户、销售合同、销售通知单、发运凭证、商业票据、款项收回等情况，确保会计记录、销售记录与仓储记录一致，具体为：财会部门开具发票时，应当依据相关单据（计量单、出库单、货款结算单、销售通知单等）并经相关岗位审核。销售发票应遵循有关发票管理规定，严禁开具虚假发票。财会部门对销售报表等原始凭证审核销售价格、数量等，并根据国家统一的会计准则确认销售收入，登记入账。财会部门与相关部门月末应核对当月销售数量，保证各部门销售数量的一致性。第二，建立应收账款清收核查制度，销售部门应定期与客户对账，并取得书面对账凭证，财会部门负责办理资金结算并监督款项回收。第三，及时收集应收账款相关凭证资料并妥善保管；及时要求客户提供担保；对未按时还款的客户，采取申请支付令、申请诉前保全和起诉等方式及时清收欠款。对收回的非货币性资产应经评估和恰当审批。第四，企业对于可能成为坏账的应收账款，应当按照国家统一的会计准则的规定计提坏账准备，并按照权限范围和审批程序进行审批。对于确定发生的各项坏账，应当查明原因，明确责任，并在履行规定的审批程序后做出会计处理。企业核销的坏账应当进行备查登记，做到账销案存。已核销的坏账又收回时应当及时入账，防止形成账外资金。

◎第三节　案例分析

销售业务内部控制实务案例分析

一、案例简介

某企业销售环节的内部控制制度为：

设立销售部，处理订单、签订合同、执行销售政策和信用政策；销售部经理对 30 万元以内的赊销业务有权批准，并根据具体情况确定产品售价。由于人手紧张，大宗销售都是由业务员甲与客户谈判并签订合同。没有签订合同的购买方提货的销售业务直接由财务部收款后开具提货单据和发票，客户自行提货；货到付款的业务由销售业务员乙负责赴购买方收款，并将现金或者支票等票据转交财务部。财务部经理保管所有票据，并有权决定应收票据是否贴现。

某月企业发生如下业务：

1.销售部经理凭某一老客户以前给其留下的良好印象批准向该客户赊销 23.4 万元的业务，后来该款项迟迟未能收到，财务部证实该企业财务状况恶化，当时已经有数笔货款没有如期支付了。

2.另一新客户要求签订 3 年期供货合同，3 年中每月末按照市场价格 80 万元购货，提供下一批货物时清偿上一批货物款项。由于企业销售政策中没有此类情况，销售部经理向总经理请示，总经理当即决定签署该合同。一个月后，该客户未能还款，公司调查，发现该客户并无偿还能力。

要求：

1.说明企业内部控制制度中存在的问题。

2.销售业务的两项操作有何不妥。

二、案例评述与启示

（一）内部控制中的问题

尽管企业销售、发货、财务部门分设，但职责划分不合理。

1.由销售部经理根据具体情况确定售价的做法容易造成销售价格失控、销售收入流失，应根据制定好的价目表、折扣政策、付款政策等加以执行。

2.在进行业务谈判时一般需要两名谈判人员，以增强谈判能力、减少作弊的可能，谈判和签订合同应由不同的人执行。

3.开具提货单应该是销售部门的职责，财务部根据销售部开具的提货单进行收款，但企业规定由财务部开具提货单，容易造成职责分工不明，收款作弊等。

4.收款是财务部的职责，但规定由销售部业务员赴外地收款，造成同一部门和人员经办整个销售收款业务的全过程，同时也违背了销售人员不得接触现款的规定。

5.财务部经理保管所有的票据并有权决定应收票据贴现的做法违背了票据保管人员与贴现批准人员的相互分离的要求，容易导致贴现行为失去监督。

（二）企业销售业务的操作存在的问题有：

1.在决定是否赊销时，应进行客户资信状况的审查，而不是凭个人印象；同时企业应该按客户设置应收账款，及时反映与客户的债权债务关系，以便评价客户信用状况、做出正确的销售决策。

2.对于企业发生的超过现有销售政策的特殊业务（如本例中的长期供货合同），企业应进行集体决策，避免因决策失误造成损失。本例中总经理当即决定签订合同的做法过于草率，应经过必要的调查，由此可见企业对客户信用控制不够严谨。

学思见悟

康美药业股份有限公司1997年在广东省成立，2001年在上海证券交易所挂牌上市，股票交易代码为600518，康美药业一直以中药材贸易和中药饮片销售为核心业务范围。2018年震惊全国的康美药业300亿元财务造假案，如今已经查明，相关责任人也遭到了处罚，而深陷财务造假的康美药业（即ST康美），可能面临大批投资者的索赔。2021年3月26日，广州中院发布普通代表人诉讼权利登记公告，明确权利人范围及登记期间，即：自2017年4月20日（含）起至2018年10月15日（含）期间以公开竞价方式买入，并于2018年10月15日闭市后仍持有康美药业股票，且与本案具有相同诉讼请求的投资者，可以于2021年4月25日之前登记加入该案诉讼。

康美药业的主要销售对象是医院和医疗机构，具有销售回款周期较长的特征，并且康美药业在医药贸易、医疗器械贸易中为扩大销售收入，在销售交易中采用了较宽松的赊销政策。从销售回款情况来看，康美药业2017年调整后应收账款余额占营业收入比重高达28.40%，说明实际上很大一部分销售收入由赊销创造，净利润含金量不高，销售收入创造现金流的能力较差。康美药业为掩盖公司实际上销售回款不力、盈利状况不佳的情况，为继续表现中药材业务良好的盈利能力和回款能力，通过财务不记账、记假账、伪造和变造银行存款单等方式，采用虚构资金流的手段，通过销售收入造假伪造销售回款，虚增营业收入的同时回笼货币资金，在营业收入、营业成本、货币资金等科目虚增大量金额，而销售造假的交易主要为中药材业务。会计核算活动没有据实反映企业的销售情况和回款状况，并且涉及重要单据造假，说明财务人员职业操守缺失，会计系统控制严重失效。庄义清自康美药业2001年上市以来一直担任财务总监，一致行动人副总经理许冬瑾负责主管财务工作，而销售造假说明主要财务负责人漠视相关法律法规，职业道德和诚信理念严重缺失，给财务报告质量带来极大的威胁。康美药业会计系统控制严重失效，与管理层授意密不可分，管理层的意志很大程度上影响了财务信息披露的质量。

通过本章对销售业务内部控制相关知识点的学习，我们需要了解本章学习的目的，即：促进企业销售健康稳定地增长，帮助企业向好发展、扩大企业的市场份额，规范企业的销售行为，防范销售风险，避免企业因销售业务方面的漏洞给企业带来不可挽回的损失。这就要求我们在学习与工作中，要坚守职业道德。这是我们规范会计行为的基础，也是实现我们学习及工作目标的重要保证，更是我们学习、参与企业内部控制，提高自身素质的内在要求。在此基础上，请思考作为内控人员如何以坚守职业道德、规范自身行为来规范企业的销售行为，防范销售风险。

本章小结

本章主要讲解了企业销售业务的主要流程及各流程的主要风险及管控措施。企业销售业务流程主要包括销售计划制订、客户开发与信用管理、销售定价、签订销售合同、货物发送、收款、客户服务和会计系统控制等环节。企业应当建立销售业务的岗位责任制，明确相关部门和岗位的职责、权限。销售业务至少涉及三个部门：销售部门、仓储部门、会计部门。其中，销售部门岗位的分工包括处理客户订单、签订销售合同、编制销售单、催收货款等；仓储部门岗位的分工包括发货、编制出库单、登记仓库明细账等；会计部门岗位的分工包括开具销售发票、记账、办理货款结算、监督销售部门向客户催收货款等。有条件的企业可以设立专门的信用管理部门或岗位，其职责包括制定企业信用政策、监督各部门信用政策执行情况、对客户进行信用调查、批准赊销信用等，没有条件的企业，可以在销售部门或会计部门设独立的信用管理岗位。了解各部门的职责分工，并掌握销售业务的不相容岗位分离制度。

了解并能够识别出销售业务中各流程的主要风险，并且能够针对各个销售环节识别出可能发生的主要风险设置管控措施，掌握各环节的关键控制点。

中英文专业术语

销售业务内部控制 internal control of sales business

客户开发与信用管理 customer development and credit

企业信用政策 enterprise credit policy

不相容岗位分离制度 separation of incompatible duties

内部牵制 internal check

企业信用管理 enterprise credit management

章后练习

章后练习–自测版

一、单选题

1.不相容职务分离控制的核心是（　　）。

A.各司其职　B.各负其责　C.协调合作　D.内部牵制

2.授权的形式有多种，最好的形式是（　　）。

A.面谈　B.电子邮件　C.电话　D.书面

3.下列选项中不属于销售业务至少涉及的部门是（　　）。

A.销售部门　B.信用管理部门　C.仓储部门　D.会计部门

4.下列选项为客户信用调查评估岗位的不相容岗位的是（　　）。

A.销售合同的审批、签订　B.办理发货

C.进行会计记录　D.开具发票

5.下列选项不属于销售业务流程的是（　　）。

A.销售计划制订　B.销售定价　C.全面预算　D.货物发送

6.审批客户赊销限额和时限中，信用批准权限不应下放给（　　）。

A.总经理　B.信用部门经理　C.销售部门　D.会计部门

7.下列选项不是收款控制制度涉及的主要风险的是（　　）。

A.客户流失　B.企业信用管理不到位

C.结算方式选择不当　D.账款回收不力

8.下列选项不是客户服务环节涉及的主要风险的是（　　）。

A.服务客户的水平低下　B.消费者满意度不足

C.客户流失　D.票据管理不善

9.下列选项不是客户开发与信用管理环节的主要风险的是（　　）。

A.客户丢失　B.缺乏合理的资信评估

C.客户选择不当　D.销售价格未经审批

10.下列选项不是销售定价控制制度的主要风险的是（　　）。

A.定价不符合价格政策　B.商品价格未经恰当审批

C.未结合市场供需状况　D.合同内容存在重大疏漏

二、多选题

1.下列选项属于销售计划环节的主要风险的有（　　）。

A.销售计划缺乏或不合理　B.未经授权审批

C.产品结构和生产安排不合理　D.难以实现企业生产经营的良性循环

2.下列选项属于销售计划制度控制的关键控制点的有（　　）。

A.结合企业实际情况制订年度销售计划

B.定期对各产品的区域销售情况进行分析调整销售计划

C.委托专业资信调查机构进行资信调查

D.审批客户赊销限额和时限

3.下列选项属于签订销售合同环节的关键控制点的有（　　）。

A.保证产品售价的合理性　　B.合同谈判控制

C.合同审批控制　　D.合同签订控制

4.下列选项属于货物发送环节中仓储部门的关键控制点的有（　　）。

A.落实出库、运输等环节的岗位职责　　B.批准赊销额度

C.编写发货单据　　D.签订运输合同或条款

5.下列选项属于财会部门开具发票时应当依据的相关单据的有（　　）。

A.出库单　　B.货款结算单　　C.销售通知单　　D.计量单

三、判断题

1.客户信用调查评估和办理发货应当实行不相容岗位分离制度。（　　）

2.客户开发与信用管理环节的主要风险包括加强维护现有客户和对有购买意向的客户进行资信评估。（　　）

3.收款环节涉及的主要风险包括结算方式选择不当、票据管理不善、收款过程中存在舞弊、账款回收不力等。（　　）

4.在客户开发与信用管理环节对于境外客户和新开发客户，不需要建立严格的信用保证制度。（　　）

5.应收票据需要由专人保管，对即将到期的应收票据，要及时办理托收，定期核对盘点。（　　）

第十三章 研究与开发内部控制

学习目标

通过本章的学习掌握研究与开发活动的定义及内容，了解研究与开发活动的业务流程及管理，掌握研究与开发活动的关键风险点及控制方法。

引导案例与思考

2020年9月28日，中国企业联合会、中国企业家协会发布“2020中国企业500强榜单”。毫无意外，在民营企业中，华为以8 588亿的营收位列第一，总排名位列第十一位。

技术创新是第一生产力，越有实力的企业，越不会在研发投入上小气。根据这份500强企业数据报告，2020中国500强企业研发费用为10 754.06亿元（431家企业填报数据），同比增长17.66%。这不仅是首次超过1万亿元，也占了全国研发费用的64%。

华为毫不意外地拿下了全国第一，2019年研发支出达1 316.59亿元，相当于第二到第五名的总和，也是唯一一个支出超过千亿的公司；第二名是阿里巴巴，研发投入430.8亿元；第三名是中石油，研发投入286.91亿元；第四名是中航科工，研发投入273.05亿元；第五名是中国移动，研发投入234.81亿元（见表13-1）。

表13-1　　**中国企业研发费用排行榜前10位**

排名	企业名称	研发费用（亿元）
1	华为投资控股有限公司	1 316.59
2	阿里巴巴集团控股有限公司	430.80
3	中国石油天然气集团有限公司	286.91
4	中国航天科工集团有限公司	273.05
5	中国移动通信集团有限公司	234.81
6	浙江吉利控股集团有限公司	207.30
7	百度网络技术有限公司	183.46
8	中国第一汽车集团有限公司	180.95
9	中国建筑股份有限公司	712.90
10	中国铁道建筑集团有限公司	165.28

2019年华为财报显示，华为2019年研发投入1 317亿元，近十年累计研发投入超过6 000亿元。2020年，截止到9月，华为的研发投入是1 316.59亿元，在目前的外部环境下，年底的研发投入必然会再增不少。截止到2019年年底，华为在全球共持有有效授

权专利85 000多件，其中90%以上是发明专利。这85 000多件授权专利不仅包括30 000件中国授权专利，还包括40 000件欧美授权专利，以及10 000件其他国家授权专利。

资料来源：孙静，郭莹：2020中国企业500强企业研发投入突破万亿元——华为再度领跑［EB/OL］.［2020-09-28］http：//www.cinn.cn/gywh/202009/t20200928_234018_wap.html.

思考及讨论：

1.华为研发投入金额如此之高，应该如何进行有效的内部控制管理？

2.研究与开发活动的主要风险点是什么？

3.研究与开发活动的内部控制要点有哪些？

4.面临美国制裁导致的断供危机，华为是否应缩减研发支出？为什么？

课前预习（思维导图）

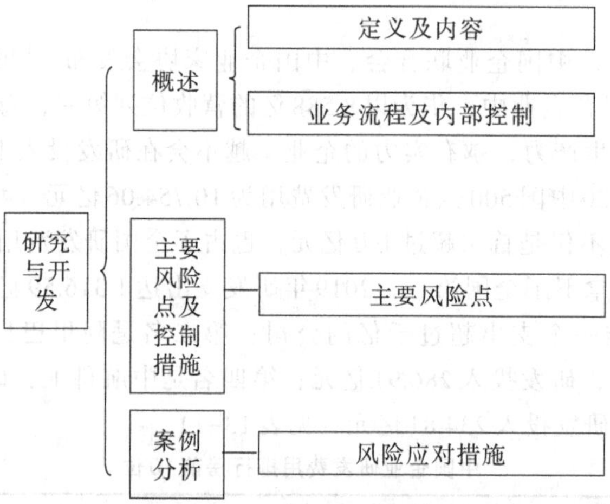

◎第一节　研究与开发概述

一、研究与开发业务的定义及内容

随着经济全球化进程的不断加快以及科学技术水平的飞速发展，提升资源配置效率，推动技术创新活动，加快技术创新速度，缩短产品开发周期已成为现代企业在严峻的国际竞争中获得持续竞争力的关键。因此，企业应当重视研发工作，根据发展战略，结合市场开拓和技术进步要求，科学制定研发计划，强化研发全过程管理，规范研发行为，促进研发成果的转化和有效利用，不断提升企业自主创新能力。

研究与开发是企业核心竞争力的本源，是企业自主创新的重要体现，是企业加快转变经济发展方式的强大推动力。在经济全球化背景下，特别是为了抢抓后危机时期重要发展机遇，企业应坚定不移地走自主创新之路，重视和加强研究与开发，并将相关成果转化为生产力，在竞争中赢得主动权，夺得先机。《企业内部控制应用指引第10号——研究与开发》旨在有效控制研发风险，提升企业自主创新能力，充分发挥科技的支撑引领作用，促进实现企业发展战略。该指引所称的研究与开发是指企业为获取新产品、新技术、新工艺等所开展的各种研发活动。研究与开发可以区分为研究阶段与开发阶段。不同企业应当根据自身实际情况以及相关信息，对研究阶段与开发阶段做出具体划分。

研究，是指为获取并理解新的科学或技术知识等进行的独创性的有计划的调查。研究活动包括：为获取知识而进行的活动；研究成果或其他知识的应用研究、评估和最终选择；材料、设备、产品、工序、系统或服务替代品的研究；新的或经改进的材料、设备、产品、工序、系统或服务的可能替代品的配制、设计、评价和最终选择等。

开发，是指在进行商业性生产或使用前，将研究成果或其他知识应用于某项计划或设计，以生产出新的或具有实质性改进的材料、装置、产品等。开发活动包括：生产前或使用前的原型和模型的设计、建造和测试；含新技术的工具、夹具、模具和冲模的设计；不具有商业性生产经济规模的试生产设施的设计、建造和运营；新的或经改造的材料、设备、产品、工序、系统或服务所选定的替代品的设计、建造和测试等。

研究阶段基本是探索性的，是为进一步的开发活动进行资料及相关方面的准备。相对于研究阶段而言，开发阶段应当是已经完成研究阶段的工作，在很大程度上具备了形成一项新产品或新技术的基本条件。因此，研究阶段与开发阶段所面临的风险是不同的。

二、研究与开发业务流程及内部控制

企业应当着力于梳理研究与开发业务流程，针对主要风险点和关键环节，制定切实有效的控制措施，不断提升研发活动全过程的风险管控效能。研究与开发的基本流程主要包括立项、研发过程管理、结题验收、研究成果的开发和保护等。业务流程图如图13-1所示。

（一）立项

立项主要包括立项申请、评审和审批。该环节的主要风险是：研发计划与国家（或企业）科技发展战略不匹配，研发承办单位或专题负责人不具有相应资质，研究项目未经科学论证或论证不充分，评审和审批环节把关不严，可能导致创新不足或资源浪费。

主要的管控措施有：第一，建立完善的立项、审批制度，确定研究开发计划制定原则和审批人，审查承办单位或专题负责人的资质条件和评估、审批流程等。第二，结合企业发展战略、市场及技术现状，制定研究项目开发计划。第三，企业应当根据实际需要，结合研发计划，提出研究项目立项申请，开展可行性研究，编制可行性研究报告。企业可以组织独立于申请及立项审批之外的专业机构和人员进行评估论证，出具评估意见。第四，研究项目应当按照规定的权限和程序进行审批，重大研究项目应当报经董事会或类似权力机构集体审议决策。审批过程中应当重点关注研究项目促进企业发展的必要性、技术的先进性以及成果转化的可行性。第五，制定开题计划和报告，开题计划经科研管理部门负责人审批，开题报告应对市场需求与效益、国内外在该方向的研究现状、主要技术路线、研究

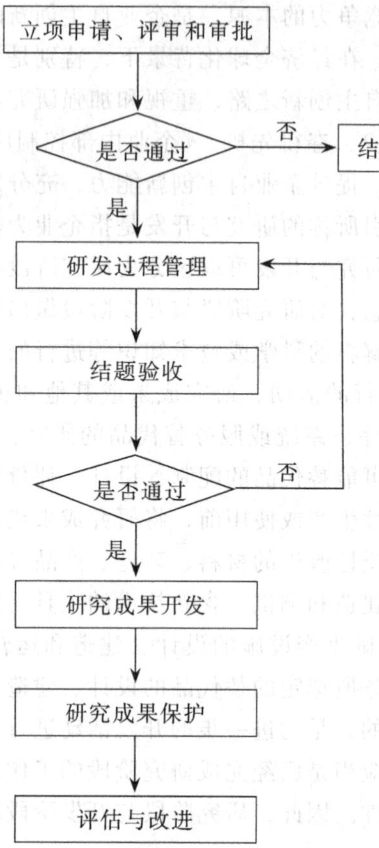

图 13-1 一般生产企业研究与开发活动的业务流程图

资料来源：财政部会计司.《企业内部控制应用指引第 10 号——研究与开发》解读 [J]. 财务与会计，2011 (5).

开发目标与进度、已有条件与基础、经费等进行充分论证和分析，从而保证项目符合企业需求。

（二）研发过程管理

研发过程是研发的核心环节。实务中，研发通常分为自主研发、委托研发和合作研发。

1. 自主研发。自主研发是指企业依靠自身的科研力量独立完成项目，包括原始创新、集成创新和在引进消化基础上的再创新三种类型。其主要风险包括：第一，研究人员配备不合理，导致研发成本过高、舞弊或研发失败。第二，研发过程管理不善，费用失控或科技收入形成账外资产，影响研发效率，提高研发成本甚至造成资产流失。第三，多个项目同时进行，相互争夺资源，出现资源的短期局部缺乏，可能造成研发效率下降。第四，研究过程中未能及时发现错误，导致修正成本提高。第五，科研合同管理不善，导致权属不清，知识产权存在争议。

主要的管控措施有：第一，建立研发项目管理制度和技术标准，建立信息反馈制度和研发项目重大事项报告制度；严格落实岗位责任制。第二，合理设计项目实施进度计划和组织结构，跟踪项目进展，建立良好的工作机制，保证项目顺利实施。第三，精确预计工作量和所需资源，提高资源使用效率。第四，建立科技开发费用报销制度，明确费用支付标准及审批权限，遵循不相容岗位牵制原则，完善科技经费入账管理程序，按项目正确划分资本性支出和费用性支出，准确开展会计核算，建立科技收入管理制度。第五，开展项目中期评审，及时纠偏调整；优化研发项目管理的任务分配方式。

2.委托（合作）研发。委托研发是指企业委托具有资质的外部承办单位进行研究和开发。合作研发是指合作双方基于研发协议，就共同的科研项目，以某种合作形式进行研究或开发。

委托（合作）研发的主要风险是：委托（合作）单位选择不当，知识产权界定不清。合作研发还包括与合作单位沟通障碍、合作方案设计不合理、权责利不能合理分配、资源整合不当等风险。

主要的管控措施有：第一，加强委托（合作）研发单位资信、专业能力等方面管理。第二，委托研发应采用招标、议标等方式确定受托单位，制定规范详尽的委托研发合同，明确产权归属、研究进度和质量标准等相关内容。第三，合作研发应对合作单位进行尽职调查，签订书面合作研究合同，明确双方投资、分工、权利义务、研究成果产权归属等。第四，加强项目的管理监督，严格控制项目费用，防止挪用、侵占等。第五，根据项目进展情况、国内外技术最新发展趋势和市场需求变化情况，对项目的目标、内容、进度、资金进行适当调整。

（三）结题验收

结题验收是对研究过程形成的交付物进行质量验收。结题验收有检测鉴定、专家评审、专题会议等三种方式。其主要风险包括：由于验收人员的技术、能力、独立性等不足造成验收成果与事实不符；测试与鉴定投入不足，导致测试与鉴定不充分，不能有效地降低技术失败的风险。

主要的管控措施有：第一，建立健全技术验收制度，严格执行测试程序。第二，对验收过程中发现的异常情况应重新申请验收或进行补充研发，直至达到研发标准。第三，落实技术主管部门验收责任，由独立的、具备专业胜任能力的测试人员进行鉴定试验，并按计划进行正式的、系统的、严格的评审。第四，加大企业在测试和鉴定阶段的投入，对重要的研究项目可以组织外部专家参加鉴定。

（四）研究成果开发研究

成果开发是指企业将研究成果经过开发过程转换为企业的产品。其主要风险包括：研究成果转化应用不足，导致资源闲置；新产品未经充分测试，导致大批量生产不成熟或成本过高；营销策略与市场需求不符，导致营销失败。

主要的管控措施有：第一，建立健全研究成果开发制度，促进成果及时有效转化。第二，科学鉴定大批量生产的技术成熟度，力求降低产品成本。第三，坚持开展以市场为导向的新产品开发消费者测试。第四，建立研发项目档案，推进有关信息资源的共享和应用。

（五）研究成果保护研究

成果保护是企业研发管理工作的有机组成部分。有效的研发成果保护，可保护研发企业的合法权益。其主要风险是：未能有效识别和保护知识产权，权属未能得到明确规范，开发出的新技术或产品被限制使用；对核心研究人员缺乏管理激励制度，导致形成新的竞争对手或技术秘密外泄。

主要的管控措施有：第一，进行知识产权评审，及时取得权属。第二，研发完成后确定采取专利或技术秘密等不同保护方式。第三，利用专利文献选择较好的工艺路线。第四，建立研究成果保护制度，加强对专利权、非专利技术、商业秘密及研发过程中形成的各类涉密图纸、程序、资料的管理，严格按照制度规定借阅和使用。禁止无关人员接触研究成果。第五，建立严格的核心研究人员管理制度，明确界定核心研究人员范围和名册清单并与之签署保密协议。第六，企业与核心研究人员签订劳动合同时，应当特别约定研究成果归属、离职条件、离职移交程序、离职后保密义务、离职后竞业限制年限及违约责任等内容。第七，实施合理有效的研发绩效管理，制定科学的核心研发人员激励体系，注重长效激励。

后评估是研究与开发内部控制建设的重要环节。企业应当建立健全研发活动评估制度，加强对立项与研究、开发与保护等过程的全面评估，认真总结研发管理经验，分析存在的薄弱环节，完善相关制度和办法，不断改进和提升研发活动的管理水平。

总之，研究与开发是企业持久发展的不竭动力，始终坚持把研究与开发作为企业发展的重要战略，紧密跟踪科技发展趋势，是切实提升核心竞争力、增强企业国际竞争力的重要保证。

◎第二节　研究与开发的主要风险点及控制措施

一、研究与开发应当关注的风险

风险指由于因素复杂性和变动性的影响，使实际结果和预期发生背离而导致利益损失的可能性。研究与开发风险为企业对新产品开发的内外环境不确定性估计不足或无法适应，或难以有效控制新产品开发过程而造成新产品开发失败的可能性。

企业开展研发活动应当关注下列风险：研究项目未经科学论证或论证不充分，可能导致创新不足或资源浪费；研发人员配备不合理或研发过程管理不善，可能导致研发成本过高、舞弊或研发失败；研究成果转化应用不足、保护措施不力，可能导致企业利益受损。

1.论证风险

论证是指研究项目未经科学论证或论证不充分，可能导致创新不足或资源浪费的风险。

2.研发技术风险

技术风险可以定义为发展某项新设计所包含的风险，发展这项新设计、新技术的目的是提高系统的性能水平，但可能因为受到某些条件的约束而难以实现。其中，许多技术风险是由于对新系统和新设备提出前所未有的性能要求造成的。

（1）技术方案风险。技术方案不合理，会导致后续设计产品的质量低劣和生产效率低下，并可能造成质量和进度风险；或性能达不到设计要求，并造成后期设计变更，影响项目的进度。

（2）不成熟的新技术。新技术的运用还需要周边的配套系统与之匹配，且其生产工艺和可靠性得到验证。项目不能过度依赖新的“边缘”技术，如果项目团队对技术、工艺没有足够的经验，会给项目带来不可预估的风险。研发是一个大型工程项目，最终要求投入使用，不是纯理论的研究，因此要求最终产品有足够的可靠性。

（3）系统复杂性过高。系统的复杂性可能导致管理难度增大，设计反复增多，进而影响项目的质量和进度。

（4）不成熟的工艺。采用的工艺如果不成熟会对工程项目产生不利影响，包括项目开发周期以及产品性能。在方案设计阶段以及设计细化过程中，设计人员应该充分考虑工艺可行性，尽可能采用成熟工艺。

（5）试验验证风险。不同市场都有一系列强制性法规要求，必须通过相应机构的认证试验方可上市。试验的多次失败和重复，会造成进度拖延以及人力、物力等成本的增加，同时也会对新产品上市时机造成影响。

（6）设备风险。新产品设计中的新结构、新工艺往往会要求对现有设备进行调整或引进新设备。这需要在方案设计阶段就考虑到，防止由于设备无法满足设计要求而达不到设计目标，或者造成新产品投入超标。

（7）产品的可靠性、可维修性设计。在设计中，要充分考虑可靠性以及可维修性，否则将会影响产品使用，引起最终用户的抱怨。

3.研发管理风险

（1）决策延误。上级拖延批准签订合同或者项目进入下一节点等，造成项目计划进度中断，会产生进度风险。

（2）项目进度风险。计划制订过程中，对项目本身不熟悉或者为了满足客户要求而盲目压缩项目周期，会在项目运行中出现进度风险。为了赶进度，通过增加人员、加班等措施来补救，会额外增加费用，同时对项目质量也是一个考验。

（3）项目变更。项目方案的不可预测的变更，可能对项目的进度、技术、费用等各个方面产生影响。

（4）沟通风险。研究与开发是一个多专业、多部门、多单位共同合作开发的项目，如果沟通不到位，信息不对称，就不能及时发现和解决问题。

（5）项目范围。项目范围定义不清楚，会在项目执行中造成项目组与客户对于范围理解的冲突。

（6）人力风险。项目成员的稳定性、责任心以及能力水平，直接影响项目的进度和质量。

4.研发系统环境风险

研发系统环境风险按照风险来源分为客户风险、供应商风险、分包商风险等。研发过程需要客户方技术人员与项目组同步开展，客户方技术人员的能力、稳定性以及数量，直接影响其对于项目的支持力度以及项目试制生产阶段的消化吸收。客户方的生产试验设备、工艺水平等，会影响新产品的品质。

客户的决策能力、协调能力、组织能力、管理的规范化程度等直接影响项目组的沟通交流，并间接影响项目的质量、进度。客户对项目方案、进度以及质量等提出的不合理要求，直接影响项目成败。研发项目分为多个项目节点，都需要客户进行评审确认，如果客户迟迟不签字确认，就会影响项目下一节点的开展，有时，客户还会在确认节点后，又推翻原有结论，这也会造成项目范围以及进度的变化。

客户的资质以及信誉度，影响项目款项的及时支付以及供应商对项目的配合程度，进而影响项目质量和进度。

在设计过程中，需要供应商同步介入零部件的内部结构开发以及工艺分析工作。供应商的技术能力、稳定性、数量，影响开发的进度以及设计的质量，设备情况、工艺水平等，都会影响零部件的质量。

除上述风险外，还应考虑政策法规风险、政治经济风险、自然风险等。可见，研发过程中面临着各种各样的风险，但在实际研发过程中，考虑到成本费用原则，企业只需特别关注技术风险、资金风险、进度风险等重要风险，对其进行重点控制。

二、研究与开发的风险应对

企业研究与开发会面临许多市场、技术和环境的不确定性。因此，研究与开发是一项具有风险的活动，规避风险对于成功进行研究与开发工作具有重大意义。企业采取以下措施，可在一定程度上减少新产品开发的风险：

1.做好新产品开发项目的选择和中止决策

新产品创新的投入是一个逐次进行的过程，因此一个产品开发项目失败或中止的时点越往后，则累积的投入越大，风险损失也会随之递增。

对一些没有前途的产品开发项目如果不及时中止，还会占用企业大量的人力、物力和财力资源，产生新产品开发的资源短缺问题。在产品开发的早期阶段，如设计和试验阶段，做好项目的选择和中止决策，能实现对资源的合理分配，减少不确定性。让较少的项目处在危险之中是降低企业产品创新风险的最好办法，在全面介入之前，企业必须反复评价和提炼产品设计，以便执行最好的产品设计。

在产品开发过程中，要有明确的继续／中止（Go／Kill）的决策点，以便对项目进行全面评价，及时中止进行不下去或没有前途的项目。一些项目根本没有经过仔细研究就很快进入开发阶段，企业仅仅认识到尽快实现商业化的必要，但市场并不像预测的那样大，或生产成本过高等。缺乏明确的继续／中止的决策点，意味着缺乏投资重点，会导致大量项目失败，资源浪费在错误的项目上。

2.加强新产品开发人员之间的信息交流

风险源于不确定性，而信息与不确定性负相关。有效信息的增加，意味着不确定因素的减少和风险的降低。新产品开发过程可以看作企业为了进行商业化生产，把有关市场机会和技术可行性的资料转化为信息资产的过程。在开发过程中，这些信息资产通过各种媒介，包括人脑、纸张、计算机内存、软件和其他媒介，被创造、筛选、储存、组合、分解和转化。最终，这些信息资产被表达为详细的产品和过程设计，储存在计算机辅助设计库中，最后进入生产过程。

由于新产品开发被看作一个信息的收集、评价、处理、传递和应用的过程，产品开发小组的任务就是最大限度地收集关于用户需求、技术和竞争环境以及所需资源的信息，以降低不确定性，不确定性降得越低，产品获得商业化成功的可能性越大。在开发小组中，来自不同职能部门的人扮演不同的角色，比如：市场营销人员主要立足于降低有关市场营销信息的不确定性；研发人员主要负责降低有关技术信息的不确定性。产品开发的过程就是一个不确定性逐渐减少的过程。因此，加强不同职能部门的人员，如研发、市场营销、工程、制造以及外部顾客和供应商之间的交流，能实现信息共享，降低不确定性，从而降低风险。

3.加速产品开发

比竞争对手更快地开发和生产新产品，能够使企业在竞争中处于主动地位，为企业创造更多发展机会，如建立产品标准、取得技术领先地位、对顾客需求做出快速反应、实现高额利润等，从而降低产品开发风险。

4.合作产品开发

随着科学技术的发展和市场竞争的加剧，市场对新产品的要求不断提高，企业不可能拥有新产品开发所需的所有人才和设备。在这种情况下，与其他企业和科研单位共同开发、销售新产品，可以增强企业的薄弱环节和分散研究开发风险。

5.选择好新产品投入市场的时机

掌握好新产品投入市场的时机，是降低产品创新风险的另一重要方法。如果新产品相对于老产品投入市场过早，就会影响老产品的收益最大化；反之，如果在老产品开始衰退时仍没有新产品投入市场，就会造成销售额和利润的剧烈下降，使企业陷入困境。如果新产品相对于竞争者的新产品投入市场过早，会面临难以被顾客接受的风险；如果新产品相对于竞争对手的新产品投入市场过晚，竞争将非常激烈，没有较大的成本、质量或服务优势是很难取得成功的。

对于改进型产品来说，在老产品销售额开始下降（或销售额最大）时投入市场较为合适，既不影响原有产品的销售，又能使新产品尽快被市场接受；而对于创新型产品来说，应尽早投入市场，因为创新型产品被市场接受需要较长的时间；企业在早期阶段可以获得较多的利润，以尽快弥补开发费用；创新型产品技术变化速度较快，所用技术被新技术取代的可能性更大。

此外，新产品入市时机的选择，除所考虑的市场因素外，还要考虑新产品本身的技术成熟程度。新产品研制工作完成后，未经试产、试销、试用、反复验证改进，在质量尚未过关的情况下，就匆忙大量投入市场，一时可能得到一些利益，但终究会以败坏产品声誉而告终。反之，在市场激烈竞争情况下，如果一种技术过关的新产品，不迅速投入市场，就会错失良机。

◎第三节　案例分析

华为的研发内部控制

一、民营通信制造企业研发管理特点

研发是通信制造企业提高自主创新能力的不竭动力，加大研发投入是通信制造企业发展的必然趋势。目前，我国通信制造业整体的研发投入规模与国外相比有较大的差距。研发投入低导致我国通信制造企业自主研发能力整体较为薄弱，容易受到技术制约。

华为投资控股有限公司和中兴通讯股份有限公司是国内通信制造行业的龙头企业，具有很强的代表性，表13-2是两家企业2017年研发情况的对比。

表13-2　　**华为公司与中兴通讯2017年研发人员与专利情况对比**

项目	研发人员数（人）	研发人员比例	累计申请专利数（万项）	累计专利授权量（万项）
华为	80 000	45%	11.3	7.4
中兴	28 301	38.71%	6.9	3

注：资料来源于华为公司和中兴通讯2017年年报。

从表13-2中可以看出，华为公司目前在研发人员数、研发人员比例、累计申请专利数、累计专利授权量等方面与中兴通讯相比均具有极大的优势。这与华为公司民营企业的身份密切相关（中兴通讯属于国有控股上市公司），不论在经营管理还是激励政策方面，华为公司都更加灵活，在研发管理方面也具有更大的自主性，这是其优势所在。

虽然华为公司在研发方面是行业标杆，在国际上也具有相当强的竞争力，但其对研发管理内部控制的关注度还不够，对研发过程中存在的各种风险管理不足。虽然民营企业可以制定更灵活的研发策略和更科学的研发计划，使企业更快适应竞争环境，但其往往在研发管理内部控制方面有所不足。

二、华为公司研发管理内部控制现状

华为公司成立于1987年，是一家由员工持股的民营企业。公司聚焦于ICT基础设施以及智能终端，为消费者、企业客户、运营商客户提供信息和通信技术解决方案、产品以及服务。目前，已经有45家世界100强企业、197家世界500强企业选择与华为公司合作，实现数字化转型。华为公司在通信制造行业具有较大的由技术研发带来的竞争优势。

（一）华为公司研发现状

华为公司2014—2017年专利情况统计见表13-3。

表13-3　**华为公司2014—2017年专利情况统计**

项目	2014年	2015年	2016年	2017年
累计申请专利数	80 542	93 756	106 479	112 849
累计专利授权量	38 825	50 377	62 519	74 307

注：资料来源于华为公司2014—2017年年报。

由表13-3可以看出，华为公司的研发实力逐年增强，从建立之初的追随型研发战略成功转型为进攻型研发战略。目前，华为公司在全球共建有15个研究院/所以及36个联合创新中心，研究内容均为国际领先技术，如通信专项、材料专项、云专项、SG专项以及人工智能等。华为公司研发战略转型成功的主要原因是企业体制的灵活性及“狼性”企业文化。

华为公司2012—2019年研发费用与销售费用同比变动情况见表13-4。

表13-4　**华为公司2012—2019年研发费用与销售费用同比变动情况**

项目	研发费用（百万元）	同比变动	销售收入（百万元）	同比变动
2012年	29 747	27%	220 198	8%
2013年	31 563	6.1%	239 025	8.6%
2014年	40 845	29.4%	288 197	20.6%
2015年	59 607	45.9%	395 009	37.0%
2016年	76 391	28.2%	521 574	32.0%
2017年	89 690	17.4%	603 621	15.7%
2018年	101 509	13.2%	721 202	19.5%
2019年	131 659	29.7%	853 833	19.1%

注：资料来源于华为公司2014—2019年年报。

由表13-4可见，2012—2017年华为公司销售收入与研发投入的变动幅度不成比例，说明企业当期的研发投入与产出水平不对等，这是因为研发投入与产出间存在滞后性，即企业当期的研发活动会对企业滞后期的销售收入产生积极影响，所以从理论上来说，保证持续的研发投入能带来盈利能力的长期增长。但华为公司在一些研究方向上的单点突破已经使得某些技术处于世界领先水平，即该方面达到了饱和状态，很难实现更大的突破。华为公司目前研发成功率还很低，存在较大的研发风险，可以从改进其研发管理内部控制着手，降低研发风险，争取在研究领域的同方向实现多点突破。

（二）华为公司研发管理内部控制现状

华为公司IPD研发流程包括以下六个阶段

1.概念阶段：接受项目Charter和组建PDT（产品研发团队）→项目开工和制定概念阶段计划→共同开发产品需求、设计需求和产品概念并进行技术评审→各功能领域并行开发各自领域的E2E（全生命周期管理）1/2级计划及其策略→共同开发概念决策→概念决策评审。

2.计划阶段：确定、分配、增加扩展组成员→共同制定计划阶段计划、系统设计和规格制定、进行技术评审→概要设计并进行技术评审，并行开发功能领域的E2E计划→共同开发DCP材料：项目计划、业务计划、合同→计划决策评审。

3.开发阶段：核心组对项目进行管理和监控→SE管理更改、设计检查、分析知识产权、产品数据准确性管理与齐套→开发阶段开工→开始EC发布管理→详细设计、开发、单元测试/资料开发、翻译和技术评审→SDV和技术评审→SIT和技术评审→非研发功能领域的持续活动。

4.验证阶段：PDT核心组继续对项目进行管理和监控→SE继续管理更改并完成设计检查→SVT和内部认证/标杆测试→BETA测试、外部系统认证/标杆测试、SVT2→技术评审→确保营销及客户支持准备就绪→开始执行ESP（可选）→发布准备评估→准备可获得性决策评审材料→可获得性决策评审。

5.发布阶段：PDT核心组继续对项目进行管理和监控→Beta测试退出检查→切换到制造操作→填充分销渠道→执行客户过渡计划→各部门支持发布和供货→发布产品。

6.生命周期阶段：检查现状→评估当期绩效→识别修正措施→IPM批准修正措施→执行修正措施→期中报告。

如上所述，华为公司的产品研发流程包含六个阶段，分别是概念阶段、计划阶段、开发阶段、验证阶段、发布阶段以及产品生命周期阶段。产品研发项目的各个流程都存在较高的研发风险，项目进行过程伴随着诸多风险，给研发项目的正常运行带来不利影响。内部控制主要包含控制环境、风险评估、控制活动、信息与沟通以及监督与评价五个要素。现在分别从这五个方面对华为公司研发过程中内部控制存在的风险进行分析。

三、华为公司研发管理内部控制存在的风险

（一）缺乏良好的内部控制环境

1.研发部门架构存在缺陷。企业组织架构是进行部门设置、流程运转及职能规划等的基础，它明确了企业的管理对象、各部门的工作范围以及联络事宜，是一种决策权的划分体系。华为公司的研发体系由战略规划办、中央研究部、中试部以及预研部四大部门构成，如图13-2所示。研发具有不确定性强、周期长的特点，且华为公司的研发活动是一个相当庞大的体系，而在其研发的整个部门架构中，并没有设置对研发过程进行监督管理的部门，缺乏对研发战略是否合理、研发产品是否符合市场定位的评估。新产品通过中试后直接投入大批量生产，存在极大的风险。

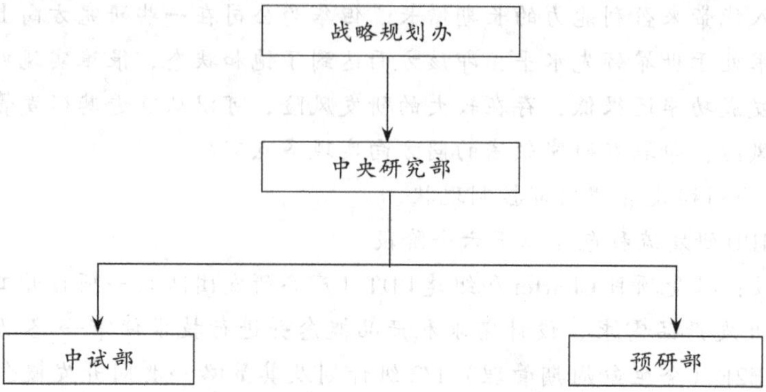

图13-2 华为公司研发部门架构

2.岗位权责不对等。权责不对等是指组织系统中某些部门或岗位缺乏或过多地被赋予权利或责任，导致权利与责任不相对应。岗位权责不平衡不仅会造成内部组织混乱，也会挫伤员工的工作积极性，这是授权和分级管理存在缺陷的典型表现。华为公司的研发部系统工程师是公司内部人员都不愿担任的职务，这是因为系统工程师不仅要承担管理人员的责任，需要对公司产品的商业成功负责，还必须牵头组织攻坚克难，却只被赋予技术人员的权利。系统工程师不能对任何人进行考评，但每个人都可以影响系统工程师的考评结果，且系统工程师的职级被高度限制，颁发奖项也有限制。这不符合“权责利三角定理”，极易导致研发人才的流失。

（二）缺乏健全的风险管理机制

研发投入是一个持续的过程，研发管理涉及筹资、投资以及营运等多个方面，任何环节出现问题都可能导致研发活动失败。目前华为公司管理层及研发人员的风险防范意识普遍较弱，未对潜在风险进行系统和及时的评估。风险一旦发生，将在一定程度上影响研发项目成果的转化，进而影响企业的创新实力和市场竞争力。

识别风险和分析风险是基础，应对风险则是确保研发管理正常进行的必要手段。研发项目面临的风险主要来自两个方面：一是研发项目的内部风险，包括研发产品或项目进度滞后的风险、研发人才流失的风险、技术难度风险等；二是研发项目的外部风险，包括供应商供货不及时、客户需求变更、产品更新速度跟不上等。相关资料显示，近几年华为公司研发人员流失比例较高，公司没有及时做好后续人才的梯队建设与衔接，也没有将人才流失程度高作为一个风险防范点，只是在研发人员辞职后通过招聘吸收新的研发人员。截至目前，华为公司的研发管理内部控制制度缺乏风险应对的理念，很少对过去研发项目中发生的这两类风险进行总结、分析，形成系统的风险应对措施，仅凭借研发项目组的个人经验及直觉应对突发风险，这使得研发人员在项目进行过程中无法及时找出关键风险点并进行有效控制。如何及时有效地应对所面临的风险，是华为公司目前研发管理活动中迫切需要解决的问题。

（三）控制活动有效性不足

1.项目管理流程不够科学。首先，华为公司当前采用的是IPD产品研发流程，该流程在前期的确给公司带来了极大的效益，不过随着技术的更新换代，IPD流程多阶段的评审环节使得研发活动过于繁琐，不仅可能出现前期评审通过、后期评审门槛降低或者跟风通过导致无效评审的情况，而且极大地延长了研发周期，降低了研发效率。其次，华为公司设置安全红线的目的是防止研发产品出现安全漏洞，但执行起来较僵化，且效率低下。最后，公司存在多头管理的不良现象，公司负责产品开发的部门有PDT、PDU等，相应地拥有多个管理者。在产品开发过程中，各个管理者会提出不同的意见，可能出现多头指挥的现象，这会让研发人员无所适从，也增加了沟通成本。

2.绩效考评体系存在缺陷。绩效考核是指考评主体按照绩效标准，采取科学有效的方法，评定员工的工作职责履行情况和工作任务完成程度，并将评定结果反馈给员工。合理地设置绩效考核指标，建立符合工作特征的考核体系并严格执行，是保障绩效评价发挥作用的有效手段。华为公司采用的是关键业绩指标考核体系，且仅以结果为导向，如图13-3所示。

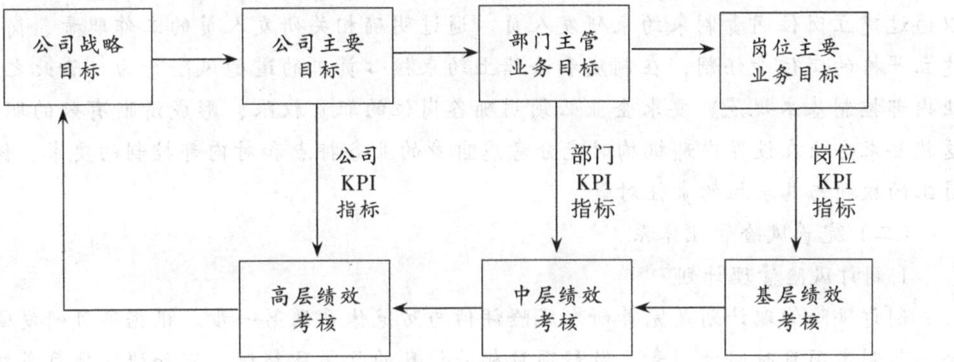

图13-3　绩效考核体系示意图

不同研发项目的技术难度不同，研发周期和风险就有所区别，绩效考核也应充分考虑这些因素，注重研发过程中员工的表现。仅以结果为导向，极易导致高风险、高难度的研发项目无人问津，无法激发研发人员的创新积极性。

（四）缺乏有效的信息来源与沟通渠道

研发活动涉及研发部、财务部、生产部、市场部等多个部门，各部门之间需要建立一个信息共享平台。但在华为公司目前的研发实践中，仅有主管研发的经理和研发部参与其中，其余部门未见主动参与。华为公司在信息共享方面的不足，一方面容易造成各部门的决策与产品市场脱节，市场部所搜集的最前端市场信息不能被公司其他部门充分利用，不利于研发产品的推广；另一方面由于难以获取共享信息，研发人员将大量的时间和精力投入沟通协调日常工作中，用于核心开发工作的时间减少。除此之外，研发管理活动也需要其他部门配合，缺乏有效的信息共享机制，会影响部门间合作的协调性。

（五）缺乏可行的监督与评价机制

华为公司的研发活动缺少内部控制监督与评价机制，无法及时反馈研发管理环节内部控制的缺陷。近十年来，华为公司累计投入研发费用超过人民币3 940亿元，排名全球第三，并显示出逐年上升的迅猛势头。如此庞大的研发投入既创造了机遇又带来了挑战，如果华为公司仅将研发管理的关注点集中在研发进度和研发效率上，忽略对风险的跟踪评价和内部控制缺陷的反馈，当研发费用的管理和使用出现问题时，缺少配套的应对机制来解决问题，将会给公司带来巨大的损失。

四、华为公司研发管理内部控制改进建议

（一）改善内部控制环境

1.优化研发部门架构

在华为公司的研发体系中，战略规划办基于对市场的认知负责提供产品研发的总体思路和方向；中央研究部负责在预定时间内完成产品研发任务；预研部负责对技术和产品进行预开发；中试部负责通过测试，优化产品并将新产品定型。建议华为公司在现有的部门架构中增设研发监管部门，此部门负责客观地对整个研发过程进行监督，评估战略规划办制定的研发战略是否符合市场定位、中央研究部的研发过程是否合理、新产品能否满足客户需求。

2.建立岗位问责制度，明确岗位职责权限

由于研发人员具有较强的独立性，在研发过程中容易掺杂过多的主观因素，使研发进程偏离项目计划。一方面可以通过提升员工的团队意识避免此类情况的发生，另一方面可以通过建立岗位问责制来约束研发人员。通过明确相关研发人员的工作职责、岗位操守，建立严格的岗位责任制，在制度和法律上约束核心员工的道德风险行为。除此之外，《企业内部控制基本规范》要求企业必须明确各岗位的职责权限，形成清晰有效的职责分工，这就要求企业在设置内部机构时充分考虑自身的业务特点和对内部控制的要求，保证赋予员工的权利与其承担的责任对等。

（二）完善风险管理体系

1.制订风险管理计划

制订风险管理计划是完善研发风险评估与防范体系的第一步。根据项目研发管理的各个环节制定项目时间计划表，做好项目相关信息的收集及整理，例如研发项目或技术的行业技术标准、相关研发人员的信息等。建立客户与研发团队的沟通渠道，明确每个研发项目风险控制的目标。同时，细化每个项目的成本预算，争取使项目研发进度与成本匹配，提高研发项目的完成质量。在明确风险管理计划包含的内容后，华为公司可借助风险管理相关模型进行分析，最终形成完善的风险管理计划。

2.强化风险应对与控制

风险应对的策略主要包含规避、转移、降低、分担或者承受风险。结合华为公司研发投入大和研发周期较长的特点，建议采用规避和转移风险这两种应对策略。风险控制指的是风险管理者通过采取各种措施，消除或降低风险事件发生的可能性，或者尽可能减少风险事件发生时给企业带来的影响。风险控制旨在提高企业研发管理过程应对风险的能力。研发部、财务部以及审计部应树立风险识别意识，对研发风险进行识别、诊断和评估，及时更新风险数据库中的数据，为风险控制打好基础。同时审计部门要定期对研发管理进行风险管理审计，对涉及研发管理的各个部门定期开展风险管理培训，将风险控制贯彻到日常研发活动中，提高各部门的风险控制能力。

（三）增强控制活动的有效性

1.优化项目管理流程

优化研发流程，尽量避免返工，减少人力、物力和时间的浪费，并且确保在各个环节充分考虑产品需求和技术风险。对于安全红线，建议华为公司在日常工作中向研发人员普及安全教育，让安全意识贯穿整个开发生命周期，并且在研发过程中进行测试和敦促整改。

对那些红线达标做得比较好的研发团队，可以给予奖励，而一旦查出问题则要严肃处理，争取把安全意识烙印在研发人员的大脑中。对于多头管理现象，建议华为公司选择一个优秀的经理带领扁平化的团队，以提高管理效率。

2. 完善绩效考核体系

（1）优化绩效管理流程

一个完整有效的绩效管理流程必须包括绩效计划、绩效实施、绩效评估以及绩效反馈四个环节。

首先是绩效计划环节。研发绩效计划是通过将公司战略目标细分成具体的任务，并落实在研发管理过程中，形成研发部门、研发团队和研发人员的绩效计划。研发人员在团队绩效计划的完成过程中，较难确定自己在项目中的工作目标和应该发挥的作用，因此需要部门主管人员及研发项目经理结合部门或团队的绩效目标，在与研发人员充分沟通后，为其制定个人绩效目标，并由研发人员提交个人项目计划书。

其次是绩效实施环节。绩效实施是绩效计划的执行过程，也是绩效评估的直接依据。绩效实施的目的主要包括两个方面：一是通过持续的绩效沟通记录绩效计划的完成情况，二是通过对绩效信息的收集和分析为绩效评估提供依据。研发活动具有较大的不确定性，容易导致实践与计划之间出现偏差。因此，绩效管理者需要与被评估者进行持续的绩效沟通，及时掌握研发进度，并以之为基础及时调整工作计划和绩效目标。为了保障项目的顺利实施，被评估者也可以将研发工作中的困难及时反馈给项目绩效管理者，以获得技术指导和相关的工作支持。持续的绩效沟通形式包括定期会谈、小组会议、项目工作报告或非正式沟通等。华为公司作为一家民营企业，组织架构更灵活，沟通渠道更便捷，研发团队可视具体情况采取合适的沟通形式。另外，绩效信息来源于绩效活动，如工作能力强或弱的证据、绩效沟通记录以及绩效目标的达成程度等，绩效管理者收集并分析这些信息，为绩效评估环节提供依据。

再次是绩效评估环节。主要分为三个步骤：第一步是确定绩效评估人员。为了保证评估结果的客观和公正，应设计多维度的绩效评估体系，由部门经理、项目经理及项目团队中其他成员的共同参与得出评估结果。第二步是对绩效评估人员进行培训。这是为了保证评估工作的顺利进行，使评估人员认识到绩效评估工作的重要性，了解评估的原则、方法以及流程，避免因缺乏专业性而出现主观性错误。第三步是完成绩效评估。一方面由被评估人员或团队根据绩效计划中的工作目标及实际完成情况进行自评，另一方面是自评完成后由评估人员综合各方面的考核结果和权重，得到最终的考评结果。

最后是绩效反馈环节。完成绩效评估后，绩效管理人员需要向研发人员进行有效的信息反馈，帮助研发人员分析研发工作中存在的不足之处，并据此制定改进目标和行之有效的计划，将其纳入下一轮的绩效计划中，使绩效管理得到持续改进。另外，对于绩效评估结果优异的研发人员或团队，要及时给予奖励，确保员工积极性和绩效管理工作的顺利开展。

（2）选择合适的评价指标

根据华为公司的研发特点，可以从四个维度来设计便于衡量且具有操作性的指标，并设定要达到的目标值。在研发战略指标选择方面，为了与公司战略保持一致，可以将研发项目周期、研发费用预算执行率引入研发战略指标体系。通信制造业的研发是以满足市场需求为导向的，研发人员的市场调研能力以及市场敏锐度对研发成功率也至关重要，应将其引入研发战略指标体系。在研发组织指标选择方面，不仅要体现主管领导对员工的考核结果，还应体现人力资源部对研发人员的绩效评价，因此，研发组织指标应包括主管领导满意度和人力资源满意度两个方面。在研发流程指标选择方面，流程管理是提升公司业绩的重要途径，优化流程管理可以促进产品按时交付，增加客户对公司的信任和黏性，促进与优质客户的长期合作及新市场、新客户的不断开拓，因此应将关键客户维护、解决问题时效性和提交方案效率引入指标体系。在研发质量指标选择方面，客户满意度可以衡量研发质量和研发业绩，通过客户访谈和问卷调查等形式了解客户对产品的接受程度，不过这些大都为定性因素，无法充分量化，因此还需要将产品品质作为衡量指标。

(3) 建立易于实施的绩效考核体系

根据华为公司研发活动的特点及指标选择，设计针对研发人员的绩效考核体系，如表13-5所示，根据考核得分，确定工资奖金和职级水平。

表13-5　对研发人员的绩效考核评价

指标类别	指标细化	权重	考核说明	考核得分	
				指标得分	加权得分
研发战略指标(25%)	研发项目周期	40%	实际用时/计划用时×100%		
	研发费用预算执行率	30%	实际费用/计划费用×100%		
	市场敏锐度	30%	根据市场变化对研发项目的应变能力		
研发组织指标(25%)	主管领导满意度	50%	按照研发要求考核		
	人力资源满意度	50%	满意度问卷评分在___分以上		
研发流程指标(25%)	关键客户维护	30%	客户黏性强度及新客户数量		
	解决问题时效性	30%	不及时处理造成损失视为延误		
	提交方案效率	40%	实际提交方案数/应提交方案数×100%		
研发质量指标(25%)	客户满意度	50%	根据客户访谈、问卷调查结果等衡量		
	产品品质优异	50%	根据质量管理标准对产品打分		
考核得分		100%			

(4) 优化绩效激励制度

其一，对研发项目团队的绩效激励。从项目预算中按照一定比例提取资金作为项目奖金，由于产品有较长的研发周期，且客户需求和市场环境均具有不确定性，绩效指标会受到一定程度的影响。根据华为公司研发过程分阶段的特点，可将项目奖金按比例划分成整体激励奖金与阶段激励奖金两个部分。研发工作不同阶段的工作量会有所差异，所以对于阶段激励奖金，应根据各个阶段的工作量情况按合理的比例进行确定，并按照各个阶段项目绩效指标的达成状况决定是给予全额奖励、部分奖励还是取消阶段激励奖金。项目完成后，将其与最初的项目计划进行比较，得到研发项目整体的绩效得分，并据此决定是给予全额奖励、部分奖励还是取消整体激励奖金。在实际落实过程中，应由项目经理依据研发项目状况来决定奖金划分情况。总体来说，要保证项目整体激励奖金大于阶段激励奖金，以体现研发结果的重要性。

其二，对研发人员的绩效激励。研发人员的绩效激励主要体现在职位晋升和薪酬激励这两个层面。薪酬激励主要是依据个人绩效指标达成情况设置对应的奖金额度。然而，对于一些核心员工，就算存在薪酬激励机制，如果薪资等级长期无法改变，其工作热情也会受到打击。为了保持研发人员的稳定性，建议将其职业发展通道设置为技术通道和管理通道两条平行通道，使研发人员不但可以依据技术等级，还可以依据管理等级来确定其薪资等级。个人绩效水平可以作为管理等级或者技术等级提高的依据，从而更好地激发研发人员的工作热情。

（四）保障信息安全和高效沟通

1. 培养员工的沟通能力。员工的良好的沟通能力可以有效提高信息传递的及时性和准确性。首先，可以安排员工参加沟通技能培训，加深其对沟通的认识；其次，各部门负责人通过与公司高层、其他部门负责人、本部门员工之间的沟通，形成一种沟通示范效应及公司内部的沟通文化；最后，公司可以每月组织一次各部门中层管理者以及一线员工的经验交流会，参会人员可以交流部门内部工作中存在的问题、对公司管理或者其他相关部门提出意见或建议，并对会上观点鲜明、沟通能力强的员工给予奖励。

2. 建立有效的信息共享与沟通平台。为了加强华为公司研发管理环节中各部门的联系，及时、准确地收集相关信息，一方面，华为公司内部应进一步完善现有的信息沟通平台，建立信息共享中心。研发部可以将研发管理过程中取得的工作成果、研发进度以及遇到的技术难题等进行项目展示与交流，实现公司信息的共享。市场部通过平台发布市场上最新的产品技术调研情况、行业未来技术发展趋势、客户需求以及产品竞争力等信息，为研发部的项目可行性分析提供数据。另一方面，华为公司对外可以定期邀约行业内的专家同研发人员进行座谈，对于项目进程中遇到的难题和困惑研发人员可以寻求专家的帮助。通过建立内外信息共享平台，汇聚各方资源的力量，可以大大提高研发管理工作的效率。

3. 建立开放的办公区域。研发人员通常会根据研发项目组成不同的研发团队，为了便于沟通，华为公司可以通过打通现有的办公室隔墙，建立开放的办公区域和环境。当项目组成立后，将不同职能部门的成员安排在同一个办公区域内，这样不仅可以有效缩短项目组成员间的物理及心理距离，提高沟通的便利性，还能加强成员间在项目上的关联，提升项目组成员的归属感及团队意识。

（五）完善监督和评价机制

为了保证研发活动有效地进行，除了日常监督和定期检查，还应将外部审计与内部监督相结合。对于外部审计，公司可以根据研发流程分阶段邀请会计师事务所的专业审计人员对研发经费的使用情况进行中期审计。对于内部审计，需要组织成立专门的监督小组来执行，且要遵循不相容职务相分离的原则。成立监督小组的目的是使公司对研发部门从组织到业务层面都能做到全面控制，对于研发管理内部控制的具体实施情况还应提出反馈意见，并根据优劣给予相应奖惩。

研发对于民营通信制造业来说至关重要，华为公司深刻认识到这一点并且坚持每年将10%以上的销售收入投入研究开发，这是值得其他企业学习的地方。不过作为通信制造行业的明星企业，华为公司目前在研发管理内部控制上还存在很多问题，本文从内部控制五要素的角度对其研发管理内部控制提出改进建议，希望有助于优化华为公司的研发管理现状。

案例来源：颜莉、吴芬：《民营通信制造企业研发管理内部控制研究——以华为公司为例》，财会月刊，2019.（12）.

学思见悟 ◎ 华为被美国政府制裁打压

2016年11月17日，华为的极化码方案在会议上通过，成为5G的最终方案，5G时代拉开帷幕，华为也成为了5G标准的主导者之一。

5G，即几何级的传输速率，将推动大数据、云计算、人工智能、区域链等颠覆性技术的发展。在这个由计算机网络控制着最强有力武器的时代，任何主导5G技术的国家，将在拥有经济、情报和军事上的优势。

华为在激烈的国际竞争中寻求5G设备商的领导地位，而美国联合其他国家展开了对华为的强力的打压和制裁，阻止华为抢先在5G领域站稳脚跟抢下市场。

从2019年5月15日开始，美国就宣布将把华为及其子公司列入出口管制的“实体名单”。为了阻止华为的发展，美国一再修改其对华为的禁令进行技术封锁：从2020年5月15日禁止华为使用美国芯片设计软件，到2020年8月17日禁止含有美国技术的代工企业生产芯片给华为，再到2020年9月15日禁止拥有美国技术成分的芯片出口给华为。自此美国对华为的芯片管制令正式生效，台积电、高通、三星、中芯国际等多家公司将不再供应芯片给华为。

实际上美国政府对华为的打压由来已久。大概在20年前华为就进入美国的视野，美国政府及FBI密切关注着华为，对其打压是逐步升级的过程：限制华为的收购购买、禁止华为进入美国市场、以安全为理由游说和威胁他国、再到列入实体清单及对麒麟芯片的技术封锁，鸿蒙操作系统、MHS服务、华为软件商店也遭到了美国的全方位围追堵截。这意味着华为的自救之路刻不容缓。

资料来源：根据网络资料整理.

扩展阅读：

1.习近平在中国科学院第十九次院士大会、中国工程院第十四次院士大会上的讲话。

2.习近平总书记在《求是》杂志发表的重要文章《努力成为世界主要科学中心和创新高地》。

思考题：

1.美国为何打压华为，美国对华为的制裁给华为带来了哪些影响？

2.中国科技企业如何在芯片产业领域实现突破？

3.企业研究与开发活动与国家安全的关系？

4.为什么说“关键核心技术是要不来、买不来、讨不来的”？

本章小结

研究与开发活动内部控制的业务流程包括立项、研究过程管理、验收、核心研发人员管理、研究成果开发，研究成果保护，研发活动评估等。

各环节关键风险点：

1.立项，该环节的主要风险包括研发项目与国家或企业的科技发展战略不符；项目评审和审批不严。

2.研究过程管理：

(1) 自主研发该环节的主要风险包括研发人员配备不合理，缺乏对研发项目的跟踪管理。

(2) 研发外包该环节的包括外包单位选择不当，未签订外包合同。合同内容存在重大疏漏或欺诈等。

3.验收。验收环节的主要风险包括验收制度不完善，验收人员技术、能力、独立性等。测试与鉴定投入不足。

4.核心研发人员的管理。该环节的主要风险包括缺乏核心研发人员管理制度；研发人员不勤勉或泄露核心技术等职业道德风险；核心研发人员离职影响研发活动的进行；未签订劳动合同或劳动合同有重大疏漏。

5.研究成果开发，该环节的主要风险包括技术风险和市场风险。

6.研发成果保护，该环节的主要风险包括立项时的风险，研发过程中的风险，研发成功后的风险。

7.研发活动评估，该环节的主要风险包括缺乏对研发活动的评估，对评估不重视，评估指标过于片面，导致评估失败等。

中英文专业术语

研究与开发 research and development

业务外包 outsourcing

章后练习

章后练习-自测版

一、单项选择题

1.新技术是指在一定地域时域和行业内有所创新并具有（　　）的技术。

A.战略性　　B.市场潜力　　C.经济效益　　D.竞争能力

2.研究阶段是指为获取并理解新的技术或科学知识而进行的（　　）有计划调查的阶段。

A.有组织　　B.独创性的　　C.有预算　　D.开拓性的

3.立项主要包括立项申请、（　　）和审批三个步骤。

A.计划　　B.可行性研究　　C.评审　　D.预算

4.结题验收是对研究过程形成的交付物进行（　　）验收。

A.评审　B.质量　C.检查　D.总结

5.项目审批过程中，应当重点关注研究项目促进企业发展的必要性、技术的先进性以及成果转化的（　　）。

A.可行性　B.成功概率　C.市场风险　D.经济效益

6.企业开展研发活动至少应当关注下列哪些风险（　　）。

A.研究项目未经科学论证或论证不充分，可能导致创新不足或资源浪费

B.研发人员配备不合理或研发过程管理不善，可能导致研发成本过高、舞弊或研发失败

C.研究成果转化应用不足、保护措施不力，可能导致企业利益受损

D.以上都是

7.以下属于研究与开发阶段的立项阶段的是（　　）。

A.研究过程跟踪管理

B.阶段性评估

C.研究成果验收

D.评审与审批

8.立项环节的控制目标是（　　）。

A.立项论证充分、审批严格规范

B.规模合理、投资可行

C.确保项目能成功

D.抢占行业领先地位，维护企业核心竞争力

9.企业应当加强研究成果的开发，形成科研、生产与（　　）一体化的自主创新机制。

A.人力资源管理　B.物流管理　C.价值链管理　D.市场

10.以下不属于研发活动的特点的是（　　）。

A.投入大　B.周期长　C.不确定性高　D.风险低

二、多选题

1.研发系统环境风险按照风险来源分为（　　）。

A.客户风险　B.供应商风险　C.分包商风险　D.法律风险

2.组织研发的过程通常包括（　　）。

A.自主研发　B.委托研发　C.直接购买　D.合作研发

3.结题验收分为（　　）等三种方式。

A.检测鉴定　B.研发团队自验　C.专家评审　D.专题会议

4.开展研发活动应当关注的风险包括（　　）。

A.研发项目论证失误的风险　B.研发管理不善风险

C.研究成果转发不足风险　D.研究成果保护不力风险

5.研究成果保护的主要措施应包括（　　）。

A.建立研究成果保护制度　B.进行知识产权评审及时取得权属

C.建立严格的核心人员管理制度　D.建立实施研发长效激励机制

三、判断题

1.后评估不属于研究与开发内部控制建设的重要环节，只是一个补充性程序。 ( )

2.所有的研究开发活动都具有可能失败的巨大不确定性，属于不可控风险，有的甚至经过很长时间的研发也不一定成功，所以要给予研发人员充分信任，不需要进行绩效管理。 ( )

3.研发活动具有投入大、周期短、不确定性高的特点，因此研发活动的成败对企业生产经营影响较大。 ( )

4.企业应建立科技开发费用报销制度，明确费用支付标准及审批权限。 ( )

5.企业应结合自身的发展战略、市场及技术现状，制订研究项目开发计划。 ( )

第十四章
工程项目内部控制

学习目标

通过本章的学习，了解工程项目一般业务流程，理解工程项目控制中应关注的主要风险，掌握工程项目主要环节的风险点，重点掌握主要风险的关键控制点及控制措施。

引导案例与思考

湖北省2019年年度省级预算执行和其他财政收支的审计工作报告中披露了全省建设项目招投标管理审计的情况。

2018年至2019年8月，湖北省审计机关对全省部分地方1 678个工程建设项目招投标管理情况进行了审计，发现有346个项目的招投标存在违法违规问题，占审计项目数的20.62%，问题金额157.94亿元，占总投资1 492亿元的10.59%。审计发现的主要问题有：

1.项目应招标未招标或虚假招标，涉及投资113.09亿元。其中：203个项目未按规定程序公开招标，通过直接发包、拆分标段规避招标或采取邀请招标、竞争性谈判、单一来源采购等方式，发包工程金额75.01亿元；65个项目采取先施工后补办招标手续、设置不合理条件限制或排斥潜在投标人等方式虚假招投标，涉及投资38.08亿元。

2.围标串标、骗取中标项目，涉及投资17.33亿元。一是26个项目的投标人采取相互串通方式投标，中标金额12.23亿元。如襄阳市316国道襄阳城区段改建工程路基和沥青面层项目，有4个标段共14家投标人交纳的726万元投标保证金，实际都由湖北嘉道工程有限公司支付，中标金额1.54亿元。二是16个项目投标人通过借用资质、编制虚假资料等手段中标，涉及金额5.1亿元。

3.违规评标定标、签订项目合同，涉及投资7.97亿元。其中24个项目未按照规定评审或中标单位未响应招标文件要求，涉及中标金额4.72亿元；6个项目招标代理机构未在规定的平台招标、未在指定的媒体发布招标公告信息或未组建评标委员会等，涉及中标金额1.25亿元；21个项目未按招标文件与中标人订立合同，或签订背离合同实质性内容的补充协议，合同金额2亿元。

4.项目转包分包、低价中标高价结算，涉及投资19.55亿元。一是41个项目中标人违规转包、分包工程19.26亿元，收取管理费2 158.85万元。如福建亨立建设集团公司以7 114.79万元中标监利县三条道路工程，从中按6%收取420万元管理费后，又将工程转包给陈某个人，陈某再次将沥青面层分包给高某等个人施工，分包合同金额3 261.5万元。二是有3个项目低价中标后，通过变更投资提高结算价格，涉及金额2 871.82万元。

经过省直部门和相关地方政府认真落实批示意见和审计整改要求，截至2020年5月底，已纠正违纪违规问题金额33.27亿元，其中上缴财政6.73亿元、下拨滞留资金14.71亿元，已向纪委监委移送案件线索27起。

资料来源：湖北审计厅.关于2019年度省级预算执行和其他财政收支的审计工作报告［R］. 2019.

课前思考与讨论：

1.建设项目招投标中可能存在哪些违法违规问题？

2.工程建设项目中的违法违规问题会引发哪些后果？

课前预习（思维导图）

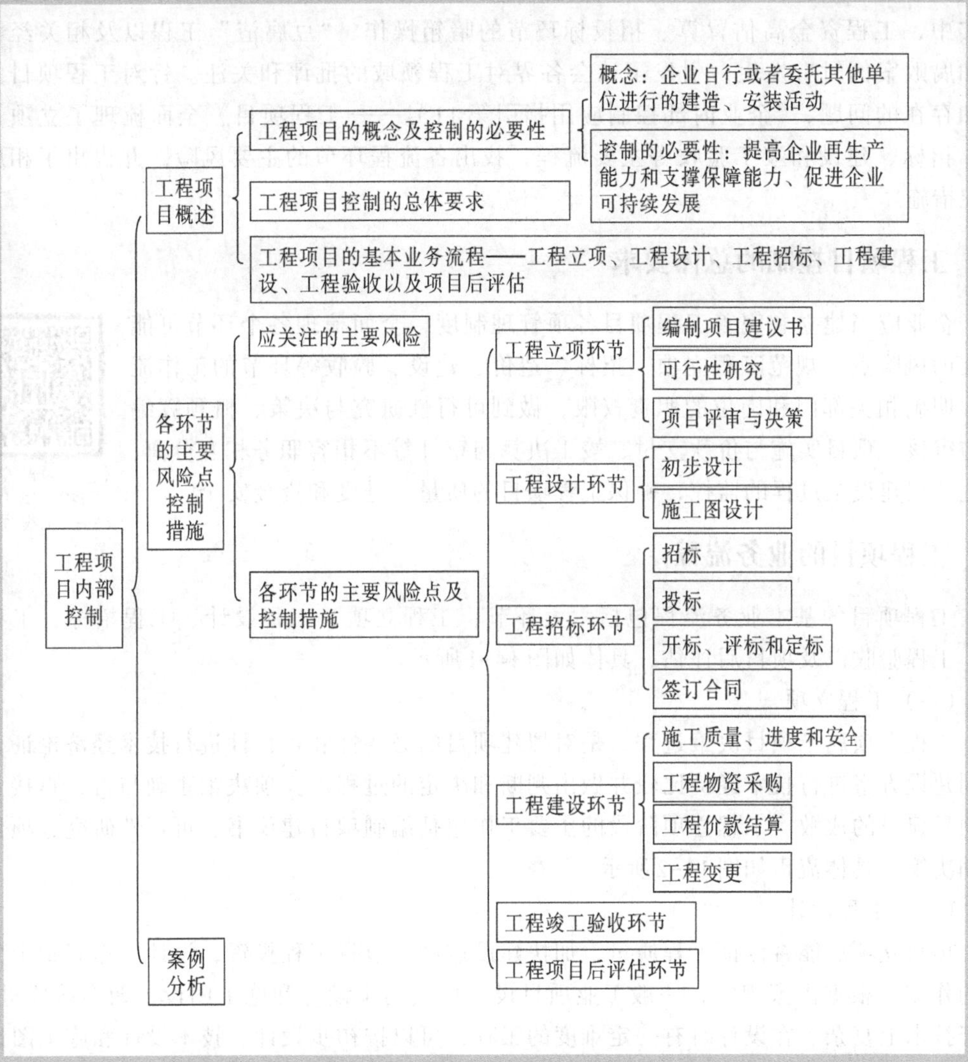

第一节　工程项目概述

一、工程项目的概念及其控制的必要性

工程项目是企业自行或者委托其他单位进行的建造、安装活动。

重大工程项目可以体现企业发展战略和中长期发展规划，对于提高企业再生产能力和支撑保障能力、促进企业可持续发展具有关键作用。国有及国有控股大型企业的重大工程项目，在调整经济结构、转变经济发展方式、促进产业升级和技术进步方面更是具有举足轻重的作用。同时应当看到，由于工程项目投入资源多、占用资金大、建设工期长、涉及环节多、各种利益关系错综复杂，工程项目是构成经济犯罪和腐败问题的"高危区"。现实中，工程资金高估冒算、招投标环节的暗箱操作、"豆腐渣"工程以及相关经济犯罪和腐败案例时有发生，引发了社会各界对工程领域的批评和关注。针对工程项目的特点和存在的问题，《企业内部控制应用指引第11号——工程项目》全面梳理了立项、设计、招标、建设和竣工验收等主要流程，找出各流程环节的主要风险，并提出了相应的管控措施。

二、工程项目控制的总体要求

企业应当建立和完善工程项目各项管理制度，全面梳理各个环节可能存在的风险点，规范工程立项、招标、造价、建设、验收等环节的工作流程，明确相关部门和岗位的职责权限，做到可行性研究与决策、概预算编制与审核、项目实施与价款支付、竣工决算与审计等不相容职务相互分离，强化工程建设全过程的监控，确保工程项目的质量、进度和资金安全。

《企业内部控制应用指引第11号——工程项目》

三、工程项目的业务流程

工程项目的基本业务流程包括六大环节：工程立项、工程设计、工程招标、工程建设、工程验收以及项目后评估，具体如图14-1所示。

（一）工程立项

工程立项属于项目决策过程，是对拟建项目的必要性和可行性进行技术经济论证，对不同建设方案进行技术经济比较并做出判断和决定的过程。立项决策正确与否，直接关系到项目建设的成败。工程立项阶段的主要工作包括编制项目建议书、可行性研究、项目评估和决策，具体流程如图14-2所示。

（二）工程设计

项目立项后能否保证工程质量，加快建设进度，节省工程投资，设计工作起到十分重要的作用。根据国家规定，一般工业项目设计可按初步设计和施工图设计两个阶段进行，对于技术上复杂、在设计时有一定难度的工程，可以按初步设计、技术设计和施工图设计三个阶段进行。对于大型建设项目，如大型矿区、油田等的设计除按上述规定分为三个阶段外，还应进行总体规划设计或总体设计；对于小型工程项目，也可以简化为施工图设计一个阶段。本文主要介绍初步设计和施工图设计。

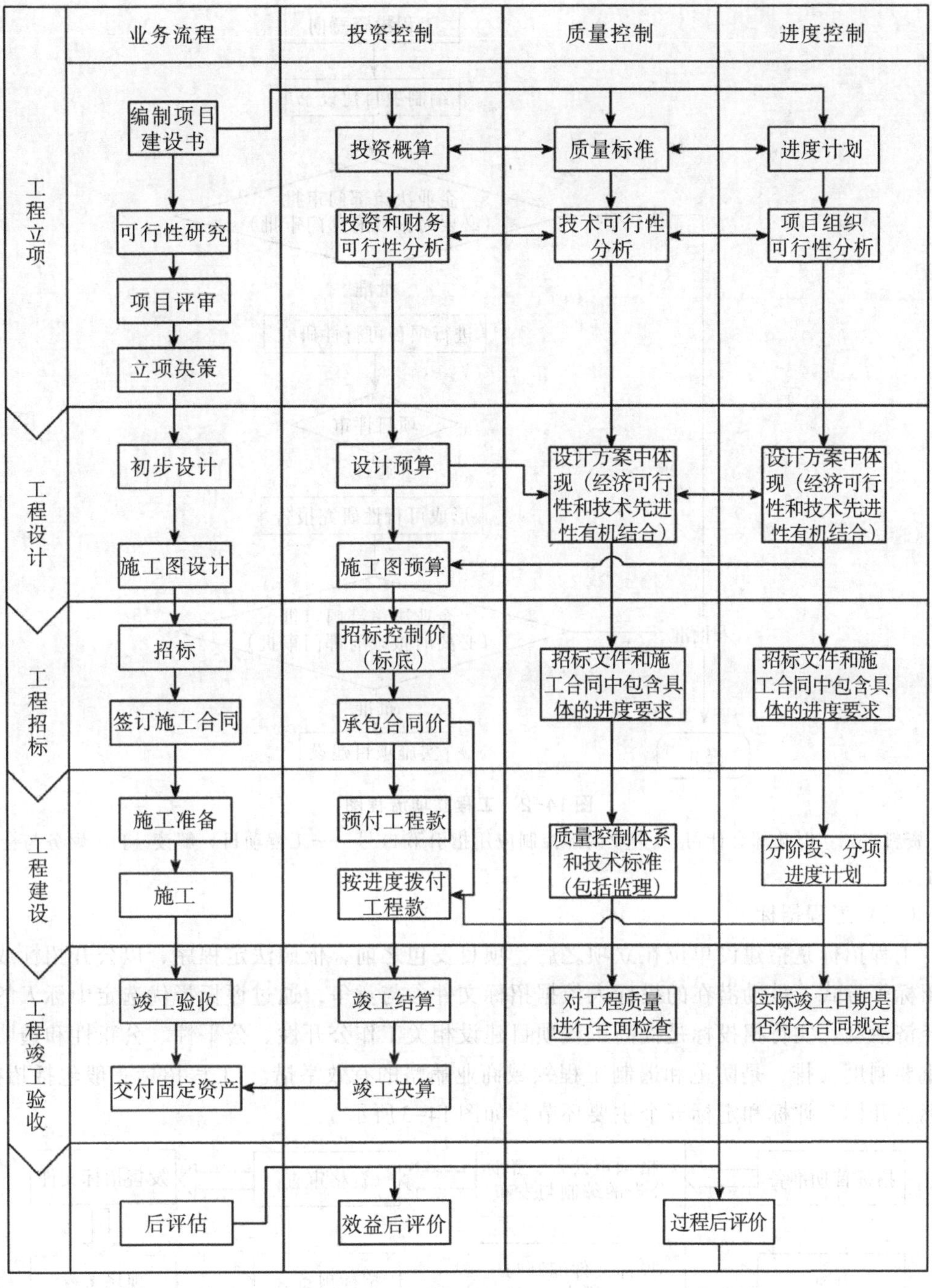

图 14-1　工程项目业务流程

资料来源：财政部会计司.《企业内部控制应用指引第11号——工程项目》解读［J］. 财务与会计，2011（5）.

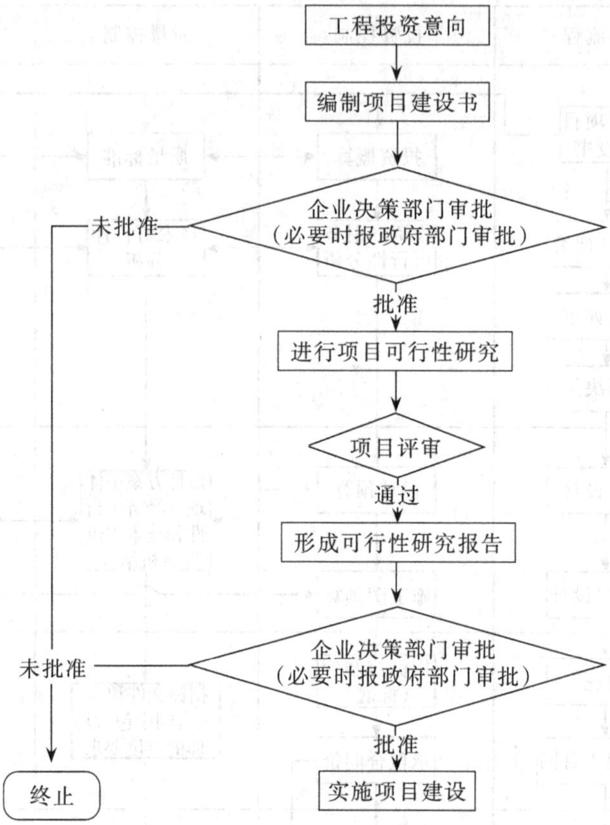

图 14-2 工程立项流程图

资料来源：财政部会计司.《企业内部控制应用指引第 11 号——工程项目》解读［J］. 财务与会计，2011（5）.

（三）工程招标

工程招标是指建设单位在立项之后、项目发包之前，依照法定程序，以公开招标或邀请招标等方式，鼓励潜在的投标人依据招标文件参与竞争，通过评标择优选定中标人的一种经济活动。实行招投标是提高工程项目建设相关工作公开性、公平性、公正性和透明度的重要制度安排，是防范和遏制工程领域商业贿赂的有效举措。工程招标一般包括招标、投标、开标、评标和定标五个主要环节，如图 14-3 所示。

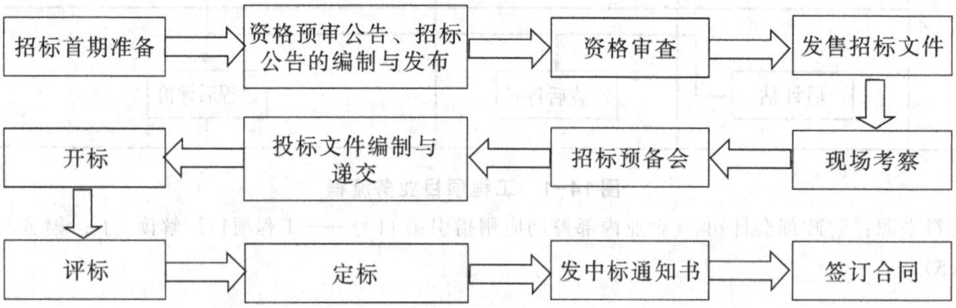

图 14-3 工程招标流程图

资料来源：财政部会计司.《企业内部控制应用指引第 11 号——工程项目》解读［J］. 财务与会计，2011（5）.

（四）工程建设

工程建设指的是工程建设实施，即施工阶段。建设成本、进度和质量的具体控制主要就在这一阶段。在工程建设阶段，有几项重要工作穿插在施工过程中，包括工程监理、工程物资采购和工程价款结算等。工程监理是指具有相关资质的监理单位受建设单位的委托，依据国家批准的工程项目建设文件、有关工程建设的法律、法规和工程建设监理合同及其他工程建设合同，代替建设单位对承建单位的工程建设实施监控的一种专业化服务活动。监理单位接受委任后应组建现场监理机构，并在发布开工通知前进驻工地，及时开展监理工作。工程监理本身就是工程中一项重要的监控措施，它与建设期间的其他工作是紧密联系在一起的，相关风险及管控措施结合其他环节一并说明，不再单列。工程建设基本流程如图10-4所示。

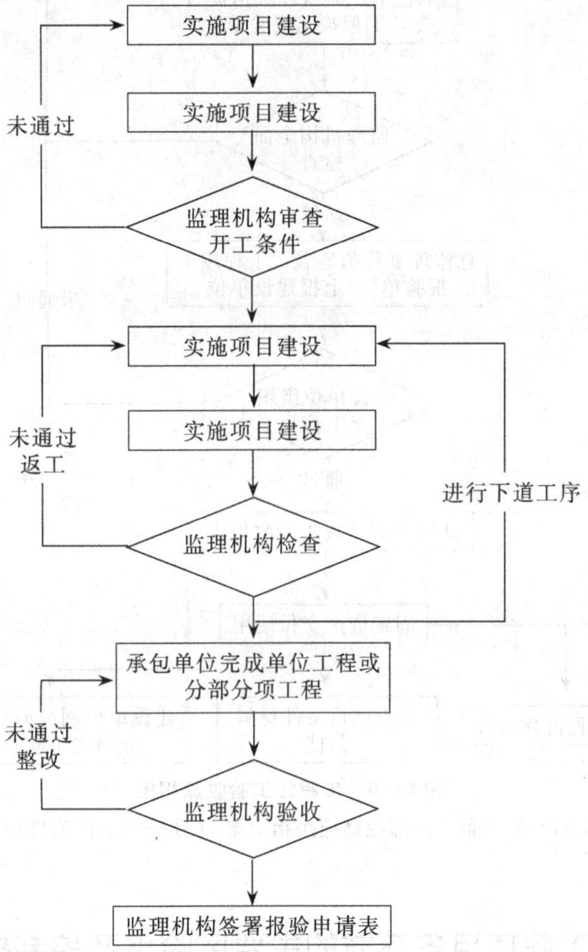

图14-4　工程建设流程图

资料来源：财政部会计司.《企业内部控制应用指引第11号——工程项目》解读［J］. 财务与会计，2011（5）.

（五）工程竣工验收

工程竣工验收是指工程项目竣工后由建设单位会同设计、施工、监理单位以及工程质量监督部门等，对该项目是否符合规划设计要求以及建筑施工和设备安装质量进行全面检验的过程。工程竣工验收一般建立在分阶段验收的基础之上，前一阶段已经完成验收的工程项目在全部工程验收时原则上不再重新验收。竣工验收是全面检验建设项目质量和投资使用情况的重要环节，其基本流程如图14-5所示。

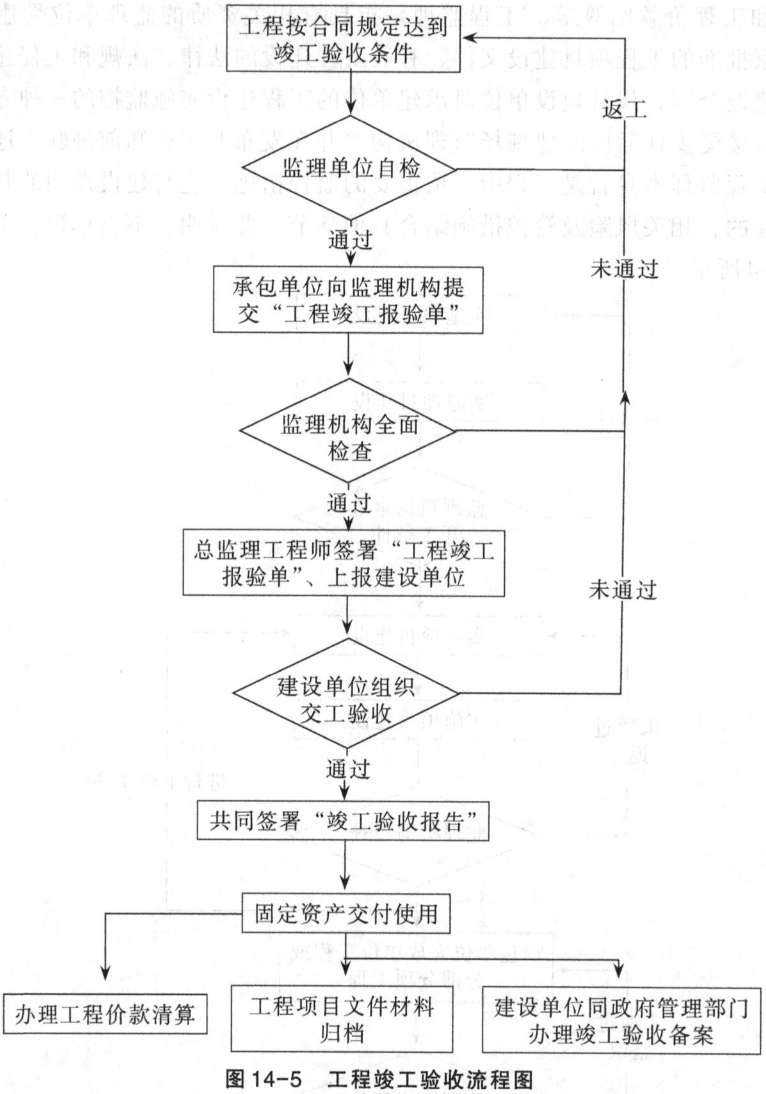

图14-5 工程竣工验收流程图

资料来源 财政部会计司.《企业内部控制应用指引第11号——工程项目》解读［J］. 财务与会计，2011（5）.

◎第二节 工程项目各环节的主要风险点及控制措施

一、工程项目应当关注的主要风险

企业工程项目应当关注下列风险：

（1）立项缺乏可行性研究或者可行性研究流于形式，决策不当，盲目上马，可能导致难以实现预期效益或项目失败。

（2）项目招标暗箱操作，存在商业贿赂，可能导致中标人实质上难以承担工程项目、中标价格失实及相关人员涉案。

（3）工程造价信息不对称，技术方案未落实，概预算脱离实际，可能导致项目投资失控。

（4）工程物资质次价高，工程监理不到位，项目资金不落实，可能导致工程质量低劣，进度延迟或中断。

（5）竣工验收不规范，最终把关不严，可能导致工程交付使用后存在重大隐患。

二、工程项目各环节主要风险点及控制措施

（一）工程立项环节

1.编制项目建议书

项目建议书是企业（项目建设单位）根据工程投资意向、综合考虑产业政策、发展战略、经营计划等提出的建设某一工程项目的建议文件，是对拟建项目提出的框架性总体设想。对于非重大项目，可以不编制项目建议书，但仍须开展可行性研究。

项目建议书的内容一般包括：（1）项目的必要性和依据；（2）产品方案、拟建规模和建设地点的初步设想；（3）投资估算、资金筹措方案设想；（4）项目的进度安排；（5）经济效果和社会效益的初步估计；（6）环境影响的初步评价等。

项目建议书编制完成后，应报企业决策机构审议批准，并视法规要求和具体情况报有关政府部门审批或备案。

该环节的主要风险有：投资意向与国家产业政策和企业发展战略脱节；项目建议书内容不合规、不完整，项目性质、用途模糊，拟建规模、标准不明确，项目投资估算和进度安排不协调。

主要的控制措施包括：第一，企业应当明确投资分析、编制和评审项目建议书的职责分工。第二，企业应当全面了解所处行业和地区的相关政策规定，以法律法规和政策规定为依据，结合实际建设条件和经济环境变化趋势，客观分析投资机会，确定工程投资意向。第三，企业应当根据国家和行业有关要求，结合本企业实际情况，规定项目建议书的主要内容和格式，明确编制要求；在编制过程中，要对工程质量标准、投资规模和进度计划等进行分析论证，做到协调平衡。第四，对于专业性较强和较为复杂的工程项目，可以委托专业机构进行工程投资分析，编制项目建议书。第五，企业决策机构应当对项目建议书进行集体审议，必要时可以成立专家组或委托专业机构进行评审；承担评审任务的专业机构不得参与项目建议书的编制。第六，根据国家规定应当报批的，项目建议书必须及时报批并取得有效批文。

2.可行性研究

企业应当根据经批准的项目建议书开展可行性研究，编制可行性研究报告。

可行性研究报告的主要内容包括：（1）项目概况；（2）项目建设的必要性和市场预测；（3）项目建设选址及建设条件论证；（4）建设规模和建设内容；（5）项目外部配套设施建设；（6）环境保护、劳动保护与卫生防疫、消防、节能、节水；（7）总投资及资金来源；（8）经济、社会效益；（9）项目建设周期及进度安排；（10）招投标法规规定的相关内容等。

项目建议书和可行性研究报告中的投资估算，是项目立项的重要依据，也是研究、分析项目投资经济效果的重要条件。可行性研究报告一经批准，投资估算就是具体项目投资的最高限额，其误差一般应控制在10%以内。

该环节的主要风险有：缺乏可行性研究，或可行性研究流于形式，导致决策不当，难以实现预期效益，甚至可能导致项目失败；可行性研究的深度达不到质量标准和实际要求，无法为项目决策提供充分、可靠的依据。

主要的管控措施包括：第一，企业应当根据国家和行业有关规定以及本企业实际，确定可行性研究报告的内容和格式，明确编制要求。第二，委托专业机构进行可行性研究的，应当制定专业机构的选择标准，确保可行性研究科学、准确、公正。在选择专业机构时，应当重点关注其专业资质、业绩和声誉、专业人员素质、相关业务经验等。第三，切实做到投资、质量和进度控制的有机统一，即技术先进性与经济可行性的有机结合。建设标准要符合企业实际情况和财力、物力，技术要先进适用，对于拟采用的工艺，既要考虑其对产品质量的提升作用，又要考虑企业营销状况和走势，避免盲目追求技术先进而造成投资损失浪费。

3.项目评审与决策

可行性研究报告形成后，企业应当组织有关部门或委托具有相应资质的专业机构，对可行性研究报告进行全面审核和评价，提出评审意见，作为项目决策的重要依据。

该环节的主要风险有：项目评审流于形式，误导项目决策；权限配置不合理，或者决策程序不规范，导致决策失误，给企业带来巨大经济损失。

主要管控措施包括：第一，企业应当组建项目评审组或委托具有资质的专业机构对可行性研究报告进行评审。项目评审组成员不得参与可行性研究，委托专业机构进行评审的，该专业机构不得参与项目可行性研究；评审组成员应当熟悉工程业务，并具有较广泛的代表性；评审组的决策机制不能简单采用“少数服从多数”原则，而要充分兼顾项目投资、质量、进度各方面的不同意见；项目评审应实行问责制，评审组成员要对其出具的评审意见承担责任。第二，在项目评审中，要重点关注项目投资方案、投资规模、资金筹措、生产规模、布局选址、技术、安全、环境保护等方面情况，核实相关资料的来源和取得途径是否真实、可靠，特别要对经济技术可行性进行深入分析和全面论证。第三，企业应当按照规定的权限和程序对工程项目进行决策，决策过程必须有完整的书面记录，并实行决策责任追究制度。重大工程项目应当报经董事会或者类似决策机构集体审议批准，任何个人不得单独决策或者擅自改变集体决策意见，防止出现“一言堂”“一支笔”。

工程项目立项后、正式施工前，建设单位（为同后文中出现的设计单位、监理单位、施工单位等区分，下文中将一律以“建设单位”替代“企业”）还应当依法取得建设用地、城市规划、环境保护、安全、施工等方面的许可。例如，通过“招标、拍卖、挂牌”等方式获得土地使用权，向人防主管部门报批人防规划设计，向园林主管部门报批绿化规划方案，在开工前向建设行政主管部门申请办理施工许可证等。

（二）工程设计环节

1.初步设计

建设单位可以自行完成初步设计或委托其他单位进行初步设计。初步设计是整个设计构思基本形成的阶段。通过初步设计可以明确拟建工程在指定地点和规定期限内建设的技术可行性和经济合理性，同时确定主要技术方案、工程总造价和主要技术经济指标。初步设计阶段的一项重要工作是编制设计概算。设计概算是在投资估算的控制下由设计单位根据初步设计的图纸及说明，利用国家或地区发布的概算指标、概算定额或综合指标预算定额、设备材料预算价格等资料，运用科学的方法计算和确定建筑安装工程全部建设费用的经济文件。设计概算是编制项目投资计划、确定和控制项目投资的依据，也是签订施工合同的基础依据。

该环节存在的主要风险有：设计单位不符合项目资质要求；初步设计未进行多方案比选；设计人员对相关资料研究不透彻，初步设计出现较大疏漏；设计深度不足，造成施工组织不周密、工程质量存在隐患、投资失控以及投产后运行成本过高等。

主要管控措施包括：第一，建设单位应当引入竞争机制，尽量采用招标方式确定设计单位，根据项目特点选择具有相应资质和经验的设计单位。第二，在工程设计合同中，要细化设计单位的权利和义务，特别是一个项目由几个单位共同设计时，要指定一个设计单位为主体设计单位，主体设计单位对建设项目设计的合理性和整体性负责。第三，建设单位应当向设计单位提供开展设计所需的详细资料，并进行有效的技术经验交流，避免因资料不完整造成设计保守、投资失控等问题。第四，建立严格的初步设计审查和批准制度，通过严格的复核、专家评议等制度，层层把关，确保评审工作质量。在初步设计审查中，技术方案是审查的核心和重点，重大技术方案必须进行技术经济分析比较、多方案比选。此外，还应关注初步设计规模是否与可行性研究报告、设计任务书一致，有无夹带项目、超规模、超面积和超标准的问题。

2.施工图设计

施工图设计主要是通过图纸，把设计者的意图和全部设计结果表达出来，作为施工建造的依据。与施工图设计直接关联的是施工图预算。施工图预算是在施工图设计完成后、工程开工前，根据已批准的施工图纸、现行的预算定额、费用定额和所在地区人工、材料、设备与机械台班等资源价格，按照规定的计算程序确定工程造价的技术经济文件。对建设单位而言，施工图预算是确定工程招标控制价的依据，也是拨付工程款及办理工程结算的依据。对施工单位而言，施工图预算是施工单位投标报价的参考依据，也是安排调配施工力量、组织材料供应的依据。

该环节存在的主要风险有：概预算严重脱离实际，导致项目投资失控；工程设计与后续施工未有效衔接或过早衔接，导致技术方案未得到有效落实，影响工程质量，或造成工程变更，发生重大经济损失。

国家发改委：必须招标的工程项目规定

主要管控措施包括：第一，建立严格的概预算编制与审核制度。概预算的编制要严格执行国家、行业和地方政府有关建设和造价管理的各项规定和标准，完整、准确地反映设计内容和当时当地的价格水平。建设单位应当组织工程、技术、财会等部门的相关专业人员或委托具有相应资质的中介机构对编制的概算进行审核，重点审查编制依据、项目内容、工程量的计算、定额套用等是否真实、完整和准确。如发现施工图预算超过初步设计批复的投资概算规模，应对项目概算进行修正，并经审批。第二，建立严格的施工图设计管理制度和交底制度。在审查施工图设计时，应重点关注施工图设计深度能否满足全面施工及各类设备安装要求，施工图设计质量是否符合国家和行业规定，各专业工种之间是否做到了有效配合等。施工图设计基本完成后，应召开施工图会审会议，由建设单位、设计单位、施工单位、监理单位等共同审阅施工图文件，设计单位应进行技术交底，介绍设计意图和技术要求，及时沟通问题，修改不符合实际和有错误的图纸，会议应形成书面纪要。第三，制定严格的设计变更管理制度。设计单位应当提供全面、及时的现场服务，避免设计与施工相脱节的现象，减少设计变更。对确需进行的变更，应尽量控制在设计阶段，采用层层审批等方法，以使投资得到有效控制。因设计单位的过失造成设计变更的，应由设计单位承担相应责任。第四，建设单位应当严格按照国家法律法规和本单位管理要求执行各项设计报批要求，上一环节尚未批准的，不得进入下一环节，杜绝出现边勘察、边设计、边施工的“三边”现象。第五，可以引入设计监理，提高设计质量。

（三）工程招标环节

1.招标

这一阶段的主要工作包括招标前期准备和招标公告、资格预审公告的编制与发布。在招标前期准备阶段，应确定招标组织方式（自行招标、委托招标）和招标方式（公开招标、邀请招标）等。招标公告、资格预审公告可以由招标人自行编制，也可以委托专业招标机构编制。投标资格的审查可以在投标前审查（资格预审），也可以在开标后审查（资格后审）。

该环节存在的主要风险有：招标人拆分建设项目，致使招标项目不完整，或逃避公开招标；投标资格条件因人而设，未做到公平、合理，可能导致中标人并非最优选择；相关人员违法违纪泄露标底，存在舞弊行为。

主要管控措施包括：第一，建设单位应当按照《招标投标法》《工程建设施工招标投标管理办法》等相关法律法规，结合本单位实际情况，本着公开、公正、平等竞争的原则，建立健全本单位的招投标管理制度，明确招标的工程项目范围、招标方式、招标程序以及投标、开标、评标、定标等各环节的管理要求。第二，工程立项后，对于是否招标，以及招标方式、标段划分等问题，应由建设单位工程管理部门牵头提出方案，报经建设单位招标决策机构集体审议通过后执行。第三，建设单位确需划分标段组织招标的，应当进行科学分析和评估，提出专业意见；划分标段时，应当考虑项目的专业要求、管理要求、对工程投资的影响以及各项工作的衔接，不得违背工程施工组织设计和招标设计方案，将应当由一个承包单位完成的工程项目拆分成若干部分发包给几个承包单位。第四，招标公告的编制要公开、透明，严格根据项目特点确定投标人的资格要求，不得根据“意向中标人”的实际情况确定投标人资格要求。建设单位不具备自行招标能力的，应当委托具有相应资质的招标机构代理招标。第五，建设单位应当根据项目特点决定是否编制标底；需要编制标底的，标底编制过程和标底应当严格保密。

2.投标

投标主要包括项目现场考察、投标预备会、投标文件的编制和递交。招标人可以根据招标项目的具体情况，组织投标人考察项目现场，以便投标人更为深入地了解项目情况。招标人可以召开投标预备会，解答投标人对工程项目提出的具体问题。之后，投标人应当按照招标文件的要求编制投标文件，投标文件必须对招标文件提出的实质性要求和条件做出响应。

该环节存在的主要风险有：招标人与投标人串通投标，存在舞弊行为；投标人的资质条件不符合要求或挂靠、冒用他人名义投标，可能导致工程质量难以达到规定标准等。

主要管控措施包括：第一，对投标人的信息采取严格的保密措施，防止投标人之间串通舞弊。第二，科学编制招标公告，合理确定投标人资格要求，尽量扩大潜在投标人的范围，增强市场竞争性。第三，严格按照招标公告或资格预审文件中确定的投标人资格条件对投标人进行实质审查，通过查验资质原件、实地考察，或到市场监督管理部门和税务机关调查核实等方式，确定投标人的实际资质，预防假资质中标。第四，建设单位应当履行完备的标书签收、登记和保管手续。签收人要记录投标文件签收日期、地点和密封状况，签收标书后应将投标文件存放在安全保密的地方，任何人不得在开标前开启投标文件。

3.开标、评标和定标

投标工作结束后，建设单位应当组织开标、评标和定标。开标时间和地点应当在招标文件中预先确定。评标由招标人依法组建的评标委员会负责。评标委员会应当按照招标文件确定的评标标准和方法，对投标文件进行评审和比较，推荐合格的中标候选人。建设单位应当按照规定的权限和程序从中标候选人中确定中标人，向中标人发出中标通知书。开标、评标和定标环节存在的主要风险有：开标不公开、不透明，损害投标人利益；评标委员会成员缺乏专业水平，或者建设单位向评标委员会施加影响，致使评标流于形式；评标委员会成员与投标人串通作弊，损害招标人利益。

工程建设中围标串标是整治重点

主要管控措施包括：第一，开标过程应邀请所有投标人或其代表出席，并委托公证机构进行检查和公证。第二，依法组建评标委员会，确保其成员具有较高的职业道德水平，并具备招标项目专业知识和丰富经验。评标委员会成员名单在中标结果确定前应当严格保密。评标委员会成员和参与评标的有关工作人员不得私下接触投标人，不得收受投标人任何形式的商业贿赂。第三，建设单位应当为保证评标委员会独立、客观地进行评标工作创造良好条件，不得向评标委员会成员施加影响，干扰其客观评判。第四，评标委员会应当在评标报告中详细说明每位成员的评价意见以及集体评审结果，对于中标候选人和落标人要分别陈述具体理由。每位成员应对其出具的评审意见承担个人责任。第五，中标候选人是1个以上时，招标人应当按照规定的程序和权限，由决策机构审议决定中标人。

4.签订合同

确定中标人后，建设单位应当在规定期限内同中标人订立书面合同，双方不得另行订立背离招标文件实质性内容的其他协议。在工程项目的合同管理方面，应当遵循《企业内部控制应用指引第16号——合同管理》的统一要求。

主要管控措施包括：第一，建设单位应当制定工程合同管理制度，明确各部门在工程合同管理和履行中的职责，严格按照合同行使权利和履行义务。第二，建设工程施工合同、各类分包合同、工程项目施工内部承包合同应当按照国家或本建设单位制定的示范文本的内容填写，清楚列明质量、进度、资金、安全等各项具体标准，有施工图纸的，施工图纸是合同的重要附件，与合同具有同等法律效力。第三，建设单位应当建立合同履行执行情况台账，记录合同的实际履约情况，并随时督促对方当事人及时履行其义务，建设单位的履约情况也应及时做好记录并经对方确认。

（四）工程建设环节

1.施工质量、进度和安全

建设单位和承包单位（施工单位）应按设计和开工前签订的合同所确定的工期、进度计划等相关要求进行施工建设，并采用科学规范的管理方式保证施工质量、进度和安全。

该环节存在的主要风险有：盲目赶进度，牺牲质量、费用目标，导致质量低劣，费用超支；质量、安全监管不到位，存在质量隐患。

在工程进度方面的管控措施包括：第一，监理单位应当建立监理进度控制体系，明确相关程序、要求和责任。第二，承包单位应按合同规定的工程进度编制详细的分阶段或分项进度计划，报送监理机构审批后，严格按照进度计划开展工作。制订的进度计划应当适合建设工程的实际条件和施工现场的实际情况，并与承包单位劳动力、材料、机械设备的供应计划协调一致。确需调整进度的，必须优先保证质量，并同建设单位、监理机构达成一致意见。第三，承包单位至少应按月对完成投资情况进行统计、分析和对比，工程的实际进度与批准的合同进度计划不符时，承包单位应提交修订合同进度计划的申请报告，并附原因分析和相关措施，报监理机构审批。

在工程质量方面的管控措施包括：第一，承包单位应当建立全面的质量控制制度，按照国家相关法律法规和本单位质量控制体系进行建设，并在施工前列出重要的质量控制点，报经监理机构同意后，在此基础上实施质量预控。质量控制点的重点控制对象包括：人的行为，关键过程、关键操作，施工设备材料的性能和质量，施工技术参数，某些工序之间的作业顺序，有些作业之间的技术间歇时间、新工艺、新技术、新材料的应用，对工程质量产生重大影响的施工方法等。第二，承包单位应按合同约定对材料、工程设备以及工程的所有部位及其施工工艺进行全过程的质量检查和检验，定期编制工程质量报表，报送监理机构审查。关键工序作业人员必须持证上岗。第三，监理机构有权对工程的所有部位及其施工工艺进行检查验收，发现工程质量不符合要求的，应当要求承包单位立即返工修改，直至符合验收标准为止。对于主要作业工序，只有经监理机构审验后，才能进行下道工序。

在安全建设方面的管控措施包括：第一，建设单位应当加强对施工单位的安全检查，并授权监理机构按合同约定的安全工作内容监督、检查承包单位安全工作的实施。此外，建设单位不得对承包单位、监理机构等提出不符合建设工程安全生产法律、法规和强制性标准规定的要求，不得压缩合同约定的工期。建设单位在编制工程概算时，应当确定建设工程安全作业环境及安全施工措施所需费用。第二，工程监理单位和监理工程师应当按照法律、法规和工程建设强制性标准实施监理，并对建设工程安全生产承担监理责任。在实施监理过程中，发现存在安全事故隐患的，应当要求施工单位整改；情况严重的，应当要求施工单位暂时停止施工，并及时报告建设单位。第三，承包单位应当设立安全生产管理机构，配备专职安全生产管理人员，依法建立安全生产、文明施工管理制度，细化各项安全防范措施。承包单位应当对所承担的建设工程进行定期和专项安全检查，并做好安全检查记录。

施工过程中的造价控制主要体现在编制资金使用计划和工程价款结算方面，参见“工程价款结算”部分。

2.工程物资采购

工程物资采购包括材料和设备，为了保证项目顺利进行，需要按照施工进度需要，及时采购材料和设备。材料和设备采购一般占到工程总造价的60%以上，对工程投资、进度、质量等具有重大影响。

该环节的主要风险有：工程物资采购过程控制不力，材料和设备质次价高，不符合设计标准和合同要求，影响工程质量和进度。

在工程物资采购管控中，除应当遵循《企业内部控制应用指引第7号——采购业务》的统一要求外，还应当特别关注以下两个方面的管控措施：第一，重大设备和大宗材料的采购应当采用招标方式；第二，对于由承包单位购买的工程物资，建设单位应当采取必要措施，确保工程物资符合设计标准和合同要求。首先，在施工合同中，建设单位应具体说明建筑材料和设备应达到的质量标准，明确责任追究方式。其次，对于承包单位提供的重要材料和工程设备，应由监理机构进行检验，查验材料合格证明和产品合格证书，对一般材料要进行抽检。未经监理人员签字，工程物资不得在工程上使用或安装，不得进行下一道工序施工。最后，运入施工场地的材料、工程设备，包括备品、备件、安装专用工器具等，必须专用于合同工程，未经监理人员同意，承包单位不得运出施工场地或挪作他用。

3.工程价款结算

建设单位与承包单位之间的工程价款结算是建设期间的一项重要内容。根据财政部、建设部《建设工程价款结算暂行办法》的规定，工程价款结算，是指对建设工程的发包承包合同价款进行约定和依据合同约定进行工程预付款、工程进度款、工程竣工价款结算的活动。施工合同签订后，建设单位一般先向承包单位支付一笔预付款，之后，按周期或项目目标拨付工程进度款。实际工作中，大部分工程进度款按月结算，年终或工程竣工后进行清算。工程进度款结算程序如图14-6所示。

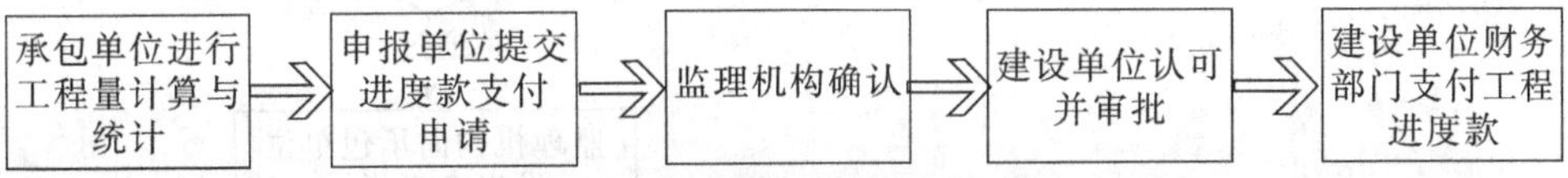

图14-6　工程进度款支付流程图

资料来源　财政部会计司.《企业内部控制应用指引第11号——工程项目》解读［J］. 财务与会计，2011（5）.

该环节存在的主要风险有建设资金使用管理混乱，项目资金不落实，导致工程进度延迟或中断。

主要管控措施包括：第一，建设单位应当建立完善的工程价款结算制度，明确工作流程和职责权限划分，并切实遵照执行。财会部门应当安排专职的工程财会人员，认真开展工程项目核算与财务管理工作。第二，资金筹集和使用应与工程进度协调一致，建设单位应当根据项目组成（分部、分项工程）结合时间进度编制资金使用计划，作为资产管控和工程价款结算的重要依据。这方面的管控措施同时可参照《企业内部控制应用指引第6号——资金活动》。第三，建设单位财会部门应当加强与承包单位和监理机构的沟通，准确掌握工程进度，确保财务报表能够准确、全面地反映资产价值，并根据施工合同约定，按照规定的审批权限和程序办理工程价款结算。建设单位财会部门应认真审核相关凭证，严格按合同规定的付款方式付款，既不应违规预支，也不得无故拖欠。第四，施工过程中，如果工程的实际成本超出了工程项目预算，建设单位应当及时分析原因，按照规定的程序予以处理。

4. 工程变更

工程建设周期通常较长。在建设过程中由于某些情况发生变化，如建设单位对工程提出新要求、出现设计错误、外部环境条件改变等，有时需要对工程进行必要的变更。工程变更包括工程量变更、项目内容变更、进度计划变更、施工条件变更等，最终往往表现为设计变更。以设计变更为例，基本流程如图14-7所示。

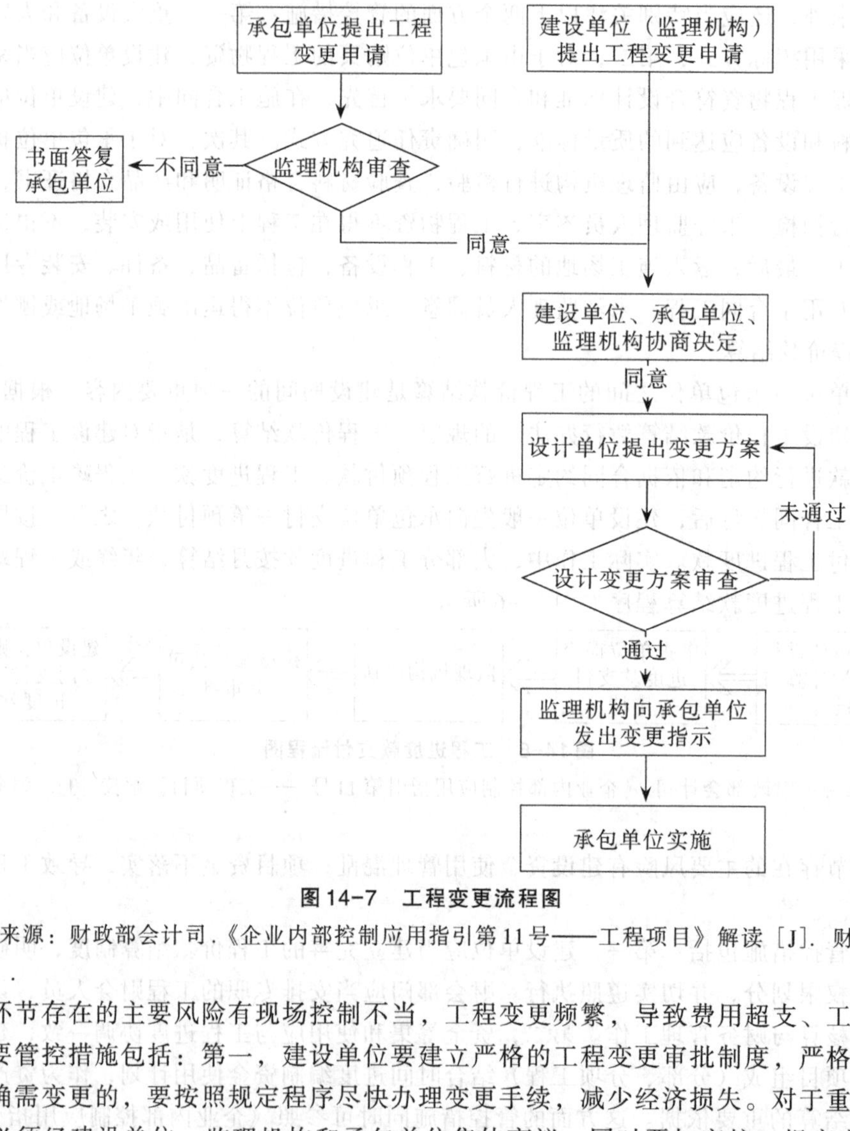

图14-7 工程变更流程图

资料来源：财政部会计司.《企业内部控制应用指引第11号——工程项目》解读［J］. 财务与会计，2011（5）.

该环节存在的主要风险有现场控制不当，工程变更频繁，导致费用超支、工期延误。

主要管控措施包括：第一，建设单位要建立严格的工程变更审批制度，严格控制工程变更，确需变更的，要按照规定程序尽快办理变更手续，减少经济损失。对于重大的变更事项，必须经建设单位、监理机构和承包单位集体商议，同时严加审核，提高审批层级，依法需报有关政府部门审批的，必须取得同意变更的批复文件。第二，工程变更获得批准后，应尽快落实变更设计和施工，承包单位应在规定期限内全面落实变更指令。第三，如因人为原因引发工程变更，如设计失误、施工缺陷等，应当追究当事单位和人员的责任。第四，对工程变更价款的支付实施更为严格的审批制度，变更文件必须齐备，变更工程量的计算必须经过监理机构复核并签字确认，防止承包单位虚列工程费用。

（五）工程竣工验收环节

在工程竣工验收环节，除了对工程质量进行验收之外，还有工程竣工结算和工程竣工决算两项重要工作。工程竣工结算是指承包单位按照合同规定的内容全部完成所承包的工程，经验收质量合格并符合合同要求之后，与建设单位进行的最终工程价款结算。工程竣工结算由承包单位编制，建设单位可直接审查，也可以委托具有相应资质的工程造价咨询机构审查。工程竣工结算办理完毕，建设单位应根据确认的工程竣工结算书在合同约定时间内向承包单位支付工程竣工结算价款。工程竣工决算是以实物数量和货币指标为计量单位，综合反映竣工项目从筹建开始到项目竣工交付使用为止的全部建设费用、财务情况和投资效果的总结性文件。建设单位应在收到工程竣工验收报告后，及时编制竣工决算。工程竣工决算是办理固定资产交付使用手续的依据。

工程竣工验收环节存在的主要风险有：工程竣工验收不规范，质量检验把关不严，可能导致工程存在重大质量隐患；虚报项目投资完成额、虚列建设成本或者隐匿结余资金，工程竣工决算失真；固定资产达到预定可使用状态后，未及时进行估价、结转。

主要管控措施包括：第一，建设单位应当健全竣工验收各项管理制度，明确竣工验收的条件、标准、程序、组织管理和责任追究等。第二，竣工验收必须履行规定的程序，至少应经过承包单位初检、监理机构审核、正式竣工验收三个程序。正式竣工验收前，根据合同规定应当进行试运行的，应当由建设单位、监理单位和承包单位共同参与试运行。试运行符合要求的，才能进行正式验收。正式验收时，应当组成由建设单位、设计单位、施工单位、监理单位等单位组成的验收组共同审验。验收重大项目时可邀请相关方面专家组参与评审。第三，初验后，确定固定资产达到预定可使用状态的，承包单位应及时通知建设单位，建设单位会同监理单位初验后应及时对项目价值进行暂估，转入固定资产核算。建设单位财务部门应定期根据所掌握的工程项目进度核对项目固定资产暂估记录。第四，建设单位应当加强对工程竣工决算的审核，应先自行审核，再委托具有相应资质的中介机构实施审计；未经审计的，不得办理竣工验收手续。第五，建设单位要加强对完工后剩余物资的管理。工程竣工后，建设单位对各种节约的材料、设备、施工机械工具等，要清理核实，妥善处理。第六，建设单位应当按照国家有关档案管理的规定，及时收集、整理工程建设各环节的文件资料，建立工程项目档案。需报政府有关部门备案的，应当及时备案。

（六）工程项目后评估环节

工程项目后评估是指在建设项目已经完成并运行一段时间后，对项目的目的、执行过程、效益、作用和影响进行系统的、客观的分析和总结的一种技术经济活动。项目后评估通常安排在工程项目竣工验收后6个月或1年后，多为效益后评价和过程后评价。

工程项目后评估是一项重要的管控措施，建设单位要予以重视。首先，建设单位应当建立健全完工项目的后评估制度，对完工工程项目预期目标的实现情况和项目投资效益等进行综合分析与评价，总结经验教训，为未来项目的决策和提高投资决策管理水平提出建议。其次，建设单位应当采取切实有效的措施，保证项目后评估的公开、客观和公正。原则上，凡是承担项目可行性研究报告编制、立项决策、设计、监理、施工等业务的机构不得从事该项目的后评估工作，以保证后评估的独立性。最后，要严格落实工程项目决策及执行相关环节责任追究制度，项目后评估结果应当作为绩效考核和责任追究的依据。

◎第三节　案例分析

工程项目内部控制案例

一、案例介绍

资料1：2011年8月8日，生产有毒化学品对二甲苯（简称PX）的大连福佳大化有限公司的工厂险些被海水倒灌，出现剧毒化工产品泄漏的危险。在事故发生后，部分大连市民抱怨称，他们对2005年动工建设的这座工厂并不知情。

目前在项目立项方面普遍存在以下问题：部分地方政府与大型企业存在利益捆绑关系；部分项目先建设后审批，或者边建设边审批，使项目审批处于被动，最终流于形式；目前可行性研究报告一般由建设单位委托中介机构编制，其中大部分中介机构与当地建设管理部门存在千丝万缕的联系，其可行性研究报告的质量存在隐患。

资料2：审计署在2010年5月至7月对京沪高铁项目进行阶段性跟踪审计时发现，中铁一局、三局等16家施工单位在砂石料采购、设备租赁等业务中，使用虚开、冒名或伪造发票入账共计1 297张，金额合计3.24亿元。

目前在招标管理中经常存在以下问题：在招标过程中存在“陪标”“假投标”的现象；在对投标人的资质审查、标书评分上不够全面、不够科学；施工单位中标后，建设及监理单位监督不严，造成部分施工单位中标后违法分包给其他单位。

资料3：甘肃省天水至定西段高速公路投资约87亿元，但通车约半年后竟出现坑槽、裂缝、沉降等重大质量问题。其重要原因之一为进场原材料把关不严，预计返工费用约1.2亿元。

目前在材料质量控制上存在以下问题：一方面，对于建设方直接采购的材料，验收过程中往往只关注数量和型号而忽略了质量的验收，而由施工单位自行采购并验收的材料，往往存在以次充好的现象；另一方面，个别工程由于施工方中标价格明显低于市场价格，或者在施工过程中某种大宗材料价格飞涨，在合同中无明确补偿规定，施工单位偷工减料。

二、案例分析

1.工程立项可行性研究流于形式。其改进措施为：

（1）针对项目立项中存在的问题加强内控管理。建设方应建立工程项目决策环节的控制制度，应组织财务、规划、工程等相关部门对可行性研究报告进行评审，并落实责任人。

（2）最终审批应由政府组织规划、建设等相关责任部门进行，落实责任部门，避免最终责任的推诿。建设方应加强内部审计力量，充分考虑其中的风险。

（3）加强监管，未完成审批的项目坚决不准开工，违者追究相关负责人的责任。应委托具有相关专业技术能力的中介机构编制可行性研究报告，并在合同中增加责任条款。

2.项目招标暗箱操作，非法转包现象严重。其改进措施为：

（1）针对项目招标中存在的问题加强内控管理。在招标单位的选择上，应采用公开招标的方式，由建设单位组织成立评标委员会，评标委员会由建设单位评委、经济类评委、技术类评委组成，整个评标过程中禁止评委对外联系。

(2) 组织独立的第三方监督全过程。

(3) 大力推行招标负责人的终身负责制度。在投标资格审查和评标时，除了要检查投标方资质，还要了解拟参与施工的主要管理人员的情况，了解其是否具有相关管理经验，了解投标单位已完工程和在建工程情况等。

(4) 在评标方面，采用科学的方式综合考虑各种因素，避免价格因素独大。

(5) 在施工过程中，建设方以及监理方应加强监督，并在合同中明确相关规定，避免转包现象的发生，尤其要加强现场监理的监督作用。

3. 工程物资质次价高，工程质量低劣。其改进措施为：

(1) 针对工程物资控制中存在的问题加强内控管理。充分发挥监理单位的专业和监督作用，实行监理单位对原材料进入现场验收时的报审及取样检验制度，施工时监理人员必须旁站，监理人员认为工序不合格的除了要求返工外，还不允许下一道工序施工。

(2) 建设方应定期检查监理人员是否具备相应资质，并明确规定因监理人员重大工作过失造成的损失，应追究相关负责人的责任。建设方要在合理的范围内控制价格，双方应在合同中制定一个双方可以接受的风险系数，规定价格波动在风险系数之下的由施工方承担，在风险系数之上的由建设方承担，同时由于建设方原因造成工期延误致使材料价格上涨的，要单独进行补偿。

学思见悟 ◎ 中国桥：彰显桥梁工程内控的实力

2018年10月，港珠澳大桥开通营运。港珠澳大桥是“一国两制”框架下，粤港澳三地首次合作共建的超大型跨海通道，全长55公里，设计使用寿命120年，总投资约1 200亿元人民币。大桥于2003年8月启动前期工作，2009年12月开工建设，筹备和建设前后历时达15年。

港珠澳大桥全长55公里，由跨海桥梁和海底隧道组成，是目前世界上最长的跨海大桥。海上人工岛和海底沉管隧道是整个工程中实施难度最大的部分，其中6公里的深埋沉管，是目前世界上规模最大的公路沉管隧道和世界上唯一的深埋沉管隧道，是公认的当今世界上“最具挑战性的工程”。中国交建通过自主创新世界领先的沉管隧道技术，直面这个“最具挑战性工程”。

除了港珠澳大桥，中国世界级的跨海大桥还有杭州湾跨海大桥、厦漳跨海大桥、平潭海峡大桥、青岛跨海大桥等。中国的跨江大桥也在刷新世界纪录：丹昆特大桥是世界第一长桥，打开了长三角经济要素流动的新通道；大胜关大桥是世界上设计时速最快的铁路大桥，京沪高铁的重要越江通道……

这些大桥背后，大多都有央企的身影。一座座新颖奇特的现代桥梁，正在重塑中国经济地理的新标志，勾勒出中国经济运行效率的新版图。作为国家经济发展的中流砥柱，中央企业正以“中国桥”的方式，成为实现中国梦的有力支撑。

资料来源：贺卓辉，宋霞霞：大国重器打造中国桥梁成为世界“桥”楚［EB/OL］.［2017-11-30］. http://www.china.com.cn/news/2017-11/30/content_41956623_2.htm.

请思考：“中国桥”的背后凝聚着无数建筑者的心血，从项目的可行性决策到设计、施工、验收等多个环节，每一个参与者都是工程质量保障的关键点，请从内部控制的角度谈谈你对其的认识和理解。

本章小结

工程项目是企业自行或者委托其他单位进行的建造、安装活动。工程项目的基本业务流程包括六大环节：工程立项、工程设计、工程招标、工程建设、工程验收以及项目后评估。

工程项目管控中应该关注下列风险：1.立项缺乏可行性研究或者可行性研究流于形式，决策不当，盲目上马，可能导致难以实现预期效益或项目失败。2.项目招标暗箱操作，存在商业贿赂，可能导致中标人实质上难以承担工程项目、中标价格失实及相关人员涉案。3.工程造价信息不对称，技术方案不落实，概预算脱离实际，可能导致项目投资失控。4.工程物资质次价高，工程监理不到位，项目资金不落实，可能导致工程质量低劣，进度延迟或中断。5.竣工验收不规范，最终把关不严，可能导致工程交付使用后存在重大隐患。

为了有效防控工程项目的风险，需要企业从总体上梳理工程项目各个环节的风险点，规范工程立项、招标、造价、建设、验收等环节的工作流程，明确相关部门和岗位的职责权限，做到可行性研究与决策、概预算编制与审核、项目实施与价款支付、竣工决算与审计等不相容职务相互分离，强化工程建设全过程的监控，确保工程项目的质量、进度和资金安全。

中英文专业术语

工程项目 project

立项 approve and initiate a project

招标 tender

章后练习

章后练习-自测版

一、单项选择题

1.项目建议书的编制、可行性研究、项目评审和决策四个环节是工程项目业务流程中的（　　）。

A.工程设计和造价阶段　　B.工程立项阶段

C.工程建设阶段　　D.工程招标阶段

2.工程建设阶段的重要工作不包括（　　）。

A.工程物资采购　　B.工程监理　　C.工程验收　　D.工程变更

3.以下关于工程招标内部控制的说法，不正确的是（　　）。

A.企业的工程项目一般应当采用公开招标方式

B.为了保证完工进度，可以将工程拆分为若干部分发包给几个承包单位

C.对投标人的信息采取严格的保密措施，防止投标人之间串通舞弊

D.让招标公告或资格预审文件中的投标人资格条件对投标人进行严格审查，预防假资质中标或借资质串标

4.工程价款结算环节易出现的风险不包括（　）。

A.资金使用管理混乱　　B.现场控制不当

C.工程延迟　　D.项目资金不落实

5.工程项目经验收合格后应及时办理交付使用手续，在办理交付使用手续前应当编制（　）。

A.竣工决算　　B.竣工结算

C.交付使用财产清单　　D.竣工决算审计报告

二、多项选择题

1.工程项目存在的不相容岗位主要包括（　）。

A.可行性研究与决策　　B.概预算编制与审核

C.项目实施与价款支付　　D.竣工决算与审计

E.招标与签订施工合同

2.下列选项中属于工程项目控制的总体要求的是（　）。

A.规范各环节工作流程　　B.强化监控

C.全面梳理工程项目工作流程　　D.明确责任权限和不相容岗位分离

E.完善工程项目各项管理制度

3.在工程项目招标过程中，评标委员会成员应当包括（　）。

A.企业代表　　B.职工代表

C.政府代表　　D.有关技术方面的专家

E.有关经济方面的专家

4.工程项目订立书面合同的要求（　）。

A.在规定的期限内与中标人订立书面合同

B.明确双方的权利、义务

C.明确双方的违约责任

D.不得订立背离合同实质性的其他协议

5.概预算审核的重点内容有（　）。

A.编制依据　　B.项目内容

C.工程量的计算　　D.定额套用

三、判断题

1.重大工程项目的立项应当报经董事会或类似权力机构集体审议批准，总会计师或分管会计工作的负责人应当参与项目决策。（　）

2.企业在进行工程项目招标时，在确定中标人前，为保证供求双方的充分了解，企业应同投标人就投标方案等内容进行谈判。（　）

3.某公司为了工作方便，将所收到的工程款存入个人账户，作为日常结算账户使用。（　）

4.工程项目是指企业自行或者委托其他单位进行的建造、安装活动。（　）

5.工程变更中，因变更原因造成价款支付方式及金额变动的，应提供完整的书面文件

和其他相关资料。 ( )

四、案例分析题

2016年年初，A公司投资兴建小水电站项目获批。当地某负责人表示，为节约成本，可为A公司指定可靠的设计和施工单位。A公司接受了这一建议，将设计任务交给了该县水利局干部李某，当水电站工程进行到中途时，有关部门发现李某不具备“注册结构工程师”资质，对A公司处以罚款。A公司不得不请市水利勘测设计院重新设计，但具体工程仍按李某设计的图纸进行。施工任务也交给了某负责人指定的一家建筑公司，但该建筑公司从未从事过水利工程。2018年，水电站工程被施工方宣布“竣工”，A公司共投入了1 000万元。由于存在诸多质量问题，水电站建成后无法正常使用。经当地质监部门鉴定：工程设计存在重大问题，施工未严格依据合规的设计图纸，使用的工程材料不符合水电站建设要求；一旦大坝遇到一定程度的水量，将会因为耐力强度不够而被冲垮。更为严重的是，该水电站存在的严重质量问题，直接威胁到下游村庄村民的人身财产安全。2019年，该水电站被炸毁。

要求：运用工程项目业务活动控制的有关知识，结合本案例指出A公司的水电站建设项目涉及了哪些风险点？

第十五章
担保业务控制

学习目标

通过本章的学习，了解担保业务的基本流程，掌握担保业务存在的主要风险，掌握担保业务的关键控制点及控制措施。

引导案例与思考

2019年3月29日晚间，新光圆成（002147）公告收到中国证监会《调查通知书》（编号：皖证调查字2019031号）：因未按规定披露对外担保及大股东占用资金等事项，根据《中华人民共和国证券法》的有关规定，证监会决定立案调查。

新光圆成分别于2018年10月31日、11月16日、12月4日对外披露了《关于公司未履行内部审批决策程序对外担保、资金占用等事项的提示性公告》，其中分别提及公司控股股东及其关联人在未履行正常审批决策程序的情况下，在担保函、保证合同等法律文件上加盖了公章，主债务人主要为公司控股股东新光控股集团有限公司及其子公司新光饰品股份有限公司、实际控制人周晓光、虞云新。

新光圆成于2017年12月至2018年9月期间违规为虞云新、周晓光、新光集团及新光集团子公司浙江新某饰品股份有限公司（以下简称新某饰品）、上海希某实业有限公司（以下简称上海希某）等关联方提供担保，担保额度/金额为2 951 910 000元，其中2018年1月1日至2018年6月30日发生的金额为2 601 910 000元，占新光圆成2017年年底净资产32.39%。截至2019年5月4日，违规担保本金余额2 751 910 000元。

上市公司违规担保，是指上市公司违反《证券法》等法律法规或《公司章程》，对外提供担保的行为。由于具有较强隐蔽性，且信息披露滞后，以及有司法判例确认违规担保有效等效应，导致这种违规行为屡禁不止。违规担保主要包括：未经内部决策机构批准，实际控制人、董事长或其他有权人士直接指使相关人员在担保合同上加盖上市公司公章；决策机构层级不够，主要表现为应由股东大会审议的担保事项，仅由董事会决议通过。

事实上，类似的违规担保在A股市场是一项“顽疾”。在违规担保案例中，担保方主要是上市公司及其子公司，被担保方大多是上市公司控股股东、实际控制人等关联方。债权人则包括了商业银行、小额贷款公司、信托公司、P2P公司、典当行、融资租赁、商业保理公司、商贸公司、自然人等各类主体。原来针对商业银行贷款的违规担保已逐渐转向了非银行金融机构、民间借贷等，担保主体也由上市公司变为其控股子公司，导致违规行为更便利、更隐蔽。当此类案例信息披露“被动公开”时，危害往往已发生。债务人未能正常履约，经司法判决后仍不能清偿债务的，上市公司作为担保方将被要求履行担保责任，其优质资产、主要账户或遭查封、冻结。这意味着违规担保不仅损害上市公司利益，而且伤及公众投资者，特别是中小投资者合法权益。

资料来源：中国证监会网站.

课前思考讨论：

1.什么是违规担保？违规担保有什么危害？

2.违规担保屡次发生，为什么难以禁止？

课前预习（思维导图）

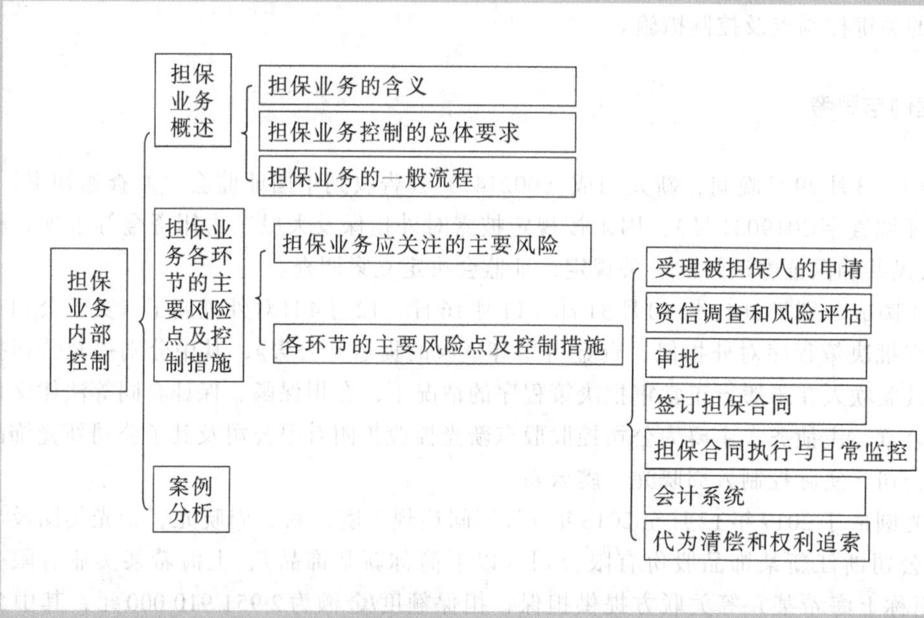

◎第一节　担保业务的概述

一、担保业务的含义

（一）担保的概念

担保是指债权人为确保债务得到清偿，而在债务人或第三人的特定的物和权利上设定的，可以支配他人财产的一种权利行为。《中华人民共和国担保法》（以下简称《担保法》）规定，在借贷、买卖、货物运输、加工承揽等经济活动中，债权人需要以担保方式保障其债权实现的，可以设定担保。

我国《企业内部控制应用指引第12号——担保业务》中所称的担保，是指企业作为担保人按照公平、自愿、互利的原则与债权人约定，当债务人不履行债务时，依照法律规定和合同协议承担相应法律责任的行为。

（二）担保的方式

1.保证，是指保证人和债权人约定，当债务人不履行债务时，保证人按照约定履行债务或者承担责任的行为。

2.抵押，是指债务人或第三人不转移对财产的占有，将该财产作为债权的担保，债务人不履行债务时，债权人有权依法以该财产折价或者以拍卖、变卖该财产的价款优先受偿。

3.质押，又称动产质押，是指债务人或者第三人将财产或财产权利移交债权人占有，将该财产作为债权的担保。债务人不履行债务时，债权人有权依照《担保法》的规定以该财产折价或者以拍卖、变卖该财产的价款优先受偿。

4.留置，是指在保管、运输、承揽加工合同及其他法律规定可以留置的合同中，债权人按照合同约定占有债务人的财产，债务人不按照合同约定的期限履行债务的，债权人有权留置该财产，以该财产折价或者以拍卖该财产的价款优先受偿。

5.定金，是指当事人可以约定一方向对方给付定金，作为债权的担保。债务人履行债务后，定金应当抵作价款或者收回。给付定金的一方不履行约定的债务的，无权要求返还定金，收受定金的一方不履行约定债务的，应当双倍返还定金。

（三）担保业务的利弊

担保业务能够促进资金融通和商品流通，减少交易的风险，保障债权的实现。在市场经济条件下，企业要健康持续地发展，资金是必不可少的一项要素。担保制度的存在使得债权人的权益得到保障因而更愿意将资金贷出给需求方，满足了资金供需双方的需要，加快了货币资金的流通。

但是企业对外担保会形成或有负债。在企业资金链紧张的情况下，由于担保业务不当而引发的诉讼案件不断增多，由此引发的担保责任风险不断增大。公司因为对外担保而陷入困境的状况并不少见。2004年，啤酒花（600090）净资产不到6亿元，对外担保却超过18亿元，让公司遭受了巨大的损失；ST金城由于为金城造纸贷款担保涉诉计提了1.57亿元的预计负债，戴上了ST的帽子，2011年4月因连续三年亏损而暂停上市；ST磁卡（600800）2011年诉讼不断，均是来自多年前对海卡公司、中贸源等几家公司提供的几笔担保业务。

王清刚（2011）对2000—2009年我国上市公司的预计负债和预计担保损失情况的分析表明，我国上市公司预计负债在10年中增长了几百倍，特别是受国际金融危机影响，2009年预计负债总额达到861.42亿元，比2008年增长了一倍多，而预计负债中大部分是预计担保损失形成的，预计担保损失占预计负债的比例达到60%以上[①]。

企业内部控制应用指引第12号——担保业务

为了加强企业担保业务的管理，防范担保业务风险，《企业内部控制应用指引第12号——担保业务》全面梳理了担保业务的主要流程，指出了各流程环节的主要风险，并提出了相应的管控措施。

① 王清刚.基于风险导向的担保业务内部控制应用研究——我国上市公司案例分析［J］.商业经济与管理，2011（11）：52-60.

二、担保业务控制的总体要求

（一）依法制定和完善担保业务政策及相关管理制度

按照相关政策和制度明确担保的对象、范围、方式、条件、程序、担保限额和禁止担保等事项，规范调查评估、审核批准、担保执行等环节的工作流程，按照政策、制度、流程办理担保业务，定期检查担保政策的执行情况及效果，切实防范担保业务风险。

（二）职责分工明确，做到不相容职务的分离

合理确定担保业务受理申请、调查审批、监督执行的相关部门及岗位是保障担保业务顺利进行，避免产生担保风险的前提。对担保业务中的不相容职务应该进行分离，具体包括：担保业务的受理职务与审批职务应分离；负责调查了解担保项目和被担保企业情况的职务与审批职务应分离；签订担保合同的职务与审批职务应分离；担保业务的记账与付款职务应分离。

三、担保业务的一般流程

企业担保业务活动，通常包括六个环节：受理被担保人的申请、对被担保人进行资信调查和风险评估、审批、签订担保合同、担保合同执行与日常监控、若被担保人未能如期偿债则履行代为清偿义务。具体的业务流程如图15-1所示。企业在开展担保业务时，可以参照此流程并结合自身情况予以扩充和细化。

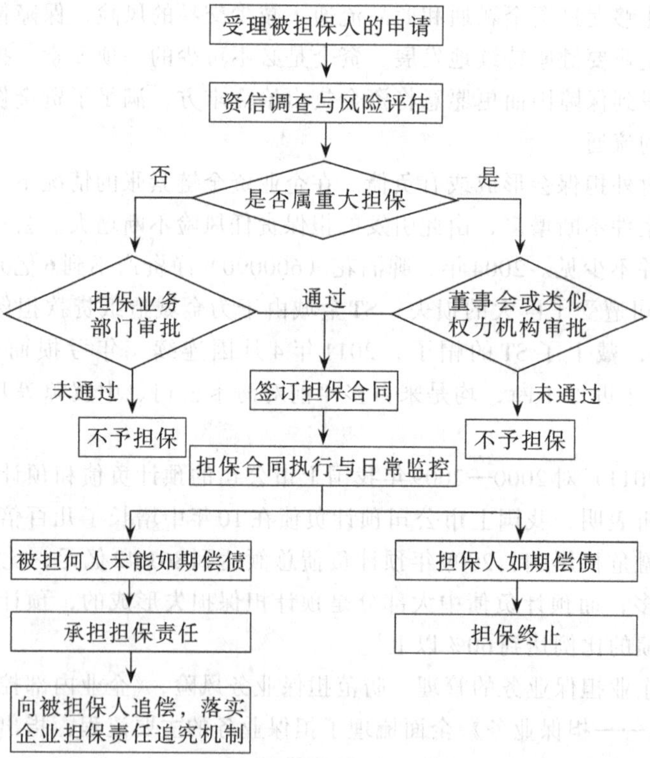

图15-1 担保业务流程图

资料来源：财政部会计司.《企业内部控制应用指引第12号——担保业务》解读［J］. 财务与会计，2011（5）.

1. 受理被担保人的申请。担保申请人（被担保人）提出担保申请后，企业的担保业务部门受理担保申请。

2. 资信调查与风险评估。作为担保人的企业应当指定相关部门负责办理担保业务，对担保项目和被担保人的资信状况进行调查并进行风险评估，出具调查报告。企业也可委托中介机构对担保业务进行资信调查和风险评估工作。

3. 审批。担保人根据调查评估结果，结合本企业担保政策和授权审批制度，对担保业务进行审批，重大担保业务应提交董事会或类似权力机构批准。

4. 签订担保合同。担保人依据既定权限和程序，与被担保人签订担保合同。

5. 担保合同执行与日常监控。担保人需要切实加强对担保合同的日常管理，对被担保人经营情况、财务状况和担保项目执行情况等进行跟踪监控。

6. 如果被担保人不能如期偿债，担保人应履行代为清偿义务并向被担保人追偿债务；同时，企业应当按照担保业务责任追究制度，严格追究有关人员的责任。

◎第二节　担保业务各环节的主要风险点及控制措施

一、担保业务应关注的主要风险

根据《企业内部控制应用指引第12号——担保业务》第三条的规定，企业办理担保业务要关注以下总体风险：

1. 对担保申请人的资信状况调查不深，审批不严或越权审批，可能导致企业担保决策失误或遭受欺诈。

2. 对被担保人出现财务困难或经营陷入困境等状况监控不力，应对措施不当，可能导致企业承担法律责任。

3. 担保过程中存在舞弊行为，可能导致经办审批等相关人员涉案或企业利益受损。

违规担保

二、担保业务各环节的主要风险点及控制措施

（一）受理被担保人的申请

受理申请是企业办理担保业务的第一道关卡。其主要风险是：企业担保政策和相关管理制度不健全，难以对担保申请人提出的担保申请进行初步评价和审核；或者虽然建立了担保政策和相关管理制度，但对担保申请人提出的担保申请审查把关不严，导致申请受理流于形式。

主要的控制措施包括：第一，依法制定和完善本企业的担保政策和相关管理制度，明确担保的对象、范围、方式、条件、程序、担保限额和禁止担保的事项；第二，严格按照担保政策和相关管理制度对担保申请人提出的担保申请进行审核。比如，担保申请人是否属于可以提供担保的对象。一般而言，对于与本企业存在密切业务关系从而需要互保的企业、与本企业有潜在重要业务关系的企业、本企业的子公司及具有控制关系的其他企业等，可以考虑提供担保，反之，则必须十分慎重。又如，对担保申请人整体实力、经营状况、信用水平应有充分了解。如果担保申请人实力较强、经营良好、恪守信用，可以考虑

接受申请，反之不应受理。再如，审核担保申请人申请资料的完备情况，如果资料完备、情况翔实，可予受理，反之不予受理。

（二）资信调查和风险评估

企业在受理担保申请后对担保申请人进行资信调查和风险评估是办理担保业务的重要环节，该环节决定了担保企业将来是否承担担保风险以及承担多大的风险。

这一环节的主要风险是：企业对担保申请人的资信调查不深入、不透彻，对担保项目的风险评估不全面、不科学，导致企业担保决策失误或遭受欺诈，为担保业务埋下巨大隐患。

主要控制措施包括：第一，委派具备胜任能力的专业人员开展调查和评估。调查评估人员与担保业务审批人员应当分离。担保申请人为企业关联方的，与关联方存在经济利益或近亲属关系的有关人员不得参与调查评估。企业可以自行对担保申请人进行资信调查和风险评估，也可以委托中介机构承担这一工作，同时应加强对中介机构工作情况的监控。第二，对担保申请人资信状况和有关情况进行全面、客观的调查评估。在调查和评估中，应当重点关注以下事项：（1）担保业务是否符合国家法律法规和本企业担保政策的要求，凡与国家法律法规和本企业担保政策相抵触的业务，一律不得提供担保；（2）担保申请人的资信状况，包括基本情况、资产质量、财务状况、经营情况、信用程度、行业前景等；（3）担保申请人用于担保和第三方担保的资产状况及其权利归属；（4）企业要求担保申请人提供反担保的，还应对与反担保有关的资产状况进行评估。企业应当综合运用各种行之有效的方式方法，对担保申请人的资信状况进行调查了解，务求真实准确。比如，在对担保申请人的财务状况进行调查时，要深入分析其短期偿债能力、长期偿债能力、盈利能力、资产管理能力和可持续发展能力等核心指标，从而做到胸有成竹、防患于未然。涉及对境外企业提供担保的，还应特别关注担保申请人所在国家和地区的政治、经济、法律等因素，并评估外汇政策、汇率变动等可能对担保业务造成的影响。第三，对担保项目经营前景和盈利能力进行合理预测。企业整体的资信状况和担保项目的预期运营情况，构成判断担保申请人偿债能力的两大重要方面，应当予以重视。第四，划定不予担保的“红线”，并结合调查评估情况做出判断。《企业内部控制应用指引第12号——担保业务》明确规定了以下5类不予担保的情形：（1）担保项目不符合国家法律法规和本企业担保政策的；（2）担保申请人已进入重组、托管、兼并或破产清算程序的；（3）担保申请人财务状况恶化、资不抵债、管理混乱、经营风险较大的；（4）担保申请人与其他企业存在较大经济纠纷，面临法律诉讼且可能承担较大赔偿责任的；（5）担保申请人与本企业已经发生过担保纠纷且仍未妥善解决的，或不能及时足额交纳担保费用的。各企业应当将上述5类情形作为办理担保业务的“高压线”，严格遵守、不得突破；同时，可以结合企业自身的实际情况，进一步充实、完善有关管理要求，切实防范为“带病”企业提供担保。第五，形成书面评估报告，全面反映调查评估情况，为担保决策提供第一手资料。企业应当规范评估报告的形式和内容，妥善保管评估报告，并作为日后追究有关人员担保责任的重要依据。

（三）审批

审批环节在担保业务中具有承上启下的作用，它既是对调查评估结果的判断和认定，也是担保业务进入实际执行阶段的必经之路。

这一环节的主要风险是：授权审批制度不健全，导致对担保业务的审批不规范；审批不严格或者越权审批，导致担保决策出现重大疏漏，可能引发严重后果；审批过程存在舞弊行为，可能导致经办审批等相关人员涉案或企业利益受损。

主要控制措施包括：第一，建立和完善担保授权审批制度，明确授权批准的方式、权限、程序、责任和相关控制措施，规定各层级人员应当在授权范围内进行审批，不得超越权限审批。企业内设机构不得以企业名义对外提供担保。企业应当加大对分公司对外提供担保的管控力度，严格限制分公司的担保行为，避免因分公司违规担保为本企业带来不利后果。第二，建立和完善重大担保业务的集体决策审批制度。企业应当根据《公司法》等国家法律法规，结合企业章程和有关管理制度，明确重大担保业务的判断标准、审批权限和程序。上市公司的重大对外担保，应取得董事会全体成员 2/3 以上同意或者经股东大会批准，未经董事会或者类似权力机构批准，不得对外提供重大担保。第三，认真审查对担保申请人的调查评估报告，在充分了解掌握有关情况的基础上，权衡比较本企业净资产状况、担保限额与担保申请人提出的担保金额，确保将担保金额控制在企业设定的担保限额之内。第四，从严办理担保变更审批。被担保人要求变更担保事项的，企业应当重新履行调查评估程序，根据新的调查评估报告重新履行审批手续。

（四）签订担保合同

担保合同是审批机构同意办理担保业务的直接体现，也是约定担保双方权利义务的基础载体。

签订担保合同的主要风险是：未经授权对外订立担保合同，或者担保合同内容存在重大疏漏和欺诈，可能导致企业诉讼失败、权利追索被动、经济利益和形象信誉受损。

证监会、国资委发布：关于规范上市公司与关联方资金往来及上市公司对外担保若干问题的通知

主要控制措施包括：第一，严格按照经审核批准的担保业务订立担保合同。合同订立经办人员应当在职责范围内，按照审批人员的批准意见拟订合同条款。第二，认真审核合同条款，确保担保合同条款内容完整、表述严谨准确、相关手续齐备。在担保合同中应明确被担保人的权利、义务、违约责任等相关内容，并要求被担保人定期提供财务报告和有关资料，及时通报担保事项的实施情况。如果担保申请人同时向多方申请担保的，企业应当在担保合同中明确约定本企业的担保份额和相应的责任。第三，实行担保合同会审联签。除担保业务经办部门之外，鼓励和倡导企业法律部门、财会部门、内审部门等参与担保合同会审联签，增强担保合同的合法性、规范性、完备性，有效避免权利义务约定、合同文本表述等方面的疏漏。第四，加强对有关身份证明和印章的管理。比如，在担保合同签订过程中，依照法律规定和企业内部管理制度，往往需要提供、使用企业法定代表人的身份证明、个人印章和担保合同专用章等。从近年来暴露出来的一些担保典型案例看，一些企业在有关人员身份证明、印章管理中存在薄弱环节，导致身份证明和印章被盗用，造成了难以挽回的严重后果。因此，必须加强对身份证明和印章的管理，保证担保合同用章用印符合当事人真实意愿。第五，规范担保合同记录、传递和保管，确保担保合同运转轨迹清晰完整、有案可查。

（五）担保合同执行与日常监控

签订担保合同，标志着企业的担保权利和担保责任进入法律意义上的实际履行阶段。切实加强对担保合同执行情况的日常监控，通过及时、准确、全面地了解掌握被担保人的经营状况、财务状况和担保项目运行情况，最大限度地实现企业担保权益，最大限度地降低企业担保责任，是一项艰巨而重要的任务。

这一环节的主要风险是：担保企业重合同签订，轻后续管理，对担保合同履行情况疏于监控或监控不当，导致企业不能及时发现和妥善应对被担保人的异常情况，可能延误处置时机，加剧担保风险，加重经济损失。

主要控制措施包括：第一，指定专人定期监测被担保人的经营情况和财务状况，对被担保人进行跟踪和监督，了解担保项目的执行、资金的使用、贷款的归还、财务运行及风险等情况，促进担保合同有效履行。企业财会部门要及时，最好是按月或者按季收集、分析被担保人担保期内的财务报告等相关资料，持续关注被担保人的财务状况、经营成果、现金流量以及担保合同的履行情况，积极配合担保经办部门防范担保业务风险。第二，及时报告被担保人异常情况和重要信息。企业有关部门和人员在实施日常监控过程中一旦发现被担保人存在经营困难、债务沉重，或者违反担保合同的其他情况，应当按照《企业内部控制应用指引第17号——内部信息传递》的要求，在第一时间向企业有关管理人员报告，以便于及时采取有针对性的应对措施。

（六）会计系统

担保业务直接涉及担保财产、费用收取、财务分析、债务承担、会计处理和相关信息披露等，这些活动决定了会计控制在担保业务经办中具有举足轻重的作用。

这一环节的主要风险是：会计系统控制不力，可能导致担保业务记录残缺不全，日常监控难以奏效，或者担保会计处理和信息披露不符合有关监管要求，可能引发行政处罚。

主要控制措施包括：第一，健全担保业务经办部门与财会部门的信息沟通机制，促进担保信息及时有效沟通。第二，建立担保事项台账，详细记录担保对象、金额、期限、用于抵押和质押的物品或权利以及其他有关事项；同时，及时足额收取担保费用，维护企业担保权益。第三，严格按照国家统一的会计准则制度进行担保会计处理，发现被担保人出现财务状况恶化、资不抵债、破产清算等情形的，应当合理确认预计负债和损失。属于上市公司的，还应当区别不同情况依法予以公告。第四，切实加强对反担保财产的管理，妥善保管被担保人用于反担保的权利凭证，定期核实财产的存续状况和价值，发现问题及时处理，确保反担保财产安全完整。第五，夯实担保合同基础管理，妥善保管担保合同、与担保合同相关的主合同、反担保函或反担保合同，以及抵押、质押的权利凭证和有关原始资料，做到担保业务档案完整无缺。担保合同到期时，企业要全面清查用于担保的财产、权利凭证，按照合同约定及时终止担保关系。

（七）代为清偿和权利追索

被担保人在担保期间如果顺利履行了对银行等债权人的偿债义务，且向担保企业及时足额支付了担保费用，担保合同一般应予终止，担保双方可以解除担保权利责任。但在实践中，由于各方面因素的影响，部分被担保人无法偿还到期债务，“连累”担保企业不得不按照担保合同约定承担清偿债务的责任。因此，在代为清偿后依法主张对被担保人的追索权，是担保企业降低担保损失的最后一道屏障。

这一环节的主要风险是：违背担保合同约定不履行代为清偿义务，可能被银行等债权人诉诸法律成为连带被告，影响企业形象和声誉；承担代为清偿义务后向被担保人追索权利不力，可能造成较大经济损失。

主要控制措施包括：第一，强化法治意识和责任观念，在被担保人确实无力偿付债务或履行相关合同义务时，自觉按照担保合同承担代偿义务，维护企业诚实守信的市场形象。第二，运用法律武器向被担保人追索赔偿权利，在此过程中，企业担保业务经办部门、财会部门、法律部门等应当通力合作，做到在司法程序中举证有力；同时，依法处置被担保人的反担保财产，尽力减少企业经济损失。第三，启动担保业务后评估工作，严格落实担保业务责任追究制度，对在担保中出现重大决策失误、未履行集体审批程序或不按规定管理担保业务的部门及人员，严格追究其行政责任和经济责任，并深入开展总结分析，举一反三，不断完善担保业务内控制度，严控担保风险，促进企业健康稳健发展。

◎第三节　案例分析

案例一：盲目自信，疏于监控

一、案例介绍

甲企业有关担保业务的内部会计控制情况为：由于日常营业活动中担保业务比重较大，因此专设担保业务部，负责办理担保业务的全过程。2003年乙企业将其位于繁华商业区的某房地产作为抵押，要求甲企业为乙企业申请的5 000万元银行贷款提供担保。应甲的要求，乙将该房地产的房屋所有权证、土地使用权证交付甲企业持有。

甲担保业务部考虑到两份合法证件都在自己手中，应该没有风险，就没有办理抵押登记手续，并决定对贷款行为提供担保。半年后，乙企业经营状况恶化，资金周转困难，于是以房地产有关权属证书遗失为由申请补办了上述两证，并将该房地产转让给另一企业，并办理过户手续。担保的贷款期满时乙无力还款，甲依法承担担保责任后，在准备处置该抵押物时发现房地产已经易主。法院审议此案认为，甲乙之间的抵押合同无效，因乙破产财产不足抵偿债务，甲企业不得不承担代偿责任。

资料来源　朱荣恩.企业内部控制规范与案例［M］. 北京：中国时代出版社，2009.

二、案例分析

甲企业在担保业务的内部控制中存在如下问题：

1.在担保业务的岗位职责分工中存在问题。企业专门设立担保业务部门负责担保业务的办理本身并无太大问题，但是由该部门全部负责担保业务的整个过程不符合不相容职务相分离的要求。担保业务的评估与审批、执行与监督、财产保管与会计记录等岗位应该分别设立，这样才能起到相互制约的作用，从而降低担保风险。

2.审批程序存在问题。企业应该根据担保业务对公司的影响是否重大，实行相应的授权审批制度。本案例中甲企业没有建立和完善担保授权审批制度，没有明确授权批准的方式、权限、程序、责任和相关控制措施，对于乙企业5 000万元的贷款在没有提交相关部门审批的情况下就提供了担保。

3.没有对被担保企业实施持续的跟踪监控。甲企业担保业务部门应当加强担保合同的日常管理，指定专人定期检测被担保人的经营情况和财务状况，对被担保人进行跟踪和监督，了解担保项目的执行、资金的使用、贷款的归还、财务运行及风险等情况，促进担保合同有效履行。在实施日常监控过程中发现被担保人经营困难、债务沉重，或者存在违反担保合同的其他各种情况，应当及时向企业有关管理人员报告，以便采取有针对性的应对措施。甲企业想当然地认为乙企业的两份合法证件都在自己手中，盲目认为不会有风险产生，因而没有办理抵押登记手续，给乙企业提供了钻空子的机会；同时，担保业务的执行环节中甲企业疏忽了对乙企业的日常监控，最后导致其不得不承担代偿责任。

案例二：未做调查，轻率担保

一、案例介绍

2012年7月，某商业银行（原告）状告鑫华股份有限公司（被告），要求其承担为佳美房地产开发公司贷款担保的连带偿付责任。

2010年5月，佳美房地产开发公司由于资金短缺，以该房地产公司所拥有的市郊的一宗土地使用权以及地上的建筑物作为抵押，向当地某商业银行申请借款3 000万元。银行要求该房地产公司必须有第三人作担保才能签订贷款合同。于是，佳美房地产开发公司的负责人王某向鑫华股份有限公司寻求帮助，鑫华股份有限公司的企业负责人李某与王某私人关系非常要好。李某在没有对佳美房地产开发公司申请担保事项做任何调查的情况下，凭着哥们义气在保证人一栏中写下了“愿意承担连带责任”，并签字盖章。2010年6月，佳美房地产开发公司获得了银行的贷款。但是，这笔贷款佳美并未用于其房产开发而是挪作他用。2012年6月贷款到期后，佳美无力偿还贷款，银行遂直接诉至法院，要求鑫华股份有限公司偿还佳美房地产公司的欠款并支付迟延利息。法院经审理做出判决，将抵押物土地使用权拍卖，拍卖所得价款共计1 000万元由原告优先受偿，其余2 000万元债务及相应的利息由佳美房地产开发公司清偿，鑫华股份有限公司承担连带责任，2 000万元的债务对于规模不大的鑫华公司来说是一笔不小的数目。

二、案例分析

鑫华股份有限公司的担保业务存在的问题主要表现在以下方面：

1. 未对被担保人的资信状况和风险进行评估，导致担保决策的失误。企业应该严格按照担保政策和相关管理制度对担保申请人提出的担保申请进行审核。考虑担保业务是否符合国家法律法规和企业担保政策的相关要求，担保申请人是否属于可以提供担保的对象。该案例中由于鑫华公司的负责人李某与佳美房地产公司的王某私人关系甚好，因而未对担保事项做任何调查和评估，就签订了担保合同，这种草率行事的作风直接导致了担保风险的产生。

2. 审批制度不健全。公司担保业务的授权审批制度不健全，即使有制度也存在着没有严格执行的问题。本案例中鑫华公司的负责人李某一人全权决定此事，说明鑫华公司的担保业务内控制度有严重的漏洞，存在负责人越权审批的可能性。对于鑫华公司来说，这笔担保金额属于重大担保业务，应该由公司的董事会等类似权力机构进行审批。

资料来源：朱荣恩.企业内部控制规范与案例［M］.北京：中国时代出版社，2009.

学思见悟 ◎ 担保应依法依规

ST东方网力（简称ST网力）公告披露公司已于2020年11月27日收到中国证监会北京监管局下发的《行政处罚决定书》。北京证监局决定对ST网力给予警告，并处以40万元罚款；对时任董事长刘光给予警告，并处以75万元罚款，其中直接负责的主管人员罚款25万元，实际控制人罚款50万元；对时任法人代表赵永军给予警告，并处以20万元罚款；对时任财务总监张新跃、时任董事、监事等其他相关责任人均给予警告，并处以不同程度的罚款。

经北京证监局查明，ST网力存在未按规定披露对外担保事项、未按规定披露重大合同两项违法事实。

2017年4月至2019年3月，东方网力为北京维斯可尔科技发展有限责任公司等5家公司的借款提供担保、为北京市警视达机电设备研究所有限公司等4家公司的应收账款保理融资提供担保。2017年、2018年及2019年的发生额分别为45 031万元、74 100万元和22 736.07万元，分别占东方网力2017年年报、2018年年报和2019年年末经审计净资产的12.24%、18.53%和29.83%，对外担保总额达14.19亿元。

此外，2017年4月21日，东方网力签署《平安财富*铂金10号集合资金信托计划信托合同之补充协议》，约定东方网力作为劣后级委托人认购信托单位的资金预计为6 300万元。同日，东方网力与中信国安（000839）（深圳）基金管理有限公司（简称国安深圳）签署《回购协议》，约定东方网力有义务按照国安深圳的书面要求于投资期限届满之日起10个工作日内受让标的信托单位，并足额支付标的信托单位转让价款。《回购协议》约定的回购金额最高可达56 700万元，占东方网力2017年年报经审计净资产的15.68%，达到应当披露的重大交易标准，而东方网力未按规定在2017年年报中披露上述《回购协议》。

北京证监局指出，刘光作为原控股股东、实际控制人，直接授意、指挥或隐瞒东方网力未按规定披露上述对外担保事项及《回购协议》的行为，涉嫌构成指使从事未按规定披露信息的违法行为。

除了此次被处罚之外，2019年12月，ST网力和时任公司董事长刘光还因违规担保和资金占用被北京证监局出具警示函。当时违规担保总额达14.5亿元，同时资金占用2.5亿元。

请思考：担保业务可能会给东方网力带来什么风险？谈谈你对东方网力违规担保遭受处罚的认识。

本章小结

本章主要对担保业务的基本概念、担保业务基本流程、担保业务的主要风险以及担保业务各环节的关键控制措施等进行了论述，最后通过案例的形式展示了担保业务中内部控制的重要性。《企业内部控制应用指引第12号——担保业务》中所称的担保，是指企业作为担保人按照公平、自愿、互利的原则与债权人约定，当债务人不履行债务时，依照法律规定和合同协议承担相应法律责任的行为。企业担保业务活动，通常包括六个流程：受理被担保人的申请，对被担保人进行资信调查和风险评估，审批，签订担保合同，担保业务执行和日常监控，若被担保人未能如期偿债则履行代为清偿义务。企业办理担保业务要关注以下总体风险：（1）对担保申请人的资信状况调查不深，审批不严或越权审批，可能导致企业担保决策失误或遭受欺诈；（2）对被担保人出现财务困难或经营陷入困境等状况监控不力，应对措施不当，可能导致企业承担法律责任；（3）担保过程中存在舞弊行为，可能导致经办审批等相关人员涉案或企业利益受损。为了能够有效地防范和降低担保风险，从总体上来说企业应当依法制定和完善担保业务政策及相关管理制度，明确担保的对象、范围、方式、条件、程序、担保限额和禁止担保等事项，规范调查评估、审核批准、担保执行等环节的工作流程，按照政策、制度、流程办理担保业务，定期检查担保政策的执行情况及效果。具体来说，需要做好担保业务的受理申请、资信调查和风险评估、审批、签订担保合同、担保合同执行和日常监控、会计系统控制以及代为清偿和权利追索等七个方面的具体控制措施。

中英文专业术语

担保业务 guarantee business
担保人 guarantor
担保申请人 guarantee applicant
舞弊行为 fraudulent acts
担保限额 guaranteed quotas
担保风险 guarantee risk
资信调查 credit checks
担保授权 guarantee authorisation
审批制度 approval system
抵押物 mortgaged article
质押物 pledged article
反担保 count-guarantee

章后练习

章后练习-自测版

一、单项选择题

1.关于担保业务控制，下列说法中正确的是（　　）。

A.为了节省成本，调查评估人员与担保业务审批人员可以由一人担任

B.调查评估是办理担保业务的第一步

C.规范担保合同记录、传递和保管，确保担保合同运转轨迹清晰完整，有案可查

D.担保合同的订立事关重大，应经总经理审批才可通过

2.担保企业应当建立（　　），详细记录担保对象、金额、期限、用于抵押和质押的物品、权利和其他有关事项。

A.担保事项明细账　　B.担保事项台账

C.担保事项登记簿　　D.担保事项总账

3.缺乏对担保合同的跟踪管理或监控不力，无法对被担保人出现的异常情况进行及时报告和处理，给企业造成损失，这属于担保业务中（　　）环节的主要风险。

A.会计系统控制　　B.调查评估

C.审批　　D.日常管理

4.当被担保人无法偿还到期债务时，担保企业应当（　　）。

A.自觉承担清偿责任并依法向被担保人追索赔偿

B.不用代偿

C.自觉清偿，自认倒霉

D.不予理会

二、多项选择题

1.对担保业务的日常监控包括（ ）。

A.定期检测　　B.异常情况及时报告

C.保证追索权　　D.实施监控

2.担保申请人出现下列情形之一的，不得提供担保（ ）。

A.担保项目不符合国家法律法规和本企业担保政策的

B.担保申请人已进入重组、托管、兼并或破产清算程序的

C.担保申请人已经变更法定代表人的

D.担保申请人财务状况恶化、资不抵债、管理混乱、经营风险较大的

E.担保申请人与其他企业出现较大经济纠纷，面临法律诉讼且可能承担较大赔偿责任的

F.担保申请人与本企业已经发生过担保纠纷且仍未妥善解决的，或不能及时足额交纳担保费用的

3.保业务流程包括（ ）。

A.担保申请　　B.调查评估　　C.审批

D.订立担保合同　　E.担保合同执行与监控

4.受理申请是担保业务的一个关键风险点，其主要风险包括（ ）。

A.企业担保政策和相关管理制度不健全

B.担保申请受理不规范

C.受理审查不严

D.资信调查不深入这是调查评估的关键风险点

E.风险评估不细致

5.签订担保合同的关键控制措施包括（ ）。

A.严格按照经审核批准的担保业务订立担保合同

B.认真审核合同条款

C.实行担保合同会审联签

D.加强对有关身份证明和印章的管理。

三、判断题

1.当项目不符合国家法律法规和本企业的担保政策的时候，不能提供担保，但是如果是本企业发生过担保纠纷没有妥善解决的，可以继续担保业务。（ ）

2.担保合同中的内容应明确被担保人的权利、义务、违约责任等相关内容。（ ）

3.对于审批人超越权限审批的担保业务，经办人员应当拒绝办理。（ ）

4.企业也可委托中介机构对担保业务进行资信调查和风险评估工作。（ ）

5.资信调查和风险评估人员与受理申请担保的人员要分离。（ ）

四、案例分析题

2010年，A集团公司下属北京子公司和其他三家股东合资设立SD再生资源有限公司（以下简称“SD公司”），持股比例为10%左右。2012年，SD公司分别向中国银行某市分行（以下简称“某市中行”）和中国建设银行某市分行（以下简称“某市建行”）各借款

100万美元，合计200万美元。A集团公司总经理在担保合同上签字，为SD公司中行借款100万美元及建行借款50万美元提供了负连带责任的全额担保。2013年5月，又继续为SD公司延期贷款提供担保。2018年3月，因SD公司不能按时归还100万美元借款本息，某市中行向法院提起诉讼。2018年6月底，经该市第二中级人民法院一审判决，A集团公司负连带给付责任。A集团公司对判决不服，向该市高级人民法院提出上诉。2018年11月，该市高级人民法院判决“在强制执行原审被告SD公司财产后仍不足清偿的债务，由A集团公司承担赔偿责任。”2019年4月，该市第二中级人民法院就此案做出执行裁定，并查封了A集团公司有关房产，A集团公司不得已为SD公司归还借款本息，支付现金13 206 005.09元。另外，因SD公司不能按时归还50万美元借款本息，2016年10月，某市建行向法院提起诉讼，经该市高级人民法院复审，2017年10月，判令A集团公司对SD公司27万美元借款余额的本息承担连带给付责任。

在2018年某市中行提起诉讼后，A集团公司多次派人了解SD公司资产和负债情况，并派人员审查北京子公司和SD公司账目。查账结果显示：首先，SD公司基本没有实物资产，只有大量的无据可查的预付和应收款项。其次，SD公司存在不良图谋。查账结果显示，SD公司取得借款后，没有用于正常业务经营和投资。自SD公司成立以来，有多位高级管理人员利用职权，自批自用、自批他用、利用借款等名目，大肆侵占、挪用SD公司资金，将公司资产转入个人账户，非法占为已有。

要求：运用担保业务活动控制的有关知识，指出这一案例违背了哪些关键风险点，应运用何种控制措施加以预防？

第十六章
业务外包控制

学习目标

通过本章的学习，了解业务外包的含义及基本流程，明确业务外包存在的主要风险，掌握业务外包各个环节的关键控制点及控制措施。

引导案例与思考

近年来，医疗卫生事业快速发展，医院后勤管理改革不断推进，医院逐渐将后勤服务中的部分业务（如病房用品洗涤、保洁、保安、绿化、病人护送、空调维修保养及食堂等）承包给具有相应资质的第三方进行经营管理。这种专业化外包服务形式，使医院可以专注于医疗核心业务，有利于提升医院综合运营效益。但与此同时，医院与外包单位经营目标不一致，人员业务水平差异较大，院企合作面临许多新的矛盾，从而引发了外包服务在招标采购、合同管理、考核监管等过程中的许多风险。

一、招标采购中存在的风险

公立医院一般对政府采购项目比较重视，而对使用自有资金的外包服务项目通常缺乏对外包方进行筛选和评审的相关标准。一些医院在选择外包单位时，未按照相关规定采取公开招标或其他政府采购方式，而是采用自行采购、单一来源、谈判、私自签订合同等形式确定外包单位。有的公立医院虽然履行了招标程序，但在招标时“暗箱操作”，资质和参数设置具有排他性或指向性，甚至“量身定制”，市场竞争不充分。这些外包单位与医院合作少则几年，多则十几年，如果中标的外包单位实力较弱或存在挂靠行为，可能会对医院正常运营产生负面影响。

二、合同管理中存在的风险

一些医院签订的合同内容过于简单、宽泛，主要表现为：一是合同内容不全面，如未将中标单位投标文件中的条款纳入合同内容中，尤其是一些优惠条款、服务承诺等；二是合同条款不合理，未对服务单位的服务范围与内容、付款方式、双方权责利界定等做出明确规定，后期双方如有纠纷，很难进行责任划分；三是合同签订不合规，合同签署人非单位法人或授权委托人，不具备签字权限，有的合同没有明确服务期限，或为规避招标而签订较长的合同期限。此外，有些医院还以补充协议的形式，额外增加外包服务单位的工作内容、延长服务期限等，违背合同实质性条款。

三、考核监管中存在的风险

对大部分医院而言，后勤管理部门需要管理的外包单位众多、涉及的服务内容广泛，加之信息化应用程度低，其管理仅停留在满足医院日常需要，对服务水平、服务质量的考核评价缺乏执行力，监管考核走过场，责任追究不落实，难以对外包业务形成有效的监管，无法保证服务质量，容易造成管理漏洞。例如外包服务人员的出勤人数、年龄结构与合同不符，特殊岗位从业人员无资质上岗，通报问题长期重复存在，结算依据不充分等现象，在公立医院后勤外包中屡见不鲜。

公立医院后勤外包服务作为现代医院管理的重要组成部分，其管理水平直接影响着整个医院的医疗服务质量、服务水平和管理成本。因此，公立医院必须建立完善的后勤外包管理制度，加强外包业务的内控风险管理，充分发挥内部审计的作用，使外包业务流程得以有效运作，外包业务风险得到有效控制，为医院的健康稳定发展提供坚强后盾和重要支撑。

资料来源：余平，祝芳芳，戴智敏.公立医院后勤外包风险控制策略研究——从医院内部审计的角度［J］. 卫生经济研究，2021，38（09）.

知识准备

课前思考与讨论：

1.业务外包有什么优缺点？

2.业务外包后如何控制风险？

课前预习（思维导图）

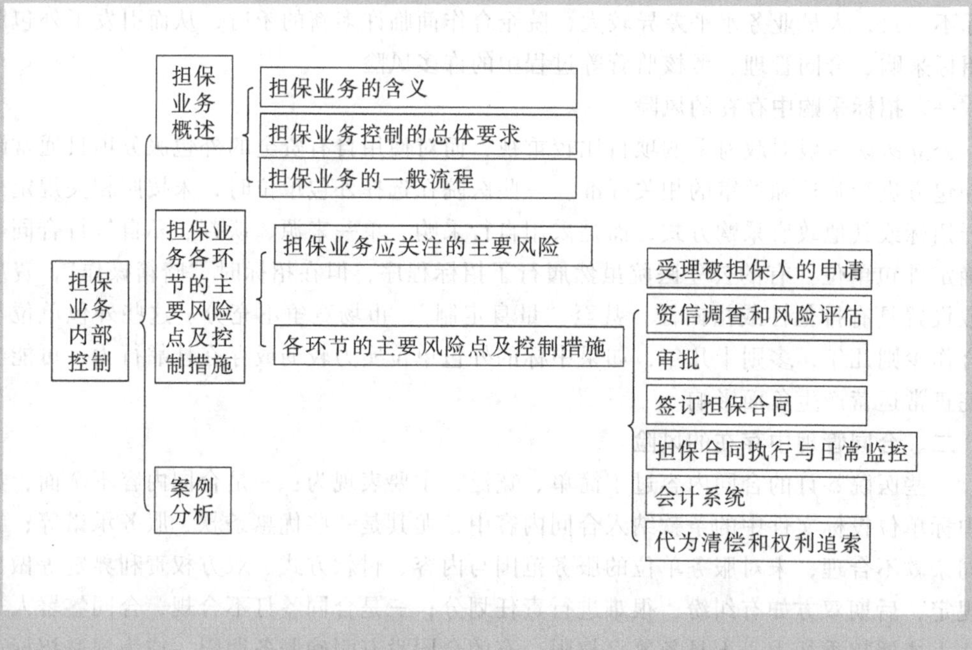

◎第一节　业务外包概述

社会分工的专业化和精细化使得业务外包的经营模式得以实施，越来越多的企业开始考虑将有限的资源集中于核心业务，而将那些不经常发生的，或是非核心竞争能力的业务委托外部企业完成，以降低成本，提高效率。

一、业务外包概念及分类

（一）业务外包概念

1990年，美国学者普拉哈拉德（C.K.Prahalad）和哈默尔（Gary Hamel）在其《企业核心能力》一书中正式提出业务外包的概念。根据他们的观点，所谓业务外包，是指企业基于契约，将一些非核心的、辅助性的功能或业务外包给外部的专业化厂商，利用他们的专长和优势来提高企业的整体效率和竞争力。通过实施业务外包，企业不仅可以降低经营成本，集中资源发挥自己的核心优势，更好地满足客户需求，增强市场竞争力，而且可以充分利用外部资源，弥补自身能力的不足；同时，业务外包还能使企业保持管理与业务的灵活性和多样性。

我国颁布的《企业内部控制应用指引第13号——业务外包》将业务外包定义为企业利用专业化分工优势，将日常经营中的部分业务委托给本企业以外的专业服务机构或经济组织（以下简称承包方）完成的经营行为。特别需要指出的是，工程项目的外包不在此列。

（二）外包业务的分类

按照外包业务对企业的影响程度，可以将业务外包分为一般业务外包和重大业务外包。

按照外包业务的具体内容，可以将业务外包分为研发外包、资信调查、可行性研究、委托加工、物业管理、客户服务、IT服务等。

二、业务外包控制的总体要求

企业应当建立和完善业务外包管理制度，规定业务外包的范围、方式、条件、程序和实施等相关内容，明确相关部门和岗位的职责权限，强化业务外包全过程的监控，防范外包风险，充分发挥业务外包的优势。

《企业内部控制应用指引第13号——业务外包》

三、业务外包基本流程

业务外包的基本流程可以概括为以下环节：制订业务外包实施方案、审核批准、选择承包方、签订业务外包合同、组织实施业务外包、业务外包过程管理、验收、会计控制等，如图16-1所示。

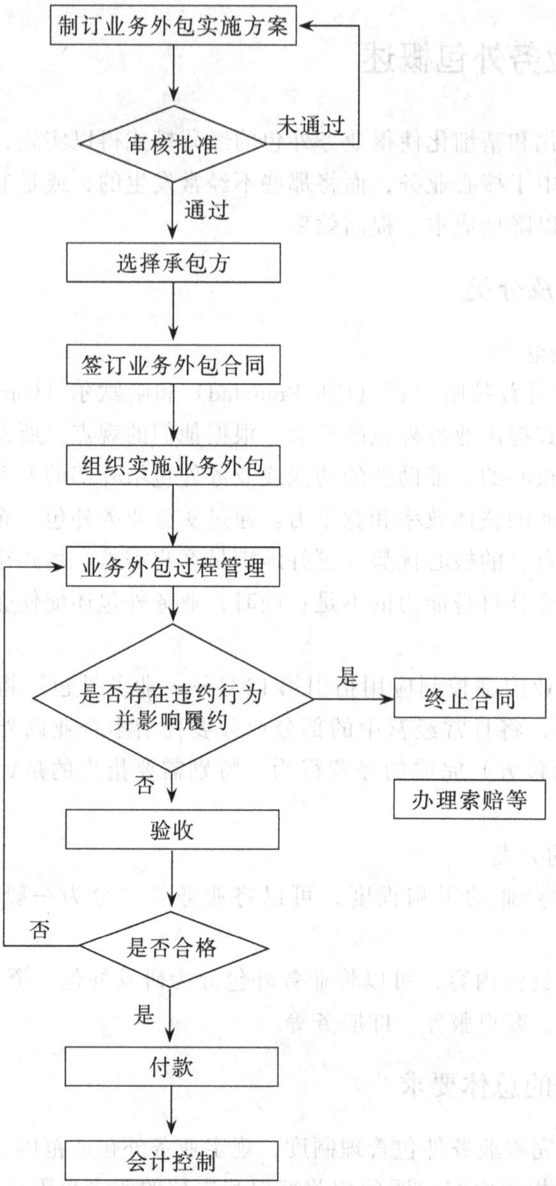

图16-1 业务外包基本流程

资料来源：财政部会计司.《企业内部控制应用指引第13号——业务外包》解读［J］. 财务与会计，2011（5）.

◎第二节 业务外包各环节的主要风险点及控制措施

一、业务外包应关注的风险

企业业务外包要关注以下风险：

1.外包范围和价格确定不合理，承包方选择不当，可能导致企业遭受损失。

2.业务外包监控不严、服务质量低劣，可能导致企业难以发挥业务外包的优势。

3.业务外包存在商业贿赂等舞弊行为，可能导致企业相关人员涉案。

二、业务外包各环节的主要风险点及控制措施

（一）制订业务外包实施方案

制订业务外包实施方案，是指企业根据年度生产经营计划和业务外包管理制度，结合确定的业务外包范围，制订实施方案。

中国中车业务外包管控模式的探索与实践

该环节的风险主要包括以下内容：企业缺乏业务外包管理制度，导致制订实施方案时无据可依；业务外包管理制度未明确业务外包范围，可能导致有关部门在制订实施方案时，将不宜外包的核心业务进行外包；实施方案不合理，不符合企业生产经营特点或内容不完整，可能导致业务外包失败。

主要的控制措施包括：第一，建立和完善业务外包管理制度，根据各类业务与核心主业的关联度、对外包业务的控制程度以及外部市场成熟度等标准，合理确定业务外包的范围，并根据是否对企业生产经营有重大影响对外包业务实施分类管理，以突出管控重点，同时明确规定业务外包的方式、条件、程序和实施等相关内容。第二，严格按照业务外包管理制度规定的业务外包范围、方式、条件、程序和实施等内容制订实施方案，避免将核心业务外包，同时确保方案的完整性。第三，根据企业年度预算以及生产经营计划，对实施方案的重要方面进行深入评估及复核，包括承包方的选择方案、外包业务的成本效益及风险、外包合同期限、外包方式、员工培训计划等，确保方案的可行性。第四，认真听取外部专业人员对业务外包的意见，并根据其合理化建议完善实施方案。

（二）审核批准

审核批准，是指企业应当按照规定的权限和程序审核批准业务外包实施方案。

该环节的主要风险如下：审批制度不健全，导致对业务外包的审批不规范；审批不严格或者越权审批，导致业务外包决策出现重大疏漏，可能引发严重后果；未能对业务外包实施方案是否符合成本效益原则进行合理审核以及做出恰当判断，导致业务外包不经济。

主要的控制措施包括：第一，建立和完善业务外包的审核批准制度。明确授权批准的方式、权限、程序、责任和相关控制措施，规定各层级人员应当在授权范围内进行审批，不得超越权限审批。同时加大对分公司重大业务外包的管控力度，避免因分公司越权进行业务外包而给企业带来不利后果。第二，在对业务外包实施方案进行审查和评价时，应当着重对比分析该业务项目在自营与外包情况下的风险和收益，确定外包的合理性和可行性。第三，总会计师或企业分管会计工作的负责人应当参与重大业务外包的决策，对业务外包的经济效益做出合理评价。第四，对于重大业务外包方案，应当提交董事会或类似权力机构审批。

（三）选择承包商

外包承包商选择恰当与否直接关系到外包业务能否有效展开。尽管企业在选择承包商时都会对其进行全面的了解，但是双方的信息不对称始终是存在的，作为承包商而言会有意隐瞒自身的真实信息而达到自利的目的。

该环节的主要风险如下：承包方不是合法设立的法人主体，缺乏应有的专业资质，从业人员也不具备应有的专业技术资格，缺乏从事相关项目的经验，导致企业遭受损失甚至

陷入法律纠纷；外包价格不合理，业务外包成本过高导致难以发挥业务外包的优势；外包业务中存在接受商业贿赂的舞弊行为，导致相关人员涉案。

主要的控制措施包括：第一，充分调查候选承包方的合法性，即是否为依法成立、合法经营的专业服务机构或经济组织，是否具有相应的经营范围和固定的办公场所。第二，调查候选承包方的专业资质、技术实力及其从业人员的履历和专业技能。第三，考察候选承包方从事类似项目的成功案例、业界评价和口碑。第四，综合考虑企业内外部因素，对业务外包的人工成本、营销成本、业务收入、人力资源等指标进行测算分析，合理确定外包价格，严格控制业务外包成本。第五，引入竞争机制，按照有关法律法规，遵循公开、公平、公正的原则，采用招标等适当方式，择优选择承包方。第六，按照规定的程序和权限从候选承包方中做出选择，并建立严格的回避制度和监督处罚制度，避免相关人员在选择承包方过程中出现受贿和舞弊行为。

（四）签订外包业务合同

签订合同是保证外包业务顺利展开的关键，它既是企业维护自身利益的基础，也是明确承包商义务的前提。双方要按照合同规定的范围及方式执行外包，同时根据合同的条款进行交付。对于外包业务而言，外包合同设定了承包商需要提供的服务标准，但由于外包中面临很多的不确定性，人们无法完全预测外包后可能发生的种种情况，外包合同想要做到完备是不可能的。

该环节的主要风险如下：合同条款未能针对业务外包风险做出明确的约定，对承包方的违约责任界定不够清晰，导致企业陷入合同纠纷和诉讼；合同约定的业务外包价格不合理或成本费用过高，导致企业遭受损失。

主要的控制措施包括：

第一，企业应将与外包业务相关的技术部门、法律部门的人员组成项目组，负责外包业务合同的商定和谈判事宜。在订立外包合同前，充分考虑业务外包方案中识别出的重要风险因素，并通过合同条款予以有效规避或减少。

第二，在合同的内容和范围方面，明确承包方提供的服务类型、数量、成本以及明确界定服务的环节、作业方式、作业时间、服务费用等细节。

第三，在合同的权利和义务方面，明确企业有权督促承包方改进服务流程和方法，承包方有责任按照合同协议规定的方式和频率，将外包实施的进度和现状告知企业，并对存在的问题进行有效沟通。

第四，在合同的服务和质量标准方面，应当规定外包商最低的服务水平要求以及如果未能满足标准实施的补救措施。

第五，在合同的保密事项方面，应具体约定对于涉及本企业机密的业务和事项，承包方有责任履行保密义务。

第六，在费用结算标准方面，综合考虑内外部因素，合理确定外包价格，严格控制业务外包成本。

第七，在违约责任方面，制定既具原则性又体现一定灵活性的合同条款，以适应环境、技术和企业自身业务的变化。

（五）组织实施业务外包

组织实施业务外包，是指企业严格按照业务外包制度、工作流程和相关要求，组织业务外包过程中人、财、物等方面的资源分配，建立与承包方的合作机制，为下一环节的业务外包过程管理做好准备，确保承包方严格履行业务外包合同。企业在组织实施业务外包时，应当根据业务外包合同条款，落实双方应投入的人力资源、资金、硬件及专有资产等，明确承包方提供服务或产品的工作流程、模式、职能架构、项目实施计划等内容。

该环节的主要风险是：组织实施业务外包的工作不充分或未落实到位，影响下一环节业务外包过程管理的有效实施，导致难以实现业务外包的目标。

主要控制措施包括：

第一，按照业务外包制度、工作流程和相关要求，制定业务外包实施全过程的管控措施，包括落实与承包方之间的资产管理、信息资料管理、人力资源管理、安全保密管理等机制，确保承包方在履行外包业务合同时有章可循。

第二，企业应当配备具有与外包业务相关的专业人员，明确各人员的岗位职责。做好与承包方的对接工作，通过培训等方式确保承包方充分了解企业的工作流程和质量要求，从起点开始控制业务质量。

第三，与承包方建立并保持畅通的沟通协调机制，以便及时发现并有效解决业务外包过程存在的问题。

第四，梳理有关工作流程，提出每个环节上的岗位职责分工、运营模式、管理机制、质量水平等方面的要求，并建立对应的即时监控机制，及时检查、收集和反馈业务外包实施过程中的相关信息。

（六）业务外包过程管理

根据业务外包合同的约定，承包方会采取在特定时点向企业一次性交付产品或在一定期间内持续提供服务的方式交付业务外包成果。由于承包方交付成果的方式不同，业务外包过程也有所不同。前者的业务外包过程是指承包方对产品的设计制造过程，后者的业务外包过程是指承包方持续提供服务的整个过程。企业与承包商之间的关系是通过签订协议而形成的，因而企业不可能像了解自身那样全面细致地了解外包业务运作的全过程。当内部的业务或资源交由外部的外包服务商管理之后，企业无法对外包业务进行直接控制，也得不到来自外包服务商的服务人员的直接报告，加之有时合同中双方权利义务的界定不清等，都会造成外包业务管理运作的失败。

该环节的主要风险是：承包方在合同期内因市场变化等原因不能保持履约能力，无法继续按照合同约定履行义务，导致业务外包失败和本企业生产经营活动中断；承包方出现未按照业务外包合同约定的质量要求持续提供合格的产品或服务等违约行为，导致企业难以发挥业务外包优势，甚至遭受重大损失；业务外包过程管控不力，导致商业秘密泄漏。

主要控制措施包括：

第一，在承包方提供服务或制造产品的过程中，密切关注重大业务外包承包方的履约能力，采取动态管理方式，对承包方开展日常绩效评价和定期考核。

第二，对承包方的履约能力进行持续评估，包括承包方对该项目的投入是否能够支持其产品或服务质量达到企业预期目标，承包方自身的财务状况、生产能力、技术创新能力等综合能力是否满足该项目的要求。

第三，建立即时监控机制，一旦发现偏离合同目标等情况，应及时要求承包方调整改进。

第四，对重大业务外包的各种意外情况做出充分预计，建立相应的应急机制，制订临时替代方案，避免业务外包失败造成企业生产经营活动中断。

第五，有确凿证据表明承包方存在重大违约行为，并导致业务外包合同无法履行的，应当及时终止合同，并指定有关部门按照法律程序向承包方索赔。

第六，切实加强对业务外包过程中形成的商业信息资料的管理。

（七）验收

在业务外包合同执行完成后需要验收的，企业应当组织相关部门或人员对完成的业务外包合同进行验收。

该环节的主要风险是：验收方式与业务外包成果交付方式不匹配，验收标准不明确，验收程序不规范，使验收工作流于形式，不能及时发现业务外包质量低劣等情况，可能导致企业遭受损失。

主要控制措施包括：

第一，根据承包方业务外包成果交付方式的特点，制定不同的验收方式。一般而言，可以对最终产品或服务进行一次性验收，也可以在整个外包过程中分阶段验收。

第二，根据业务外包合同的约定，结合在日常绩效评价基础上对外包业务质量是否达到预期目标的基本评价，确定验收标准。

第三，组织有关职能部门、财会部门、质量控制部门等的相关人员，严格按照验收标准对承包方交付的产品或服务进行审查和全面测试，确保产品或服务符合需求，并出具验收证明。

第四，验收过程中发现异常情况的，应当立即报告，查明原因，视问题的严重程度与承包方协商采取恰当的补救措施，并依法索赔。

第五，根据验收结果对业务外包是否达到预期目标做出总体评价，据此对业务外包管理制度和流程进行改进和优化。

（八）会计控制

会计控制是指企业应当根据国家统一的会计准则制度，加强对外包业务的核算与监督，并做好外包费用结算工作。

该环节的主要风险表现为：缺乏有效的业务外包会计系统控制，未能全面真实地记录和反映企业业务外包各环节的资金流和实物流情况，可能导致企业资产流失或贬损；业务外包相关会计处理不当，可能导致财务报告信息失真；结算审核不严格、支付方式不恰当、金额控制不严，可能导致企业资金损失或信用受损。

主要控制措施包括：

第一，企业财会部门应当根据国家统一的会计准则制度，对业务外包过程中交由承包方使用的资产、涉及资产负债变动的事项以及外包合同诉讼潜在影响等加强核算与监督。

第二，根据企业会计准则制度的规定，结合外包业务特点和企业管理机制，建立完善外包成本的会计核算方法，进行有关会计处理，并在财务报告中进行必要、充分的披露。

第三，在向承包方结算费用时，应当依据验收证明，严格按照合同约定的结算条件、方式和标准办理支付。

◎第三节 案例分析

案例一：外包业务实施方案不明确、过程管理不当引发的问题

一、案例介绍

华兴公司是一家民营制造业企业，主要生产橡胶密封件、机械操作件等器件，有70%的产品销往海外。随着电子商务模式的兴起，公司希望通过建立网站开拓新的销售渠道，并将此项业务交由公司信息化管理部门负责。该公司信息化管理部门共有4人，主要负责维护企业内部的IT系统和硬件，由于缺乏技术上的条件，他们对建立网站并不十分精通。该部门的经理张华考虑了部门的实际情况后决定将网站的建立和维护这一工作外包，交由专业的公司去完成。于是，在征得公司总经理的批准后，张华开始与国内某提供网站服务的ABC公司进行洽谈，由于华兴公司对于网站建设的具体内容等没有明确的规划和认识，所以对ABC公司这个专业机构给予了充分的信任，完全交由其负责，并与该公司签订了网站建设的外包业务合同。合同约定：该外包公司为华兴公司建设一个中英文双语网站，华兴公司需要在前期一次性支付给ABC公司5万元服务费。此后，负责此项业务外包的张华没有再与ABC公司进行任何的后续沟通。网站建设期结束后，按合同约定该交付网站时，张华发现ABC公司所建的网站与自己所想的模式有很大的差别，内容也有很多不如意之处，英文网站的超链接并不理想。该网站虽然建成了，但是华兴公司对其并不满意，没有达到预期的效果。

二、案例分析

根据《企业内部控制应用指引第13号——业务外包》第五条的规定，企业应当建立和完善业务外包管理制度，规定业务外包的范围、方式、条件、程序和实施等相关内容，明确相关部门和岗位的职责权限，强化业务外包全过程的监控，防范外包风险，充分发挥业务外包的优势。

1.外包业务选择的分析。本案例中对于华兴公司来说，建设网站开拓电子商务销售渠道是符合公司经营所需的，这是营销的大势所趋。对于华兴公司内部来说，由于不具备网站建设的能力因而寻求专业机构进行外包是正确的选择。

2.外包业务缺少具体的实施方案。对于网站外包这个项目来说，华兴公司指定了张华进行负责。但是华兴公司缺乏对网站建设的具体方案规划和认识，张华将这一工作完全交付给承包商ABC公司这一做法有不妥之处。首先，华兴公司应该组织公司的销售部门、信息化部门、财务部门等多个部门进行联合磋商，对建设网站所要达到的目标、网站主体基调、产品的展示方式、展示内容的重点等进行探讨，提出相应的意见，必要时可以聘请专业机构提供方案供华兴公司进行选择。然后，要求ABC公司按照事前制订的网站具体方案进行设计。最后，将网站的版面设计和技术实现交由ABC公司这个网站服务商去完成。很明显，华兴公司的网站外包业务没有进行事前的有效控制，即没有制定较为具体的业务外包方案，这使得外包合同无法明确公司的具体要求，这一环节的欠缺为事后的网站验收工作不理想埋下了伏笔。

3.外包业务合同订立中存在的问题。在外包业务合同中，需要明确外包业务的内容和范围、双方的权利和义务、服务和质量标准、保密事项、费用结算标准和违约责任等事

项。本案例中显然合同中有很多的条款都是不明确的，这也是公司缺乏网站建设的具体方案所带来的后果之一。从支付费用这一点来看，在网站建设的前期一次性支付服务费是不合理的，应该从维护企业利益的角度出发在网站建设完成、验收合格后再支付费用，或者也可以随着外包业务的进展情况采取分期支付费用的方式，而不应该事前一次性付款。

4.合同执行过程中缺乏有效的沟通。外包业务确定并与承包方签订了合同后，公司应当做好与承包方的对接工作，加强与承包方的沟通与协调，及时搜集相关信息，发现和解决外包业务中存在的问题。本案例中张华作为网站外包业务的主要负责人，应该时刻关注ABC公司的网站建设进程和情况，发现问题要及时与其进行沟通协商，以监督ABC公司按照本公司的意愿和合同的要求完成网站的建设。

资料来源：根据相关资料整理而成.

案例二：宜家公司生产外包——成功选择承包商案例

一、案例介绍

1.宜家历史发展。宜家家居（IKEA）是来自瑞典的全球最大的家具和家居用品零售商。1943年英格瓦·坎普拉德创建了宜家公司，其理想是为大众创造更美好的日常生活。宜家产品风格中的“简约、清新、自然”明显地秉承了北欧风格，完美再现了大自然充满阳光和清新气息、同时又朴实无华的气质，它是瑞典家居源远流长的设计文化史的凝聚：现代但不追赶时髦，实用而不乏新颖，注重以人为本，在多方面体现了瑞典家居的古老传统。

2.宜家的生产外包。宜家的生产采用贴牌生产的运作模式，通过对其外包的生产厂商的质量与技术的监督、审核，达到统一的“宜家标准”。宜家的承包商位于世界各地，宜家在55个国家有超过2 000个供应商。截至2010年2月，宜家家居在全世界的37个国家和地区中拥有313家大型门市，大部分门市位于欧洲，其余位于美国、加拿大、亚洲和澳大利亚。宜家家居目前在中国的上海、北京、广州、成都、深圳、南京、大连、沈阳、天津和无锡等地共设有11家分店。

“提供种类繁多、美观实用、民众买得起的家居用品”是宜家的经营理念。在全球家具市场中的低价位战略是支持其在全球扩张的基础，而这种低价位的战略也是其外包战略的基础，决定了宜家在生产外包方面的特点。宜家整个生产制造流程的出发点是预先制定的产品的价格。具体来说，宜家首先确定出一件产品的价格，这一价格在整个家居市场中是有竞争力的。然后设计师按照这个价格设计产品的样式、原料、色彩，并确保最终设计出的产品能够按照规定的成本生产出来。产品在设计完成后交与宜家集团下属宜家采购有限公司，由该公司负责宜家在全球范围内的采购以及与生产承包商（即产品供应商）的合作。

宜家采购有限公司将新产品的目标成本与基本产品特性公布后，供应商就依据这些条件，规划出成本、使用材料与工人技术等最能符合宜家需要的组合，然后宜家从中挑出最好的设计以确定供应商。创造竞争的秘诀在于庞大数量的订单，凡是被选中的供应商，宜家家居一定保证给它大笔的订单，供应商因此能够发挥高效能的作用。因为有着严格的成本限制，宜家在选择供应商时非常灵活。宜家是一家全球性的企业，要求它的供应商能够提供全球化、标准化的产品与服务。宜家选择供应商的条件是全球统一的。要成为宜家的供应商，必须先通过2 000多条的考核条目，其中包括环保、质量、物流、环境、出货准时度、员工工作条件、劳动时间、安全性因素和供应商管理方式等多项要求。比如，西欧国家和中国对环保的要求是不一样的。西欧对环保的要求比较高，而中国相对较低，但宜家在选择供应商是否符合环保条件时，不会考虑西欧和中国之间的地域性差别，而是一视同仁，二者的供应商必须要达到宜家统一的选择标准才行。如果同样的产品在不同的国家生产，必须要保证不同国家生产出来的产品是完全一样的。

尽管宜家对生产承包商（供应商）的选择有着相当严格的标准，但是，一旦宜家寻找到了一家优秀的合适的供应商，就会竭力与其保持长期的合作关系，并将这种沟通合作的关系贯穿于产品设计与制造的整个过程中。

正是由于宜家在选择承包商时坚持统一标准、严把产品质量关，因而才能够获得全球消费者的认可，从而占据了家具零售业的头把交椅。

二、案例分析

外包业务的承包商选择适当与否直接关系到外包业务能否有效展开。为了选出最佳供应商，企业必须对有形的和无形的因素进行综合分析。从宜家的案例中，我们可以看出，宜家通过严格而又灵活地选择生产承包商（供应商）使得其低成本的战略得以实现。

1.承包商的选择有主导的目标定位。生产外包中，宜家首先对产品成本进行有效的控制。在确定出有竞争力的产品价格后，在保证产品质量的情况下，着手寻找承包商。

2.承包商的选择遵循全球统一的标准。宜家确定了生产承包商的严格选择标准，对承包商从环保、质量、物流、环境、出货准时度、员工工作条件、劳动时间、安全性因素和承包商管理方式等方面拟定了2 000多个具体的考核条目，这样从制度上保证了承包商的选择符合宜家产品生产的要求。

3.始终保持与承包商之间的有效沟通和协调机制，并持续巩固双方之间的关系。宜家在确定好产品成本并找到合适的承包商之后，产品设计师会不断地与承包商进行沟通，在沟通的过程中，生产承包商甚至可以帮助宜家的设计师找到更加经济的材料、促进产品的形状和尺寸的改进以达到降低产品成本的目标。宜家也会为了维持住这个生产承包商而给予其大批量的订单，从而实现了双方的互惠共赢。

资料来源：郑雄伟.宜人“宜家”——宜家生产外包［M］//郑雄伟.国际外包——国际外包全球案例与商业机会.北京：经济管理出版社，2008.

学思见悟 ◎ 中国制造业服务外包前景广阔

《中共中央关于制定国民经济和社会发展第十四个五年规划和二〇三五年远景目标的建议》提出要推动现代服务业与先进制造业、现代农业深度融合，加快推进服务业数字化。服务外包是促进制造业与服务业相融共生、协同发展的重要方式，推动制造业逐渐由单一生产型向“生产+服务”型转变。先进制造业与现代服务业融合的基础是价值链高度相关，通过服务外包高效配置产业要素，使价值链在开放与合作中实现渗透、延伸与重构。

新一代信息技术发展带动产业变革和创新，人工智能、区块链、生物科技、清洁能源、智能制造等技术领域交叉融合，成为全球各国抢占的产业链制高点。随着中国新一代信息技术的不断发展，以及制造业与服务业的深度融合，中国制造业服务外包发展前景广阔。

制造业服务外包是指将原本由制造业企业内部完成的服务流程委托给外部服务供应商完成的经济活动，是以人才和知识为关键要素的现代高端服务业。其本质是在国际分工体系下，企业、机构等根据自身需要整合利用外部资源的产业组织形态。制造业服务外包主要包括制造业信息技术外包、制造业业务流程外包、制造业知识流程外包等。根据中国服务外包研究中心的统计，2019年中国企业承接制造业服务外包合同额为486.2亿美元，同比增长20.8%，占服务外包合同额的20.6%；执行额为356.0亿美元，增长16.4%，比服务外包执行额增速高7.4个百分点，占比22.5%，比上年提高0.9个百分点。2019年中国企业承接来自欧盟（28国）制造业服务外包执行额为46.9亿美元，同比增长23.8%，比离岸服务外包执行额增速高10.4个百分点。

在国际国内形势复杂多变的情况下，中国坚持新发展理念，落实贸易高质量发展，推动 服务外包加快转型升级，实现服务外包产业持续增长，中国许多企业凭借自身的实力，已经成为服务外包业务的优秀承接商，为我国国民经济做出了巨大的贡献。

资料来源：中华人民共和国商务部.中国服务外包发展报告2019.

请思考：业务外包能够给企业带来什么样的好处，同时又会产生什么样的风险？做好业务外包选择优秀的承接商至关重要，谈谈你对此的认识。

本章小结

本章主要对业务外包的基本概念、业务外包的基本流程、业务外包活动中的各环节的主要风险以及关键控制措施等进行了论述。《企业内部控制应用指引第13号——业务外包》中所称的业务外包是指企业利用专业化分工优势，将日常经营中的部分业务委托给本企业以外的专业服务机构或其他经济组织完成的经营行为。

企业外包业务的类型通常包括研发、资信调查、可行性研究、委托加工、物业管理、客户服务、IT服务等。企业业务外包的基本流程包括：制订业务外包实施方案、审核批准、选择承包方、签订业务外包合同、组织实施业务外包活动、业务外包过程管理、验收、会计控制等。

业务外包活动中特别要关注以下风险：(1) 外包范围和价格确定不合理，承包方选择不当，可能导致企业遭受损失。(2) 业务外包监控不严、服务质量低劣，可能导致企业难以发挥业务外包的优势。(3) 业务外包存在商业贿赂等舞弊行为，可能导致企业相关人员涉案。

企业在业务外包活动中应当建立和完善业务外包管理制度，规定业务外包的范围、方式、条件、程序和实施等相关内容，明确相关部门和岗位的职责权限，强化业务外包全过程的监控，防范外包风险，避免将核心业务外包，充分发挥业务外包的优势。要做好业务外包各个环节关键控制点的控制措施，特别是在承包方的选择和业务外包具体实施中严格按照制度进行。

中英文专业术语

业务外包 outsourcing

业务外包风险 outsourcing risks

重大外包业务 significant outsourcing activities
一般外包业务 general outsourcing activities
研发 research and development
资信调查 credit checks
可行性研究 feasibility studies
委托加工 commissioned processing
物业管理 property management
客户服务 customer services
IT服务 information technology
承包商的选择 choice of contractors
业务外包实施 conduct of outsourcing
验收证明 acceptance certificates

章后练习

章后练习–自测版

一、单项选择题

1.外包合同的执行与监控的主要风险不包括（　　）。

A.合同内容存在重大风险和欺诈

B.与承包方的对接工作不到位，沟通协调不力

C.缺乏对承包方履约能力的持续评估以及应急机制

D.对承包方的索赔不力

2.企业外包业务需要保密的，应当在业务外包合同或者另行签订的保密协议中明确规定承包方的保密义务和责任，要求承包方向其从业人员提示保密要求和应承担的责任，这一措施属于（　　）。

A.业务外包合同的实施与管理　　B.签订业务外包合同

C.会计系统控制　　D.验收

3.重大业务外包方案应当提交审批，审批人是（　　）。

A.分管副总经理　　B.总经理

C.董事长　　D.董事会或类似决策机构

4.以下关于企业外包业务控制不正确的是（　　）。

A.任何业务都可以外包。

B.强化对业务外包全过程的监控

C.重大业务外包方案应当提交董事会或类似权力机构审批

D.建立严格的回避制度和监督处罚制度

5.下列不属于企业外包业务的是（　　）。

A.研发业务　　B.委托代销　　C.物业管理　　D.资信调查

二、多项选择题

1.企业在选择业务外包的承包方时，属于承包方应当符合的最低条件有（　　）。

A.依法成立和合法经营的专业服务机构或其他经济组织

B.具有相应的经营范围和固定的办公场所

C.具备相应的专业资质，其从业人员符合岗位要求和任职条件，并具有相应的专业技术资格

D.技术及经验水平符合本企业业务外包的要求

2.业务外包控制的总体要求是（　　）。

A.完善业务外包管理制度　　B.强化监控

C.加强信息核对　　D.避免核心业务外包

3.关于外包业务承包方的选择，正确的是（　　）。

A.承包方是依法成立和合法经营的专业服务机构或其他经济组织

B.承包方应当具备相应的专业资质

C.引入竞争机制，遵循公开，公平，公正的原则。择优选择外包业务的承包方

D.基于成本效益原则的考虑，承包方的选择可以直接指定有资质的承包方承担

E.建立严格的回避制度和监督处罚制度

4.下列业务中可以进行外包的包括（　　）。

A.研发外包　　B.资信调查　　C.可行性研究

D.委托加工　　E.物业管理

5.业务外包应当关注哪些风险（　　）。

A.外包范围和价格确定不合理，承包方选择不当，给企业带来损失

B.业务外包监控不严、服务质量低劣，导致企业难以发挥业务外包优势

C.业务外包中可能存在商业贿赂等舞弊行为，可能导致企业相关人员涉案

D.企业缺乏业务外包管理制度，导致制定业务外包实施方案时无据可依

三、判断题

1.外包的分类，通常划分为重大业务外包和一般业务外包。（　　）

2.为降低成本，提高竞争力，企业应当将核心业务实施外包。（　　）

3.外包的会计控制要注意加强核算与监督以及费用核算工作。（　　）

四、案例分析题

甲公司和乙公司同时实施了一个公司网页设计的外包项目，为本公司的在线系统设计一个首页和整体页面框架。在签订合同时，甲、乙公司在合同上详细地列示了项目的交付内容，提出了清晰的需求，以避免后期双方对此发生争议。A网站设计公司（以下简称“A公司”）分别与甲公司和乙公司签订了网页设计外包合同，安排人员进行页面设计，并计划在一周内提交初稿。但在设计过程中却出现了问题，首先是A公司临时更换了技术人员，这样在前期阶段确定的相关细节又要重新沟通，而且人员技术水平也不符合要求。此外，甲、乙公司发现，A公司对该项目的组织结构也不合理，公司的两个合股人分别负责技术部和业务部两个部门，这两个部门相互独立、相互牵制。A公司没有专门的项目经理负责这个项目，只是由业务人员负责协调。这样的项目组织结构造成项目的执行和沟通很困难。因此，甲、乙公司的项目都不得不暂停，陷入僵局。面对上述情况，甲、乙公司做出了不同的反应：

甲公司及时制定了相应的沟通策略。当出现问题的时候，甲公司外包业务归口管理部门负责人直接与A公司的两个部门经理召开联席会议，协调共同解决问题，并对承包方工

作人员进行必要的关于行业特点和经营需求方面的指导和培训，从而使其充分了解甲公司的外包目标。最后，经过双方一段时间的努力，A公司提交了合同上所有的交付内容，项目按期收尾。

乙公司按照原定沟通机制，向业务人员提出网页设计修改要求，并督促业务部门尽快实施。然而，业务人员甚至业务部经理都对技术细节的理解有限，而且无法跨部门安排技术人员的工作，导致该外包业务失败。

要求：运用业务外包活动控制的有关知识，指出这一案例中甲、乙公司违背了哪些关键风险控制要求，应运用何种控制措施加以预防？

第十七章 合同管理内部控制

学习目标

通过本章的学习，了解合同及合同管理的相关理论，掌握合同管理的基本过程以及合同管理过程中的存在的风险及应对措施。

引导案例与思考

秦山核电站位于杭州湾畔，是中国第一座依靠自己的力量设计、建造和运营管理的30万千瓦压水堆核电站。秦山核电站是我国和平利用核能的光辉典范，同时也使我国成为继美、英、法、苏联、加拿大、瑞典之后世界上第七个能够自行设计、建造核电站的国家。秦山核电站在建设中，尽量利用国内技术和条件，同时引进了一些国内一时难以解决的关键设备和材料。设备按台件统计，国产占95%，进口占5%；按资金统计，国产占70%，进口占30%。

在建设中，如何保证所有国内和国外供货设备、材料以及工程施工按照合同如期履约，如何强化合同管理和预概算管理，一切以合同为基础，严格按预概算控制投资，满足工程建设需要，是秦山核电各级领导、合约管理人员极为关注的问题。秦山核电通过多方考察，最终决定采用建文软件PM软件系统的“合同管理系统”，其目标主要是实现全方位的合同管理功能，从合同起草、合同签订、文本管理、结算安排、执行进展、合同变更到实际结款，以及对合同结款情况统计分析进行全方位管理，从而为业务决策提供有力的数据支持，降低因信息不全而造成的合同损失。

资料来源：佚名.秦山核电站合同管理应用分析［EB/OL］.［2008-10-21］. http：//www.justwin.cn/example/201010/20101019_44.html.

知识准备

课前思考与讨论：

1.合同管理的目的是什么？

2.合同管理的意义是什么？

3.你见过哪些合同？

课前预习（思维导图）

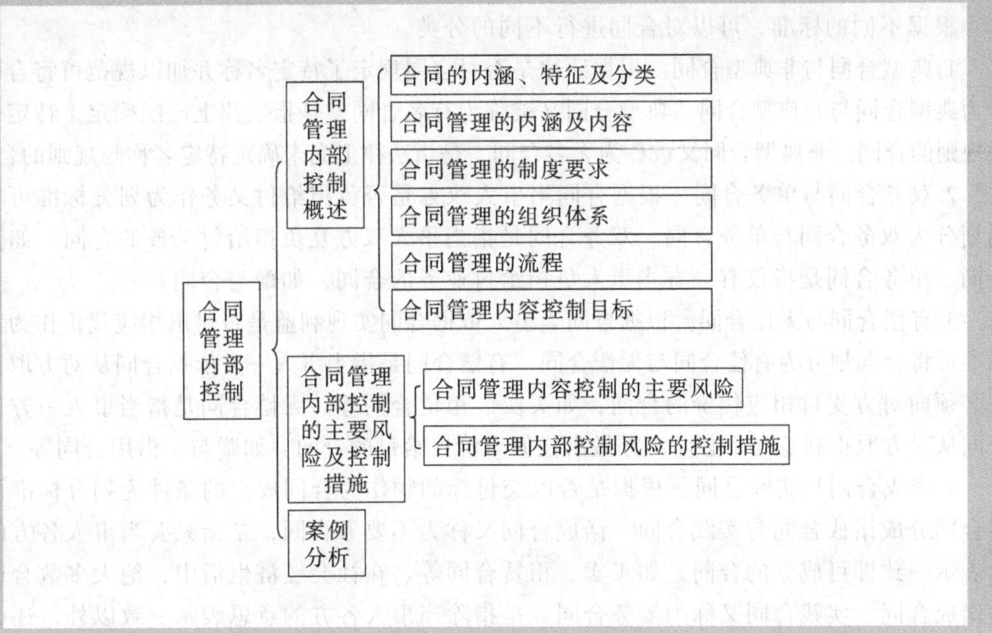

◎第一节　合同管理内部控制概述

一、合同的内涵、特征及分类

（一）合同的内涵

合同是指企业与自然人、法人及其他组织等平等主体之间设立、变更、终止民事权利义务关系的协议，但企业与职工签订的劳动合同除外。合同管理是企业作为经济法律关系的主体，依法对单位经济合同的签订、履行、变更、解除以及经济合同纠纷所进行的计划、组织、控制、调解、诉讼和监督检查等一系列活动的总称。

（二）合同的特征

1.合同是一种法律行为。合同以意思表示为成立要素，并且按照意思表示的内容赋予法律效果，故合同是一种法律行为，而非事实行为。

2.合同是以设立、变更、终止民事权利义务为目的的法律行为。法律行为是民事主体有意识的行为。任何民事行为均具有目的性。合同作为一种法律行为，其目的在于在当事人之间设立、变更、终止财产权利义务关系。财产权利义务关系是指包括物权关系、债权关系、知识产权关系等等具有财产内容的权利义务关系。

3.合同是两方以上当事人的意思表示一致的民事行为。这是合同区别于单方民事行为的重要标志。

4.合同是当事人各方在平等、自愿基础上产生的民事行为。

（三）合同的分类

根据不同的标准，可以对合同进行不同的分类。

1.典型合同与非典型合同。根据法律是否对合同规定了特定名称并加以规范可将合同划分为典型合同与非典型合同。典型合同又被称为有名合同，是指法律上已经确定了特定名称及规则的合同。非典型合同又被称为无名合同，是指法律上尚未确定特定名称与规则的合同。

2.双务合同与单务合同。根据合同当事人双方是否负担给付义务作为划分标准可将合同划分为双务合同与单务合同。双务合同是指当事人双方互负担给付义务的合同，如买卖合同。单务合同是指仅有一方当事人负担给付业务的合同，如赠与合同。

3.有偿合同与无偿合同。根据合同当事人依据合同实现利益是否付出相应代价作为划分标准可将合同划分为有偿合同与无偿合同。有偿合同是指当事人一方依据合同从对方取得利益必须向对方支付相应代价的合同，如买卖、租赁合同等。无偿合同是指当事人一方依据合同从对方取得利益而不必向对方做出任何对价性给付的合同，如赠与、借用合同等。

4.诺成合同与实践合同。根据是否以交付标的物作为合同成立的条件为划分标准可以将合同分成诺成合同与实践合同。诺成合同又称为不要务合同，是指只要当事人各方的意思表示一致即可成立的合同，如买卖、租赁合同等。在社会经济生活中，绝大多数合同都是诺成合同。实践合同又称为要务合同，是指除当事人各方的意思表示一致以外，还必须实际交付标的物才能成立的合同，如保管、借用合同等。

5.要式合同与不要式合同。根据合同的成立是否必须采取特定的形式为划分标准可以将合同分为要式合同与不要式合同。要式合同是指必须采用法律规定的特定形式订立方能成立的合同。不要式合同是指法律没有要求其必须采用某种特定形式订立的合同。在经济生活中，大多数合同都属于不要式合同。

6.主合同与从合同。根据相互有联系的合同之间的主从关系为划分标准，可以将合同划分为主合同与从合同。在两个相互有联系的合同当中，不需要依赖其他合同而能独立存在的合同为主合同；反之，以其他合同（主合同）的存在为其存在前提的合同是从合同。

二、合同管理的内涵及内容

（一）合同管理的内涵

合同管理是企业作为经济法律关系的主体，依法对单位经济合同的签订、履行、变更、解除以及经济合同纠纷所进行的计划、组织、控制、调节、诉讼和监督检查等一系列活动的总称。

（二）合同管理的内容

合同管理作为企业经营管理的重要组成部分，涉及企业生产经营的各个方面、各个环节，是一项综合性很强的工作。一般来说，企业的合同管理包括以下几个方面的内容：

1.组织本企业合同业务人员、管理人员认真学习《民法典》，普及经济合同有关知识，是管好合同的思想基础。

2.建立健全合同管理机构，是管好合同的组织保证。

3.建立健全合同管理制度，是管好合同的制度保障。

4.加强企业经济法治建设，妥善解决经济纠纷。许多企业聘请律师担任法律顾问，有些企业还设立了法律事务机构，配备了法律顾问人员。这些法律顾问帮助企业起草法律文书，审查合同，参加企业重大合同的谈判，接受企业委托，参加合同纠纷的调解、仲裁和诉讼活动，有效地维护了企业的合法权益。

三、合同管理的制度要求

合同管理作为企业经营管理的重要组成部分，涉及企业生产经营的各个方面、各个环节。因此，企业需要建立一系列制度体系和机制保障，合同管理的作用得到有效发挥。

（一）建立分级授权管理制度

企业应当根据经济业务性质、组织机构设置和管理层级安排，建立合同分级管理制度。属于上级管理权限的合同，下级单位不得签署。对于重大投资类、融资类、担保类、知识产权类、不动产类合同上级部门应加强管理。下级单位认为确实需要签署涉及上级管理权限的合同，应当提出申请，并经上级合同管理机构批准后办理。上级单位应当加强对下级单位合同订立、履行情况的监督检查。

（二）建立统一归口管理制度

企业可以根据实际情况指定法律部门等作为合同归口管理部门，对合同实施统一规范管理，具体负责制定合同管理制度，审核合同条款的权利义务对等性，管理合同标准文本，管理合同专用章，定期检查和评价合同管理中的薄弱环节，采取相应控制措施，促进合同的有效履行等。

（三）明确职责分工与进行密切协作

公司各业务部门在明确分工的基础上，各负其责，互相配合，互相支持，共同保证合同的调查、谈判、订立、履行和终结责任。公司财会部门侧重于履行对合同的财务监督职责。

（四）健全考核与责任追究制度

企业应当健全合同管理考核与责任追究制度，开展合同后评估，对合同订立、履行过程中出现的违法违规行为，应当追究有关机构或人员的责任。

四、合同管理的组织体系

建立健全企业合同管理组织体系，是加强和改善企业合同管理的组织保证。

（一）加强合同管理是企业法定代表人的重要职责

企业法定代表人既是企业的最高管理者，也是企业合同管理的总负责人。其具体权责一般包括：

1.认真贯彻《民法典》及其相关法律、法规、规章，保证国家法律、法规、规章在本企业得到切实执行。

2.把合同管理工作纳入本企业总体发展规划和目标责任制，保证本企业经济合同依法签订和全面履行。

3.建立健全合同管理机构和各项合同管理制度，把合同管理纳入规范化、制度化的轨道，维护企业的合法权益。

4.依法亲自签订、审查重大合同，积极解决合同纠纷。

5. 监督、检查本企业合同的签订和履行情况，并对有关单位和个人实施奖惩。

（二）企业法律事务机构是合同管理的归口部门

企业法律事务机构是企业设置的，运用法律手段管理企业、处理涉法事务的职能部门。其作为合同的统一管理部门，权责一般包括：

1. 配合企业管理当局，对本企业的合同管理进行通盘研究、总体规划，全面提高企业合同管理水平。

2. 组织企业各级员工学习合同法律、法规、规章，促进企业依法生产经营。

3. 建立健全合同管理制度或管理办法，逐步把本企业的合同管理纳入规范化、法治化轨道。

4. 参与重大经济合同谈判，起草、审查本企业重大经济合同。

5. 指导、监督、检查本企业各类经济合同的签订、履行。

6. 建立健全合同档案、台账、报表等基础工作。

7. 对企业合同专用章、法人授权委托证书和空白合同用纸进行管理和控制。

8. 参与合同纠纷的调查、调解、仲裁、诉讼活动，对合同纠纷实行归口管理。

9. 对本企业合同的签订、履行情况进行调查研究、统计分析，向企业管理层提出加强合同管理的意见和建议。

五、合同管理的流程

从整体上来讲，合同管理可以划分为合同订立阶段和合同履行阶段。同时，合同订立阶段包括合同调查、合同谈判、合同文本拟定、合同审批、合同签署等环节；合同履行阶段涉及合同履行、合同补充和变更、合同解除、合同结算、合同登记等环节。图 17-1 列示了企业合同管理的基本业务流程。

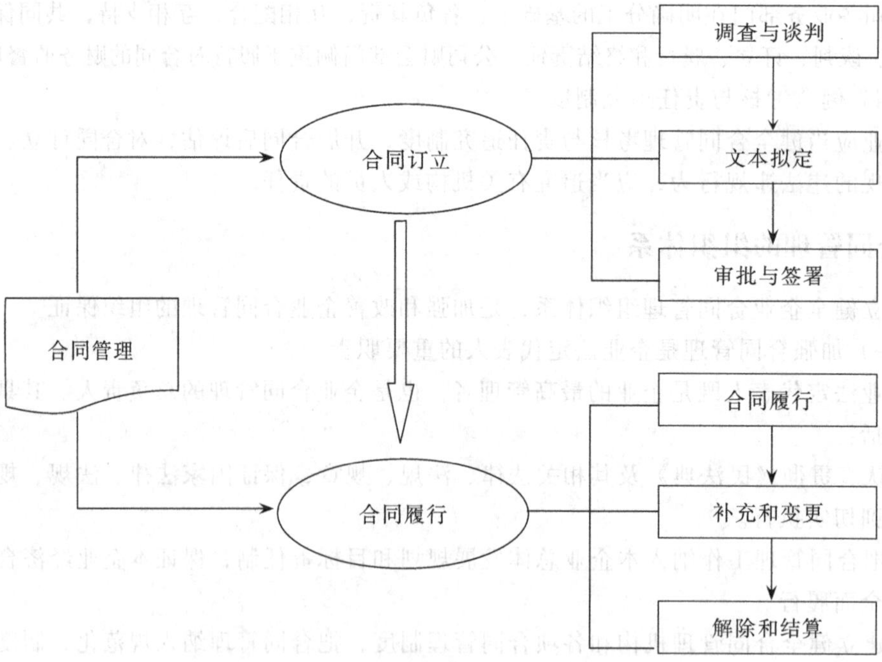

图 17-1 企业合同管理的基本业务流程

资料来源：财政部《企业内部控制应用指引第 16 号——合同管理》的解释。

六、合同管理内部控制目标

1.确保合同双方当事人具备签订合同的相应资格。

2.在遵循自愿、公平、诚实信用的原则基础上，明确双方的权利义务和违约责任。

3.保障合同文本的合法、合规性和完整性。

4.保障合同的有效性。

5.保障合同正常履行。

小结与复习：

问：简单画出合同管理的基本业务流程

答：

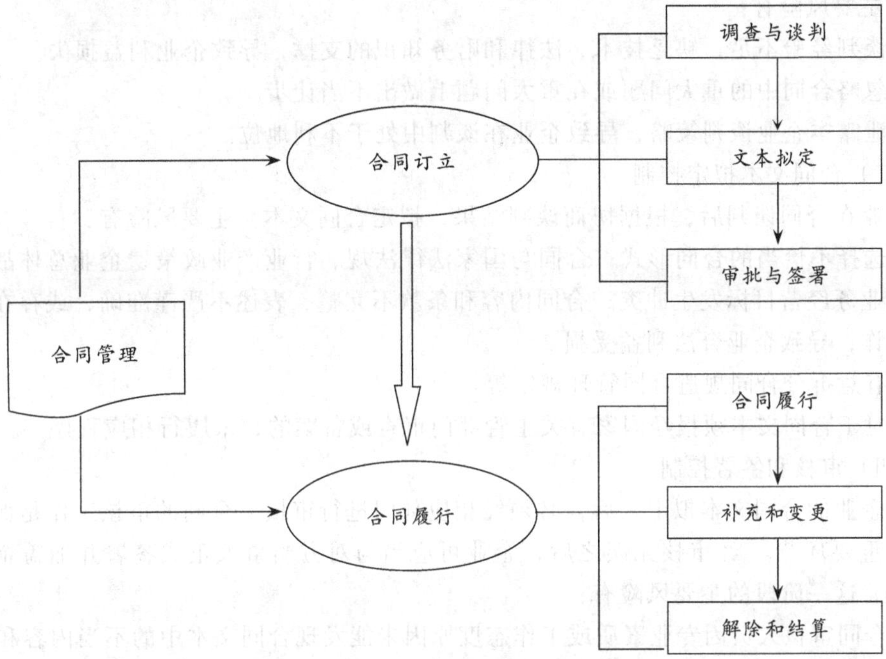

◎第二节　合同管理内部控制的主要风险及控制措施

一、合同管理内部控制的主要风险

企业在合同管理控制中，可能会出现以下风险：未订立合同、未经授权对外订立合同、合同对方主体资格未达要求、合同内容存在重大疏漏和欺诈，可能导致企业合法权益受到侵害；合同未全面履行或监控不当，可能导致企业诉讼失败、经济利益受损；合同纠纷处理不当，可能损害企业利益、信誉和形象。

（一）合同调查控制

合同订立前，企业应当进行合同调查，充分了解合同对方的主体资格、信用状况等有关情况，确保对方当事人具备履约能力。这一阶段的主要风险有：

1.未对被调查对象的主体资格进行审查，准合同对象不具有相应民事权利能力和民事行为能力或不具备特定资质，与不具备代理权或越权代理的主体签订合同，导致合同无效，或引发潜在风险。

2.在合同签订前错误判断被调查对象的信用状况，或在合同履行过程中没有持续关注对方的资信变化，致使企业遭受损失。

3.对被调查对象的履约能力未能进行正确的评估，将不具备履约能力的对象确定为准合同对象，或将具有履约能力的对象排除在准合同对象之外。

（二）合同谈判控制

初步确定准合同对象后，企业内部的合同承办部门将在授权范围内与对方进行合同谈判，按照自愿、公平原则，磋商合同内容和条款，明确双方的权利义务和违约责任。这一阶段的主要风险有：

1.谈判经验不足，缺乏技术、法律和财务知识的支撑，导致企业利益损失。

2.忽略合同中的重大问题或在重大问题上做出不当让步。

3.泄露本企业谈判策略，导致企业在谈判中处于不利地位。

（三）合同文本拟定控制

企业在合同谈判后，根据协商谈判结果，拟定合同文本。主要风险有：

1.选择不恰当的合同形式；合同与国家法律法规、行业产业政策、企业总体战略目标或特定业务经营目标发生冲突；合同内容和条款不完整、表述不严谨准确，或存在重大疏漏和欺诈，导致企业合法利益受损。

2.有意拆分合同规避合同管理规定等。

3.对于合同文本须报经国家有关主管部门审查或备案的，未履行相应程序。

（四）审核和签署控制

当企业的合同文本拟定之后，必须经相应部门进行审核。合同的审核工作是保障合同有效的重要环节。经审核无误之后，企业可应当与对方当事人正式签署并加盖企业合同专用章。这一阶段的主要风险有：

1.合同审核人员因专业素质或工作态度原因未能发现合同文本中的不当内容和条款。

2.审核人员虽然通过审核发现问题但未提出恰当的修订意见。

3.合同起草人员没有根据审核人员的改进意见修改合同，导致合同中的不当内容和条款未被纠正。

4.超越权限签订合同，合同印章管理不当，签署后的合同被篡改，因手续不全导致合同无效等。

（五）合同履行控制

合同订立后，企业应当与合同对方当事人一起遵循诚实信用原则，根据合同的性质、目的和交易习惯履行通知、协助、保密等义务。这一阶段的主要风险有：

1.本企业或合同对方当事人没有恰当地履行合同中约定的义务。

2.合同生效后，对合同条款未明确约定的事项没有及时协议补充，导致合同无法正常履行。

3.在合同履行过程中，未能及时发现已经或可能导致企业利益受损情况，或未能采取有效措施。

4.合同纠纷处理不当，导致企业遭受外部处罚、诉讼失败，损害企业利益、信誉和形象等。

（六）结算和登记控制

合同结算是合同执行的重要环节，既是对合同签订的审查，也是对合同执行的监督，一般由财会部门负责办理。合同登记管理制度体现合同的全过程封闭管理，合同的签署、履行、结算、补充或变更、解除等都需要进行合同登记。这一阶段的主要风险有：

1.违反合同条款，未按合同规定期限、金额或方式付款；疏于管理，未能及时催收到期合同款项；在没有合同依据的情况下盲目付款。

2.合同档案不全，合同泄密，合同滥用等。

二、合同管理内部控制风险的控制措施

企业应当加强合同管理，确定合同归口管理部门，明确合同拟定、审批、执行等环节的程序和要求，定期检查和评价合同管理中的薄弱环节，采取相应控制措施，促进合同有效履行，切实维护企业的合法权益。

（一）合同调查控制

1.审查被合同主体的身份证件、法人登记证书、资质证明、授权委托书等证明原件，同时，可通过发证机关查询证书的真实性和合法性，关注授权代理人的行为是否在其被授权范围内，在充分收集相关证据的基础上评价主体资格是否恰当。

2.获取调查对象经审计的财务报告、以往交易记录等财务和非财务信息，分析其获利能力、偿债能力和营运能力，评估其财务风险和信用状况，并在合同履行过程中持续关注其资信变化，建立和及时更新合同对方的商业信用档案。

3.对被调查对象进行现场调查，实地了解和全面评估其生产能力、技术水平、产品类别和质量等生产经营情况，分析其合同履约能力。

4.与被调查对象的主要供应商、客户、开户银行、主管税务机关和市场监督管理部门等沟通，了解其生产经营、商业信誉、履约能力等情况。

（二）合同谈判控制

1.收集谈判对手资料，充分熟悉谈判对手情况，做到知己知彼；仔细研究国家相关法律法规、行业监管、产业政策、同类产品或服务价格等与谈判内容相关的信息，正确制定本企业谈判策略。

2.关注合同核心内容、条款和关键细节，具体包括合同标的的数量、质量或技术标准，合同价格的确定方式与支付方式，履约期限和方式，违约责任和争议的解决方法、合同变更或解除条件等。

3.对于影响重大、涉及较高专业技术或法律关系复杂的合同，组织法律、技术、财会等专业人员参与谈判，充分发挥团队智慧，及时总结谈判过程中的得失，研究确定下一步谈判策略。

4.必要时可聘请外部专家参与相关工作，并充分了解外部专家的专业资质、胜任能力和职业道德情况。

5.加强保密工作，严格责任追究制度。

6.对谈判过程中的重要事项和参与谈判人员的主要意见，予以记录并妥善保存，作为避免合同舞弊的重要手段和责任追究的依据。

（三）合同文本拟定控制

1.企业对外发生经济行为，除即时结清方式外，应当订立书面合同。

2.严格审核合同需求与国家法律法规、产业政策、企业整体战略目标的关系，保证其协调一致；考察合同是否以生产经营计划、项目立项书等为依据，确保完成具体业务经营目标。

3.合同文本一般由业务承办部门起草，法律部门审核；重大合同或法律关系复杂的特殊合同应当由法律部门参与起草。国家或行业有合同示范文本的，可以优先选用，但对涉及权利义务关系的条款应当进行认真审查，并根据实际情况进行适当修改。各部门应当各司其职，保证合同内容和条款的完整准确。

4.通过统一归口管理和授权审批制度，严格合同管理，防止通过化整为零等方式故意规避招标的做法和越权行为。

5.由签约对方起草的合同，企业应当认真审查，确保合同内容准确反映企业诉求和谈判达成的一致意见，特别留意“其他约定事项”等需要补充填写的栏目，如不存在其他约定事项则注明“此处空白”或“无其他约定”，防止合同后续被篡改。

6.合同文本须报经国家有关主管部门审查或备案的，应当履行相应程序。

（四）合同审核和签署控制

1.审核人员应当对合同文本的合法性、经济性、可行性和严密性进行重点审核，关注合同的主体、内容和形式是否合法，合同内容是否符合企业的经济利益，对方当事人是否具有履约能力，合同权利和义务、违约责任和争议解决条款是否明确等。

2.建立会审制度，对影响重大或法律关系复杂的合同文本，组织财会部门、内部审计部、法律部、业务关联的相关部门进行审核，内部相关部门应当认真履行职责。

3.慎重对待审核意见，认真分析研究，慎重对待，准确无误地记录审核意见，必要时修改合同条款并再次提交审核。

4.按照规定的权限和程序与对方当事人签署合同。对外正式对外订立的合同应当由企业法定代表人或由其授权的代理人签名或加盖有关印章。授权签署合同的，应当签署授权委托书。

5.严格合同专用章保管制度，合同经编号、审批及企业法定代表人或由其授权的代理人签署后，方可加盖合同专用章。用印后保管人应当立即收回，并按要求妥善保管，以防止他人滥用。保管人应当记录合同专用章使用情况以备查，如果发生合同专用章遗失或被盗现象，应当立即报告公司负责人并采取妥善措施，如向公安机关报案、登报声明作废等，以最大限度消除可能带来的负面影响。

6.采取恰当措施，防止已签署的合同被篡改，如在合同各页码之间加盖骑缝章、使用防伪印记、使用不可编辑的电子文档格式等。

7.按照国家有关法律、行政法规规定，需办理批准、登记等手续之后方可生效的合同，企业应当及时按规定办理相关手续。

（五）合同履行控制

1.强化对合同履行情况及效果的检查、分析和验收，全面适当执行本企业义务，敦促对方积极执行合同，确保合同全面有效履行。

2.对合同履行情况实施有效监控，一旦发现对方有违约可能或违约行为，应当及时提示风险，并立即采取相应措施将合同损失降到最低。

3.根据需要及时补充、变更甚至解除合同。一是对于合同没有约定或约定不明确的内容，通过双方协商一致对原有合同进行补充，无法达成补充协议的，按照国家相关法律法规、合同有关条款或者交易习惯处理；二是对于显失公平、条款有误或存在欺诈行为的合同，以及因政策调整、市场变化等客观因素已经或可能导致企业利益受损的合同，按规定程序及时报告，并经双方协商一致，按照规定权限和程序办理合同变更或解除事宜；三是对方当事人提出中止、转让、解除合同的，造成企业经济损失的，应向对方当事人书面提出索赔。

4.加强合同纠纷管理，在履行合同过程中发生纠纷的，应当依据国家相关法律法规，在规定时效内与对方当事人协商并按规定权限和程序及时报告。合同纠纷经协商一致的，双方应当签订书面协议；合同纠纷经协商无法解决的，根据合同约定选择仲裁或诉讼方式解决。企业内部授权处理合同纠纷，应当签署授权委托书。纠纷处理过程中，未经授权批准，相关经办人员不得向对方当事人做出实质性答复或承诺。

（六）结算和登记控制

1.财会部门应当在审核合同条款后办理结算业务，按照合同规定付款，及时催收到期欠款。

2.未按合同条款履约或应签订书面合同而未签订的，财会部门有权拒绝付款，并及时向企业有关负责人报告。

3.合同管理部门应当加强合同登记管理，充分利用信息化手段，定期对合同进行统计、分类和归档，详细登记合同的订立、履行和变更、终结等情况，合同终结应及时办理销号和归档手续，以实行合同的全过程封闭管理。

4.建立合同文本统一分类和连续编号制度，以防止或及早发现合同文本的遗失。

5.加强合同信息安全保密工作，未经批准，任何人不得以任何形式泄露合同订立与履行过程中涉及的国家或商业秘密。

6.规范合同管理人员职责，明确合同流转、借阅和归还的职责权限和审批程序等有关要求。

> 小结与复习：
>
> 问：简述合同管理控制中发生的风险
>
> 答：企业在合同管理控制中，可能会出现以下风险：未订立合同、未经授权对外订立合同、合同对方主体资格未达要求、合同内容存在重大疏漏和欺诈，可能导致企业合法权益受到侵害；合同未全面履行或监控不当，可能导致企业诉讼失败、经济利益受损；合同纠纷处理不当，可能损害企业利益、信誉和形象。

◎第三节 案例分析

案例一：华夏公司借贷合同

一、案例介绍

华夏公司因开发新项目急需资金。2010年4月12日，华夏公司向天勤公司借钱15万元。双方谈妥，天勤公司借给华夏公司15万元，借期6个月，月息为银行贷款利息的1.5倍，至同年10月12日本息一起付清。华夏公司为天勤公司出具了借据。华夏公司因新项目开发不顺利，未盈利，到了10月12日无法偿还欠天勤公司的借款。某日，天勤公司向华夏公司催促还款无果，但得到一信息，某单位曾向华夏公司借款20万元，现已到还款期，某单位正准备还款，但华夏公司让某单位不用还款。于是，天勤公司向法院起诉，请求华夏公司以某单位的还款来偿还债务，华夏公司辩称该债权已放弃，无法清偿债务。

二、案例分析

(1) 合同订立阶段

华夏公司与天勤公司的借贷合同是在公平、自愿的原则上订立的，合同是有效的。《内部控制应用指引第16号——合同管理》第五条规定，“合同订立前，应当充分了解合同对方的主体资格、信用状况等有关内容，确保对方当事人具备履约能力。”在本案例中，虽然合同双方在公平、自愿的原则上订立了借贷合同，但是在合同签订之前天勤公司没有对华夏公司的信用状况做出正确的判断，未对对方公司的履约能力进行正确的评估，合同管理的相关内部控制措施失效，致使天勤公司在合同到期时未能收回借款，企业遭受损失。

(2) 合同履行阶段

在本案例中，虽然天勤公司与华夏公司所签订的合同是有效的，但是在合同履行过程中没有持续关注华夏公司的资信变化及经营状况的恶化，使得合同管理过程中的内部控制措施未发挥作用。

三、案例启示

在日常经营活动中，企业以合同作为载体进行各种经济业务的往来，例如以合同作为载体付出大量货币资金、收回大量经营收入资金等。合同管理一般涉及合同订立和合同履行两个环节，在每一个环节中又包含一些子过程。对这些子过程进行有效的控制与管理关系着企业经营风险（损失）的大小，影响着企业能否预期的战略目标。因而，对合同进行有效的、全面的控制和管理是企业重要的任务。

案例二：红光琉璃制品厂供气合同

一、案情介绍

某市红光琉璃制品厂（以下简称甲方）与某市天然气供应公司（以下简称乙方）签订了常年供气合同。合同规定，乙方每天向甲方供应生产用气5 000立方米，如减少或停供须提前五天通知甲方做好准备。甲方按月结清天然气款。双方约定，甲方向乙方交付定金10万元。

合同签订后不久，随着用气单位的增多，天然气供应日趋紧张，有些用气单位向乙方提出可以购买高价气。乙方为追求本单位的经济效益，要求甲方减少用气2 000立方米，甲方不同意。乙方在未提前通知的情况下，突然停止向甲方供气，致使甲方生产设备受损，造成损失约6万元。甲方派人前去乙方交涉，要求其保证供气，并双倍返还其已交付的定金。乙方不同意。甲方遂向某市人民法院起诉，要求乙方继续履行合同，双倍返还其已交付的定金，赔偿其他损失。

二、案例分析

(1) 合同订立阶段

甲公司与乙公司的供气合同是在公平、自愿的原则上订立的，合同是有效的。《内部控制应用指引第16号——合同管理》第五条规定，“合同订立前，应当充分了解合同对方的主体资格、信用状况等有关内容，确保对方当事人具备履约能力。”在本案例中，虽然合同双方在公平、自愿的原则上订立供气合同，乙公司也具有相应的合同主体资格，但是在合同签订前甲公司并没有对乙公司的信用状况做出正确的判断，对乙公司的履约能力也没有进行正确的评估，造成合同管理的相关内部控制措施失效，因而当乙公司突然停止向甲方供气，致使甲方生产设备受损，造成损失约6万元。

(2) 合同履行阶段

在合同的履行阶段，由于没有有效的内部控制措施，合同一方可能会存在以下风险：本企业或合同对方当事人没有恰当地履行合同中约定的义务；在合同履行过程中，未能及时发现已经或可能导致企业利益受损情况，或未能采取有效措施；合同纠纷处理不当，导致企业遭受外部处罚、诉讼失败，损害企业利益、信誉和形象等。当类似风险存在时，该合同方应该采取以下措施：①强化对合同履行情况及效果的检查、分析和验收，全面适当执行本企业义务，敦促对方积极执行合同，确保合同全面有效履行；②对合同对方的合同履行情况实施有效监控，一旦发现有违约可能或违约行为，应当及时提示风险，并立即采取相应措施将合同损失降到最低；③根据需要及时补充、变更甚至解除合同。一是对于合同没有约定或约定不明确的内容，通过双方协商一致对原有合同进行补充；④无法达成补充协议的，按照国家相关法律法规、合同有关条款或者交易习惯确定。在本案例中，在供气合同履行的过程中，随着用气单位的增多，出现供气紧张的情形，甲公司没有及时对合同履行情况进行实时监控、检查、分析和验收，也没有敦促对方积极执行合同，确保合同全面有效履行，最后导致乙方单方擅自减少供气，未按照合同规定履约，给甲方造成一定的损失。

学思见悟 ◎ 商鞅徙木立信

《史记》中有一则商鞅徙木立信的故事，说的就是取信于民的事。秦孝公时期，商鞅任丞相，为了让老百姓遵循新推行的法令，必须先取信于民。于是，商鞅想出一个方法，他命人把三丈高的木头立在国都的南门，说谁能把这根木头搬到北门，就给予谁十金的赏赐。百姓感到非常奇怪，哪能这么容易就得到十金，所以就没有人去搬这根木头。随后，商鞅又发布命令，能搬者给予五十金的赏赐。有个人抱着试试看的心理，把这根木头扛到了北门，商鞅马上就给了他五十金，以表明政府诚信不欺。这一立木取信的做法，让秦国的老百姓相信了商鞅的言而有信，从而使新法得以顺利地推行实施。后来，同样立志推行改革的宋代大臣王安石写了一首诗来赞扬商鞅："自古驱民在信诚，一言为重百金轻。今人未可非商鞅，商鞅能令政必行。"

诚信不仅是处世之本，也是立业之基。因为诚信不仅仅是个人品行的重要特质，而且在成就事业方面也发挥着相当大的作用。中国历史上每个朝代都有依靠诚实守信而取得巨大成就的著名人物。比如说，春秋战国之交的"陶朱公"范蠡，他经商有道，重视诚信。后世的生意人都供奉他的塑像，尊称他为"中华商祖"。

我国《合同法》把诚实信用原则作为一个重要原则。随着科技社会的不断进步，交易的日益频繁与复杂，经济走向规模化、社会化，合同自由原则的地位似有所下降，而诚信原则由于受到学者的推崇，已逐渐上升为合同法中的核心原则，甚至被尊为"帝王条款"。可见其在《合同法》，乃至整个民法中的重要地位。在交易中讲究诚实信用，已不仅是道德需求，更多地具有了经济价值。《合同法》的诚信原则对合同行为全过程规制，在维持交易秩序，保护交易安全，降低交易费用，鼓励交易成功，解决交易纠纷等方面起到了不可忽视的作用。

网络交易纠纷

某能源公司在某网络交易平台上发布空气能热水器销售信息，标价为1元/台。甲某发现该信息后，前后四次下单，共计订购20台热水器，能源公司对订购信息予以确认，并登记该商品已发货。后甲某因未收到货物遂将能源公司诉至法院。一审中，能源公司辩称标价系工作人员失误操作所致。但在二审中，法院经调查后发现，能源公司实际存在刷单行为。法院认为，网络交易具有特殊性，维护交易安全应为首要价值取向，购买方在遵守网络交易规则前提下的购买行为，其信赖利益应当受到保护。能源公司自导自演的刷单行为违背市场交易诚实信用原则，应当承担相应法律后果。现无证据充分证明甲某首次购买存在恶意，因而应当按照空气能热水器的市场价格赔偿其可得利益损失。但甲某在未收到首次购买货物的情况下，于一个半月后再次以明显不合理低价购买的行为，显然未尽合理注意义务，反映了其明知和利用对方存在虚伪表示而捡漏的心理，后三份合同应认定为不成立。

网络交易中，出卖人以严重低于商品价值的不合理价格标价并自行刷单，虽然不具有以标价进行交易的真实意思，但在买受人不知情在线购买、出卖人确认交易的情况下，应当认定买卖合同成立。因出卖人拒绝履行合同，买受人要求出卖人承担违约造成的可得利益损失的，人民法院应予支持。网络交易中，出卖人“刷单”、买受人“薅羊毛”等行为大量存在，违反诚信原则，扰乱交易秩序，应当予以严格规制。对出卖人而言，应当树立诚信经营理念，把精力放在提高产品质量上。对买受人而言，若明知或应知对方“刷单”而下单，将影响合同是否成立的认定，故也应尽合理注意义务。

资料来源：颜秀红说法 买卖合同商事纠纷八大典型案例［EB/OL］［2020-02-14］. https：//xw.qq.com/amphtml/20200214A0IS4A00.

本章小结

合同作为企业承担独立民事责任、履行权利义务的重要依据，是企业管理活动的重要痕迹，也是企业风险管理的主要载体。由此，合同管理控制的重要性不言而喻。本章通过分析指出了合同管理控制的总体风险及各流程中风险，并提出控制风险的措施，为企业的实际运用提供参考。

中英文专业术语

合同 contract
合同管理 contract management
合同签订 contract signing
合同订立 conclusion of contract
合同履行 performance of contract

合同管理内部控制 internal control of contract management

章后练习

章后练习-自测版

一、单项选择题

1.下列不属于合同控制措施的是（　　）。

A.统一归口管理　　B.建立分级授权管理制度

C.限制接近　　D.明确职责分工

2.根据是否以交付标的物作为合同成立的条件为划分标准可以将合同分成（　　）与实践合同。

A.诺成合同　　B.主合同　　C.有偿合同　　D.典型合同

3.根据《企业内部控制应用指引第16号——合同管理》，下列说法中错误的是（　　）。

A.对于影响重大、涉及较高专业技术或法律关系复杂的合同，必要时可聘请外部专家参与相关工作

B.谈判过程中的重要事项和参与谈判人员的主要意见，应当予以记录并妥善保存

C.合同文本一般由业务承办部门起草

D.行业有合同示范文本的，应严格按照合同示范文本草拟合同，不得修改

4.合同订立不包括（　　）。

A.调查与谈判　　B.本文拟订　　C.审批与签署　　D.补充和变更

5.合同履行不包括（　　）。

A.审批与签署　　B.实际履行　　C.补充和变更　　D.结算和登记

6.下列不属于合同谈判控制风险的是（　　）。

A.谈判经验不足，缺乏技术、法律和财务知识的支撑，导致企业利益损失

B.有意拆分合同规避合同管理规定等

C.忽略合同中的重大问题或在重大问题上做出不当让步

D.泄露本企业谈判策略，导致企业在谈判中处于不利地位

7.根据相互有联系的合同之间的主从关系为划分标准，可以将合同划分为（　　）。

A.要式合同与不要式合同

B.主合同与从合同

C.典型合同与非典型合同

D.有偿合同与无偿合同

8.根据法律是否对合同规定了特定名称并加以规范可将合同划分为（　　）。

A.要式合同与不要式合同

B.主合同与从合同

C.典型合同与非典型合同

D.有偿合同与无偿合同

9.根据合同的成立是否必须采取特定的形式为划分标准可以将合同分为（　　）。

A.要式合同与不要式合同

B.主合同与从合同

C.典型合同与非典型合同

D.有偿合同与无偿合同

10.根据合同当事人依据合同实现利益是否付出相应代价作为划分标准可将合同划分为（　　）。

A.要式合同与不要式合同

B.主合同与从合同

C.典型合同与非典型合同

D.有偿合同与无偿合同

二、多项选择题

1.合同的目的在于在当事人之间（　　）财产权利义务关系。

A.调查　　B.设立　　C.变更

D.终止　　E.审批

2.合同管理是企业作为经济法律关系的主体，依法对单位经济合同的（　　）所进行的计划、组织、控制、调节、诉讼和监督检查等一系列活动的总称。

A.签订　　B.履行　　C.变更

D.解除　　E.经济合同纠纷

3.根据法律是否对合同规定了特定名称并加以规范可将合同划分为（　　）。

A.典型合同　　B.非典型合同　　C.双务合同

D.非双务合同　　E.有偿合同

4.合同管理流程内部控制的目标包括（　　）。

A.确保合同双方当事人具备签订合同的相应资格

B.在遵循自愿、公平、诚实信用的原则基础上，明确双方的权利义务和违约责任

C.保障合同文本的合法、合规性和完整性

D.保障合同的有效性

E.保障合同正常履行

5.合同义务的一般流程分为两个阶段（　　）。

A.合同订立　　B.合同审批　　C.合同履行

D.合同结算　　E.合同解除

三、判断题

1.合同是一种法律行为，而非事实行为。（　　）

2.合同区别于单方民事行为的重要标志是它是两方以上当事人的意思表示一致的民事行为。（　　）

3.公司行政管理部门侧重于履行对合同的财务监督职责。（　　）

4.合同生效后就可以放心，不发生任何风险。（　　）

5.财会部门应当在审核合同条款后办理结算业务，按照合同规定付款，及时催收到期欠款。（　　）

第十八章 全面预算内部控制

学习目标

通过本章的学习，了解全面预算的基本理论，掌握全面预算业务内部控制的主要风险、关键控制点以及常用的控制措施。

引导案例与思考

上海宝钢集团有限公司（简称宝钢）被称为中国改革开放的产物。1978年12月23日，宝钢在中国上海宝山区长江之畔打下第一根桩。经过40多年发展，宝钢已成为中国现代化程度最高、最具竞争力的钢铁联合企业。2012年，宝钢连续第九年进入美国《财富》杂志评选的世界500强榜单，位列第197位，并当选为“全球最受尊敬的公司”。目前，公司主营钢铁、冶金矿产，兼营煤炭、化工、电力、码头、仓储、运输等与钢铁相关的业务，并从事技术开发、技术转让、技术服务和技术管理咨询业务。宝钢立足钢铁主业，坚持精品战略，发展拳头产品和著名品牌，在汽车、石油钢管、造船钢板、不锈钢、民用建筑用钢和电磁钢等六大类产品上形成大规模、高产品档次的基地，成为我国钢铁行业新工艺、新技术及新材料开发的重要基地。

为适应计划经济向市场经济的转轨、提升企业市场竞争能力，迫切需要建立与市场经济相适应的经营管理体制。宝钢集团公司于1993年开始进行全面预算管理这一全新经营管理体制的探索。公司从全面预算推行至今经历了三个阶段：

第一阶段，1993—1994年是预算管理体系的初步形成阶段。公司设置了经营预算管理部门，并编制了第一本年度预算。

第二阶段，1994—2002年是预算管理体系的规范完善阶段。这一阶段通过完善相关预算管理制度和预算管理技术，推出了月度执行预算，形成了规范的预算管理模式。

第三阶段，2002年以后，公司预算管理在原有基础上进一步深化发展，以六年经营规划为指导，进行季度滚动预算，以每股盈余作为预算编制起点，强调资本预算管理，逐步完善预算信息化平台。

至此，宝钢形成了以战略目标、经营规划为导向，以年度预算为控制目标，以滚动执行预算为控制手段，覆盖宝钢生产、销售、投资、研发的全面预算管理体系。

课前思考：

1.全面预算的实施主体分为哪几个层次？

2.完整的全面预算流程主要包括哪几个阶段？

3.如何理解全面预算管理中的“全面”二字？

课前预习（思维导图）

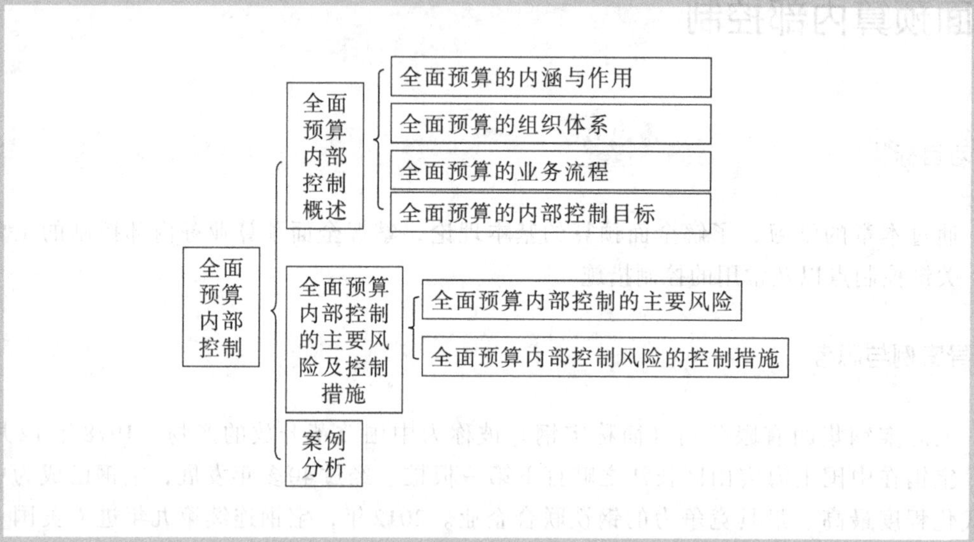

◎第一节　全面预算内部控制概述

预算控制是企业内部控制中使用较为广泛的一种控制措施，以战略目标为依据，用预算对行为和业绩进行控制活动，通过预算执行结果和既定预算目标的对比进行差异分析，及时发现和纠正偏差，保证预算目标的实现。

一、全面预算的内涵与作用

（一）全面预算的内涵

全面预算是指企业对一定期间的经营活动、投资活动、财务活动等做出的预算安排。全面预算是由经营预算、投资预算、筹资预算、财务预算等一系列预算组成的相互衔接的综合预算体系。它以预算编制为起点，通过预算执行和预算控制及考核一系列过程来完成全面预算的内容，同时，在整个过程中，编制出一套预计资产负债表、预计利润表等预计财务报表及其附表，以反映企业在未来期间的财务状况和经营成果。

（二）全面预算的作用

1.明确企业各级工作目标及任务。

全面预算经过规划、分析，以及数量化系统的编制，使企业的目标及政策得到具体的显现。

2.预测企业未来的机会与威胁。

企业的问题错综复杂，如果不预先规划，一旦问题发生，恐怕就难以补救。全面预算就是促使组织成员对各项环境变数事先加以预测，并采取相应的措施。全面预算虽然不能完全消除风险，但可以使组织成员了解组织本身的优缺点，了解未来潜在的机会与威胁，将风险降到最低。

3.有利于企业优化资源配置、提高经济效益。

全面预算依据经营目标，以提高投入产出比为目的，将企业有限的资源加以整合，协调分配到企业经营的业务、活动、环节中，从而实现企业资源的优化配置，增强资源的价值创造能力，提高企业经济效益。

4.避免浪费与无效率的产生。

由于绩效考核的实施，每一部门与员工对所分配的资源，会充分地使用。因此，全面预算可以使资源浪费或经营不力降到最低。

5.调整经营活动，使其与预算环境相配合。

全面预算可帮助企业各阶层主管不断对外界环境加以审视及分析，从而制定最佳决策，以适应瞬息多变的环境，为企业谋求生存空间及利益最大化。

二、全面预算的组织体系

全面预算组织是防止预算管理松散、随意，预算编制、执行、考核等各环节流于形式，预算管理的作用得不到有效发挥的关键。为此，全面预算指引提出了明确的控制要求，即：企业应当加强全面预算工作的组织领导，明确预算管理体制以及各预算执行单位的职责权限、授权批准程序和工作协调机制。

企业设置全面预算管理体制，应遵循合法科学、高效有力、经济适度、全面系统、权责明确等基本原则，一般包括全面预算的管理决策机构、工作机构和执行单位。

（一）全面预算的管理决策机构——预算管理委员会

预算管理委员会是专职履行全面预算管理职责的决策机构。预算管理委员会成员由企业负责人及内部相关部门负责人组成，总会计师或分管会计工作的负责人应当协助企业负责人完成企业全面预算管理工作。一般由企业的董事长或总经理担任委员会主任，吸纳企业内各相关部门的主管等人员参加。对于全面预算管理来说，预算管理委员会是最高管理机构。

（二）全面预算的工作机构

预算管理委员会的成员大部分由企业内部各责任单位的主管兼任，预算草案由各相关部门分别提供，获准付诸执行的预算方案是企业的一个全面性生产经营计划。预算管理委员会在预算会议上所确定的预算方案不是各相关部门预算草案的简单汇总，而是需要在确定、提交和通过之前对各部门提供的草案进行必要的初步审查、协调与综合平衡，因此必须设立一个专门机构来具体负责预算的汇总编制并处理日常事务。预算管理工作机构一般设在财会部门，其主任一般由总会计师（或财务总监、分管财会工作的副总经理）兼任，工作人员除了财务部门人员外，还应有计划、人力资源、生产、销售、研发等业务部门人员参加。

（三）全面预算的执行单位——预算管理责任中心

全面预算执行单位是指根据其在企业预算总目标实现过程中的作用和职责划分的，权责利相对等的企业内部单位，包括企业内部各职能部门、所属分（子）企业等。预算责任单位的划分应当遵循分级分层、权责利相结合、责任可控、目标一致的原则，并与企业的组织机构设置相适应。确定责任中心（ responsibility center）是预算管理的一项基础工作。根据不同责任中心的控制范围和责任对象的特点，可将其分为成本中心、利润中心、投资中心、收入中心和费用中心。

企业全面预算管理组织体系基本架构如图 18-1 所示。

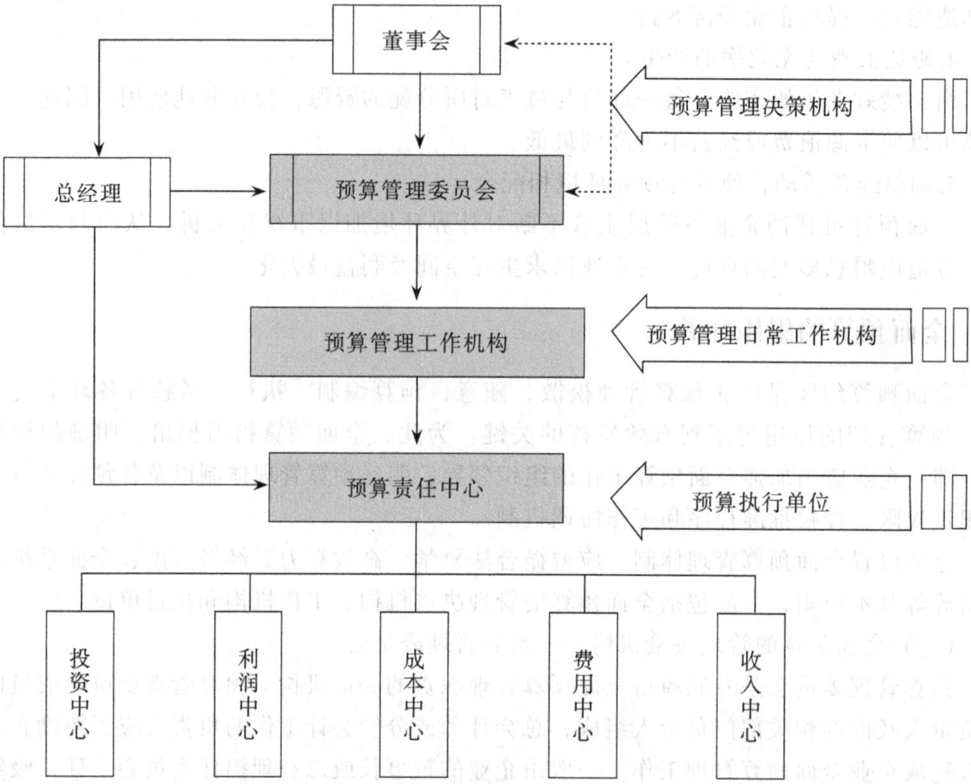

图 18-1 企业全面预算管理组织体系基本架构图

资料来源：财政部《企业内部控制应用指引第 15 号——全面预算》的解释 .

三、全面预算业务的流程

从整体上讲，企业全面预算业务的基本流程包括预算编制、预算执行和预算考核三个阶段。其中，预算编制阶段包括预算编制、预算审批、预算下达等具体环节；预算执行阶段涉及预算指标分解及责任落实、预算执行控制、预算分析、预算调整等具体环节。这些业务环节相互关联、相互作用、相互衔接，周而复始地循环，从而实现对企业全部经济活动的控制。

企业全面预算基本业务流程如图 18-2 所示。

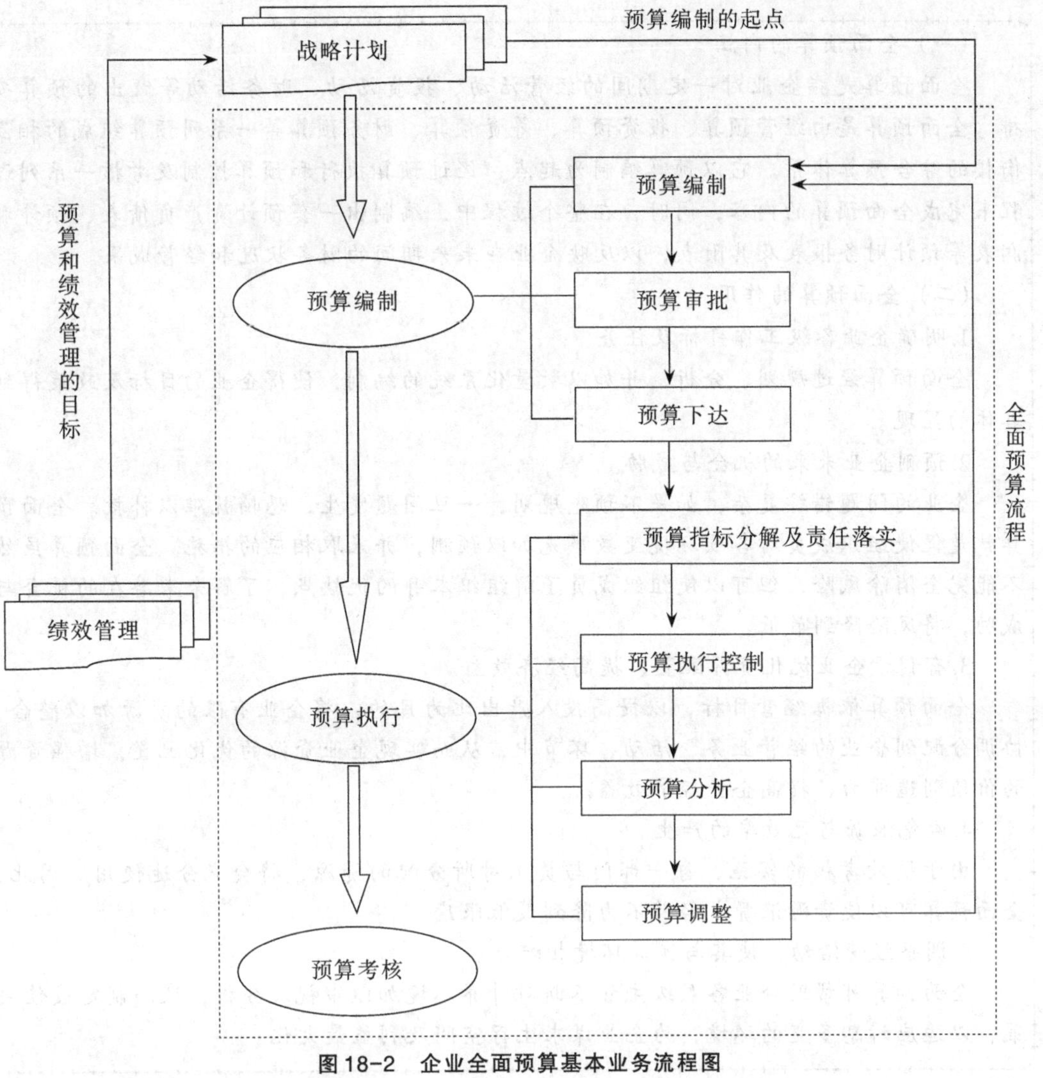

图 18-2　企业全面预算基本业务流程图

资料来源：财政部《企业内部控制应用指引第 15 号——全面预算》的解释.

四、全面预算内部控制的目标

全面预算内部控制的目标包括以下几个方面：

1. 明确全面预算在企业中的重要地位；
2. 设置合理、科学的预算目标；
3. 设置全面预算管理结构；
4. 规范预算的编制、执行、考核过程；
5. 保障预算刚性，避免预算管理流于形式。

小结与复习：

问：简述全面预算的内涵与作用。

答：

（一）全面预算的内涵

全面预算是指企业对一定期间的经营活动、投资活动、财务活动等做出的预算安排。全面预算是由经营预算、投资预算、筹资预算、财务预算等一系列预算组成的相互衔接的综合预算体系。它以预算编制为起点，经过预算执行和预算控制及考核一系列过程来完成全面预算的内容，同时，在整个过程中，编制出一套预计资产负债表、预计利润表等预计财务报表及其附表，以反映企业在未来期间的财务状况和经营成果。

（二）全面预算的作用

1.明确企业各级工作目标及任务。

全面预算经过规划、分析，并加以数量化系统的编制，使得企业的目标及政策得到具体的显现。

2.预测企业未来的机会与威胁。

企业的问题错综复杂，如果不预先规划，一旦问题发生，恐怕就难以补救。全面预算就是促使组织成员对各项环境变数事先加以预测，并采取相应的措施。全面预算虽然不能完全消除风险，但可以使组织成员了解组织本身的优缺点，了解未来潜在的机会与威胁，将风险降到最低。

3.有利于企业优化资源配置、提高经济效益。

全面预算依据经营目标，以提高投入产出比为目的，将企业有限的资源加以整合，协调分配到企业的经营业务、活动、环节中，从而实现企业资源的优化配置，增强资源的价值创造能力，提高企业经济效益。

4.避免浪费与无效率的产生。

由于绩效考核的实施，每一部门与员工对所分配的资源，将会充分地使用。因此，全面预算可以使资源浪费或经营不力降到最低限度。

5.调整经营活动，使其与预算环境相配合。

全面预算可帮助企业各层级主管不断对外界环境加以审视及分析，从而制定最佳决策，以适应瞬息多变的环境，为企业谋求生存空间及利益最大化。

◎第二节　全面预算内部控制的主要风险及控制措施

一、全面预算内部控制的主要风险

（一）预算编制

预算编制是企业全面预算管理过程的起点，它以企业的经营战略计划为指导。预算编制环节的主要风险有：①预算编制工作主要由财务部门开展，其他业务部门参与度较低，可能导致编制的预算不切合企业的实际情况，预算编制范围和项目不全面，各个部门预算之间缺乏整合，最终导致全面预算整体难以形成。②预算编制依据的相关信息不足，预算编制基础数据不完整，可能导致预算目标与战略规划、经营计划、市场环境、企业实际等相脱离。③编制程序不规范，编制方法选择不切合实际，可能导致预算目标缺乏准确性、合理性和可行性。④预算目标及指标体系设计不完整、不合理、不科学，可能导致全面预算目标难以实现。

（二）预算审批

预算审批环节的主要风险有：全面预算未经适当审批或超越授权审批，可能导致预算方案与预算目标不协调；预算权威性不够、执行不力导致企业遭受损失。

（三）预算下达

预算下达环节的主要风险有：预算下达不及时，可能导致预算执行或考核无据可依。

（四）预算指标分解和责任落实

这一环节的主要风险有：预算指标分解不够详细、具体，可能导致企业的某些岗位和环节对指标的理解不到位；预算指标分解与业绩考核体系不匹配，可能导致预算执行不力；预算责任体系缺失或不健全，可能导致预算责任无法落实及追踪，预算缺乏强制性与严肃性；预算责任与执行单位或个人的控制能力不匹配，可能导致预算目标难以实现。

（五）预算执行控制

预算编制虽然完成了，但在预算执行之前，还需要经过预算指标、目标层层分解、下达和具体讲解等准备步骤，来保证预算的有序执行，保证预算体系运转良好。准确、合理的预算本身并不能改善企业的经营管理、提高企业经济效益，要使预算真正成为企业行为的"硬约束"，必须认真严格执行预算。企业在编制、审核、批准预算后，进入预算的执行阶段。

这一环节的主要风险有：缺乏严格的预算执行授权审批制度，可能导致预算执行随意；预算审批权限及程序混乱，可能导致越权审批、重复审批，降低预算执行效率和严肃性；预算执行过程中缺乏有效监控，可能导致预算执行不力，预算目标难以实现；缺乏健全有效的预算反馈和报告体系，可能导致预算执行情况不能及时反馈和沟通，预算差异得不到及时分析，预算监控难以发挥作用。

（六）预算分析

这一环节的主要风险有：预算分析不正确、不科学、不及时，可能削弱预算执行控制的效果，或可能导致预算考评不客观、不公平；对预算差异原因的解决措施不得力，可能导致预算分析形同虚设。

（七）预算调整

这一环节的主要风险有：调整依据不充分，调整原则不符合企业实际，调整方案不合理，可能导致预算调整随意、频繁，预算失去严肃性和"硬约束"。

（八）预算考核

这一环节的主要风险有：预算考核不严格、不合理、不到位，可能导致预算目标难以实现、预算管理流于形式。

二、全面预算内部控制风险的控制措施

（一）预算编制

1.全面性控制。全面预算，是指企业应该进行全面的预算管理。具体来讲，一是企业各个部门都必须参与到全面预算的管理过程中；二是企业的所有经济活动的各个方面、各个环节都应纳入预算编制范围，形成由经营预算、投资预算、筹资预算、财务预算等一系列预算组成的相互衔接的全面预算体系。

2.编制依据和数据控制。一是制定明确的战略规划，并依据战略规划制定年度经营目

标和计划，作为制定预算目标的首要依据；二是通过深入开展企业外部环境的调研和预测，获得完整的编制数据，确保预算编制有据可依，有据可循；三是深入分析企业上一期间的预算执行情况，充分预计预算期内企业资源状况、生产能力、技术水平等自身环境的变化，确保预算编制符合企业生产经营活动的客观实际。

3.编制程序控制。企业应当按照上下结合、分级编制、逐级汇总的方式，编制年度全面预算。一是建立系统的指标分解体系，并在与各预算责任中心进行充分沟通的基础上分解下达初步预算目标；二是各预算责任中心按照下达的预算目标和预算政策，结合自身特点以及预测的执行条件，认真测算并提出本责任中心的预算草案，逐级汇总上报预算管理工作机构；三是预算管理工作机构进行充分协调、沟通，审查平衡预算草案并上报预算管理委员会；四是预算管理委员会对预算草案进行研究论证，从企业发展全局角度提出进一步调整、修改的建议，形成企业年度全面预算草案并提交董事会；五是董事会审核全面预算草案，确保全面预算与企业发展战略、年度生产经营计划相协调。

4.编制方法控制。企业应遵循经济活动规律，充分考虑符合企业自身经济业务特点，选择适合企业发展需要的预算编制方法。

5.预算目标及指标体系设计控制。一是按照“财务指标为主体、非财务指标为补充”的原则设计预算指标体系；二是将企业的战略规划、经营目标体现在预算指标体系中；三是将企业产、供、销、投融资等各项活动的各个环节、各个方面的内容都纳入预算指标体系；四是将预算指标体系与绩效评价指标协调一致；五是按照各责任中心在工作性质、权责范围、业务活动特点等方面的不同，设计不同或各有侧重的预算指标体系。

（二）预算审批

企业全面预算应当按照《公司法》等相关法律法规及企业章程的规定报经审议批准。

（三）预算下达

企业全面预算经审议批准后，应及时以文件形式下达执行。

（四）预算指标分解和责任落实

1.企业全面预算一经批准下达，各预算执行单位应当将预算指标层层分解，寻找影响预算目标的关键因素并加以控制。

2.建立预算执行责任制度，对照已确定的责任指标，定期或不定期地对相关部门及人员责任指标完成情况进行检查，实施考评。

3.分解预算指标和建立预算执行责任制应当遵循定量化、全局性、可控性原则。

（五）预算执行控制

1.建立预算执行的预警机制。通过建立预算执行的预警机制，企业能够科学选择预警指标，合理确定预警范围，及时发出预警信号，积极采取应对措施。

2.建立预算执行的记录与报告制度。企业应当以年度预算为预算期内组织、协调各项生产经营活动和管理活动的基本依据，可将年度预算细分为季度、月度等时间进度预算，通过实施分期预算控制，实现年度预算目标。企业预算管理部门应当运用财务报告和其他有关资料监控预算执行情况，及时向企业决策机构和各预算执行单位报告反馈预算执行进度、执行差异及其对预算目标的影响，促进企业完成预算目标。

3.建立预算执行实时监控制度，及时发现和纠正预算执行中的偏差。确保企业的各项经济活动符合预算要求；对于涉及生产过程和成本费用的，还应严格执行相关计划、定额、定率标准。

4.建立预算执行的责任制度。企业预算一经批准下达，各预算执行单位必须认真组织实施，将预算指标层层分解，从横向和纵向落实到内部各部门、各环节和各岗位。同时，企业应当建立预算执行责任制度，对照已确定的责任指标，定期或不定期地对相关部门及人员责任指标完成情况进行检查、实施考评。

5.建立重大预算项目特别关注制度。对于工程项目、对外投融资等重大预算项目，企业应当密切跟踪其实施进度和完成情况，实行严格监控。对于重大的关键性预算指标，也要密切跟踪、检查。

6.建立预算执行结果质询制度，要求预算执行单位对预算指标与实际结果之间的重大差异做出合理解释，并采取相应措施。

（六）预算分析

1.企业预算管理工作机构和各预算执行单位应当建立预算执行情况分析制度，定期召开预算执行分析会议，通报预算执行情况，研究、解决预算执行中存在的问题，认真分析原因，提出改进措施。

2.企业应当加强对预算分析流程和方法的控制，确保预算分析结果准确、合理。预算分析流程一般包括确定分析对象、收集资料、确定差异及分析原因、提出措施及反馈报告等环节。

（七）预算调整

1.明确预算调整条件。预算在执行过程中，可能会由于市场环境、经营条件、国家政策或不可抗力等客观因素，导致预算的编制基础不成立或者预算执行发生重大差异，确需调整预算的，应当履行严格的审批程序。企业应当在有关预算管理制度中明确规定预算调整的条件。

2.强化预算调整原则。一是预算调整应当符合企业发展战略、年度经营目标和现实状况，重点放在预算执行中出现的重要的、非正常的、不符合常规的关键性差异方面；二是预算调整方案应当客观、合理、可行，在经济上实现最优化；三是预算调整应当谨慎，调整频率应予以严格控制，年度调整次数应尽量少。

3.规范预算调整程序，严格审批。调整预算一般由预算执行单位逐级向预算管理委员会提出书面申请，阐述预算执行的具体情况、客观因素变化情况及其对预算执行造成的影响程度，提出预算的调整幅度。预算管理工作机构应当对预算执行单位提交的预算调整报告进行审核分析，集中编制企业年度预算调整方案，提交预算管理委员会。预算管理委员会应当对年度预算调整方案进行审议，根据预算调整事项性质或预算调整金额的不同，授权进行审批，或提交原预算审批机构审议批准，然后下达执行。企业预算管理委员会或董事会审批预算调整方案时，应当依据预算调整条件，并考虑预算调整原则，严格把关，对于不符合预算调整条件的坚决予以否决；对于预算调整方案欠妥的，应当协调有关部门和单位研究改进方案，并责成预算管理工作机构予以修改后再履行审批程序。

（八）预算考核

1.建立健全预算执行考核制度。一是建立严格的预算执行考核制度，对各预算执行单位和个人进行考核，将预算目标执行情况纳入考核和奖惩范围，切实做到有奖有惩、奖惩分明。二是制定有关预算执行考核的制度或办法，并认真严格地组织实施。三是定期组织实施预算考核。预算考核的周期一般应当与年度预算细分周期相一致，即一般按照月度、季度实施考评，预算年度结束后再进行年度总考核。

2.合理界定预算考核主体和考核对象。预算考核主体分为两个层次：预算管理委员会和内部各级预算责任单位。预算考核对象为企业内部各级预算责任单位和相关个人。

3.按照公开、公平、公正原则实施预算考核。一是考核程序、标准、结果要公开。企业应当将全面预算考核程序、考核标准、奖惩办法、考核结果等及时公开。二是考核结果要客观公正。预算考核应当以客观事实作为依据。预算执行单位上报的预算执行报告是预算考核的基本依据，应当经本单位负责人签章确认。企业预算管理委员会及其工作机构定期组织预算执行情况考核时，应当将各预算执行单位负责人签字上报的预算执行报告和已掌握的动态监控信息进行核对，确认各执行单位预算完成情况，必要时实行预算执行情况内部审计制度。三是奖惩措施要公平合理并得以及时落实。预算考核的结果应当与各执行单位以及员工的薪酬、职位等挂钩，实施预算奖惩。企业设计预算奖惩方案时，应当以实现全面预算目标为首要原则，同时遵循公平合理、奖罚并存的原则。奖惩方案要注意各部门利益分配的合理性，要根据各部门承担的工作难易程度和技术含量合理确定奖励差距，还要奖罚并举，不能只奖不罚，并防止奖惩实施中的人为因素。

小结与复习：

问：简述预算编制控制的基本原则。

答：为了使预算内容更准确、更符合实际情况，预算编制应遵循以下原则进行：(1) 坚持效益优先原则，实行总量平衡，进行全面预算管理；(2) 坚持积极稳健原则，确保以收定支，加强财务风险控制；(3) 坚持权责对等原则，确保切实可行，围绕经营战略实施。

◎第三节　案例分析

A集团公司全面预算控制案例

一、案例介绍

A集团公司目前拥有两个控股子公司、三个全资子公司和十几个分支机构。近年来，A集团逐步建立和完善了一套切合本企业实际情况的以财务管理为中心的企业经济运行新机制，把企业全面预算控制制度作为贯彻落实以财务管理为中心的基本制度。在内容上，全面预算体系具体包括八个预算：资本性支出预算、销售预算、产量预算、采购预算、成本预算、各项费用预算、现金预算和总预算。

A集团全面预算的编制按时间分为年度预算编制和月度预算编制。月度预算是为确保年度预算的实现，经过科学的计划组织与分析，结合本企业不同时期的动态生产经营情况进行编制。具体明确六个要点：①预算编制原则：先急后缓、统筹兼顾、量入为出。②预算编制程序：自上而下、自下而上、上下结合。③预算编制基础：集团年度预测目标。④预算编制重点：销售预算。⑤预算前提：企业方针、目标、利润。⑥预算指标的确定：年度预算由股东大会审议批准，月度预算由董事会审议批准。

全面预算编制紧紧围绕资金收支两条线，涉及企业生产经营活动的方方面面，将产供销、人财物全部纳入预算范围，每个环节疏而不漏。预算编制过程中，每一收支项目的数字指标都要依据充分确实的材料，并总结出规律，进行严密的计算，不能随意编造。全面预算确定后，层层分解到各分厂、车间、部门、处室，各部门再落实到个人，从而使每个人都紧紧围绕预算目标各负其责，各司其职。

年度、月度全面预算下达后，就成为企业生产经营所遵循的基本准则，在执行过程中要做到：

1.有效控制。权限由总经理掌握，控制月度各预算项目实际发生值与预算控制计划值差额比例在5%之内；年度各预算项目实际发生值与预算差额控制比例在4%～5%，如遇特殊突发事件超出月度预算、年度预算差额控制比例，则由开支部门提出书面申请，按程序逐级申报并经原批准机构审议通过后实施。

2.信息及时反馈。建立信息反馈系统，对各公司、部门执行预算的情况进行跟踪监控，不断调整执行偏差，确保预算目标的实现。

在销售环节，财务部门通过计算机统一开票的方式实施监控，对每个客户建立应收账款业务结算卡，应收账款超过一定限额则停止开票，避免坏账。同时，财务部门依据每天的销售和回款情况编制销售日报和收款日报，及时向有关部门和领导反馈收入预算的执行情况，确保销售预算目标的实现。

在物资采购环节，财务部门严格审核每笔业务有无计划处签发的“采购计划通知单”，有无审计处审签并盖章的经济合同和“价格审核通知单”，有无财务预算，专用发票是否规范等。财务部门对每个供应商建立应付账款业务结算卡，根据欠款及供应商的信誉等情况来调节付款节奏，争取最优惠的付款方式。各部门从仓库领料及到财务部门报销时必须有财务部门的会计派驻员、成本核算员或预算计划处的签章，各种领料月末统一由预算计划处结算，从而有效地控制成本及相关费用的开支。财务部门根据每天的资金支出日报，及时向各部门和领导反馈预算的执行情况，控制资金支出。

全面预算控制制度的正常运行必须建立在规范的分析和考核的基础上，财务部门根据某个时期（月度、年度）企业静态的会计资料和各部门会计派驻员掌握的动态经济信息，全面、系统地分析各部门预算项目的完成情况和存在的问题，并提出纠偏的建议和措施，报经总经理批准后协同职能部门按程序对各部门的预算执行情况进行全面考核，经被考核部门、责任人确认后兑现奖惩。

资料来源：汤谷良，孙亮.潍坊亚星集团全面预算管理的评析［J］.财务与会计，2000（10）.

二、案例评述和启示

（一）内部控制目标方面

1.确定全面预算管理在企业中的重要地位。

A集团把全面预算控制制度作为贯彻落实以财务管理为中心的基本制度，通过实行全面预算规划在某个计划期间的经济活动及其成果。同时，全面预算还是财务部门实施经济业务监控的依据及评定考核各公司、部门工作实绩的标准。

2.预算目标的制定具有科学性和可操作性。

A集团预算目标的设置不是凭空设想的，而是在考虑企业实际情况的基础上，设置符合企业发展的以财务管理为中心的预算管理目标，具有科学性和可操作性。

（二）预算控制的作用

1.有效规范预算的编制、执行及考核过程。

在编制预算过程中，对编制的原则、程序、基础、重点及前提等均有详尽的规定；在预算的执行中，集团规定要做到有效控制和及时反馈信息；在预算考核中，由财务部门根据某个时期（月度、年度）企业静态的会计资料和各部门会计派驻员掌握的动态经济信息，全面、系统地分析各部门预算项目的完成情况和存在的问题，并提出纠偏的建议和措施，报总经理批准后协同职能部门按程序对各部门的预算执行情况进行全面考核，经被考核部门、责任人确认后兑现奖惩。

2.发挥预算管理的实质性作用，避免流于形式。

A集团通过实施全面预算，规范了企业生产经营活动的行为，将企业各项经济行为都纳入了科学的管理轨道，基本在物资和货币资金及经营等方面实现了企业资金流、信息流、实物流的同步控制，为企业进入市场打下了基础。

（三）关键控制点的控制措施

1.预算编制控制。

第一，实现全面预算控制。A集团的全面预算体系涉及生产经营活动的方方面面，将产供销、人财物全部纳入预算范围，每个环节疏而不漏，形成了由资本性支出预算、销售预算、产量预算、采购预算、成本预算、各项费用预算、现金预算和总预算所构成的一个综合预算体系。

第二，预算编制依据合理。以财务管理为中心进行编制，采用“先急后缓、统筹兼顾、量入为出”的编制原则。

第三，编制程序规范，编制基础扎实。集团采用“自上而下、自下而上、上下结合”的编制程序，同时以“集团年度预测目标”作为企业全面预算的编制基础。

第四，预算指标的设置合理、科学。集团预算指标分为年度预算指标和月度预算指标，其中年度预算由股东大会审议批准，月度预算由董事会审议批准。

2.预算审批控制

《公司法》规定，企业预算的审批权归属于股东会或董事会。在A集团中，预算主要分为年度预算和月度预算，其中，年度预算的审批权归属于股东大会，同时，为了细化、深化预算管理的要求，企业的月度预算审批权归为董事会。

3.预算指标分解控制

企业的预算指标经股东大会和董事会下达后，层层分解到各分厂、车间、部门、处室，各部门再落实到个人，从而使每个人都紧紧围绕预算目标各负其责，各司其职。

4.预算执行控制

集团规定，在预算执行中做到：

第一，有效控制。权限由总经理掌握，控制月度各预算项目实际发生值与预算控制计划值差额比例在5%之内。

第二，信息及时反馈。建立信息反馈系统，对各公司、部门执行预算的情况进行跟踪监控，不断调整执行偏差，确保预算目标的实现。

5.预算调整控制

企业要求在预算执行过程中将年度各预算项目实际发生值与预算控制差额比例在4%

~5%，如遇特殊突发事件超出年度预算、月度预算差额控制比例的开支项目，需要进行预算调整的，必须由各部门提出书面申请，按程序逐级申报并经股东大会、董事会批准后实施。财务部门及时和生产、销售、采购、供应等部门保持实时的信息沟通，对各部门完成预算情况进行动态跟踪监控，不断调整偏差，确保预算目标的实现。

6.预算考核控制

由财务部门根据某个时期（月度、年度）企业静态的会计资料和各部门会计派驻员掌握的动态经济信息，全面、系统地分析各部门预算项目的完成情况和存在的问题，并提出纠偏的建议和措施，报总经理批准后协同职能部门按程序对各部门的预算执行情况进行全面考核，经被考核部门、责任人确认后兑现奖惩。

学思见悟

发展理念是管全局、管根本、管方向、管长远的行动指引。中共十八大以来，创新、协调、绿色、开放、共享的五大发展理念，相互贯通、相互促进，不是解决一个两个具体的发展问题，而是从全局整体上破解发展难题、增强发展动力、厚植发展优势。十八届五中全会将新发展理念作为“十三五”规划的灵魂，贯穿和统领着整份文件，这就是要以明确的发展思路、发展方向、发展着力点统筹起方方面面的工作，谋划“十三五”乃至更长时期我国发展的全局。

“不谋全局者，不足谋一域。”面对复杂的改革局面，领导干部尤其需要有大眼光、大胸怀、大境界，要善于把解决具体问题与解决深层次问题结合起来，不能头痛医头、脚痛医脚；善于把局部利益放在全局利益中去把握，不能只见树木、不见森林；善于把眼前需要与长远谋划统一起来，不能急功近利、投机取巧；善于把国内形势与国际环境结合起来，不能闭目塞听、故步自封，这样才能见微知著、成竹在胸。我们在做预算管理时也需要有全局观，全面考虑预算业务的每个环节，才能实现对企业经济活动长远系统的控制。

每到岁末年初，财务部就忙得不可开交：开不完的会，做不完的表……其中预算绝对功不可没。收入-成本=利润，企业是不是只要降低成本费用就能增加利润？行业竞争激烈，企业越来越重视费用预算控制，到底应该怎么做？费用预算控制的目的就是减少支出、降低费用率？这样的费用预算控制是有效的吗？

带着这些问题，先讲三个有代表性的案例：

案例1：A公司规定差旅费补贴标准是每天5元钱，财务总监的解释是：公司要控制差旅费用支出，要严格执行预算，不能让员工想着出差能赚钱就总申请出差。这个案例代表了以各种理由限制费用支出的一类公司，比如公司的广告费支出、销售部的招待费等等。

案例2：B公司准备试行增加差旅费补贴标准的规定，财务总监的解释是：我想尽量让补贴标准高一些，让销售人员额外赚一些钱，也更愿意出差，这样应该能带来更多的客户。这个案例是第一种类型的对立面，我们先不讨论孰优孰劣。

案例3：C公司追求利润最大化。业务部因一项新业务多次与财务部沟通，财务总监都严词拒绝；到年底，同行业公司业绩增长迅速，该公司却是原地踏步；董事长质问销售团队，销售总监用财务总监做挡箭牌；财务总监却认为：业务增长不重要，重要的是利润，必须要降低费用才有利润。

这三个案例代表了大多数公司的费用控制类型，虽然比较极端，但各有各的理由。对企业来说，开源与节流是同样重要的，单位最重要的应该是确保公司战略目标的实现。与战略目标相背离的支出，即便是在预算内，也应该拒绝；能让公司离战略目标更接近，即便已经超出了预算，也应该花。

1.关注业务活动，而不是预算数字。很多财务人员喜欢把成本费用当成一个科目，当成一个金额，总专注于对比与预算数字的差异，这样是不够的。成本费用为什么会发生，是因为发生了相应的业务活动，背后是人在做这项业务活动。财务部门更应该看到每一笔成本费用背后是业务活动和人。帮助人去改善业务活动，帮助他们找到驱动力，给他们激励；分析业务部门在追求的目标跟公司的战略要求是不是一致的。

与其问成本为什么超支，不如问成本因为怎样的客户需要而产生，有没有创造客户产生的价值，其中有没有不应该的损失；业务人员从中获得了哪些可以衡量的成就，有什么样的经验可以分享，可以做些什么帮助业务分享这些经验。

2.做选择题而不是判断题。降低成本费用支出不仅增加了利润，而且让公司离目标更接近，能够带来新的业绩回报，所以，应该把成本费用当作一项风险投资，自然就可以做投资回报分析。用投资回报率的方法对项目和被投资人排优劣，对将产生的费用按投资的潜在价值回报和对战略的重要程度决定投资的优先级。有了优先顺序，就更容易做出选择。

所以，费用控制是在一系列活动中建议业务部门如何做出选择。不是能或不能，而是应该选A还是应该选B。

3.动态的资源分配。传统预算被当作一种授权管理工具，为了控制预算去控制额度，通过这种方式约束费用的发生。但是，如果把预算比作一堵墙，墙建得再高也可能被翻过去，这就叫作“道高一尺，魔高一丈”。

财务用预算控制业务的支出，也可能因预算受制于业务。常见的问题是，财务在发现业务问题时，预算成为业务的挡箭牌，“为什么不能批？我们预算还没超啊”，业务如此振振有辞。预算不应该是一块切好的蛋糕，你切了一块就一定是你的，如果这样，各部门在报预算的时候，自然就会要得越多越好。预算不应该是一成不变的，而是应该根据市场环境改变，根据公司目标实现情况动态调整的，也就是常说的滚动预算。财务需要判断的不是费用在不在预算范围内，而是费用发生的合理性和真实性，在费用预算之内不是随便花的理由。

好的预算管理，能将公司战略以数据化的形式落实于个人，实现战略落地。好的预算管理，不是处处“削减成本”，而是“节约成本”，前者是少花钱，后者是为实现目标提供更合理的支援。预算是一个工具，也是一把双刃剑，成败的关键在于怎么用它，黄总建议的是“疏胜于堵”的方式。不管怎样，最后要做到的是，不让预算成为一场数字游戏，而是带着公司驶向目标的船。

资料来源：佚名.三个典型案例，讲清费用预算控制那些事儿［EB/OL］.［2020-03-11］. http://www.jscj.com/mat/news/100810.html.

本章小结

预算控制是内部控制中使用较为广泛的一种控制措施。通过预算控制，使得企业的经营目标转化为各部门、各个岗位以至个人的具体行为目标，作为各责任单位的约束条件，能够从根本上保证企业经营目标的实现。全面预算，是指企业对一定期间的各项生产经营活动做出的预算安排。企业全面预算一般包括经营预算、资本预算和财务预算等。本章通过分析指出了全面预算控制的总体风险及各流程中的风险，并提出控制风险的措施，为企业在实际运用中提供参考。

中英文专业术语

全面预算 comprehensive budget
预算管理 budget management
预算编制 budgeting
预算组织 organization budget
预算审批 budget approval
预算执行 budget implementation
预算调控 budget control

章后练习

章后练习–自测版

一、单项选择题

1. 全面预算是指企业对一定期间的经营活动、投资活动和（　　）等做出的预算安排。

A. 业务活动　　B. 资金活动　　C. 财务活动　　D. 生产活动

2. 专门反映企业未来一定预算期内财务状况、经营成果和现金收支的一系列计划，如预计资产负债表、预计利润表和现金收支预算等，是（　　）。

A. 全面预算　　B. 经营预算　　C. 资本预算　　D. 财务预算

3. 企业处于初创期，全面预算的编制起点一般是（　　）。

A. 销售预算　　B. 资本预算　　C. 成本控制　　D. 现金流量

4. 作为现代预算管理最为可取的一种方式，与战略控制型母子管理关系相对应的预算编制程序是（　　）。

A. 自上而下式　　B. 自下而上式　　C. 综合分析式　　D. 上下结合式

5. 预算的决策机构是（　　）。

A. 经理　　B. 董事会　　C. 股东大会　　D. 财务部门

6. 预算管理的核心是（　　）。

A. 成本管理　　B. 资金管理　　C. 费用管理　　D. 现金流量管理

7. 有利于发挥各个编制部门主观能动性的预算编制程序是（　　）。

A.自上而下式　B.自下而上式　C.上下结合式　D.上下并行式

8.其预算由企业（集团公司或公司）总部按照战略管理需要，结合企业外部环境和内部条件而提出、向各分部或子公司下达执行，并且该预算编制程序是一种最传统的预算管理程序，它应该是指（　）。

A.自上而下式　B.自下而上式　C.上下结合式　D.综合分析式

9.作为公司全面预算编制的根据，公司的各个预算都是由它细化和分解而来的，那么，它是（　）。

A.资本预算　B.公司战略　C.生产预算　D.现金预算

10.下列各项预算中，构成全面预算体系最后环节的是（　　）。

A.日常业务预算　B.专门决策预算　C.财务预算　D.现金预算

二、多项选择题

1.全面预算是由（　　）等一系列预算组成的相互衔接的综合预算体系。

A.融资预算　B.经营预算　C.投资预算

D.筹资预算　E.财务预算

2.全面预算的实施主体一般不包括（　　）。

A.决策机构　B.工作机构　C.监管部门

D.执行单位　E.控制机构

3.全面预算的作用有（　　）。

A.明确企业各级工作目标及任务

B.预测企业未来的机会和威胁

C.有利于企业优化资源配置、提高经济效益

D.避免浪费与无效率的产生

E.调整经营活动，使其与预算环境相配合

4.全面预算执行环节的主要风险包括（　　）。

A.不编制月度预算风险　B.预算执行不力风险

C.预算控制不力风险　D.预算调整缺失风险

E.预算调整随意风险

5.全面预算编制环节主要包括（　　）。

A.拟定预算目标　B.预算编制　C.预算审批

D.预算下达　E.预算调整

三、判断题

1.全面预算管理的本质属性是以预算为标准的管理控制系统，是企业实施内部控制的方法和工具。（　　）

2.财务预算是预算期内企业财务活动、经营成果和财务状况方面的预算，主要包括利润预算、现金预算和成本预算。（　　）

3.全面预算是以预算编制为起点，经过预算执行和预算控制及考核等一系列过程来完成全面预算的内容。（　　）

4.财务预算包括生产预算、经营预算和应收账款预算。（　　）

5.企业各个部门必须都参与到全面预算的管理过程中。（　　）

第十九章
财务报告内部控制

学习目标

通过本章的学习，了解财务报告的基本内容，掌握财务报告内部控制的一般流程、财务报告内部控制各环节主要风险点控制措施。

引导案例与思考

2020年5月13日，证监会发布了对康美药业股份有限公司以及马兴田、许冬瑾等22名责任人员的处罚决定书。2019年康美药业近300亿元“财务造假案”震惊医药市场。时隔一年，尘埃落定，证监会顶格处罚，康美药业收到行政处罚决定书与市场禁入决定书。

经查明，康美药业存在以下违法事实：

一、2016—2018年财务报告存在虚增营业收入、利息收入及营业利润

“2016年年度报告”虚增营业收入89.99亿元，多计利息收入1.51亿元，虚增营业利润6.56亿元，占合并利润表当期披露利润总额的16.44%。“2017年年度报告”虚增营业收入100.32亿元，多计利息收入2.28亿元，虚增营业利润12.51亿元，占合并利润表当期披露利润总额的25.91%。“2018年半年度报告”虚增营业收入84.84亿元，多计利息收入1.31亿元，虚增营业利润20.29亿元，占合并利润表当期披露利润总额的65.52%。“2018年年度报告”虚增营业收入16.13亿元，虚增营业利润1.65亿元，占合并利润表当期披露利润总额的12.11%。

二、2016—2018年财务报告中存在虚增货币资金

2016年1月1日至2018年6月30日，康美药业通过财务不记账、虚假记账，伪造、变造大额定期存单或银行对账单，配合营业收入造假伪造销售回款等方式，虚增货币资金。通过上述方式，康美药业“2016年年度报告”虚增货币资金225.49亿元，占公司披露总资产的41.13%和净资产的76.74%；“2017年年度报告”虚增货币资金299.44亿元，占公司披露总资产的43.57%和净资产的93.18%；“2018年半年度报告”虚增货币资金361.88亿元，占公司披露总资产的45.96%和净资产的108.24%。

三、2018年财务报告虚增固定资产、在建工程、投资性房地产

康美药业在“2018年年度报告”中将前期未纳入报表的亳州华佗国际中药城、普宁中药城、普宁中药城中医馆、亳州新世界、甘肃陇西中药城、玉林中药产业园等6个工程项目纳入表内，分别调增固定资产11.89亿元，调增在建工程4.01亿元，调增投资性房地产20.15亿元，合计调增资产总额36.05亿元。经查，“2018年年度报告”调整纳入表内的6个工程项目不满足会计确认和计量条件，虚增固定资产11.89亿元，虚增在建工程4.01

亿元，虚增投资性房地产20.15亿元。

四、2016—2018年年度报告中存在重大遗漏，未按规定披露控股股东及其关联方非经营性占用资金的关联交易情况

2016年1月1日至2018年12月31日，康美药业在未经过决策审批或授权程序的情况下，累计向控股股东及其关联方提供非经营性资金116.19亿元用于购买股票、替控股股东及其关联方偿还融资本息、垫付解质押款或支付收购溢价款等用途。

证监会对康美药业的上述违法事实认定清楚、证据确凿，依法对康美药业及相关当事人做出行政处罚及采取市场禁入措施。对康美药业股份有限公司责令改正，给予警告，并处以60万元的罚款。对21名责任人员处以90万元至10万元不等罚款，对6名主要责任人采取10年至终身证券市场禁入措施。

资料来源：中国证监会.中国证监会行政处罚决定书（康美药业股份有限公司、马兴田、许冬瑾等22名责任人员）〔2020〕24号.

课前思考与讨论：

1.财务报告虚假陈述会造成什么样的后果？

2.如何才能通过内部控制的相关措施来提高财务报告的真实性和可靠性？

课前预习（思维导图）

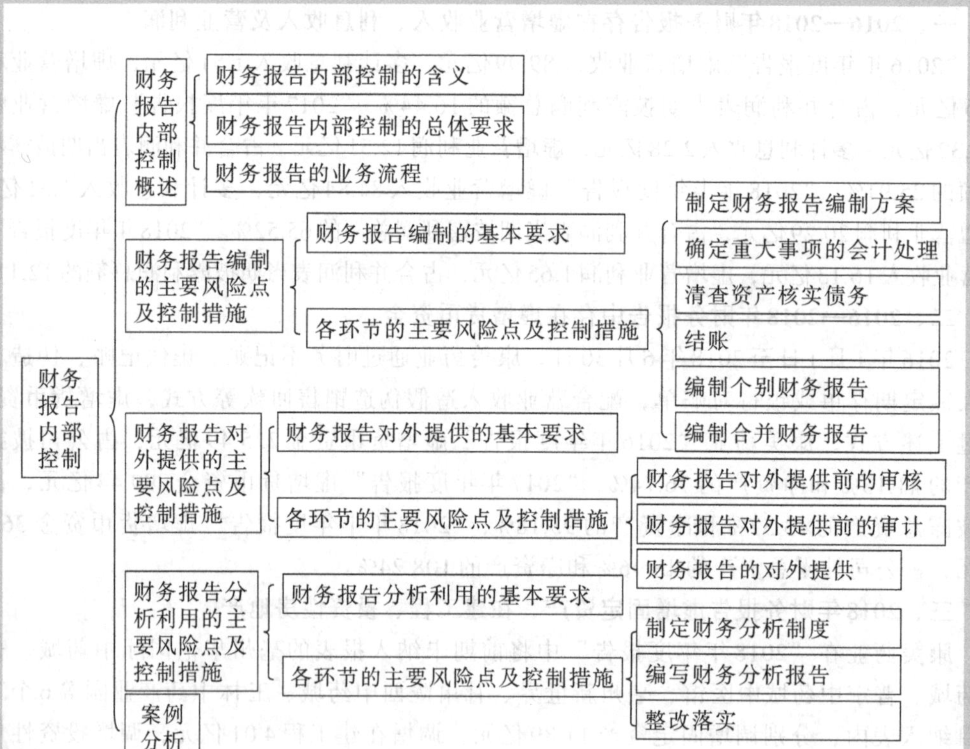

◎第一节 财务报告内部控制概述

一、财务报告内部控制的含义

（一）财务报告的概念

财务报告，是指反映企业某一特定日期财务状况和某一会计期间经营成果、现金流量的文件。财务报告是企业财务会计确认与计量的最终结果体现，是向投资者等财务报告使用者提供决策有用信息的媒介和渠道，是沟通投资者、债权人等使用者与企业管理层之间信息的桥梁和纽带。财务报告包括财务报表和其他应当在财务报告中披露的相关信息及资料。财务报表是财务报告的核心，包括“四表一注”，即资产负债表、利润表、现金流量表、所有者权益（或股东权益）变动表以及附注。

（二）财务报告内部控制含义

我国《企业内部控制基本规范》规定内部控制的目标是合理保证企业经营管理合法合规、资产安全、财务报告及相关信息真实完整，提高经营效率和效果，促进企业实现发展战略。

要确保财务报告及相关信息的真实完整，一方面应该按照企业会计准则的相关要求如实核算经济业务、编制财务报告。另一方面则应该通过内部控制制度的设计，包括不相容职务分离、授权审批控制、日常信息核对等方式来防止出现虚假会计信息。

财务报告内部控制，是指公司的董事会、监事会、经理层及全体员工实施的旨在合理保证财务报告及相关信息真实、完整而设计和运行的内部控制，以及用于保护资产安全的内部控制中与财务报告可靠性目标相关的控制。

为了规范企业财务报告，保证财务报告的真实、完整，促进资本市场和市场经济健康可持续发展，强化财务报告内部控制，财政部发布了《企业内部控制应用指引第14号——财务报告》。

二、财务报告内部控制的总体要求

（一）规范企业财务报告控制流程，明晰各岗位职责

企业应当制定明确的财务报告编制、报送及分析利用等相关流程，职责分工、权限范围和审批程序应当明确规范，机构设置和人员配备应当科学合理，并确保全过程中财务报告的编制、披露和审核等不相容岗位相互分离。企业总会计师或分管会计工作的负责人负责组织领导财务报告编制和分析利用工作，企业负责人对财务报告的真实性和完整性承担责任，企业财会部门负责财务报告编制和分析报告编写工作，企业内部参与财务报告编制的各部门应当及时向财会部门提供编制财务报告所需的信息，参与财务分析会议的部门应当积极提出意见和建议以促进财务报告的有效利用，企业法律事务部门或外聘律师应当对财务报告对外提供的合法合规性进行审核。

《企业内部控制应用指引第14号——财务报告》

（二）健全财务报告各环节授权批准制度

企业应当健全财务报告编制、对外提供和分析利用各环节的授权批准制度，具体包

括：编制方案的审批、会计政策与会计估计的审批、重大交易和事项会计处理的审批，对财务报告内容的审核审批等。为此，企业应做好以下几项工作：第一，根据经济业务性质、组织机构设置和管理层级安排，建立分级管理制度；第二，规范审核审批的手续和流程，确保报送和进行审核审批的级别符合所授予的管理权限、申报材料翔实完整，签字盖章齐全、用印用章符合要求，切实履行检查审核义务而非流于形式等；第三，建立相关政策，限制对现有财务报告流程进行越权操作。任何越权操作行为，必须另行授权审批后方能进行，且授权审批文件应妥善归档。

（三）建立日常信息核对制度

企业应当从会计记录的源头做起，建立起日常信息定期核对制度，以保证财务报告的真实、完整，防范出于主观故意地编造虚假交易，虚构收入、费用的风险，以及由于会计人员业务能力不足导致的会计记录与实际业务发生的金额、内容不符的风险。企业在日常会计处理中应及时进行对账，将会计账簿记录与实物资产、会计凭证、往来单位等进行相互核对，发现差异及时查明原因予以解决，并记录在适当的会计期间，以保证账证相符、账账相符、账实相符，确保会计记录的数字真实、内容完整计算准确、依据充分、期间适当。

（四）充分利用会计信息技术

企业应当充分利用信息技术，提高工作效率和工作质量，减少或避免会计编制差错和人为调整因素。同时，企业也应当注意防范信息技术所带来的特有风险，做好以下几项工作：第一，定期更新和维护会计信息系统，确保取数、计算公式以及数据钩稽关系准确无误；第二，建立访问安全制度，操作权限、信息使用、信息管理应当有明确规定，确保财务报告数据安全保密，防止对数据的非法修改和删除；第三，对正在使用的会计核算软件进行修改、对通用会计软件进行升级和对计算机硬件设备进行更换时，企业应有规范的审批流程，并采取替代性措施确保财务报告数据的连续性；第四，做好数据源的管理，保证原始数据录入环节的真实、准确、完整，满足财务分析的需要；第五，制定业务操作规范，保证系统各项技术和业务配置维护符合会计准则要求和内部管理规定，月结和年结流程规范、及时；第六，指定专人负责信息化会计档案的管理，定期备份，做好防消磁、防火、防潮和防尘等工作；第七，对于以存储介质保存的会计档案，应当定期检查，防止由于介质损坏而使会计档案丢失。

三、财务报告的业务流程

财务报告业务流程由财务报告编制流程、财务报告对外提供流程、财务报告分析利用流程三个阶段组成，其通用流程如图19-1所示。企业在实际操作中，应当充分结合自身业务特点和管理要求，构建和优化财务报告内部控制流程。

四、财务报告内部控制应关注的风险

从企业财务报告内部控制的建立来看，编制、对外提供和分析利用财务报告，至少应当关注下列风险：

1.编制财务报告违反会计法律法规和国家统一的会计准则制度，可能导致企业承担法律责任和声誉受损。

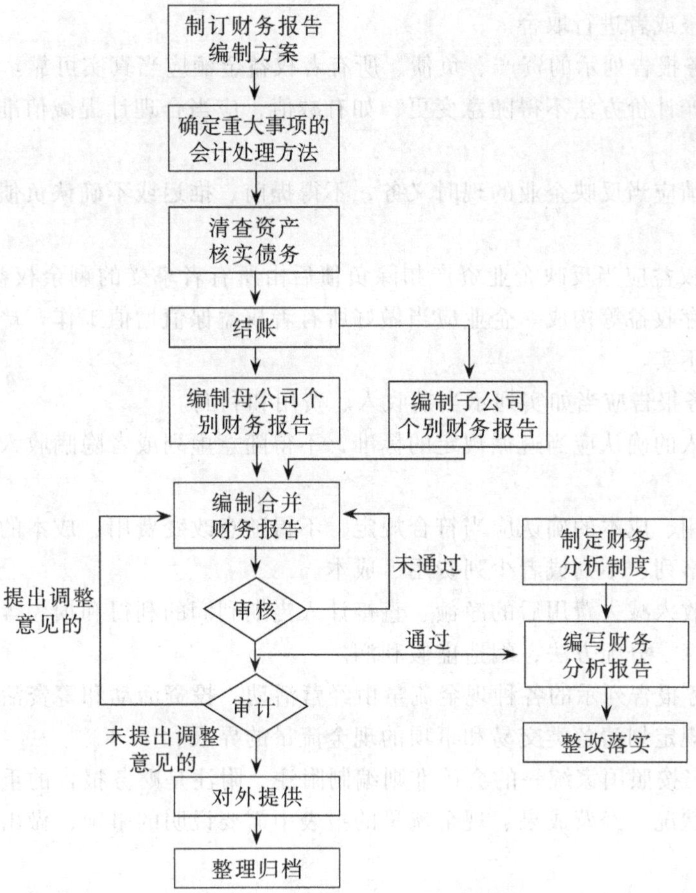

图19-1 财务报告内部控制流程

资料来源：财政部会计司.《企业内部控制应用指引第14号——财务报告》解读［J］. 财务与会计，2011（5）.

2.提供虚假财务报告，误导财务报告使用者，造成决策失误，干扰市场秩序。

3.不能有效利用财务报告，难以及时发现企业经营管理中存在的问题，可能导致企业财务和经营风险失控。

◎第二节 财务报告编制的主要风险点及控制措施

一、财务报告编制的基本要求

《企业内部控制应用指引第14号——财务报告》对财务报告编制做出如下规定程序：

1.企业编制财务报告，应当重点关注会计政策和会计估计。对财务报告产生重大影响的交易和事项的处理应当按照规定的权限和程序进行审批。

2.在编制年度财务报告前，应当进行必要的资产清查、减值测试和债权债务核实程序。

3.企业编制财务报告，应当遵守国家统一的会计准则等规定。企业应根据登记完整、核对无误的会计账簿记录和其他有关资料编制财务报告，做到内容完整、数字真实、计算准确，不得漏报或者进行取舍。

4.企业财务报告列示的资产、负债、所有者权益金额应当真实可靠。

①各项资产计价方法不得随意变更，如有减值，应当合理计提减值准备，严禁虚增或虚减资产。

②各项负债应当反映企业的现时义务，不得提前、推迟或不确认负债，严禁虚增或虚减负债。

③所有者权益应当反映企业资产扣除负债后由所有者享受的剩余权益，由实收资本、资本公积、留存收益等构成。企业应当做好所有者权益保值增值工作，严禁虚假出资、抽逃出资、资本不实。

5.企业财务报告应当如实列示当期收入、费用和利润。

①各项收入的确认应当遵循规定的标准，不得随意虚列或者隐瞒收入，推迟或提前确认收入。

②各项费用、成本的确认应当符合规定，不得随意改变费用、成本的确定标准或计量方法，虚列、多列、不列或者少列费用、成本。

③利润由收入减去费用后的净额、直接计入当期利润的利得和损失等构成，不得随意调整利润的计算、分配方法，编造虚假利润。

6.企业财务报告列示的各种现金流量由经营活动、投资活动和筹资活动的现金流量构成，应当按照规定划清各类交易和事项的现金流量的界限。

7.企业应当按照国家统一的会计准则编制附注。附注是财务报告的重要组成部分，对反映企业财务状况、经营成果、现金流量的报表中需要说明的事项，做出真实、完整、清晰的说明。

二、财务报告编制的主要风险点及控制措施

财务报告编制阶段主要包括制订财务报告编制方案、制定重大事项的会计核算办法、清查核实资产债务、编制个别财务报告、编制合并财务报告等环节。

（一）制订财务报告编制方案

企业财会部门应在编制财务报告前制订财务报告编制方案，并由财会部门负责人审核。财务报告编制方案应明确财务报告编制方法（包括会计政策和会计估计、合并方法、范围与原则等）、财务报告编制程序、职责分工（包括牵头部门与相关配合部门的分工与责任等）、编报时间安排等相关内容。

该环节的主要风险是：会计政策未能有效更新，不符合有关法律法规；重要会计政策、会计估计变更未经审批，导致会计政策使用不当；会计政策未能有效贯彻、执行；各部门职责、分工不清，导致数据传递出现差错、遗漏、格式不一致等；各步骤时间安排不明确，导致整体编制进度延后，违反相关报送要求。

主要管控措施：第一，会计政策应符合国家有关会计法规和最新监管要求的规定。企业应按照国家最新会计准则制度的规定，结合自身情况，制定企业统一的会计政策。企业应有专人关注与会计相关法律法规、规章制度的变化及监管机构的最新规定等，并及时对企业的内部会计规章制度和财务报告流程等做出相应更改。第二，会计政策和会计估计的调整，无论是强制的还是自愿的，均需按照规定的权限和程序审批。第三，企业的内部会

计规章制度至少要经财会部门负责人审批后才能生效，财务报告流程、年报编制方案应当经公司分管财务会计工作的负责人核准后签发。第四，企业应建立完备的信息沟通渠道，将内部会计规章制度和账务流程、会计科目表和相关文件及时有效地传达至相关人员，使其了解相关职责要求、掌握适当的会计知识、会计政策并加以执行。企业还应通过内部审计等方式，定期进行测试，保证会计政策有效执行，且在不同业务部门、不同期间内保持一致性。第五，应明确各部门的职责分工，由总会计师或分管会计工作的负责人负责组织领导；财会部门负责财务报告编制工作；各部门应当及时向财会部门提供编制财务报告所需的信息，并对所提供信息的真实性和完整性负责。第六，应根据财务报告的报送要求，倒排工时，为各步骤设置关键时间点，并由财会部门负责督促和考核各部门的工作进度，及时进行提醒，对未能及时完成的进行相关处罚。

（二）确定重大事项的会计处理

在编制财务报告前，企业应当确认对当期有重大影响的主要事项，并确定重大事项的会计处理。该环节的主要风险是：重大事项，如债务重组、非货币性资产交易、公允价值的计量、收购兼并、资产减值等会计处理不合理，会导致会计信息扭曲，无法如实反映企业的实际情况。

主要管控措施：第一，企业应对重大事项予以关注，通常包括以前年度审计调整以及相关事项对当期的影响、会计准则制度的变化及对财务报告的影响、新增业务和其他新发生的事项及对财务报告的影响、年度内合并（汇总）报告范围的变化及对财务报告的影响等。企业应建立重大事项的处理流程，报适当管理层审批后，予以执行。第二，及时沟通需要专业判断的重大会计事项并确定相应会计处理。企业应规定下属各部门、各单位人员及时将重大事项信息报告至同级财会部门。财会部门应定期研究、分析并与相关部门组织沟通重大事项的会计处理，逐级报请总会计师或分管会计工作的负责人审批后下达各相关单位执行。特别是资产减值损失、公允价值计量等涉及重大判断和估计时，财会部门应定期与资产管理部门进行沟通。

（三）清查资产核实债务

企业应在编制财务报告前，组织财务和相关部门进行资产清查、减值测试和债权债务核实工作。该环节的主要风险是：资产、负债账实不符，虚增或虚减资产、负债；资产计价方法随意变更；提前、推迟甚至不确认资产、负债等。

主要管控措施：第一，确定具体可行的资产清查、负债核实计划，安排合理的时间和工作进度，配备足够的人员、确定实物资产盘点的具体方法和过程，同时做好业务准备工作。第二，做好各项资产、负债的清查、核实工作，包括与银行核对对账单、盘点库存现金、核对票据；核查结算款项，包括应收款项、应付款项、应交税费等是否存在，与债务、债权单位的相应债务、债权金额是否一致；核查原材料、在产品、自制半成品、库存商品等各项存货的实存数量与账面数量是否一致，是否有报废损失和积压物资等；核查账面投资是否存在，投资收益是否按照国家统一的会计准则制度规定进行确认和计量；核查房屋建筑物、机器设备、运输工具等各项固定资产的实存数量与账面数量是否一致，清查土地、房屋的权属证明，确定资产归属；核查在建工程的实际发生额与账面记录是否一致等。第三，对清查过程中发现的差异，应当分析原因，提出处理意见，取得合法证据和按照规定权限经审批，将清查、核实的结果及其处理办法向企业的董事会或者相应机构报告，并根据国家统一的会计准则制度的规定进行相应的会计处理。

（四）结账

企业在编制年度财务报告前，应在日常定期核对信息的基础上完成对账、调账、差错更正等业务，然后实施关账操作。该环节的主要风险是：账务处理存在错误，导致账证、账账不符；虚列或隐瞒收入，推迟或提前确认收入；随意改变费用、成本的确认标准或计量方法，虚列、多列、不列或者少列费用、成本；结账的时间、程序不符合相关规定；关账后又随意打开已关闭的会计期间等。

主要管控措施：第一，核对各会计账簿记录与会计凭证的内容、金额等是否一致，记账方向是否相符。第二，检查相关账务处理是否符合国家统一的会计准则制度和企业制定的核算方法。第三，调整有关账项，合理确定本期应计的收入和应计的费用。例如，计提固定资产折旧、计提坏账准备等；各项待摊费用按规定摊配并分别计入本期有关科目；属于本期的应计收益应确认计入本期收入等。第四，检查是否存在因会计差错、会计政策变更等原因需要调整前期或者本期相关项目。对于调整项目，需取得和保留审批文件，以保证调整有据可依。第五，不得为了赶编财务报告而提前结账，或把本期发生的经济业务事项延至下期登账，也不得先编财务报告后结账，应在当期所有交易或事项处理完毕并经财会部门负责人审核签字确认后，实施关账和结账操作。第六，如果在关账之后需要重新打开已关闭的会计期间，须填写相应的申请表，经总会计师或分管会计工作的负责人审批后进行。

（五）编制个别财务报告

企业应当按照国家统一的会计准则制度规定的财务报告格式和内容，根据登记完整、核对无误的会计账簿记录和其他有关资料编制财务报告，做到内容完整、数字真实、计算准确，不得漏报或者任意取舍。该环节的主要风险是：提供虚假财务报告，误导财务报告使用者，造成决策失误，干扰市场秩序；报表数据不完整、不准确；报表种类不完整；附注内容不完整等。

主要管控措施：第一，企业财务报告列示的资产、负债、所有者权益金额应当真实可靠。一是各项资产计价方法不得随意变更，如有减值，应当合理计提减值准备，严禁虚增或虚减资产。二是各项负债应当反映企业的现时义务，不得提前、推迟或不确认负债，严禁虚增或虚减负债。三是所有者权益应当反映企业资产扣除负债后由所有者享有的剩余权益，由实收资本、资本公积、留存收益等构成。企业应当做好所有者权益保值增值工作，严禁虚假出资、抽逃出资、资本不实。第二，企业财务报告应当如实列示当期收入、费用和利润。一是各项收入的确认应当遵循规定的标准，不得虚列或者隐瞒收入，推迟或提前确认收入。二是各项费用、成本的确认应当符合规定，不得随意改变费用、成本的确认标准或计量方法，虚列、多列、不列或者少列费用、成本。三是利润由收入减去费用后的净额、直接计入当期利润的利得和损失等构成。不得随意调整利润的计算、分配方法，编造虚假利润。第三，企业财务报告列示的各种现金流量由经营活动、投资活动和筹资活动的现金流量构成，应当按照规定划清各类交易和事项的现金流量的界限。第四，按照岗位分工和规定的程序编制财务报告。一是财会部门制定本单位财务报告编制分工表，并由财会部门负责人审核，确保报告编制范围完整。二是财会部门报告编制岗位按照登记完整、核对无误的会计账簿记录和其他有关资料对相关信息进行汇总编制，确保财务报告项目与相关账户的对应关系正确，计算公式无误。三是进行校验审核工作，包括期初数核对、财务报告内有关项目的对应关系审核、报表前后钩稽关系审核、期末数与试算平衡表和工作底稿核对、财务报告主表与附表之间的平衡及钩稽关系校验等。第五，按照国家统一的会计准则制度编制附注。附注是财务报告的重要组成部分，企业对反映企业财务状况、经营成果、现金流量的报表中需要说明的事项，做出真实、完整、清晰的说明。检查担保、诉讼、未决事项、资产重组等重大或有事项是否在附注中得到反映和披露。第六，财会部门负责人审核报表内容和种类的真实性、完整性，通过后予以上报。

（六）编制合并财务报告

企业集团应当编制合并财务报告，分级收集合并范围内分公司及内部核算单位的财务报告并审核，进而合并全资及控股公司财务报告，如实反映企业集团的财务状况、经营成果和现金流量。该环节的主要风险是：合并范围不完整；合并内部交易和事项不完整；合并抵销分录不准确。

主要管控措施：第一，编报单位财会部门应依据经同级法律事务部门确认的产权（股权）结构图，并考虑所有相关情况以确定合并范围符合国家统一的会计准则制度的规定，由财会部门负责人审核、确认合并范围是否完整。第二，财会部门收集、审核下级单位财务报告，并汇总出本级次的财务报告，经汇总单位财会部门负责人审核。第三，财会部门制定内部交易和事项核对表及填制要求，报财会部门负责人审批后下发纳入合并范围内各单位。财会部门核对本单位及纳入合并范围内各单位之间内部交易的事项和金额，如有差异，应及时查明原因并进行调整。编制内部交易表及内部往来表交财会部门负责人审核。第四，合并抵销分录应有相应的标准文件和证据支持，由财会部门负责人审核。第五，对合并抵销分录实行交叉复核制度，具体编制人完成调整分录后即提交相应复核人进行审核，审核通过后才可录入试算平衡表。通过交叉复核，保证合并抵销分录的真实性、完整性。

◎第三节 财务报告对外提供的主要风险点及控制措施

一、财务报告对外提供的基本要求

《企业内部控制应用指引第14号——财务报告》对财务报告对外提供做出如下规定：

1.企业应当依照法律法规和国家统一的会计准则制度的规定，及时对外提供财务报告。

2.企业财务报告编制完成后，应当装订成册，加盖公章，由企业负责人、总会计师或分管会计工作的负责人、财会部门负责人签名并盖章。

3.财务报告须经注册会计师审计的，注册会计师及其所在的事务所出具的审计报告，应当随同财务报告一并提供。

4.企业对外提供的财务报告应当及时整理归档，并按有关规定妥善保存。

证监会通报宜华生活信息披露违法案件调查情况

二、财务报告对外提供的主要风险点及控制措施

（一）财务报告对外提供前的审核

财务报告对外提供前需按规定程序进行审核，主要包括财会部门负责人审核财务报告

的准确性并签名盖章；总会计师或分管会计工作的负责人审核财务报告的真实性、完整性、合法合规性，并签名盖章；企业负责人审核财务报告整体的合法合规性，并签名盖章。

该环节的主要风险是：在对外提供财务报告之前未按规定程序进行审核，对内容的真实性、完整性以及格式的合规性等审核不充分。

主要管控措施：第一，企业应严格按照规定的财务报告编制中的审批程序，由各级负责人逐级把关，对财务报告内容的真实性、完整性，格式的合规性等予以审核。第二，企业应保留审核记录，建立责任追究制度。第三，财务报告在对外提供前应当装订成册，加盖公章，并由企业负责人、总会计师或分管会计工作的负责人、财会部门负责人签名并盖章。

（二）财务报告对外提供前的审计

《公司法》等法律法规规定了公司应编制的年度财务报告需依法经会计师事务所审计，审计报告应随同财务报告一并对外提供。《关于会计师事务所从事证券、期货相关业务有关问题的通知》等还对为特定公司进行审计的会计师事务所的资格做了规定。因此，相关企业需按规定在财务报告对外提供前，选择具有相关业务资格的会计师事务所进行审计。

该环节的主要风险是：财务报告对外提供前未经审计，审计机构不符合相关法律法规的规定，审计机构与企业串通舞弊。

主要管控措施：第一，企业应根据相关法律法规的规定，选择符合资质的会计师事务所对财务报告进行审计。第二，企业不得干扰审计人员的正常工作，并应对审计意见予以落实。第三，注册会计师及其所在的事务所出具的审计报告，应随财务报告一并提供。

（三）财务报告的对外提供

一般企业的财务报告经完整审核并签名盖章后即可对外提供。上市公司还需经董事会和监事会审批通过后方能对外提供，财务报告应与审计报告一同向投资者、债权人、政府监管部门等报送。

该环节的主要风险是：对外提供未遵循相关法律法规的规定，导致承担相应的法律责任；对外提供的财务报告的编制基础、编制依据、编制原则和方法不一致，影响各方对企业情况的判断和经济决策；未能及时对外报送财务报告，导致财务报告信息的使用价值降低，同时也违反有关法律法规；财务报告在对外提供前提前泄露或使不应知晓的对象获悉，导致发生内幕交易等，使投资者或企业蒙受损失。

主要管控措施：第一，企业应根据相关法律法规的要求，在相关制度中明确负责财务报告对外提供的对象，在制度性文件中予以明确并由企业负责人监督，如：国有企业应当依法定期向监事会提供财务报告，至少每年一次向本企业的职工代表大会公布财务报告。上市公司的财务报告需经董事会、监事会审核通过后向全社会提供。第二，企业应严格按照规定的财务报告编制中的审批程序，由财会部门负责人、总会计师或分管会计工作的负责人、企业负责人逐级把关，对财务报告内容的真实性、完整性，格式的合规性等予以审核，确保提供给投资者、债权人、政府监管部门、社会公众等各方面的财务报告的编制基础、编制依据、编制原则和方法完全一致。第三，企业应严格遵守相关法律法规和国家统一的会计准则制度对报送时间的要求，在财务报告的编制、审核、报送流程中的每一步骤设置时间点，对未能按时完成的相关人员进行处罚。第四，企业应设置严格的保密程序，对能够接触财务报告信息的人员进行权限设置，保证财务报告信息在对外提供前控制在适当的范围，并对财务报告信息的访问情况予以记录，以便了解情况，及时发现可能的泄密行为，在泄密后也易于找到相应的责任人。第五，企业对外提供的财务报告应当及时整理归档，并按有关规定妥善保存。

◎第四节 财务报告分析利用的主要风险点及控制措施

一、财务报告分析利用的基本要求

《企业内部控制应用指引第14号——财务报告》对财务报告分析利用做出如下规定：

1.企业应当重视财务报告分析工作，定期召开财务分析会议，充分利用财务报告反映的综合信息，全面分析企业的经营管理状况和存在的问题，不断提高经营管理水平。

2.企业财务分析会议应吸收有关部门负责人参加。总会计师或分管会计工作的负责人应当在财务分析和利用工作中发挥主导作用。

3.企业应当分析企业的资产分布、负债水平和所有者权益结构，通过资产负债率、流动比率、资产周转率等指标分析企业的偿债能力和营运能力；分析企业净资产的增减变化，了解和掌握企业规模和净资产的不断变化过程。

4.企业应当分析各项收入、费用的构成及其增减变动情况，通过净资产收益率、每股收益等指标，分析企业的盈利能力和发展能力，了解和掌握当期利润增减变化的原因和未来发展趋势。

5.企业应当分析经营活动、投资活动、筹资活动现金流量的运转情况，重点关注现金流量能否保证生产经营过程的正常运行，防止现金短缺或闲置。

6.企业定期的财务分析应当形成分析报告，作为内部报告的组成部分。

7.财务分析报告结果应当及时传递给企业内部有关管理层级，充分发挥财务报告在企业生产经营管理中的作用。

运用财务绩效分析 有效开展财务诊断

二、财务报告分析利用的主要风险点及控制措施

财务报告分析利用主要包括三个环节：制定财务分析制度、编写财务分析报告、整改落实。

（一）制定财务分析制度

企业财会部门应在对企业基本情况进行分析研究的基础上，提出财务报告分析制度草案，并经财会部门负责人、总会计师或分管会计工作的负责人、企业负责人检查、修改、审批。

该环节的主要风险是：制定的财务分析制度不符合企业实际情况，财务分析制度未充分利用企业现有资源，财务分析的流程、要求不明确，财务分析制度未经审批等。

主要管控措施：第一，企业在对基本情况分析时，应当重点了解企业的发展背景，包括企业的发展史、企业组织结构、产品销售及财务资产变动情况等，熟悉企业业务流程，

分析研究企业的资产及财务管理活动。第二，企业在制定财务报告分析制度时，应重点关注：财务报告分析的时间、组织形式、参与的部门和人员；财务报告分析的内容、分析的步骤、分析方法和指标体系；财务报告分析报告的编写要求等。第三，财务报告分析制度草案经由财会部门负责人、总会计师或分管会计工作的负责人、企业负责人检查、修改、审批之后，根据制度设计的要求进行试行，发现问题及时总结上报。第四，财会部门根据试行情况进行修正，确定最终的财务报告分析制度文稿，并经财会部门负责人、总会计师或分管会计工作的负责人、企业负责人进行最终的审批。

（二）编写财务分析报告

财会部门应按照财务分析制度定期编写财务分析报告，并通过定期召开财务分析会议等形式对分析报告的内容予以完善，以充分利用财务报告反映的综合信息，全面分析企业的经营管理状况和存在的问题，不断提高经营管理水平。

该环节的主要风险是：财务分析报告的目的不正确或者不明确，财务分析方法不正确；财务分析报告的内容不完整，未对本期生产经营活动中发生的重大事项做专门分析；财务分析局限于财会部门，未充分利用相关部门的资源，影响质量和可用性；财务分析报告未经审核等。

主要管控措施：第一，编写时要明确分析的目的，运用正确的财务分析方法，并能充分、灵活地运用各项资料。分析内容包括：一是企业的资产分布、负债水平和所有者权益结构，通过资产负债率、流动比率、资产周转率等指标分析企业的偿债能力和营运能力；分析企业净资产的增减变化，了解和掌握企业规模和净资产的不断变化过程。二是分析各项收入、费用的构成及其增减变动情况，通过净资产收益率、每股收益等指标，分析企业的盈利能力和发展能力，了解和掌握当期利润增减变化的原因和未来发展趋势。三是分析经营活动、投资活动、筹资活动现金流量的运转情况，重点关注现金流量能否保证生产经营过程的正常运行，防止现金短缺或闲置。第二，总会计师或分管会计工作的负责人应当在财务报告分析和利用工作中发挥主导作用，负责组织领导。财会部门负责人审核财务分析报告的准确性，判断是否需要对特殊事项进行补充说明，并对财务分析报告进行补充说明。对生产经营活动中的重要资料、重大事项以及与上年同期数据相比有较大差异的情况要做重点说明。第三，企业财务分析会议应吸收有关部门负责人参加，对各部门提出的意见，财会部门应充分沟通、分析，进而修改完善财务分析报告。第四，修订后的分析报告应及时报送企业负责人，企业负责人负责审批分析报告，并据此进行决策，对于存在的问题及时采取措施。

（三）整改落实

财会部门应将经过企业负责人审批的报告及时报送各部门负责人，各部门负责人根据分析结果进行决策和整改落实。

该环节的主要风险是：财务分析报告的内容传递不畅，未能及时使有关各部门获悉；各部门对财务分析报告不够重视，未对其中的意见进行整改落实。

主要管控措施：第一，定期的财务分析报告应成为内部报告的组成部分，并充分利用信息技术和现有内部报告体系在各个层级上进行沟通。第二，根据分析报告的意见，明确各部门职责。责任部门按要求落实改正，财会部门负责监督、跟踪责任部门的落实情况，并及时向有关负责人反馈落实情况。

◎第五节　案例分析

案例一：中国石油独立编制财务报告体系建设

一、案例介绍

中国石油天然气股份有限公司（以下简称“中国石油”）于1999年11月由中国石油天然气集团公司作为独家发起人注册成立，并分别于2000年4月及2007年11月在纽约证券交易所、香港联交所及上海证券交易所挂牌上市。作为上下游一体化的综合性石油公司，中国石油是中国油气行业最大的油气生产商和销售商，也是全球最大的一体化油气公司之一。目前公司经营分为勘探与生产、炼油与化工、销售、天然气与管道四大业务板块，生产运营遍布全国各地及海外十几个国家和地区，直接合并报表单位100多家。中国石油在编制财务报告体系建设中主要采取以下做法：

1.建立组织保障体系

2005年，中国石油提出了“实现财务报告独立编制”的工作目标，将其作为一项战略性基础工程，明确独立编制财务报告体系建设符合“财务工作服从和服务于生产经营和资本市场”的战略定位，符合中国石油“一流的财务管理体制和运行机制，一流的财务管理队伍”两个“一流”的财务管理战略目标。

独立编制财务报告体系建设是一项复杂的系统工程，涉及总部及分公司、子公司财务系统和几千名财务人员、业务人员，需要调动企业外部律师、审计师以及内部四个业务板块、海内外各方面的力量，由财务部和内控部、信息部等多个部门共同完成。

为了有效开展工作，中国石油建立了自上而下、自下而上的独立编制财务报告组织保障体系，由公司领导主抓，财务系统内会计专家及信息技术专家全过程参与，并在全公司范围内设置财务报告编制岗位、配备财务报告编制人员。

2.融合不同会计准则

建立科学、统一、规范的独立编制财务报告体系，需要协同不同的准则和制度，充分考虑各个上市地的监管要求和石油行业的特殊性及特殊披露规定。为此，中国石油编制了统一的财务报告手册，建立了编制财务报告的规则体系。通过对中国企业会计准则及国际财务报告准则进行深入系统的分析与研究，摘录了两个准则共80余项具体与中国石油会计业务处理相关的要点。

就每个准则的适用范围及披露要点进行具体归纳，重点分析了中国企业会计准则与国际财务报告准则在具体规定上的差异以及对中国石油的影响，形成了适用于中国石油财务报告编制的准则基础。在此基础上，结合企业会计业务实际和行业特点，秉承“简洁实用、可操作、兼顾发展”的原则，编写了中国石油《财务报告手册》，全方位界定了中国石油独立编制财务报告应遵循的规则。

3.协同不同披露需求

由于中国石油在上海、香港、纽约三地上市，财务报告披露信息需要遵循不同会计准则和多个上市地的监管规则。在会计准则方面，需要满足中国企业会计准则、国际财务报告准则及美国公认会计准则的信息披露要求；在监管规则方面，需要满足上海证券交易所、香港联合交易所及纽约证券交易所的各项上市规则、披露制度及管理条例等。

为此，中国石油全面梳理了会计准则、监管规则及信息披露要求，以客观反映、充分披露为原则，建立并固化完整的财务报告体系。该报告体系突破了单一会计报表的概念，超越了单一财务数据的范围，涵盖了中国石油财务管理的重要方面，包括中国准则财务报告、国际准则财务报告以及美国准则财务报告三个子体系。

4.优化独立编制流程

为保证独立编制财务报告工作的科学组织运行，中国石油重塑和优化全公司财务报告编制流程，设计适用于上、中、下游业务，满足总部及所有分、子公司的标准数据字典，设计统一的数据析取模式，建立起独立编制财务报告流程体系，并对财务报告流程设计了关键控制点，提高数据收集、处理和分析能力。

信息系统是财务报告标准化体系的载体，也是实施独立编制财务报告的必要保证。中国石油一直非常重视财务管理信息系统的建设与应用。为有效整合内外部资源，中国石油设计开发了财务报告信息系统。该系统坚持“自主开发”理念，依托中国石油会计一级集中核算，在充分利用内部已有信息基础上，设计同时满足内外部报告的流程方案，以建设国际一流的财务管理体系为根本宗旨，满足中国石油总部及全部分、子公司财务报告数据的自动归集、报表的自动析取、报告的自动生成，全面解决不同准则间的会计差异处理问题。信息系统的设计、网络、硬件、数据库软件、应用软件等，都要坚持先进适用、科学高效的原则。

5.建立控制体系

为保持独立编制后的财务报告客观公正，中国石油建立了严格的财务报告控制体系。

一是依托会计一级集中核算账务系统，实现财务报告基础数据自动生成，杜绝人为调节现象的发生。同时，按照业务类型，设计严密的析取公式、计算公式和校验公式，确保财务报告基础信息准确完整。

二是在企业内部控制系统内，新设了针对财务报告客观性、公允性的内控测试流程，详细描述财务报告内部控制程序，设计内部控制标准，设置独立编制的关键控制点，明确测试频率，并就测试结果与内控审计师定期沟通，以有效的风险控制手段确保财务报告客观公正。

三是建立配合外部审计师定期审计报告的工作机制，形成上下结合的外部审计配合团队。

中国石油于2008年全面实现了独立编制财务报告的目标。从2008年季度、半年度、年度以及2009年季度、半年度财务报告编制情况来看，财务报告独立编制实际运行情况良好，达到了预期目标。中国石油独立编制财务报告体系建设获得了资本市场的高度肯定。在2009年度《投资者关系》杂志的评选中，中国石油的2008年年报获得了中国区域“最佳年报/正式披露奖”提名。

二、案例分析

财务报告是资本市场了解上市公司最重要的窗口，也是投资者进行投资决策最重要的依据，特别是随着经济全球化，财务报告信息已经成为资本在资本市场上流动的风向标。同时，高质量的财务报告有助于上市公司规避披露风险，树立良好形象，提升品牌价值。近年来，国际大型上市公司都非常注重向资本市场提供高素质的财务报告，并致力于独立开展财务报告编制工作。所谓独立编制财务报告，是指为防止财务欺诈、明确上市公司管理层与外部审计师各自应承担的责任，按照美国国会2002年颁布的《萨班斯-奥克斯利法案》的要求，由上市公司根据会计准则及监管规定独立编制，并提交外部审计师审计的对外披露财务报告。上市公司负责编制财务报告，并对财务报告的真实性、准确性、完整性负责，外部审计师的责任是对财务报告发表审计意见。

然而，实现独立编制财务报告并非易事，这是因为编制财务报告需要准确把握和及时跟进国内外繁杂的会计准则和监管机构的详细规定，需要协同不同会计准则和监管制度之间的差异，需要对所在行业具备很高的职业判断水平和丰富的会计处理经验，需要收集审核大量的基础数据。目前，国内大型跨国上市公司尚未能全面实现独立编制财务报告。中国石油基于国际大型石油公司财务管理发展趋势和提升管理水平、推进国际化发展等多方面的考虑，强化独立编制财务报告体系建设，并作为战略性基础工程，为我们总结了一套可供借鉴的经验和提供了一个成功的范例。

资料来源：企业内部控制编审委员会.企业内部控制配套指引解读与案例分析［M］. 上海：立信会计出版社，2010：254-257.

案例二：一汽“互联网+”全过程财务报告管理模式构建

一、案例介绍

中国第一汽车集团公司（以下简称一汽）在2014年开始的集团财务管控平台建设中，在财务报告的形成、报告审核方法、编制方法、分析方法及信息使用控制方面进行了深入探讨与努力，搭建了以“互联网+”为基础的全过程财务报告管理平台。

1. 变革信息形成方式，提升财务报告信息质量

业财融合同步生成会计凭证，即以ERP系统为载体，通过供、产、销与财务业务的网络集成，业务驱动实时生成会计凭证，减少人为干预，从信息形成的源头治理财务报告质量。这是当今流行软件的普遍做法，但一汽在促进业财融合方面体现了自身的特点。

第一，融合内容最大限度地覆盖，尽量减少直至最终取消总账录入凭证。通过对端到端业务流程分析，集团梳理出21类相关的业务类型，包括物资采购、应付确认、采购入库、生产领用、完工入库、销售出库、收入确认及各类转账业务的流程，最大限度实现系统自动生成凭证。同时也不断将总账业务向业务前端延伸，逐步减少手工录入凭证。

第二，触发时点的选择必须满足相关会计准则的要求。并不是所有的业务动作都随时生成会计凭证，生成的时点要符合相关会计准则的要求，保证相关财务风险都已转移。

第三，会计科目按照使用规范由集团统一配置，报表模板和取数公式由集团统一定义。原则上每一个业务动作生成何种会计凭证，必须按照集团制定的《企业会计准则补充规定——会计科目使用规范》，由集团财务管理部门统一配置。已经配置好的ERP系统必须由财务管理部门进行审定后方能使用，涉及会计科目变更的，由子公司提出申请，经集团网络审批后统一更新到系统中。同时，为了保证报表格式统一和列报规范，报表模板和各个表项的取数公式由集团统一制定，并通过网络下发到各单位ERP系统中。一般每年决算前集中修订一次，如有变更按流程进行处理。

第四，取得的成效。这项变革对会计核算的意义是相当重大的，首先，变革了核算模式，由事后核算转变为实时核算，为将来出具实时财务报告奠定了基础；其次，以业务驱动自动生成会计凭证，减少了人为干预环节，从信息源头保证了财务信息质量，始终保持账实一致；最后，便于管理，有人曾经做过这样的比喻，ERP系统推进80户，相当于集团有80个审计部门常驻在分子公司实时指导和监督分子公司的核算行为，是所谓以无形管理有形，以有限控制无限。

2. 定义校验公式，实现报表的网络自动审核

第一，审核要点的制定。自动审核的依据是审核要点，审核要点是报表中容易出现错误的关键点。一汽经过多年的积累，目前已经对每套报表容易出现错误的环节都制定了审核要点。每年决算前期，根据国资委、财政部报表参数的变化和集团内部报表的管理要求，集中梳理一次审核要点。

第二，审核要点的置入和执行。根据审核要点，一汽集团统一在网络决算平台中定义公式，系统按照公式对数据进行检查。当执行审核指令时，系统自动显示错误位置并进行标识。便捷性是自动审核执行高效与否的关键，点击审核公式，光标直接定位到被审核的指标上，报表主管很快就能发现是哪一张表出现了错误。当查看另一个单位数据时，光标同样定位在相同表单的相同位置，查找和对比非常方便。在实际工作中，一汽将审核功能网络授权给各单位，以强化各单位的自主审核。这样一方面提高了各单位自我管理报表的能力和责任，另一方面将集中进行的工作适度分散，减少了集团集中审核的工作量，提高了效率。

第三，二级审核和审核结果的应用。对年度决算非常重要的时点，一汽实行报表的二级审核，按照各个职能部门的职责，划分报表数据归属，实行网络同步集中会审。参与审核的部门包括集团规划部、组织人事部、经营控制部、资金部、财务管理部、生产制造部等职能部门，各部门按照各自分工对被审核单位的报表进行审核，并将审核意见维护到系统中，被审核单位根据各个部门的审核意见进行整改和意见反馈，同时系统自动记录各单位报表反复次数、审核错误等信息，作为年度评先选优的一个指标。另外审核结果也可作为决算批复的一个数据来源。会审中普遍存在的问题可集中收纳到年度案例汇编中，通过汇编下发达到横向展开的作用。

第四，取得的成效。自动审核提高了审核效率，同时通过网络的过程互动将静态的报表系统上升到动态的过程管理系统。

3. 以关联交易识别抵销方式，实现合并报表的自动编制

关联交易数据识别抵销方式的原理，是先进行内部交易识别，然后通过网络对账平台进行对账、抵销。具体流程包括以下步骤：关联交易凭证的标识、提取、校验、对账、抵销、合并几个关键节点。

第一，关联交易标识、提取和校验。集团ERP系统能自动记录交易属性，自动勾选集团内部交易标识；网络对账平台同ERP系统通过接口进行互联，自动提取内部关联交易凭证；校验已经提取的内部交易数据同业务系统的余额、发生额是否一致，一致后进入对账工作。

第二，关联交易对账。对账的目的是保证交易双方的交易内容真实，合并抵销准确。交易各方共同登录网络对账平台进行对账，首先系统根据对账规则自动对账，对无法自动进行对账的凭证进行手工对账。集团通过网络监控平台实时掌握各单位的对账完成情况，对每一个单位和多少个单位有业务往来、已经完成了多少、相差多少、差什么都一目了然。如果对账有差异，系统提供差异分析功能，对账双方通过查询很快找出差异在哪里。对账结果也为交易双方披露一致奠定了基础。

第三，抵销及合并。对账后，系统自动生成抵销资料，根据抵销资料自动生成抵销分录，再根据抵销分录生成合并底稿和差额表，最后根据汇总报表和差额报表生成合并报表。抵销分录的来源有两个渠道，一是接收对账系统传来的抵销资料自动生成的分录，另一个是针对特殊业务由手工维护的调整分录。同时对合并报表的抵销金额可以查询抵销明

细，这一功能为合并报表的审计提供了方便，受到审计师认可。

第四，特点和取得的成效。对账平台以凭证作为对账的基础单元，有利于对账结果在合并系统的直接引用，是生成抵销分录最便捷的途径；通过内部对账核实内部交易数据，找出未达项目（包括采购未达和销售未达、银行和企业未达）及记账差错，从根本上解决了关联交易披露不对称的问题。

4.通过预警和逐层钻取，提高分析深度

系统根据设定的不同阈值，自动对报表数据异常项目进行预警提示，并通过网络互联进行逐级钻取追溯到业务底层，提高了分析深度。

第一，超指标预警。通过对所有报表项目设定预警指标值，对超出指标的项目（绝对额或相对额）进行预警，指标的选择取决于管理关注度，一汽目前选用全指标方式，即对报表的全部项目进行预警提示。

第二，深度钻取，查找数据背后真因。深度钻取是以当前的报表异常指标为对象，对报表指标首先展开到单户层面，即找出哪个单位指标的影响，然后再逐层向下穿透，直到业务凭证或发票。要做到这一点，关键是集团的分析系统同各单位的ERP系统网络关联。一汽的做法是财务数据均集中到数据仓库，分析系统直接穿透到数据仓库。

第三，取得的成效。一汽系统通过全指标预警，能够快速发现问题，通过逐层钻取，提高了分析深度，挖掘出数据现象背后的业务实质。

5.应用先进技术，实现单项指标使用网络授权控制

通过先进技术的应用，一汽实现了报表单项指标控制，可按用户职责、使用者需求控制报表数据使用。

第一，数据共享的思想和原理。一汽本着数出一门、多点共享的思路来使用财务报表数据，同时考虑财务报表数据的涉密性，严格控制报表数据使用，并保证数据泄密可追查。

一汽财务报表系统的设计是以报表的最小单元作为变量进行设计的，每一个报表指标都是一个变量，一张报表就是一组变量的集合。这样设计的优点一是这些变量可以根据要求快速生成一张新的报表，而这一工作只要业务人员在前台就能完成，无须软件开发人员重新进行系统开发；二是控制灵活，可以控制到报表的每一个单项指标（报表项目）或任意一组指标的组合。

第二，报表数据共享和授权控制。由于报表指标颗粒度已经设计到极限，所以可以根据使用者职责或临时使用申请，统一进行网络授权，权限可控制到单户报表的单个指标。

第三，格式转换和报表报出。通过定义XBRL要素，自动转化XBRL格式报表，按预定的路径实现网络上报。

第四，报表数据涉密追查。系统提供了强大的日志功能，可以记录操作者在任何时间、任何地点（网络IP）查询或导出了某个报表指标，因此一旦发生泄密现象，系统能够快速追索。

二、案例分析

集团企业普遍存在地域分布广、分子公司多、层级深、业态种类多、结构复杂等特点，传统财务报告存在的主要问题，一是单户报表信息质量的可靠性难以保证。传统模式

下，业务发生和会计核算是分开进行的，业务发生在前，会计核算在后，会计人员需要对大量的票据进行分类、计算，编制会计分录，核算的及时性、计算误差、制证错误、列报串项甚至主观因素等都直接影响报告的信息质量。二是报表审核工作量大。由于报表数量多，关系复杂，审核工作量非常大，严重影响集团报表的出具效率。三是合并方法复杂。集团企业业态种类比较多，比如汽车行业就有整车制造、零部件加工、金融、进出口、建工、保险、模具、物流运输等多种业态，业务性质差异较大，抵销方法难以统一。此外，还存在异常数据分析困难、信息使用控制弱化等问题。

针对上述问题，一汽集团搭建了以"互联网+"为基础的全过程财务报告管理平台，充分运用利用信息技术，提高工作效率和工作质量，减少或避免编制差错和人为调整因素对财务报告编制的影响，保证了财务报告编制的真实性。

一汽集团以ERP系统为载体，业财融合同步生成会计凭证，通过供、产、销与财务业务的网络集成，业务驱动实时生成会计凭证，减少人为干预，从信息形成的源头治理财务报告质量。通过供、产、销与财务业务的网络集成，业务驱动实时生成会计凭证，减少人为干预，从信息形成的源头治理财务报告质量。

从一汽集团财务报告管理平台可以看出，集团公司有明确的财务报告编制流程，职责分工、权限范围和审批程序明确规范。有严格的财务报告各环节授权审批制度和操作规范，已经对每套财务报表中容易出现的错误环节都制定了审核要点，对于年度预算实行二级审核，按照各个职能部门的职责，划分报表数据归属，实行网络同步集中会审。应用先进技术，实现单项指标使用网络授权控制，同时做好了数据安全控制，系统提供了强大的日志功能，可以记录操作者在任何时间、任何地点（网络IP）查询或导出了某个报表指标，因此一旦发生泄密现象，系统能够快速追索。财务数据均集中到数据仓库，分析系统直接穿透到数据仓库，通过构建的全指标预警系统，能够快速发现问题，通过逐层钻取，提高了分析深度，挖掘出数据现象背后的业务实质。

一汽集团业财融合，利用ERP系统构建的互联网+财务报告管理模式值得集团型企业的借鉴。

资料来源：王英春，王学军.一汽"互联网+"全过程财务报告管理模式构建[J]. 财务与会计，2018（7）：30-32.

学思见悟 ◎ 从严打击证券违法活动 全面深化资本市场改革

2020年11月2日，中央深改委会议审议通过《关于依法从严打击证券违法活动的若干意见》（以下简称《若干意见》）。会议指出，依法从严打击证券违法活动，是全面深化资本市场改革的重要制度安排。要加快健全证券执法司法体制机制，加大对重大违法案件的查处惩治力度，夯实资本市场法治和诚信基础，加强跨境监管执法协作，推动构建良好市场秩序。中央层面审议通过关于打击证券违法活动的专门文件，在我国资本市场历史上是第一次。

《若干意见》审议通过，标志着"零容忍"打击重大证券违法活动上升到一个新高度。

一直以来，党中央、国务院高度重视打击证券违法犯罪活动和维护资本市场平稳健康发展工作。今年以来，国务院金融委已经先后多次召开会议，部署从严打击证券违法犯罪相关工作。7月30日的中央政治局会议又专门提出，要推进资本市场基础制度建设，依法从严打击证券违法活动。

近年来，在国务院金融委的统一指挥协调下，证监会坚守监管执法的主责主业，把大力提升稽查处罚效能作为全面深化资本市场改革的重点工作积极推进，不断加强风险监测研判，从源头上减少各类违法犯罪行为；同时，与立法机关、司法机关、相关部委和地方政府积极协作，不断完善资本市场法律制度体系，持续强化重大案件的查处力度，证券执法司法的有效性、威慑力不断增强，"零容忍"打击行动初见成效，市场生态明显好转。

据证券时报记者统计，截至2020年9月底，证监会新启动案件调查270件，做出行政处罚决定204件，市场禁入决定27件，向公安机关移送涉嫌犯罪案件及线索101起。集中力量查处了一批市场高度关注、影响恶劣的重大案件，起到了震慑作用。重拳打击上市公司财务造假、资金占用、违规担保等严重损害上市公司和中小股东利益、破坏市场诚信基础的信息披露违法行为。

2020年以来，多桩影响恶劣的案件被立案调查、从重处罚，监管层以实际行动彰显了打击违法违规行为的决心。截至2020年9月底，证监会已对宜华生活、豫金刚石、维维股份等35家上市公司涉嫌信息披露违法行为立案调查，对康美药业、康得新、獐子岛财务造假，凯迪生态关联方资金占用，银河生物违规担保等案件予以从重处罚。对乐视网涉嫌欺诈发行、斯太尔涉嫌财务造假等案件做出行政处罚事先告知。康得新、康美药业财务造假、天翔环境实际控制人资金占用等案件已移送公安机关追究刑事责任。

在追究上市公司及其控股股东、实际控制人、董监高等责任的同时，对中介机构涉嫌未勤勉尽责行为同步调查。坚持"精准执法、科学问责"，紧盯"关键少数"，切实提高大股东、实际控制人和董监高管理人员的违法成本。对恶性操纵市场、内幕交易等严重扰乱市场交易秩序的违法行为予以坚决查处。从严从重处罚汪耀元内幕交易（罚没金额37.45亿元）、祝芹芳等人内幕交易（涉案金额9亿元）、赵坚等人信息操纵、吕乐等人跨境操纵等典型案件。

此外，针对跨境证券违法活动有所增多的新形势，近年来证监会主动加强与境外证券监管机构的执法合作，分类推进中概股公司的风险应对，加强引导、做好预案。按照国务院金融委统一部署，会同财政部、市场监管总局等部门，依法对瑞幸咖啡境内运营主体、关联方及相关第三方公司涉嫌违法违规行为进行立案调查，对神州优车、氢动益维涉嫌信息披露违法做出行政处罚事先告知。

资料来源：王君晖．从严打击证券违法活动　全面深化资本市场改革［EB/OL］．［2022-11-03］．http：//news.stcn.com/news/202011/t20201103_2501387.html

请思考：对于上市公司而言，对外公布财务报告是公司与外部投资者、债权人等利益相关者进行信息沟通的主要渠道，直接影响着他们的经济决策。请结合《关于依法从严打击证券违法活动的若干意见》，谈谈你对促进上市公司财务报告信息披露的影响。

本章小结

财务报告，是指反映企业某一特定日期财务状况和某一会计期间经营成果、现金流量的文件。企业编制财务报表的目的，就是为报表使用者提供投资、决策信息。

财务报告流程由财务报告编制流程、财务报告对外提供流程、财务报告分析利用流程三个阶段组成。从企业财务报告内部控制的建立来看，编制、对外提供和分析利用财务报告，至少应当关注下列风险：编制财务报告违反会计法律法规和国家统一的会计准则，可能导致企业承担法律责任和声誉受损；提供虚假财务报告，误导财务报告使用者，造成决策失误，干扰市场秩序；不能有效利用财务报告，难以及时发现企业经营管理中存在的问题，可能导致企业财务和经营风险失控。

财务报告的编制阶段主要包括制订财务报告编制方案、制定重大事项的会计核算办法、清查核实资产债务、编制个别财务报告、编制合并财务等环节。企业财会部门应在编制财务报告前制订财务报告编制方案，并由财会部门负责人审核。财务报告编制方案应明确财务报告编制方法、财务报告编制程序、职责分工、编报时间安排等相关内容。在编制财务报告前，企业应当确认对当期有重大影响的主要事项，并确定重大事项的会计处理。企业应在编制财务报告前，组织财务和相关部门进行资产清查、减值测试和债权债务核实工作。企业在编制年度财务报告前，应在日常定期核对信息的基础上完成对账、调账、差错更正等业务，然后实施关账操作。企业应当按照国家统一的会计准则制度规定的财务报告格式和内容，根据登记完整、核对无误的会计账簿记录和其他有关资料编制财务报告，做到内容完整、数字真实、计算准确，不得漏报或者任意进行取舍。企业集团应当编制合并财务报告，分级收集合并范围内分公司及内部核算单位的财务报告并审核，进而合并全资及控股公司财务报告，如实反映企业集团的财务状况、经营成果和现金流量。

财务报告对外提供前需要按规定程序进行审核，主要包括财会部门负责人审核财务报告的准确性并签名盖章；总会计师或分管会计工作的负责人审核财务报告的真实性、完整性、合法合规性，并签名盖章；企业负责人审核财务报告整体合法合规性，并签名盖章。企业应保留审核记录，建立责任追究制度。公司制的企业编制的年度财务报告需依法经会计师事务所审计，审计报告应随同财务报告一并对外提供。一般企业的财务报告经完整审核并签名盖章后即可对外提供。上市公司还需经董事会和监事会审批通过后方能对外提供，财务报告应与审计报告一同向投资者、债权人、政府监管部门等报送。

财务报告分析利用主要包括三个环节：制定财务分析制度、编写财务分析报告、整改落实。企业在制定财务报告分析制度时，应重点关注：财务报告分析的时间、组织形式、参加的部门和人员；财务报告分析的内容、分析的步骤、分析方法和指标体系；财务报告分析报告的编写要求等。财会部门应按照财务报告分析制度定期编写财务分析报告，并通过定期召开财务分析会议等形式对分析报告的内容予以完善。编写时要明确分析的目的，运用正确的财务分析方法，并能充分、灵活地运用各项资料。财会部门应将经过企业负责人审批的财务分析报告及时报送各部门负责人，各部门负责人根据分析结果进行决策和整改落实。

中英文专业术语

财务报告 financial report

控制流程 control process

风险评估 risk assessment

财务制度 financial system

章后练习–自测版

章后练习

一、单项选择题

1.财务报告对外提供前需要按规定程序进行审核，(　　) 审核财务报告整体的合法合规性。

A.财会部门负责人　　B.总会计师

C.企业负责人　　D.分管会计工作的负责人

2.财务报告的总体要求不包括（　　）。

A.规范财务报告控制流程　　B.健全各环节的授权批准制度

C.履行检查审核义务　　D.加强信息核对

3.企业编制财务报告，应当重点关注会计政策和（　　）。

A.会计计量　　B.会计准则　　C.会计方法　　D.会计估计

4.企业应当定期召开财务分析会议，全面分析企业的经营管理状况和存在的问题，不断提高经营管理水平。在财务报告分析和利用工作中发挥主导作用的是（　　）。

A.董事长　　B.总经理

C.财务部负责人　　D.总会计师或分管会计工作的负责人

5.加强财务报告内部控制的首要目的是（　　）。

A.提高会计信息质量　　B.保证系统正常运转

C.提升企业附加值　　D.保障信息系统安全

6.企业财会部门应当在对企业基本情况进行分析研究的基础上提出（　　）。

A.财务报告分析制度　　B.内部控制分析制度

C.内部报告分析制度草案　　D.财务报告分析制度草案

7.反映企业某一特定日期财务状况和某一会计期间经营成果、现金流量的文件，包括资产负债表、利润表、现金流量表、所有者权益变动表及会计报表附注的是（　　）。

A.会计报告　　B.财务报表　　C.财务报告　　D.管理报告

8.在编制财务报告前，企业应当确认的是（　　）。

A.对当期有重大影响的主要事项　　B.对后期有重大影响的主要事项

C.对前期有重大影响的主要事项　　D.对前后一个时期均有重大影响的主要事项

9.企业在实际操作中，构建和优化财务报告内部控制流程应当充分结合自身的（　　）。

A.业务特点和管理要求　　B.完备的信息沟通渠道

C.信息优势　　D.管理特点

10.财务报告对外提供前的审核的主要控制措施不包括（　　）。

A.保留审核记录，建立责任追究制度

B.不得干扰审计人员的正常工作

C.企业应当严格按照规定的财务报告编制中的审批程序，由各级负责人逐级把关审核

D.财务报告对外提供前应当装订成册，加盖公章，并由企业负责人、总会计师或分管财务会计工作的负责人、财务部门负责人签名并盖章

二、多项选择题

1.财务报告流程由（　　）组成。

A.财务报告编制流程　　B.财务报告对外提供流程

C.财务报告分析利用流程　　D.财务报告审计流程

2.企业在编制年报前，应当完成的工作有（　　）。

A.凭证审核　　B.账簿登记　　C.资产清查

D.债权债务核实　　E.减值测试

3.财务合并报表主要反映企业（　　）。

A.财务状况　　B.经营成果　　C.现金流量　　D.管理层情况

4.财务报告的编制流程包括（　　）。

A.制订财务报告编制方案　　B.确定重大事项会计处理方法

C.查实资产和负债　　D.编制财务报告

E.对外提供以及分析利用等

5.制订财务报告编制方案的关键风险有（　　）。

A.会计政策未能及时更新

B.重要会计政策、会计估计变更未经审批，导致会计政策使用不当

C.会计政策未能有效贯彻、执行

D.各步骤时间安排不明确，导致整体编制进度延后，违反相关报送要求

E.各部门职责分工不清、导致数据传递出现差错

三、判断题

1.企业对外报送的财务报表应当由企业负责人、总会计师或分管会计工作的负责人和财务部门负责人签名并盖章。（　　）

2.财务报告的结构分析主要是分析企业的资产的分布、负债水平和所有者权益结构。（　　）

3.企业总经理负责组织领导财务报告编制和分析利用工作。（　　）

4.财会部门应按照财务分析制度不定期编写财务分析报告。（　　）

5.在编制财务报告前，企业应当确认对当期有重大影响的主要事项，并确定重大事项的会计处理。（　　）

6.注册会计师及其所在的事务所出具的审计报告，不需要随财务报告一并提供。（　　）

7.一般企业的财务报告经完整审核并签名盖章后即可对外提供。（　　）

8.会计政策和会计估计的调整，如果是因为会计准则发生变化而必须进行调整，则无须审批。（　　）

9.企业应当充分利用信息技术，提高工作效率和工作质量，减少或避免编制差错和人为调整因素。（　　）

第二十章
信息系统内部控制

学习目标

通过本章学习了解信息系统内部控制的内涵、分类和目标，掌握信息系统内部控制的主要风险、关键控制点和主要控制措施。

引导案例与思考

HPL技术公司是美国硅谷的一家软件制造商，其董事会主席兼首席执行官Lepejian在公司上市第一年就采用各种手段虚构了80%的销售收入。在连续5个季度内，Lepejian伪造了数十张来自佳能公司和微电公司的订货单，对信息技术驾轻就熟的Lepejian轻易地从以往上述两个客户的真实订货单中提取了相关负责人的签名，在电脑上将其粘贴至伪造的订货单上。之后，他又修改了HPL一台传真机的程序，将伪造的订货单以佳能公司和微电公司的名义发至HPL的另外一台传真机。接着Lepejian伪造发运凭证：他为每份假订单起草了一份电子邮件，并以佳能公司和微电公司的名义向HPL发出电子邮件，确认HPL发出的软件已经运抵佳能公司和微电公司。

Lepejian自导自演的骗局最终被戳穿。就在HPL对外公布其财务报告后不久，该公司董事会收到了佳能公司法律顾问的质疑报告。报告指出佳能公司与HPL的大部分款项往来是不存在的。至此，Lepejian的阴谋彻底败露。

原因分析：公司缺乏对管理层的监督以及审核，对信息系统数据的真实性以及有效性没有进行验证，相关业务单据没有进行职责分离的复核审批。

资料来源：佚名.美国HPL技术公司财务舞弊案及其启示［EB/OL］.［2008-04-20］. http: //www.iaudit.cn/Article/ShowArticle.asp? ArticleID=55324.

课前思考：

1.什么是信息孤岛？

2.谈谈系统运行维护与安全措施不到位会造成什么样的后果？

3.信息系统在内部控制中的作用对企业现代化管理水平有什么影响？

知识准备

课前预习（思维导图）

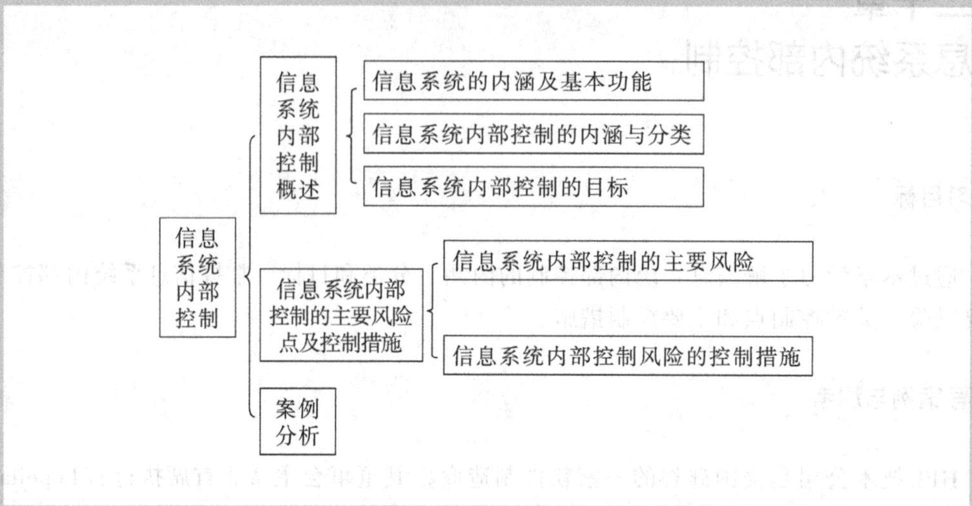

◎第一节　信息系统内部控制概述

信息技术正在改变一切，回顾人类社会发展的漫长历史，真正推动社会飞速发展的力量只是近几个世纪的科学技术发明。15世纪航海技术的发明使人类发现了新大陆，从此揭开了人类文明的序幕；18世纪蒸汽机技术的发明引领了社会的工业革命；而进入20世纪中后期，信息技术（IT）特别是互联网（Internet）技术的飞速发展及其广泛应用，使人类从工业经济时代跨入信息经济时代。信息技术的发展不仅会动摇整个社会的基础，而且将使社会赖以存在的经济环境发生深刻的变化，并彻底改变社会发展的运行方式，使人类进入数字化时代。

一、信息系统的内涵及基本功能

（一）信息系统的内涵

信息系统（Information systems）是以信息基础设施为基本运行环境，由人、信息技术设备、运行规程组成的，以信息为处理对象，进行信息的收集、传递、存储、加工，辅助组织进行各项决策的人机结合的系统，即基于计算机的系统。

1.人是信息系统中的组成元素之一，对信息系统进行管理，利用信息系统提供的信息进行决策。

2.信息技术设备按照一定的结构集成为计算机系统后，提供了组织信息系统运行的物理环境。

3.运行规程主要规定了信息系统本身的运作规则，并明确了人与信息技术设备之间的关系。例如，对系统的控制和使用规则、安全性措施、对系统的访问权限等，特别是信息系统的使用者应共同遵守的规则。

（二）信息系统的基本功能

信息系统的基本功能可以归纳为五个方面：

1.数据的收集和输入。数据的收集和输入功能是指将待处理的原始数据集中起来，转化为信息系统所需要的形式，输入系统中。在衡量一个信息系统的性能时，以下内容十分重要：收集数据的手段是否完善，准确性和及时性如何，具有哪些校验功能，输入方法是否方便易用，数据收集和输入的组织是否严密等。

2.信息的存储。数据进入信息系统后，经过加工或整理，成为对管理者有用的信息。信息系统负责把信息按照一定的方法存储、保管起来。

3.信息的传输。为了让信息的使用者方便地使用信息，信息系统应能够速、准确地将信息传送到各个使用部门。

4.信息的加工。信息系统对进入系统的数据进行加工处理，包括查询、计算、排序、归并等。

5.信息的检索和分析。信息的检索和分析功能是指按照使用者的需求查找信息，利用一些模型，如预测模型、决策模型、模拟模型、知识推理模型等，生成针对性较强的能满足用户需求的决策信息。

二、信息系统内部控制的内涵与分类

（一）信息系统内部控制的内涵

信息系统内部控制是指企业利用计算机和通信技术，对内部控制进行集成、转化和提升所形成的信息化管理平台。信息系统内部控制的目标是促进企业有效实施内部控制，提高企业现代化管理水平，减少人为操纵因素；同时，增强信息系统的安全性、可靠性和合理性以及相关信息的保密性、完整性和可用性，为建立有效的信息与沟通机制提供支持保障。信息系统内部控制的主要对象是信息系统，由计算机硬件、软件、人员、信息流和运行规程等要素组成。其目的是通过这些措施和机制的执行，保证会计信息真实可靠，提高企业经营管理效率。

（二）信息系统内部控制的分类

信息系统内部控制按照流程分为以下三类：

1.前馈控制系统将作业输出的预测和标准加以比较，当表明可能要发生偏离时，就采取预防性纠正措施，以防止错误和舞弊。

2.检测性控制是通过对作业的监控，识别错误和舞弊的发生并在需要时进行干预，采取校正性调整措施。

3.反馈性控制主要用于从差错和舞弊所带来的后果中恢复、修复损害及减轻损失。它属于事后控制系统。

三、信息系统内部控制的目标

信息系统内部控制主要实现以下四个目标：

1. 信息有效性目标。目前信息化工程超期，无法满足平台业务需求等问题较为突出，通过信息系统内部控制可以对信息资源进行有效管理，保证投资的回收，并有效地支持决策系统。

2. 事务一致性目标。信息系统内部控制要从组织目标和信息化战略中抽取信息需求和功能需求，形成总体的信息系统内部控制框架，为系统的运行提供保障，保证信息技术跟上持续变化的业务目标。

3. 风险调控性目标。由于组织越来越依赖于信息技术和网络，新的风险不断涌现。信息系统内部控制强调风险管理，通过制定信息资源的保护级别，强调关键的信息技术资源，有效实施监控和事故处理。信息系统内部控制可以使组织适应外部环境变化，使组织内部实现对业务流程中资源的有效利用，从而达到改善管理效率和水平的目的。

4. 管理高效性目标。为管理层提供实时的数据信息，为经营决策和投资决策提供及时的数据信息，对内部控制的实施提供动态依据。

小结与复习：

问：信息系统内部控制的一般要求是什么？

答：基于信息系统基本理论，信息系统内部控制的主要对象是信息系统，信息系统内部控制包括一般控制和应用控制。其中，一般控制是指对企业信息系统开发进行战略规划、开发建设、运行维护的控制；应用控制是指企业对具体业务处理实施的输入控制、处理控制和输出控制。企业应当重视信息系统在内部控制中的作用，根据内部控制要求，结合组织架构、业务范围、地域分布、技术能力等因素，制定信息系统建设整体规划，加大投入力度，有序组织信息系统开发、运行与维护，优化管理流程，防范经营风险，全面提升企业现代化管理水平。企业应当指定专门机构对信息系统建设实施归口管理，明确相关单位的职责权限，建立有效的工作机制。企业可委托专业机构从事信息系统的开发、运行和维护工作。企业负责人对信息系统建设工作负责。

◎ 第二节 信息系统内部控制的主要风险及控制措施

一、信息系统内部控制的主要风险

在网络环境中，信息系统面临着不同的风险。一般划分为内部风险和外部风险，其中内部风险又可划分为技术风险、管理风险、组织风险。具体叙述如下：

（一）内部风险

1. 技术风险。如果一个项目采用了复杂的或者高新的技术、技术目标制定过高或技术标准发生变化等都可能产生技术风险。

2. 管理风险。在内部控制系统中，管理者分配的不同权限，涉及人员的不同角色和权限的实施，如果计划不合理、资源配置不恰当、质量控制差及管理的基本原则使用不当等会产生管理风险。

3. 组织风险。组织内部对目标的理解未达成共识，高管层重视不足，资金不足、项目组织人员结构不合理等都可能产生组织风险。组织风险可导致信息系统内部控制的无效实施。

（二）外部风险

外部网络病毒的侵袭、不法分子的窥视等可能引起外部风险。

二、信息系统内部控制风险的控制措施

（一）自行开发方式的关键控制点和主要控制措施

1.项目计划环节。该环节的主要风险是：信息系统建设缺乏项目计划或者计划不当，导致项目进度滞后、费用超支、质量低下。

该环节的主要控制措施有：第一，企业应当根据信息系统建设整体规划提出分阶段项目的建设方案，明确建设目标、人员配备、职责分工、经费保障和进度安排等相关内容，按照规定的权限和程序审批后实施。第二，企业可以采用标准的项目管理软件（如 office project）制订项目计划，并加以跟踪。在关键环节进行阶段性评审，以保证过程可控。第三，项目关键环节编制的文档应参照《计算机软件产品开发文件编制指南》（GB8567-88）等相关国家标准和行业标准进行，以提高项目计划编制水平。

2.需求分析环节。该环节的主要风险是：第一，需求本身不合理，对信息系统提出的功能、性能、安全性等方面的要求不符合业务处理和控制的需要。第二，技术上不可行、经济上成本效益倒挂，或与国家有关法规制度存在冲突。第三，需求文档表述不准确、不完整，未能真实全面地表达企业需求，存在表述缺失、表述不一致甚至表述错误等问题。

该环节的主要控制措施有：第一，信息系统归口管理部门应当组织企业内部各有关部门提出开发需求，加强系统分析人员和有关部门的管理人员、业务人员的交流，经综合分析提炼后形成合理的需求。第二，编制表述清晰、表达准确的需求文档。需求文档是业务人员和技术人员共同理解信息系统的桥梁，必须准确表述系统建设的目标、功能和要求。企业应当采用标准建模语言（如UML），综合运用多种建模工具和表现手段，参照《计算机软件产品开发文件编制指南》（GB8567-88）等相关国家标准和行业标准，提高系统需求说明书的编写质量。第三，企业应当建立健全需求评审和需求变更控制流程。依据需求文档进行设计（含需求变更设计）前，应当评审其可行性，由需求提出人和编制人签字确认，并经业务部门与信息系统归口管理部门负责人审批。

3.系统设计环节。该环节的主要风险是：第一，设计方案不能完全满足用户需求，不能实现需求文档规定的目标。第二，设计方案未能有效控制开发建设成本，不能保证建设质量和进度。第三，设计方案不全面，导致后续变更频繁。第四，设计方案没有考虑信息系统建成后对企业内部控制的影响，导致系统运行后衍生新的风险。

该环节的主要控制措施有：第一，系统设计负责部门应当就总体设计方案与业务部门进行沟通和讨论，说明方案对用户需求的覆盖情况；存在备选方案的，应当详细说明各方案在成本、建设时间和用户需求响应上的差异，信息系统归口管理部门和业务部门应当对选定的设计方案予以书面确认。第二，企业应参照《计算机软件产品开发文件编制指南》（GB8567-88）等相关评审制度设计和变更控制流程。第三，在系统设计时应当充分考虑信息系统建成后的控制环境，将生产经营管理业务流程、关键控制点和处理规程嵌入系统程序，实现手工环境下难以实现的控制功能。例如，对于某一财务软件，当输入支出凭证

时，可以让计算机自动检查银行存款余额，防止透支。第四，应充分考虑信息系统环境下的新的控制风险。比如，要通过信息系统中的权限管理功能控制用户的操作权限，避免将不相容职务的处理权限授予同一用户。第五，应当针对不同的数据输入方式，强化对进入系统数据的检查和校验功能。比如，凭证的自动平衡校对。第六，系统设计时应当考虑在信息系统中设置操作日志功能，确保操作的可审计性。对异常的或者违背内部控制要求的交易和数据，应当设计由系统自动报告，并设置跟踪处理机制。第七，预留必要的后台操作通道，对于必需的后台操作，应当加强管理，建立规范的操作流程，确保足够的日志记录，保证对后台操作的可监控性。

4.编程和测试环节。该环节的主要风险是：第一，编程结果与设计不符。第二，各程序员编程风格差异大，若程序可读性差，则会导致后期维护困难，维护成本高。第三，缺乏有效的程序版本控制，导致重复修改或修改不一致等问题。第四，测试不充分。单个模块正常运行但多个模块集成运行时出错，开发环境下测试正常而生产环境下运行出错，开发人员自测正常而业务部门用户使用时出错，导致系统上线后可能出现严重问题。

该环节的主要控制措施有：第一，项目组应建立并执行严格的代码复查评审制度。第二，项目组应建立并执行统一的编程规范，在标识符命名、程序注释等方面风格统一。第三，应使用版本控制软件系统（如CVS），保证所有开发人员基于相同的组件环境开展项目工作，协调开发人员对程序的修改。第四，应区分单元测试、组装测试（集成测试）、系统测试、验收测试等不同测试类型，建立严格的测试工作流程，提高最终用户在测试工作中的参与程度，改进测试用例的编写质量，加强测试分析，尽量采用自动测试工具提高测试工作的质量和效率。具备条件的企业，应当组织独立于开发建设项目组的专业机构对开发完成的信息系统进行验收测试，确保在功能、性能、控制要求和安全性等方面符合开发需求。

5.上线环节。该环节的主要风险是：第一，缺乏完整可行的上线计划，导致系统上线混乱无序。第二，人员培训不足，不能正确使用系统，导致业务处理错误，或者未能充分利用系统功能，导致开发成本浪费。第三，初始数据准备设置不合格，导致新旧系统数据不一致、业务处理错误。

该环节的主要控制措施有：第一，企业应当制订信息系统上线计划，并经归口管理部门和用户部门审核批准。上线计划一般包括人员培训、数据准备、进度安排、应急预案等内容。第二，系统上线涉及新旧系统切换的，企业应当在上线计划中明确应急预案，保证新系统失效时能够顺利切换回旧系统。第三，系统上线涉及数据迁移的，企业应当制订详细的数据迁移计划，并对迁移结果进行测试。用户部门应当参与数据迁移过程，对迁移前后的数据予以书面确认。

（二）外购调试的关键控制点和主要控制措施

1.选择外包服务商。该环节的主要风险是：由于企业与外包服务商之间本质上是一种委托代理关系，合作双方的信息不对称容易诱发道德风险，外包服务商可能会实施损害企业利益的自利行为，如偷工减料、放松管理、信息泄密等。

该环节的主要控制措施有：第一，企业在选择外包服务商时要充分考虑服务商的市场信誉、资质条件、财务状况、服务能力、对本企业业务的熟悉程度、既往承包服务成功案例等因素，对外包服务商进行严格筛选。第二，企业可以借助外包业界基准来判断外包服务商的综合实力。第三，企业要严格外包服务审批及管控流程，对信息系统外包业务，原则上应采用公开招标等形式选择外包服务商，并实行集体决策审批。

2.签订外包合同。该环节的主要风险是：合同条款不准确、不完善，可能导致企业的正当权益无法得到有效保障。

该环节的主要控制措施有：第一，企业在与外包服务商签约之前，应针对外包可能出现的各种风险损失，恰当拟订合同条款，对涉及的工作目标、合作范畴、责任划分、所有权归属、付款方式、违约赔偿及合约期限等问题做出详细说明，并由法律部门或法律顾问审查把关。第二，开发过程中涉及商业秘密、敏感数据的，企业应当与外包服务商签订详细的保密协定以保证数据安全。第三，在合同中约定付款事宜时，应当选择分期付款方式，尾款应当在系统运行一段时间并经评估验收后再支付。第四，应在合同条款中明确要求外包服务商保持专业技术服务团队的稳定性。

3.持续跟踪评价外包服务商的服务过程。该环节的主要风险是：企业缺乏外包服务跟踪评价机制或跟踪评价不到位，可能导致外包服务质量水平不能满足企业信息系统开发需求。

该环节的主要控制措施有：第一，企业应当规范外包服务评价工作流程，明确相关部门的职责权限，建立外包服务质量考核评价指标体系，定期对外包服务商进行考评，并公布服务周期的评估结果，实现外包服务水平的跟踪评价。第二，必要时，可以引入监理机制，降低外包服务风险。

（三）业务外包的关键控制点和主要控制措施

1.软件产品选型和供应商选择。该环节的主要风险是：第一，软件产品选型不当，产品在功能、性能、易用性等方面无法满足企业需求。第二，软件供应商选择不当，产品的支持服务能力不足，产品的后续升级缺乏保障。

该环节的主要控制措施有：第一，企业应明确自身需求，对比分析市场上的成熟软件产品，合理选择软件产品的模块组合和版本。第二，企业在软件产品选型时应广泛听取行业专家的意见。第三，企业在选择软件产品和服务供应商时，不仅要评价其现有产品的功能、性能，还要考察其服务支持能力和后续产品的升级能力。

2.服务提供商选择。该环节的主要风险是：服务提供商选择不当，削弱了外购软件产品的功能发挥，导致无法有效满足用户需求。

该环节的主要控制措施有：在选择服务提供商时，不仅要考核其对软件产品的熟悉、理解程度，也要考核其是否深刻理解企业所处行业的特点、是否理解企业的个性化需求、是否有过相同或相近的成功案例。

（四）信息系统的运行与维护的关键控制点和主要控制措施

信息系统的运行与维护主要包含三方面的内容：日常运行维护、系统变更和安全管理。

1.日常运行维护的关键控制点和主要控制措施。该环节的主要风险是：第一，没有建立规范的信息系统日常运行管理规范，计算机软硬件的内在隐患易于爆发，可能导致企业信息系统出错。第二，没有执行例行检查，导致一些人为恶意攻击长期隐藏在系统中，可能造成严重损失。第三，企业信息系统数据未能定期备份，可能导致损坏后无法恢复，从而造成重大损失。

该环节的主要控制措施有：第一，企业应制定信息系统使用操作程序、信息管理制度以及各模块子系统的具体操作规范，及时跟踪、发现和解决系统运行中存在的问题，确保信息系统按照规定的程序、制度和操作规范持续稳定运行。第二，切实做好系统运行记录，尤其是对于系统运行不正常或无法运行的情况，应对异常现象、发生时间和可能的原因做出详细记录。第三，企业要重视系统运行的日常维护，在硬件方面，日常维护主要包括各种设备的保养与安全管理、故障的诊断与排除、易耗品的更换与安装等，这些工作应由专人负责。第四，配备专业人员负责处理信息系统运行中的突发事件，必要时应会同系统开发人员或软硬件供应商共同解决。

2.系统变更的关键控制点和主要控制措施。该环节的主要风险是：第一，企业没有建立严格的变更申请、审批、执行、测试流程，导致系统随意变更。第二，系统变更后的效果达不到预期目标。

该环节的主要控制措施有：第一，企业应当建立标准流程来实施和记录系统变更，保证变更过程得到适当的授权与管理层的批准，并对变更进行测试。信息系统变更应当严格遵照管理流程进行操作。信息系统操作人员不得擅自进行软件的删除、修改等操作；不得擅自升级、改变软件版本；不得擅自改变软件系统的环境配置。第二，系统变更程序（如软件升级）需要遵循与新系统开发项目同样的验证和测试程序，必要时还应当进行额外测试。第三，企业应加强紧急变更的控制管理。第四，企业应加强对将变更移植到生产环境中的控制管理，包括系统访问授权控制、数据转换控制、用户培训等。

3.安全管理的关键控制点和主要控制措施。该环节的主要风险是：第一，硬件设备分布物理范围广，设备种类繁多，安全管理难度大，可能导致设备生命周期短。第二，业务部门信息安全意识薄弱，对系统和信息安全缺乏有效的监管手段。少数员工可能恶意或非恶意滥用系统资源，造成系统运行效率降低。第三，对系统程序的缺陷或漏洞安全防护不够，导致遭受黑客攻击，造成信息泄露。第四，对各种计算机病毒防范清理不力，导致系统运行不稳定甚至瘫痪。第五，缺乏对信息系统操作人员的严密监控，可能导致利用计算机舞弊和犯罪。

该环节的主要控制措施有：第一，建立信息系统相关资产的管理制度，保证电子设备的安全。硬件和网络设备不仅是信息系统运行的基础载体，也是价值昂贵的固定资产。企业应在健全设备管理制度的基础上，建立专门的电子设备管控制度，对于关键信息设备（例如银行的核心数据库服务器），未经授权，不得接触。第二，企业应成立专门的信息系统安全管理机构，由企业主要领导负总责，对企业的信息安全做出总体规划和全方位严格管理，具体实施工作可由企业的信息主管部门负责。企业应强化全体员工的安全保密意识，特别要对重要岗位员工进行信息系统安全保密培训，并签署安全保密协议。企业应当建立信息系统安全保密制度和泄密责任追究制度。第三，企业应当按照国家相关法律法规以及信息安全技术标准，制定信息系统安全实施细则。根据业务性质、重要程度、涉密情况等确定信息系统的安全等级，建立不同等级信息的授权使用制度，采用相应技术手段保证信息系统运行安全有序。对于信息系统的使用者和不同安全等级信息之间的授权关系，应在系统开发建设阶段就形成方案并加以设计，在软件系统中预留这种对应关系的设置功能，以便根据使用者岗位职务的变迁进行调整。第四，企业应当有效利用技术手段，对硬件配置调整、软件参数修改严加控制。例如，企业可利用操作系统、数据库系统、应用系统提供的安全机制，设置安全参数，保证系统访问安全；对于重要的计算机设备，企业应当利用技术手段防止员工擅自安装、卸载软件或者改变软件系统配置，并定期对上述情况进行检查。第五，企业委托专业机构进行系统运行与维护管理的，应当严格审查其资质条件、市场声誉和信用状况等，并与其签订正式的服务合同和保密协议。第六，企业应当采取安装安全软件等措施防范信息系统受到病毒等恶意软件的感染和破坏。企业应当特别注重加强对服务器等关键部位的防护；对于存在网络应用的企业，应当综合利用防火墙、路由器等网络设备，采用内容过滤、漏洞扫描、入侵检测等软件技术加强网络安全，严密防范来自互联网的黑客攻击和非法侵入。对于通过互联网传输的涉密或者关键业务数据，企业应当采取必要的技术手段确保信息传递的保密性、准确性、完整性。第七，企业应当建立系统数据定期备份制度，明确备份范围、频度、方法、责任人、存放地点；有效性检查等内容。系统首次上线运行时应当完全备份，然后根据业务频率和数据重要性程度，定期做好增量备份。数据正本与备份应分别存放于不同地点，防止因火灾、水灾、地震等事故产生不利影响。企业可综合采用磁盘、磁带、光盘等备份存储介质。第八，企业应当建立信息系统开发、运行与维护等环节的岗位责任制度和不相容职务分离制度，防范利用计算机舞弊和犯罪。一般而言，信息系统不相容职务涉及的人员可以分为三类：系统开发建设人员、系统管理和维护人员和系统操作使用人员。系统开发建设人员在运行阶段不能操作使用信息系统，否则就可能掌握其中的涉密数据，进行非法利用；系统管理和维护人员担任密码保管、授权、系统变更等关键任务，如果允许其使用信息系统，就可能篡改数据，从而侵吞财产或滥用计算机信息。此外，系统操作使用人员也需要区分不同岗位，包括业务数据录入、数据检查、业务批准等，在他们之间也应有必要的相互牵制。企业应建立用户管理制度，加强对重要业务系统的访问权限管理，避免将不相容职责授予同一用户。企业应当采用密码控制等技术手段进行用户身份识别。对于重要的业务系统，应当采用数字证书、生物识别等可靠性强的技术手段识别用户身份。对于发生岗位变化或离岗的用户，用户部门应当及时通知系统管理人员调整其在系统中的访问权限或者关闭账号。企业应当定期对系统中的账号进行审阅，避免存在授权不当或非授权账号。对于超级用户，企业应当严格规定其使用条件和操作程序，并对其在系统中的操作全程进行监控或审计。第九，企业应积极开展信息系统风险评估工作，定期对信息系统进行安全评估，及时发现系统安全问题并加以整改。

此外，还应关注系统终结的主要风险和控制措施。该环节的主要风险是：第一，因经营条件发生剧变，数据可能泄露。第二，信息档案的保管期限不够长。该环节的主要控制措施有：第一，要做好善后工作，不管因何种情况导致系统停止运行，都应将废弃系统中有价值或者涉密的信息进行销毁、转移。第二，严格按照国家有关法规制度和对电子档案的管理规定（比如审计准则对审计证据保管年限的要求），妥善保管相关信息档案。

小结与复习：

问：简述信息系统日常运行维护的关键控制点和主要控制措施。

答：该环节的主要风险是：第一，没有建立规范的信息系统日常运行管理规范，计算机软硬件的内在隐患易于爆发，可能导致企业信息系统出错。第二，没有执行例行检查，导致一些人为恶意攻击会长期隐藏在系统中，可能造成严重损失。第三，企业信息系统数据未能定期备份，可能导致损坏后无法恢复，从而造成重大损失

该环节的主要控制措施有：第一，企业应制定信息系统使用操作程序、信息管理制度以及各模块子系统的具体操作规范及时跟踪、发现和解决系统运行中存在的问题，确保信息系统按照规定的程序、制度和操作规范持续稳定运行。第二，切实做好系统运行记录，尤其是对于系统运行不正常或无法运行的情况，应将异常现象、发生时间和可能的原因做出详细记录。第三，企业要重视系统运行的日常维护，在硬件方面，日常维护主要包括各种设备的保养与安全管理、故障的诊断与排除易耗品的更换与安装等，这些工作应由专人负责。第四，配备专业人员负责处理信息系统运行中的突发事件，必要时应会同系统开发人员或软硬件供应商共同解决。

◎第三节　案例分析

案例一：中国黄金第一案

一、案例介绍

2006年5月，某用户用2.7万元在某国有银行开设了黄金买卖账户。在一次交易中，他以每克145元的价格委托购买成功，而当时市场价大约为每克160元。于是，该用户开始输入远低于即时正常黄金价格的买入价格，最低探到每克142元也能成交。2006年6月29日至7月8日间，该用户总共操作126笔买卖，狂赚2 100多万元。

2006年7月12日，银行找到该用户，认为其操作具有明显恶意性质，应予以取消。据了解，警方曾接到银行报案，但没有立案。此后，银行强行从账户上划走了2 195余万元。2007年4月，该用户递交了民事起诉状。接到起诉状后，银行对用户进行了反诉。据该用户的律师介绍，庭审中，审判员专门询问银行，为何能用远低于市场价的价格达成交易？银行方面律师解释，是用户采取了违规操作才达成交易。审判员随即问道，既然违规，为何银行交易系统能够接受呢？律师表示可能是由于系统出现了故障，法庭要求原告方尽早提交系统故障的详细说明。

银行方代理律师认为，客户交易的主观恶意很明显。用户律师则认为，该用户持有合法身份，按照正常语音提示逐步操作，完全符合章程中的规定。输入的交易命令得到了系统的认可，最终产生了交易后果，在这个过程中并不存在违规现象。银行方面在没有经过该用户同意的情况下，没有依照法律程序就单方面划走2 100多万元，这才应当被视为违规操作。

二、案例分析

系统对明显违反业务逻辑的操作没有任何的控制防范功能。在舆论层面，银行处于负面的环境中。

案例二：利用职务便利充值废卡侵占公司资产

一、案例介栢

2011年，北京市丰台区检察院以犯职务侵占罪，对利用职务便利、侵占公司财产的李某提起公诉。李某为公司信息部操作员，他发现办公室里有一些废弃的消费卡，便琢磨将这些废卡“利用”起来，于是利用虚构的或已经调走的人员身份，进入公司电脑系统，修改数据给这些废卡“充值”。

二、案例分析

嫌疑人李某以虚构的户名和编码进入系统，从而篡改消费卡数据进行职务侵占行为，得逞于公司给予信息录入员权限过大。经查，李某自2007年9月2日起，私自向14张公司的消费卡中共计充入人民币49 860元，同时，李某以消费或办假退货的方式，侵占人民币48 254.89元。

案例三：公司关键商业信息外泄被对手占得先机

一、案例介绍

张某曾为某大型国企集团做过咨询服务，该企业的产品实行上网竞价。然而，令其备受困扰的是，竞争对手总能报出比他们的底线价格更低的价格。后来检查发现，问题在于这家企业的ERP系统对接触信息的人员和权限控制不严，很多重要的财务数据，包括预算数据等，可以被一般工作人员看到，这就造成了公司关键产品成本的详细信息外泄。

二、案例分析

公司没有健全的制度来保护其信息安全，ERP中的权限控制不严格造成了机密信息的外泄。公司关键产品成本的详细信息外泄，被对手占得先机。

学思见悟 ◎ 非法获取计算机信息系统数据罪

“十四五”规划和2035年远景目标纲要明确提出，加强涉及国家利益、商业秘密、个人隐私的数据保护，加快推进数据安全、个人信息保护等领域基础性立法，强化数据资源全生命周期安全保护。一场指向网络安全的持久战已经打响。

大数据时代，信息价值充分释放，人类社会享受到了大数据应用的发展红利，同时也为经济市场增添了几分风险。当前公众对于信息安全的整体认知还存在较大欠缺，特别需要政府部门积极引导和提升公众认知水平，大力开展各类公益宣传、权威媒体倡导。企业在为公众提供服务的时候，需要告知信息安全使用的情况。双管齐下，形成公众对于个人信息安全保障的意识，同时营造大数据安全的环境，维护整个经济市场大数据应用环境的健康发展。

一、背景介绍

2016年3月23日晚，央视财经频道的《经济与法》栏目，播出了一起案件“网店商家钱被盗，究竟谁是无形之手”。

基本案情如下：2015年1月份，支付宝报警至浙江瑞安警方，称有19位淘宝店卖家支付宝被盗刷，警方经调查发现，盗刷竟是一张图片引发的。当商家点开图片后，木马程序就被安装到了商家电脑里。此案是由孟庆洋、吕宝姬、庄迁日、姜永志等人所做。还原后案件具体经过如下：2014年无业人员孟庆洋通过网络结识了会编木马程序的吕宝姬，后二人约定由吕宝姬编写木马程序，孟庆洋负责传播，来盗取他人支付宝，每次盗窃得手后吕宝姬可以分得20%。吕宝姬编写出木马程序后发现会被360软件查杀，于是找到了在某软件公司工作的姜永志，由姜永志利用工作之便对该程序申请360免查杀认证，每次认证姜永志可以获得1 000元。在姜永志的帮助下，该程序通过了360的免查杀认证。此后孟庆洋将吕宝姬给的木马程序交给庄迁日进行传播，由庄迁日伪装成买家，在与淘宝卖家沟通买货的过程中将该程序以图片形式发送给卖家，如果卖家点击了该图片，该木马程序就成功安装在卖家的电脑里，然后庄迁日再以货物不合适为由申请退款，该木马程序在卖家操作退款的过程中成功获取卖家支付宝账号和密码，然后由孟庆洋等人将卖家支付宝账户里的钱转出实施盗窃。截至2015年1月份，先后有19个卖家被盗，金额从几千元至几万元不等，后支付宝报案，案件被引发，四名嫌疑人先后落网。

二、非法获取计算机信息系统数据罪相关法条与司法解释

1.《中华人民共和国刑法》（以下简称《刑法》）第二百八十五条规定：违反国家规定，侵入国家事务、国防建设、尖端科学技术领域的计算机信息系统的，处三年以下有期徒刑或者拘役。

违反国家规定，侵入前款规定以外的计算机信息系统或者采用其他技术手段，获取该计算机信息系统中存储、处理或者传输的数据，或者对该计算机信息系统实施非法控制，情节严重的，处三年以下有期徒刑或者拘役，并处或者单处罚金；情节特别严重的，处三年以上七年以下有期徒刑，并处罚金。

提供专门用于侵入、非法控制计算机信息系统的程序、工具，或者明知他人实施侵入、非法控制计算机信息系统的违法犯罪行为而为其提供程序、工具，情节严重的，依照前款的规定处罚。

2.《最高人民法院、最高人民检察院关于办理危害计算机信息系统安全刑事案件应用法律若干问题的解释》第一条规定：非法获取计算机信息系统数据或者非法控制计算机信息系统，具有下列情形之一的，应当认定为刑法第二百八十五条第二款规定的“情节严重”：（一）获取支付结算、证券交易、期货交易等网络金融服务的身份认证信息十组以上的；（二）获取第（一）项以外的身份认证信息五百组以上的；（三）非法控制计算机信息系统二十台以上的；（四）违法所得五千元以上或者造成经济损失一万元以上的；（五）其他情节严重的情形。实施前款规定行为，具有下列情形之一的，应当认定为刑法第二百八十五条第二款规定的“情节特别严重”：（一）数量或者数额达到前款第（一）项至第（四）项规定标准五倍以上的；（二）其他情节特别严重的情形。明知是他人非法控制的计算机信息系统，而对该计算机信息系统的控制权加以利用的，依照前两款的规定定罪处罚。

三、案例分析

从案件经过可以看出，四名犯罪嫌疑人均有利用传播木马程序的非法手段获取他人计算机信息系统数据的行为，但四人中，只有姜永志符合以非法获取计算机信息系统数据罪的犯罪构成，其他三人均属于盗窃，具体分析如下：

1.孟庆洋、吕宝姬、庄迁日三人虽然也通过传播木马程序的非法方法获取了他人计算机内的支付宝账号信息等数据，但是三人犯罪的主观目的是通过获取他人支付宝账号后再实施盗窃行为。获取数据与编程、传播一样只是他们实施盗窃犯罪的手段行为之一。根据主客观相统一原则对孟庆洋三人应当以盗窃罪追究责任。

2.姜永志作为软件公司的工作人员，他主观上明知吕宝姬花钱找他申请认证的程序是木马程序，可以用来获取他人计算机的数据信息，为了谋取私利，仍然帮助申请360的认证免杀。姜永志对该木马程序的期待是“应该认识到该程序属于非法获取他人计算机信息系统的违法程序”，而他只是帮助吕宝姬的木马程序申请了认证并没有参与盗窃牟利，所以从主客观相统一的原则看，他的行为只符合非法获取计算机信息系统数据罪的犯罪构成，不属于吕宝姬等人实施盗窃行为的帮助犯。

四、判决结果

2016年1月26日瑞安市人民法院做出了如下判决：被告人庄迁日犯盗窃罪，判处有期徒刑三年三个月，并处罚金人民币10 000元。罚金限判决生效之日起十日内缴纳。被告人吕宝姬犯盗窃罪，判处有期徒刑三年，并处罚金人民币10 000元。被告人姜永志犯非法获取计算信息系统数据罪，判处有期徒刑一年，并处罚金人民币3 000元。

资料来源：佚名.非法获取计算机信息系统数据罪案例分析［EB/OL］.［2016-08-28］. http://www.360doc.com/content/16/0828/02/27442368_586429764.shtml.

本章小结

本章主要介绍信息系统内部控制的相关理论知识，信息系统内部控制的主要风险、关键控制点、控制措施以及相关案例。通过学习使学生充分了解信息系统内部控制的内涵、分类和目标，掌握信息系统内部控制的主要风险、关键控制点和主要控制措施并结合相关案例巩固所学专业知识。

中英文专业术语

信息系统 information system

信息系统内部控制 internal control of information system

内部风险 internal risk

外部风险 external risk

技术风险 technical risk

管理风险 managing risk

组织风险 organizational risk

信息系统维护 maintenance of information system

信息系统运行 operation of information system

章后练习

章后练习-自测版

一、单项选择题

1.（　　）对信息系统建设工作负责。

A.企业负责人　　B.财务总监　　C.系统维护员　　D.系统操作员

2.信息系统利用计算机技术和（　　）对内部控制进行管理。

A.网络技术　B.通信技术　C.内部控制基本规范　D.会计法

3.系统开发过程中的第一个正式文档是（　　）。

A.系统说明书　B.系统设计说明书　C.系统测试方案　D.可行性报告

4.在系统设计时，应按（　　）划分子系统。

A.用户要求　B.领导要求　C.逻辑功能　D.管理机构

5.下列说法不正确的是（　　）。

A.信息系统是一种辅助决策的工具　B.信息系统可以代替人工进行决策

C.信息系统是一种信息化管理平台　D.信息系统是一个“人-机”系统

6.企业可以委托（　　）从事信息系统的开发、运行和维护工作。

A.上级主管部门　B.其他企业　C.专业机构　D.科研机构

7.信息系统内部控制的主要对象是（　　）。

A.业务性质　B.信息系统

C.内部控制措施　D.核算方式

8.信息系统开发中，业务外包方式的关键控制点是（　　）。

A.选择外包服务商

B.签订外包合同

C.持续跟踪评价外包服务商的服务过程

D.以上都是

9.信息系统运行与维护包括日常运行与维护、（　　）和安全管理。

A.系统开发　B.系统测试　C.系统变更　D.系统升级

10.上线环节的主要风险是（　　）。

A.缺乏完整可行的上线计划，导致系统上线混乱无序

B.人员培训不足，不能正确使用系统，导致业务处理错误，或者未能充分利用系统功能，导致开发成本浪费

C.初始数据准备设置不合格，导致新旧系统数据不一致、业务处理错误

D.以上都是

二、多项选择题

1.信息系统是指利用（　　）对内部控制进行集成、转化和提升所形成的信息化管理平台。

A.会计法　B.会计制度　C.内部控制基本规范

D.计算机技术　E.通信技术

2.信息系统由（　　）等要素组成。

A.计算机硬件　B.计算机软件　C.计算机人员

D.计算机信息流　E.计算机运行规程

3.信息系统内部控制的内部风险有（　　）。

A.技术风险　B.管理风险　C.组织风险

D.法律风险　E.自然风险

4.信息系统内部控制按照流程分为（　　）。

A.事前控制　　B.事后控制　　C.前馈性控制
D.检测性控制　　E.反馈性控制

5.信息系统内部控制的目标包括（　　）。

A.工作有效性目标　　B.信息有效性目标
C.事务一致性目标　　D.风险调控性目标
E.管理高效性目标

三、判断题

1.会计信息系统是利用计算机技术对内部控制进行集成、转化和提升所形成的信息化管理平台。（　　）

2.系统开发不符合内部控制要求，授权管理不当，可能导致无法利用信息技术实施有效控制。（　　）

3.信息系统内部控制的目标是促进企业有效实施内部控制，提高企业现代化管理水平，减少人为操作因素。（　　）

4.信息系统内部控制的反馈性控制属于事中控制系统。（　　）

5.如果一个项目采用了复杂的高新技术，采用了非常规的方法，技术目标制定过高，那么技术风险发生的可能性就比较大。（　　）

四、简答题

1.企业利用信息系统实施内部控制至少应当关注的风险有哪些？

2.简述自行开发方式的关键控制点和主要控制措施。

3.简述信息系统的运行与维护的关键控制点和主要控制措施。

第四篇

企业内部控制评价与审计

第二十一章
企业内部控制评价

学习目标

通过本章的学习，应了解内部控制评价的作用、原则、组织机构以及内部控制缺陷的认定步骤；理解内部控制评价的定义，明确内部控制评价的主体及对象；熟悉内部控制评价的内容、方法与程序；掌握内部控制评价缺陷的认定标准，能够判断相关内部控制缺陷的“重要程度”；掌握内部控制评价报告的编制方法。

引导案例与思考

2019年康美药业近300亿元“财务造假案”震惊医药市场。2020年时隔一年尘埃落定，证监会顶格处罚，康美药业收到行政处罚决定书与市场禁入决定书。

“康美药业有预谋，有组织，长期，系统实施财务欺诈行为，践踏法治，对市场和投资者毫无敬畏之心，严重破坏资本市场健康生态”，这是证监会对康美药业的严辞定性，并发布在官网上。

康美药业成立于1997年，起初只是广东一家不知名的地方药企。仅用四年时间，2001年康美药业挂牌上市。2016年到2017年期间，康美药业的菊皇茶、菊花、人参产品分别因违法添加行为、农药残留量项目等不合格，多次被国家药品监督管理局处罚、通报。

2016年11月10日，江苏省扬州市中级人民法院审理了中国证监会投资者保护局原局长李量受贿一案。在庭审中，扬州市人民检察院指控：2000年至2012年，被告人李量利用担任中国证监会发行监管部发行审核一处处长、创业板发行监管部副主任等职务上的便利，为康美药业等9家公司申请公开发行股票或上市提供帮助，收受贿赂折合人民币共计约694万元。

2018年5月29日，康美药业市值破千亿，创下了最高市值，达到1 390亿元。2019年4月30日，康美药业发布一则《关于前期会计差错更正的公告》，康美药业近300亿元资金不翼而飞的“惊天大雷”被爆出。

公告称，由于财务数据出现会计差错，造成2017年营业收入多计入88.98亿元，营业成本多计入76亿元，销售费用少计入5亿元……在这份公告里，最令人震惊的是货币资金多计入299亿元，这也意味着康美药业2017年财报中竟有299亿元虚增的货币资金。

2020年6月16日，立信会计师的事务所对ST康美出具了否定意见的内部控制审计报告，报告中指出的导致否定意见的事项主要是财务报告内部控制存在重大缺陷。

2020年7月10日，康美药业发布公告称康美药业股份有限公司（以下简称“公司”）收到公司实际控制人马兴田先生家属的通知，马兴田先生因涉嫌违规披露、不披露重要信息罪被公安机关采取强制措施。

截至2021年3月，康美药业的市值一度跌至仅剩99亿元，相比三年前的高点1 390亿元，已跌去93%。2020年度业绩预亏公告称2020年康美药业预亏148.5亿元到178.2亿元。

讨论与思考：

1.康美药业内部控制的主要缺陷有哪些？如何评价康美药业的内部控制有效性？

2.财务造假与内部控制之间存在什么关系？

知识准备

课前预习（思维导图）

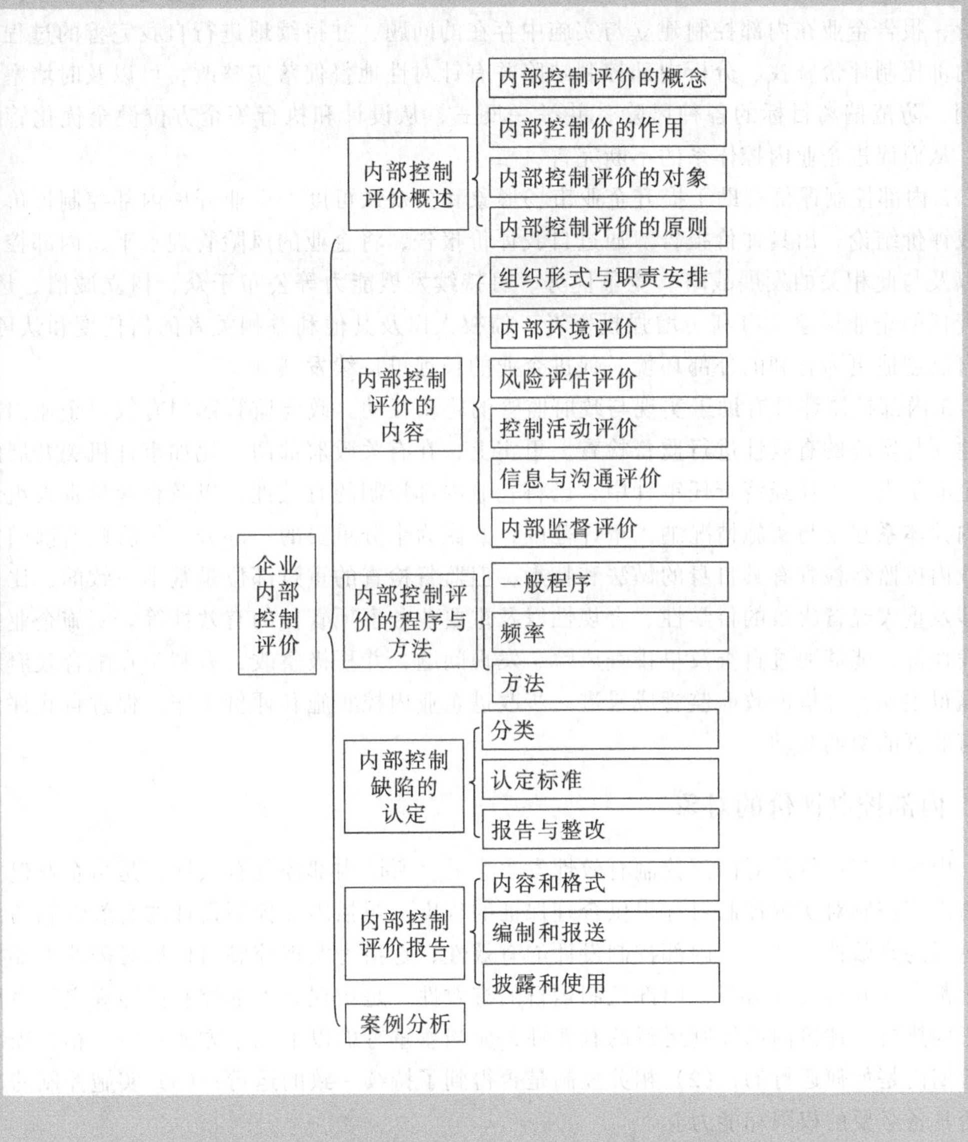

◎第一节　内部控制评价概述

一、内部控制评价的概念

财政部发布的《企业内部控制评价指引》第二条指出，企业内部控制评价是指企业董事会或类似权力机构对内部控制有效性进行全面评价、形成评价结论、出具评价报告的过程。

二、内部控制评价的作用

1.内部控制评价有助于企业自我完善内控体系。内部控制评价是通过评价、反馈、再评价，报告企业在内部控制建立与实施中存在的问题，并持续地进行自我完善的过程。通过内部控制评价查找、分析内部控制缺陷并有针对性地督促落实整改，可以及时堵塞管理漏洞，防范偏离目标的各种风险，并举一反三，从设计和执行等全方位健全优化管控制度，从而促进企业内控体系的不断完善。

2.内部控制评价有助于提升企业市场形象和公众认可度。企业开展内部控制评价，需形成评价结论，出具评价报告。通过自我评价报告，将企业的风险管理水平、内部控制状况以及与此相关的发展战略、竞争优势、可持续发展能力等公布于众，树立诚信、透明、负责任的企业形象，有利于增强投资者、债权人以及其他利益相关者的信任度和认可度，为自己创造更为有利的外部环境，促进企业的长远可持续发展。

3.内部控制评价有助于实现与政府监管的协调互动。政府监管部门有权对企业内部控制建立与实施的有效性进行监督检查。事实上，在有关政府部门，比如审计机关开展的国有企业负责人离任经济责任审计中，已将企业内部控制的有效性，以及企业负责人组织领导内控体系建立与实施情况纳入审计范围，并成为十分重要的一部分。尽管政府部门实施企业内控监督检查有其自身的做法和特点，但监督检查的重点部位是基本一致的，比如大多涉及重大经营决策的科学性、合规性以及重要业务事项管控的有效性等。实施企业内控自我评价，能够通过自查及早排查风险、发现问题，并积极整改，有利于在配合政府监管中赢得主动，并借助政府监管成果进一步改进企业内控实施和评价工作，促进自我评价与政府监管的协调互动。

三、内部控制评价的对象

内部控制评价是对内部控制有效性发表意见。所谓内部控制有效性，是指企业建立与实施内部控制对实现控制目标提供合理保证的程度，包括内部控制设计的有效性和内部控制运行的有效性。其中，内部控制设计的有效性，是指为实现控制目标所必需的内部控制要素都存在并且设计恰当；内部控制运行的有效性，是指现有内部控制按照规定程序得到了正确执行。评价内部控制运行的有效性，应当着重考虑以下几个方面：(1) 相关控制在评价期内是如何运行的；(2) 相关控制是否得到了持续一致的运行；(3) 实施控制的人员是否具备必要的权限和能力。

需要强调的是，即使同时满足设计有效性和运行有效性标准的内部控制，受内部控制固有局限影响，也只能为内部控制目标的实现提供合理保证，而不能提供绝对保证，不应不切实际地期望内部控制能够绝对保证内部控制目标的实现，也不应以内部控制目标的最终实现情况和程度作为唯一依据直接判断内部控制设计和运行的有效性。

四、内部控制评价的原则

内部控制评价的原则是开展评价工作应该注意的原则，与内部控制的原则不完全相同。根据《企业内部控制评价指引》第三条规定，企业实施内部控制评价至少遵循以下原则：全面性原则、重要性原则和客观性原则。

1.全面性原则。全面性原则强调的是内部控制评价的涵盖范围应当全面，具体来说，是指内部控制评价工作应当包括内部控制的设计与运行，涵盖企业及其所属单位的各种业务和事项。

2.重要性原则。重要性原则强调内部控制评价应当在全面性的基础上，着眼于风险，突出重点。具体来说，主要体现在制订和实施评价工作方案、分配评价资源的过程中，它的核心要求主要包括两个方面：一是要坚持风险导向的思路，着重关注那些影响内部控制目标实现的高风险领域和风险点；二是要坚持重点突出的思路，着重关注那些重要的业务事项和关键的控制环节，以及重要业务单位。

3.客观性原则。客观性原则强调内部控制评价工作应当准确地揭示经营管理的风险状况，如实反映内部控制设计和运行的有效性。只有在内部控制评价工作方案制定、实施的全过程中始终坚持客观性，才能保证评价结果的客观性。

五、内部控制评价的组织形式和职责安排

《企业内部控制评价指引》第四条规定，企业应当根据本评价指引，结合内部控制设计与运行的实际情况，制定具体的内部控制评价办法，规定评价的原则、内容、程序、方法和报告形式等，明确相关机构或岗位的职责权限，落实责任制，按照规定的办法、程序和要求，有序开展内部控制评价工作。

企业内部控制评价办法应当结合《企业内部控制基本规范》第四十四条的规定，具体明确内部控制评价的组织形式，特别明确各有关方面在内部控制评价中的职责安排，处理好内部控制评价和内部监督的关系，定期由相对独立的人员对内部控制有效性进行科学的评价，界定内部控制缺陷认定标准，保证内部控制评价有序地开展。

1.内部控制评价的组织形式。企业可以授权内部审计机构或专门机构（下称“内部控制评价机构”）负责内部控制评价的具体组织实施工作。

内部控制评价机构必须具备一定的设置条件：一是能够独立行使对内部控制系统建立与运行过程及结果进行监督的权力；二是具备与监督和评价内部控制系统相适应的专业胜任能力和职业道德素养；三是与企业其他职能机构就监督与评价内部控制系统方面应当保持协调一致，在工作中相互配合、相互制约，在效率效果上满足企业对内部控制系统进行监督与评价所提出的有关要求；四是能够得到企业董事会和经理层的支持，有足够的权威性来保证内部控制评价工作的顺利开展。

具体来说，企业可根据自身特点，决定是否单独设置专门的内部控制评价机构。对于单独设有专门内部控制机构的企业，也可以由内部控制机构来负责内部控制评价的具体组

织实施工作。

为了保证评价的独立性，负责内部控制设计和评价的部门应适当分离。企业可以委托会计师事务所等中介机构实施内部控制评价。此时，董事会（审计委员会）应加强对内部控制评价工作的监督与指导。从业务性质上讲，中介机构受托为企业实施内部控制评价是一种非保证服务，内部控制评价报告的责任仍然应由企业董事会承担。另外，为保证审计的独立性，为企业提供内部控制审计的会计师事务所，不得同时为同一家企业提供内部控制评价服务。

2.有关方面在内部控制评价中的职责和任务。无论采取何种组织形式，董事会、经理层和内部控制评价机构在内部控制评价中的职能作用不会发生本质的变化。

（1）董事会对内部控制评价承担最终的责任。《企业内部控制评价指引》第四条第二款规定，企业董事会应当对内部控制评价报告的真实性负责。董事会可以通过审计委员会来承担对内部控制评价的组织、领导、监督职责。董事会或审计委员会应听取内部控制评价报告，审定内控重大缺陷、重要缺陷整改意见，对内部控制部门在督促整改中遇到的困难，积极协调，排除障碍。监事会应审议内部控制评价报告，对董事会建立与实施内部控制进行监督。

（2）经理层负责组织实施内部控制评价工作，实际操作中，可以授权内部控制评价机构组织实施，并积极支持和配合内部控制评价的开展，创造良好的环境和条件。经理层应结合日常掌握的业务情况，为内部控制评价方案提出应重点关注的业务或事项，审定内部控制评价方案和听取内部控制评价报告，对于内部控制评价中发现的问题或报告的缺陷，要按照董事会或审计委员会的整改意见积极采取有效措施予以整改。

（3）内部控制评价机构根据授权承担内部控制评价的具体组织实施任务，通过复核、汇总、分析内部控制资料，结合经理层要求，拟订合理的评价工作方案并认真组织实施；对于评价过程中发现的重大问题，应及时与董事会、审计委员会或经理层沟通，并认定内部控制缺陷，拟订整改方案，编写内部控制评价报告，及时向董事会、审计委员会或经理层报告；沟通外部审计师，督促各部门、所属企业对内、外部内控评价进行整改；根据评价和整改情况拟订内部控制考核方案。

（4）各专业部门应负责组织本部门的内控自查、测试和评价工作，对发现的设计和运行缺陷提出整改方案及具体整改计划，积极整改，并报送内部控制机构复核，配合内控机构（部门）及外部审计师开展企业层面的内控评价工作。

（5）企业所属单位，也应逐级落实内部控制评价责任，建立日常监控机制，开展内控自查、测试和定期检查评价，发现问题并认定内部控制有缺陷，需拟订整改方案和计划，报本级管理层审定后，督促整改，编制内部控制评价报告，对内部控制的执行和整改情况进行考核。

◎第二节　内部控制评价的内容

内部控制评价的内容和工作底稿设计《企业内部控制评价指引》第五条到第十条具体介绍了内部控制评价内容。内部控制评价应紧紧围绕内部环境、风险评估、控制活动、信息与沟通、内部监督五要素进行，企业应结合《企业内部控制基本规范》、各项应用指引以及本企业的内部控制制度，确定具体评价内容，对内部控制设计与运行情况进行全面评价。

一、内部环境评价

内部环境评价应当包括组织架构、发展战略、人力资源、企业文化、社会责任等方面。组织架构评价可以重点从机构设置的整体控制力、权责划分、相互牵制、信息流动路径等方面进行；发展战略评价可以重点从发展战略的制定合理性、有效实施和适当调整三方面进行；人力资源评价应当重点从企业人力资源引进结构合理性、开发机制、激励约束机制等方面进行；企业文化评价应从建设和评估两方面进行，从而促进诚信、道德价值观的提升，为内部控制的完善夯实人文基础；社会责任评价可以从安全生产、产品质量、环境保护与资源节约、促进就业、员工权益保护等方面进行。

二、风险评估评价

风险评估评价应当对日常经营管理过程中的目标设定、风险识别、风险分析、应对策略等进行认定和评价。

三、控制活动评价

控制活动评价应对企业各类业务的控制措施与流程的设计有效性和运行有效性进行认定和评价。

四、信息与沟通评价

信息与沟通评价应当对信息收集、处理和传递的及时性、反舞弊机制的健全性、财务报告的真实性、信息系统的安全性，以及利用信息系统实施内部控制的有效性进行认定和评价。

五、内部监督评价

内部监督评价应当对管理层对于内部监督的基调、监督的有效性及内部控制缺陷认定的科学性、客观性、合理性进行认定和评价。

重点关注监事会、审计委员会、内部审计机构等是否在内部控制设计和运行中有效发挥作用。企业应当以内部控制五要素为基础，建立内部控制核心指标体系，在以上评价内容的基础上，层层分解、展开，进一步细化。对于内容不能详尽的，如控制活动涉及方方面面的业务，可以另外按业务列表增加。

具体评价内容确定后，根据《企业内部控制评价指引》第十一条的规定，内部控制评价工作应形成工作底稿，详细记录企业执行评价工作的内容，包括评价要素、主要风险点、采取的控制措施、有关证据资料以及认定结果等。工作底稿可以通过一系列评价表格进行编制。

◎第三节　内部控制评价的程序及方法

《企业内部控制评价指引》第十二条至第十四条对企业组织内部控制评价程序和人

员、预算做出了具体规定。

一、内部控制评价的一般程序

内部控制评价程序一般包括：制订评价工作方案、组成评价工作组、实施现场测试、汇总评价结果、编报评价报告等。概括而言，主要分为以下几个阶段：

1.准备阶段

（1）制订评价工作方案。内部控制评价机构应当根据企业内部监督情况和管理要求，分析企业经营管理过程中的高风险领域和重要业务事项，确定检查评价方法，制订科学合理的评价工作方案，经董事会批准后实施。评价工作方案应当明确评价主体范围、工作任务、人员组织、进度安排和费用预算等相关内容。评价工作方案既可以全面评价为主，也可以根据需要采用重点评价的方式。

（2）组成评价工作组。评价工作组是在内部控制评价机构领导下，具体承担内部控制检查评价任务。内部控制评价机构根据经批准的评价方案，挑选具备独立性、业务胜任能力和职业道德素养的评价人员实施评价。评价工作组成员应当吸收企业内部相关机构熟悉情况、参与日常监控的负责人或业务骨干参加。企业应根据自身条件，尽量建立长效内部控制评价培训机制。

2.实施阶段

（1）了解被评价单位基本情况。充分与企业沟通企业文化和发展战略、组织机构设置及职责分工、领导层成员构成及分工等基本情况。

（2）确定检查评价范围和重点。评价工作组根据掌握的情况进一步确定评价范围、检查重点和抽样数量，并结合评价人员的专业背景进行合理分工。检查重点和分工情况可以根据需要进行适时调整。

（3）开展现场检查测试。评价工作组根据评价人员分工，综合运用各种评价方法对内部控制设计与运行的有效性进行现场检查测试，按要求填写工作底稿、记录相关测试结果，并对发现的内部控制缺陷进行初步认定。

3.汇总评价结果、编制评价报告阶段

评价工作组汇总评价人员的工作底稿，初步认定内部控制缺陷，形成现场评价报告。评价工作底稿应进行交叉复核签字，并由评价工作组负责人审核后签字确认。评价工作组将评价结果及现场评价报告向被评价单位进行通报，由被评价单位相关责任人签字确认后，提交企业内部控制评价机构。

内部控制评价机构汇总各评价工作组的评价结果，对工作组现场初步认定的内部控制缺陷进行全面复核、分类汇总；对缺陷的成因、表现形式及风险程度进行定量或定性的综合分析，按照对控制目标的影响程度判定缺陷等级。

内部控制评价机构以汇总的评价结果和认定的内部控制缺陷为基础，综合内部控制工作整体情况，客观、公正、完整地编制内部控制评价报告，并报送企业经理层、董事会和监事会，由董事会最终审定后对外披露。

4.报告反馈和跟踪阶段

对于认定的内部控制缺陷，内部控制评价机构应当结合董事会和审计委员会要求，提出整改建议，要求责任单位及时整改，并跟踪其整改落实情况；已经造成损失或负面影响的，企业应当追究相关人员的责任。

二、内部控制评价的频率

企业每年应对内部控制进行评价并予以披露。内部控制自我评价的方式、范围、程序和频率，由企业根据经营业务调整、经营环境变化、业务发展状况、实际风险水平等自行确定。国家有关法律法规另有规定的，从其规定。

另外，如果内部监督程序无效，或所提供信息不足以说明内部控制有效，应增加评价的频率。

三、内部控制评价的方法

《评价指引》第十五条规定，内部控制评价工作组应当对被评价单位进行现场测试，综合运用个别访谈法、调查问卷法、专题讨论法、穿行测试法、实地查验法、抽样法和比较分析法等方法，充分收集被评价单位内部控制设计和运行是否有效的证据，按照评价的具体内容，如实填写评价工作底稿，研究分析内部控制缺陷。

1. 个别访谈法。个别访谈法主要用于了解公司内部控制的现状，在企业层面评价及业务层面评价的了解阶段经常使用。访谈前应根据内部控制评价需求形成访谈提纲，撰写访谈纪要，记录访谈的内容。

2. 调查问卷法。调查问卷法主要用于企业层面评价。调查问卷应尽量扩大对象范围，包括企业各个层级员工，应注意事先保密性，题目尽量简单易答（如答案只需为“是”“否”“有”“没有”等等）。

3. 专题讨论法。专题讨论法主要是集合有关专业人员就内部控制执行情况或控制问题进行分析，既可以是控制评价的手段，也是形成缺陷整改方案的途径。

4. 穿行测试法，穿行测试法是指在内部控制流程中任意选取一笔交易作为样本，追踪该交易从最初起源直到最终在财务报表或其他经营管理报告中反映出来的过程，即该流程从起点到终点的全过程（例如，在保险公司的内部控制评价中，选取一笔保险单，追踪其从投保申请到财务入账的全过程），以此了解控制措施设计的有效性，并识别出关键控制点。

5. 实地查验法。实地查验法主要针对业务层面控制，它通过使用统一的测试工作表，与实际的业务、财务单证进行核对的方法进行控制测试。如实地盘点某种存货。

6. 抽样法分为随机抽样和其他抽样。随机抽样是指按随机原则从样本库中抽取一定数量的样本；其他抽样是指人工任意选取或按某一特定标准从样本库中抽取一定数量的样本。

7. 比较分析法。比较分析法是指通过数据分析，识别评价关注点的方法。数据分析可以是与历史数据、行业（公司）标准数据或行业最优数据等进行比较。

此外，还可以使用观察、重新执行等方法，也可以利用信息系统开发检查方法，或利用实际工作和检查测试经验。对于企业通过系统采用自动控制、预防控制的，应在方法上注意与人工控制、发现性控制的区别。

◎第四节 内部控制缺陷的认定

内部控制缺陷是描述内部控制有效性的一个负向的维度。企业开展内部控制评价，主要工作内容之一就是要找出内部控制缺陷并有针对性地进行整改。

内部控制缺陷认定在一定程度上决定内部控制评价的成效，且具有一定难度，还需要运用职业判断。为了指导企业科学、合理地认定内部控制缺陷，切实帮助企业有效开展内部控制评价，《评价指引》第十六条至第十九条对内部控制缺陷的分类、认定做出专门的解释。

一、内部控制缺陷的分类

1.按照内部控制缺陷成因或来源，内部控制缺陷包括设计缺陷和运行缺陷。设计缺陷是指企业缺少为实现控制目标所必需的控制，或现存控制设计不适当，即使正常运行也难以实现控制目标。运行缺陷是指设计有效（合理且适当）的内部控制由于运行不当（包括由不恰当的人执行、未按设计的方式运行、运行的时间或频率不当、没有得到一贯有效运行等）而形成的内部控制缺陷。

内部控制存在设计缺陷和运行缺陷，会影响内部控制的设计有效性和运行有效性。

2.按照影响企业内部控制目标实现的严重程度，内部控制缺陷分为重大缺陷、重要缺陷和一般缺陷。

重大缺陷，是指一个或多个控制缺陷的组合，可能导致企业严重偏离控制目标。当存在任何一个或多个内部控制重大缺陷时，应当在内部控制评价报告中做出内部控制无效的结论。

重要缺陷，是指一个或多个控制缺陷的组合，其严重程度低于重大缺陷，但仍有可能导致企业偏离控制目标。重要缺陷的严重程度低于重大缺陷，不会严重危及内部控制的整体有效性，但也应当引起董事会、经理层的充分关注。

一般缺陷，是指除重大缺陷、重要缺陷以外的其他控制缺陷。

将内部控制评价中发现的内部控制缺陷划分为重大缺陷、重要缺陷和一般缺陷，需要借助一套可系统遵循的认定标准，认定过程中还需要内部控制评价人员充分运用职业判断。一般而言，如果一家企业存在的内部控制缺陷达到了重大缺陷的程度，我们就不能说该企业的内部控制是整体有效的。

3.按照具体影响内部控制目标的具体表现形式，内部控制缺陷还可以分为财务报告缺陷和非财务报告缺陷。

二、内部控制缺陷的认定标准

1.内部控制缺陷的重要性和影响程度。《评价指引》第十六条规定，企业对内部控制缺陷的认定，应当以构成内部控制的内部监督要素中的日常监督和专项监督为基础，结合年度内部控制评价，由内部控制评价机构进行综合分析后提出认定意见，按照规定的权限和程序进行审核，由董事会予以最终确定。

首先，内部控制评价从属于内部监督，是监督结果的总体体现。在企业正常的生产经营中，内部控制评价倚重内部监督；其次，充分利用日常监督与专项监督结果的基础上，至少每年由内部控制评价机构对内部控制的五要素相对独立地进行评价，全面地、综合地分析，提出认定意见，报董事会审定；再次，企业应当根据评价指引，结合自身情况和关注的重点，自行确定内部控制重大缺陷、重要缺陷和一般缺陷的具体认定标准；最后，根据具体认定标准认定企业存在的内部控制缺陷，由董事会最终审定。企业在确定内部控制缺陷的认定标准时，应当充分考虑内部控制缺陷的重要性及其影响程度。

内部控制缺陷的重要性和影响程度是相对于内部控制目标而言的。按照对财务报告目标和其他内部控制目标实现的影响的具体表现形式，下面区分财务报告内部控制缺陷和非财务报告内部控制缺陷分别阐述内部控制缺陷的认定标准。

2.财务报告内部控制缺陷的认定标准。财务报告内部控制是指针对财务报告目标而设计和实施的内部控制。由于财务报告内部控制的目标集中体现为财务报告的可靠性，因而财务报告内部控制的缺陷主要是指不能合理保证财务报告可靠性的内部控制设计和运行缺陷。

换句话说，财务报告内部控制的缺陷，是指不能及时防止或发现并纠正财务报告错报的内部控制缺陷。

将财务报告内部控制的缺陷划分为重大缺陷、重要缺陷和一般缺陷，所采用的认定标准直接取决于由于该内部控制缺陷的存在可能导致的财务报告错报的重要程度。

这种重要程度主要取决于两个方面的因素：（1）该缺陷是否具备合理可能性导致企业的内部控制不能及时防止或发现并纠正财务报告错报。合理可能性是指大于微小可能性（几乎不可能发生）的可能性，确定是否具备合理可能性涉及评价人员的职业判断。（2）该缺陷单独或连同其他缺陷可能导致的潜在错报金额的大小。

另外，一些迹象通常表明财务报告内部控制可能存在重大缺陷：（1）董事、监事和高级管理人员舞弊；（2）企业更正已公布的财务报告；（3）注册会计师发现当期财务报告存在重大错报，而内部控制在运行过程中未能发现该错报；（4）企业审计委员会和内部审计机构对内部控制的监督无效。

一般而言，如果一项内部控制缺陷单独或连同其他缺陷具备合理可能性导致不能及时防止或发现并纠正财务报告中的重大错报，就应将该缺陷认定为重大缺陷。重大错报中的“重大”，涉及企业管理层确定的财务报告的重要性水平。

一般企业可以采用绝对金额法（例如，规定金额超过10 000元的错报应当认定为重大错报）或相对比例法（例如，规定超过资产总额1%的错报应当认定为重大错报）来确定重要性水平。如果企业的财务报告内部控制存在一项或多项重大缺陷，就不能得出该企业的财务报告内部控制有效的结论。

一项内部控制缺陷单独或连同其他缺陷具备合理可能性导致不能及时防止或发现并纠正财务报告中虽然未达到和超过重要性水平，但仍应引起董事会和管理层重视的错报，就应将该缺陷认定为重要缺陷。不构成重大缺陷和重要缺陷的内部控制缺陷，应认定为一般缺陷。

3.非财务报告内部控制缺陷的认定标准。非财务报告内部控制是指针对除财务报告目标之外的其他目标的内部控制。这些目标一般包括战略目标、资产安全目标、经营目标、合规目标等。非财务报告内部控制评价应当作为企业内部控制评价的重点。

非财务报告内部控制缺陷认定具有涉及面广、认定难度大的特点。企业可以根据风险评估的各项工作，对《企业内部控制应用指引》中每一篇应用指引所阐述的风险，根据自身的实际情况、管理现状和发展要求，加以细化或按内部控制原理补充，参照财务报告内部控制缺陷的认定标准，合理确定定性和定量的认定标准，根据其对内部控制目标实现的影响程度认定为一般缺陷、重要缺陷和重大缺陷。其中：定量标准，即涉及金额大小，既可以根据造成直接财产损失绝对金额制定，也可以根据其直接损失占本企业资产、销售收入及利润等的比率确定；定性标准，即涉及业务性质的严重程度，可根据其直接或潜在负面影响的性质、影响的范围等因素确定。

以下迹象通常表明非财务报告内部控制可能存在重大缺陷：（1）国有企业缺乏民主决策程序，如缺乏“三重一大”决策程序；（2）企业决策程序不科学，如决策失误，导致并购不成功；（3）违反国家法律、法规，如环境污染；（4）管理人员或技术人员纷纷流失；（5）媒体负面新闻频现；（6）内部控制评价的结果特别是重大或重要缺陷未得到整改；（7）重要业务缺乏制度控制或制度系统性失效。

为避免企业操纵内部控制评价报告，非财务报告内部控制缺陷认定标准一经确定，必须在不同评价期间保持一致，不得随意变更。

需要强调的是，在内部控制的非财务报告目标中，战略和经营目标的实现往往受到企业不可控的诸多外部因素的影响，企业的内部控制只能合理保证董事会和管理层了解这些目标的实现程度。因而，在认定针对这些控制目标的内部控制缺陷时，我们不能只考虑最终的结果，而主要应该考虑企业制定战略、开展经营活动的机制和程序是否符合内部控制要求，以及不适当的机制和程序对企业战略及经营目标实现可能造成的影响。

三、内部控制缺陷的报告与整改

1.内部控制缺陷报告的格式和途径。《评价指引》第十九条规定，企业内部控制评价机构应当编制内部控制缺陷认定汇总表，结合日常监督和专项监督发现的内部控制缺陷及其持续改进情况，对内部控制缺陷及其成因、表现形式和影响程度进行综合分析和全面复核，提出认定意见（针对财务报告内部控制的缺陷，一般还应当反映缺陷对财务报告的具体影响），并以适当的形式向董事会、监事会或者经理层报告。重大缺陷应当由董事会予以最终认定。企业对于认定的重大缺陷，应当及时采取应对策略，切实将风险控制在可承受度之内，并追究有关部门或相关人员的责任。

内部控制缺陷报告应当采取书面形式，可以单独报告，也可以作为内部控制评价报告的一个重要组成部分。一般而言，内部控制的一般缺陷、重要缺陷应定期（至少每年）报告，重大缺陷应立即报告。对于重大缺陷和重要缺陷及整改方案，应向董事会（审计委员会）、监事会或经理层报告并审定。如果出现不适合向经理层报告的情形，例如存在与管理层舞弊相关的内部控制缺陷，或存在管理层凌驾于内部控制之上的情形，应当直接向董事会（审计委员会）、监事会报告。

对于一般缺陷，可以与企业经理层报告，并视情况考虑是否需要向董事会（审计委员会）、监事会报告。

2.内部控制缺陷整改方案及期限。企业对于认定的内部控制缺陷，应当及时采取整改措施，切实将风险控制在可承受度之内，并追究有关机构或相关人员的责任。

企业内部控制评价机构应当就发现的内部控制缺陷提出整改建议，并报经理层、董事会（审计委员会）、监事会批准。获批后，应制订切实可行的整改方案，包括整改目标、内容、步骤、措施、方法和期限。整改期限超过一年的，整改目标应明确近期和远期目标以及相应的整改工作内容。

◎第五节　内部控制评价报告

内部控制评价报告是内部控制评价的最终体现，按照编制主体、报送对象和时间，分为对内报告和对外报告。对外报告的内容、格式等强调符合披露要求，时间具有强制性，对内报告则主要以符合企业董事会（审计委员会）、经理层需要为主，编制主体层级更多、内容上更加详尽、格式更加多样，时间可以定期或不定期。《评价指引》第二十条规定，企业应当根据《企业内部控制基本规范》、应用指引和本指引，设计内部控制评价报告的种类、格式和内容，明确内部控制评价报告编制程序和要求，按照规定的权限报经批准后对外报出。

一、内部控制评价报告的内容和格式

《评价指引》第二十一条和二十二条规定了对外披露的内容，内部控制评价对外报告一般包括以下内容：

1.董事会声明。声明董事会及全体董事对报告内容的真实性、准确性、完整性承担个别及连带责任，保证报告内容不存在任何虚假记载、误导性陈述或重大遗漏。

2.内部控制评价工作的总体情况。明确企业内部控制评价工作的组织、领导体制、进度安排，是否聘请会计师事务所对内部控制有效性进行独立审计。

3.内部控制评价的依据。说明企业开展内部控制评价工作所依据的法律法规和规章制度。

4.内部控制评价的范围。描述内部控制评价所涵盖的被评价单位，以及纳入评价范围的业务事项，及重点关注的高风险领域。内部控制评价的范围如有所遗漏，应说明原因，及其对内部控制评价报告真实完整性产生的重大影响等。

5.内部控制评价的程序和方法。描述内部控制评价工作遵循的基本流程，以及评价过程中采用的主要方法。

6.内部控制缺陷及其认定。描述适用本企业的内部控制缺陷具体认定标准，并声明与以前年度保持一致或做出的调整及相应原因；根据内部控制缺陷认定标准，确定评价期末存在的重大缺陷、重要缺陷和一般缺陷。

7.内部控制缺陷的整改情况。对于评价期间发现、期末已完成整改的重大缺陷，说明企业有足够的测试样本显示，与该重大缺陷相关的内部控制设计合理且运行有效。针对评价期末存在的内部控制缺陷，公司拟采取的整改措施及预期效果。

8.内部控制有效性的结论。对不存在重大缺陷的情形，出具评价期末内部控制有效结论；对存在重大缺陷的情形，不得做出内部控制有效的结论，并需描述该重大缺陷的性质及其对实现相关控制目标的影响程度，可能给公司未来生产经营带来相关风险。自内部控制评价报告基准日至内部控制评价报告发出日之间发生重大缺陷的，企业须责成内部

控制评价机构予以核实，并根据核查结果对评价结论进行相应调整，说明董事会拟采取的措施。

对内报告的格式、内容应该在符合以上要求的基础上进一步详尽地设计和表达。

内部控制评价报告格式

二、内部控制评价报告的编制和报送

《评价指引》第二十三条规定，企业应当根据年度内部控制评价结果，结合内部控制评价工作底稿和内部控制缺陷汇总表等资料，按照规定的程序和要求，及时编制内部控制评价报告。

（一）评价报告的编制

1. 内部控制评价报告的编制时间

企业应当根据内部控制评价结果和整改情况，编制内部控制评价报告。内部控制评价报告分为定期内部控制评价报告和非定期内部控制评价报告。

企业应该定期进行内部控制评价并发布内部控制评价报告。企业至少应该每年进行一次内部控制评价并由董事会对外发布内部控制评价报告。年度内部控制评价报告应当以12月31日作为基准日。

非定期内部控制评价报告可以是因特殊事项或原因（如企业因目标变化或提升）而对外发布的内部控制评价报告，也可以是企业针对发现的重大缺陷专项内部控制评价等向董事会（审计委员会）或经理层报送的内部报告（即内部控制缺陷报告）。

2. 内部控制评价报告的编制主体

内部控制评价报告的编制主体包括单个企业和企业集团的母公司。单个企业内部控制评价报告指某一企业以自身经营业务和管理活动为辐射范围编制的内部控制评价报告，属于对内报告；企业集团母公司内部控制评价报告是企业集团的母公司在汇总、复核、评价、分析后，以母公司及下属（或控股子公司）的经营业务和管理活动为辐射范围编制的内部控制评价报告，是对企业集团内部控制设计有效性和运行有效性的总体评价，可以是对内或对外报告。

（二）评价报告的报送

《评价指引》第二十四条至二十六条规定了评价报告及内部控制审计报告对外报送的要求。此外，企业内部控制评价报告应按规定报送有关监管部门，例如国有控股企业应按要求报送国有资产监督管理部门和财政部门，金融企业应按规定报送银行保险监督管理部门，公开发行证券的企业应报送证券监督管理部门。

三、内部控制评价报告的披露和使用

（一）评价报告的披露

公司的价值创造能力不仅取决于现有的经营基础和目前的盈利水平，更主要取决于公司的决策科学性和管控能力。公众公司必须向社会披露内部控制评估报告，满足投资者及利益相关者了解企业治理水平、管理规范化和抵御各类风险的能力的需要，更好地服务于他们做出投资决策和相关决策。

（二）评价报告的使用

企业内部控制评价对外报告的使用者包括政府有关监管部门、投资者以及其他利益相关者、中介机构和研究机构等。对内报告的使用者主要是企业董事会（审计委员会）、各层级管理者以及有关监管部门。

内部控制评价是企业董事会对本企业内部控制有效性的自我评价，具有一定的主观性，在此基础上形成的内部控制评价报告也因此只能作为有关方面了解企业内部控制设计与运行情况的途径之一。在使用内部控制评价报告时，还应注意与内部控制注册会计师审计报告、内部控制监管信息、财务报告信息等相关信息结合使用，以起到全面分析、综合判断、相互验证的效果。

《评价指引》第二十七条规定，企业应当建立内部控制评价工作档案管理制度。内部控制评价的有关文件资料、工作底稿和证明材料等应当妥善保管，年度报告应永久保存。

◎第六节　案例分析

康美药业的内部控制自我评价

一、康美药业基本情况

康美药业股份有限公司成立于1997年，于2001年在上交所上市，是国内率先把互联网布局中医药全产业链，全面打造“大健康+大平台+大数据+大服务”体系的中医药全产业链精准服务型“智慧+”大健康产业大型上市企业，是国家高新技术企业。康美药业拥有“国家企业技术中心”等17个国家及省部级研发平台和14个自主研发平台，已开展中药国际化、中药标准化等国家及省部级重大项目近百个，主持和参加制定国家、行业标准数十项，获批国家或国际组织认证的实验室3个，获得省级及以上科技奖励7项，获得近200项专利，是国家技术创新示范企业和国家智能制造试点示范企业、国家知识产权优势企业。

2018年12月28日晚间康美药业公告，公司收到中国证监会《调查通知书》。2019年1月2日，康美药业跌停开盘。截至2日10时，报8.29元/股，跌停板封单超过40万手，成交额超过6 000万元。2019年4月30日，康美药业发布了高达近300亿元的“会计差错”。5月1日，发致股东信致歉。2019年5月17日，证监会通报康美药业财务报告造假，涉嫌虚假陈述等违法违规。2019年5月21日，康美药业股份有限公司主动戴帽变“ST康美”。

2019年8月16日证监会对康美药业等做出处罚及负责人禁入市场告知，实锤造假行为。证监会拟决定对ST康美责令改正，给予警告，并处以60万元的罚款；对马兴田、许冬瑾给予警告，均处以90万元的罚款；对邱锡伟、庄义清等19人给予警告并处以10万至30万元不等的罚款。

2020年5月14日，证监会发布对康美药业的行政处罚及市场禁入决定，决定对康美药业责令改正，给予警告，并处以60万元罚款，对21名责任人员处以90万元至10万元不等罚款，对6名主要责任人采取10年至终身证券市场禁入措施。相关中介机构涉嫌违法违规行为正在行政调查审理程序中。同时，证监会已将康美药业及相关人员涉嫌犯罪行为移送司法机关。

2019年8月19日，广东省公安厅官网曝光44款APP存在超范围读取用户通话记录等问题。康美药业旗下APP“康美中药城”也因无隐私政策列入问题名单中。官网显示，

“康美中药城”APP开发/运营主体在全国已设立300多个信息采集点。有关监测情况已上报公安部通报属地公安机关开展清理整治。广东省公安厅公告显示，康美药业旗下APP“康美中药城”存在“读取用户联系人数据”“允许应用程序录制音频”等超范围收集用户信息的情况，且无隐私政策。

2020年2月18日，康美药业因多次行贿被列入“医药行贿企业榜”。

2020年6月16日，立信会计师事务所对ST康美出具了否定意见的内部控制审计报告，报告中指出导致否定意见的事项主要是财务报告内部控制存在重大缺陷。

2020年7月10日，康美药业发布公告称康美药业股份有限公司（以下简称“公司”）收到公司实际控制人马兴田先生家属的通知，马兴田先生因涉嫌违规披露、不披露重要信息罪被公安机关采取强制措施。

二、康美药业2018年度和2019年度内部控制自我评价报告的主要内容

（一）2018年度自评报告的主要内容

1.内部控制评价结论

公司于内部控制评价报告基准日，存在财务报告内部控制重大缺陷。根据公司财务报告内部控制重大缺陷的认定情况，董事会认为，公司未能按照企业内部控制规范体系和相关规定的要求在所有重大方面保持有效的财务报告内部控制；发现非财务报告内部控制重大缺陷。

2.内部控制评价工作情况

(1) 内部控制评价范围

公司按照风险导向原则确定纳入评价范围的主要单位、业务和事项以及高风险领域。纳入评价范围的主要单位包括：

康美药业股份有限公司、康美新开河（吉林）药业有限公司、北京康美制药有限公司、康美（亳州）世纪国药有限公司、康美亳州华佗国际中药城有限公司、成都康美药业有限公司、康美保宁（四川）制药有限公司、广东康美物流有限公司、康美（北京）药物研究院有限公司、康美（深圳）电子商务有限公司、上海康美药业有限公司、上海康美医药咨询有限公司、上海康美合璞医药科技有限公司、上海伯恩医疗器械有限公司、上海德大堂药店有限公司、康美时代（广东）发展有限公司、广东康美药业有限公司、康美（亳州）华佗国际中药城商业有限公司、亳州新世界商贸有限公司、康美（普宁）中药材专业市场物业管理有限公司、康美甘肃西部中药城有限公司、集安大地参业有限公司、通化康美大地参业有限公司、吉林新开河食品有限公司、北京益康来医药有限公司、康美（亳州）世纪国药中药有限公司、成都康美药业生产有限公司、康美滕王阁（四川）制药有限公司、上海德大堂国药有限公司、浙江省土副保健品有限公司、康美药业（文山）药材种植管理有限公司、康美药业（昆明）种质资源有限公司、康美药业（四川）有限公司、上海美峰食品有限公司、上海金像食品有限公司、深圳市麦金利实业有限公司、康美大药房连锁有限公司、康美智慧药房连锁（广东）有限公司、康美中药城（普宁）有限公司、康美（怀集）医药有限公司、广东恒祥医药有限公司、广东康美新澳医药有限公司、广东康美诺泽药业有限公司、重庆瑞泰医药有限公司、康美健康云服务有限公司。

(2) 纳入评价范围的单位占比

纳入评价范围单位的资产总额占公司合并财务报表资产总额之85%，纳入评价范围单位的营业收入合计占公司合并财务报表营业收入总额之95%。

（3）纳入评价范围的主要业务和事项

纳入评价范围的主要业务和事项包括：治理结构、组织架构、发展战略、人力资源、社会责任、企业文化、内部审计、法律事务管理、风险评估、控制活动、信息与沟通、内部监督、资金活动、筹资管理、对外投资、采购业务、固定资产和无形资产管理、存货管理、销售业务、研究与开发、工程项目、财务报告、全面预算、合同管理、专业市场经营业务、税务管理、人力资源、质量管理、医护管理、电子商务管理、电子商务信息技术开发管理、直销、信息系统控制等。

重点关注业务：财务报告、投资管理、筹资管理、资产管理、工程项目、资金活动、采购业务、销售业务、专业市场经营业务、电子商务管理、直销、研究与开发、人力资源等。

上述纳入评价范围的单位、业务和事项以及高风险领域涵盖了公司经营管理的主要方面，不存在重大遗漏。

（4）重点关注的高风险领域

重点关注的高风险领域主要包括：医药行业政策变动风险、市场政策风险、中药材价格波动风险、产品质量风险、新产品研究与开发风险、经销商管理风险、工程项目管理风险、投资风险、资本市场监管合规风险、行业规范合规风险等。

3.内部控制评价工作依据及内部控制缺陷认定标准

公司董事会根据企业内部控制规范体系对重大缺陷、重要缺陷和一般缺陷的认定要求，结合公司规模、行业特征、风险偏好和风险承受度等因素，区分财务报告内部控制和非财务报告内部控制，研究确定了适用于本公司的内部控制缺陷具体认定标准，并与以前年度保持一致。

（1）财务报告内部控制缺陷评价标准

定量标准见表21-1：

表21-1　　内部控制缺陷定量评价标准

指标名称	重大缺陷定量标准	重要缺陷定量标准	一般缺陷定量标准
① 利润总额潜在错报	错报≥利润总额的5%	利润总额的3%≤错报＜利润总额的5%	错报＜利润总额的3%
① 资产总额潜在错报	错报≥资产总额的1%	资产总额的0.5%≤错报＜资产总额的1%	错报＜资产总额的0.5%
② 经营收入潜在错报	错报≥经营收入总额的1%	经营收入总额的0.5%≤错报＜经营收入总额的1%	错报＜经营收入总额的0.5%
③ 所有者权益潜在错报	错报≥所有者权益总额的1%	所有者权益总额的0.5%≤错报＜所有者权益总额的1%	错报＜所有者权益总额的0.5%

定性标准见表21-2：

表21-2 内部控制缺陷定性评价标准

缺陷性质	定性标准
重大缺陷	(1) 董事、监事和高级管理人员舞弊； (2) 更正已公布的财务报告（非文字错别字）； (3) 外部审计发现当期财务报表存在重大错报，而内部控制在运行过程中未能发现该错报； (4) 内部审计职能对财务内部控制的监督无效； (5) 其他可能影响报表使用者正确判断的缺陷（由高管层衡量）
重要缺陷	(1) 未依照公认会计准则选择和应用会计政策； (2) 未建立反舞弊程序和控制措施； (3) 对于非常规或特殊交易的账务处理没有建立相应的控制机制或没有实施且没有相应的补偿性控制； (4) 对于期末财务报告过程的控制存在一项或多项缺陷且不能合理保证编制的财务报表达到真实、完整的目标
一般缺陷	不属于重大缺陷和重要缺陷的其他控制缺陷

(2) 非财务报告内部控制缺陷认定标准

公司确定的非财务报告内部控制缺陷评价的定量标准见表21-3：

表21-3 非财务报告内部控制缺陷评价的定量标准

指标名称	重大缺陷定量标准	重要缺陷定量标准	一般缺陷定量标准
直接财产损失金额	5万元以上	2万～5（含）万元	1（含）万元以下

说明：本报告定量标准中所指的财务指标值均为公司上年度经审计的合并报表数据。

定性标准见表21-4：

表21-4 非财务报告内部控制缺陷评价的定性标准

缺陷性质	定性标准
重大缺陷	(1) 违反国家法律法规并受到处罚； (2) 中高级管理人员和高级技术人员严重流失； (3) 重要业务缺乏制度控制或制度系统性失效； (4) 媒体频现负面新闻，涉及面广； (5) 决策程序导致重大失误； (6) 内部控制重大缺陷未得到整改
重要缺陷	(1) 违反内部规章，形成损失； (2) 关键岗位业务人员流失严重； (3) 重要业务制度控制或系统存在缺陷； (4) 媒体出现负面新闻，涉及局部； (5) 决策程序导致一般失误； (6) 内部控制重要缺陷未得到整改
一般缺陷	(1) 违反内部规章，但没有形成损失； (2) 一般岗位业务人员流失严重； (3) 一般业务制度控制或系统存在缺陷； (4) 媒体出现负面新闻，但影响不大； (5) 决策程序效率不高； (6) 内部控制一般缺陷未得到整改

4. 内部控制缺陷认定及整改情况

(1) 财务报告的重大缺陷及整改情况

根据上述财务报告内部控制缺陷的认定标准，报告期内公司存在财务报告内部控制重大缺陷，数量2个，见表21-5。

表21-5　　报告期内公司存在财务报告内部控制重大缺陷

财务报告内部控制重大缺陷	缺陷描述	业务领域	缺陷整改情况/整改计划	截至报告基准日是否完成整改	截至报告发出日是否完成整改
财务核算不规范	公司会计基础薄弱，存在财务不规范问题，未能反映公司真实财务状况，导致前期重大会计差错更正	财务管理	1. 根据国家会计准则，追溯调整前期会计差错，已完成最近两年会计差错调整； 2. 完善公司财务管理及监督机制，加强财务人员专业培训，强化财务内部复核及审计职能，确保符合国家会计准则； 3. 根据国家会计准则，追溯调整前期会计差错； 4. 加强财务核算规范管理，确保符合国家会准则	否	是
关联方交易管理不规范	公司关联交易管理中对主动识别、及时获取及确认关联方信息的控制制度未取得有效执行，未及时履行相关审批和披露事宜	财务管理	1. 公司将系统性梳理关联关系和交易，并及时予以追认和披露； 2. 完善关联方交易管理机制，加强人员培训和责任落实，主动识别、获取及确认公司关联方及关联交易，对于涉及关联交易的事项，严格履行审批程序，及时进行信息披露，杜绝类似情况发生	否	否

(2) 非财务报告内部控制缺陷认定及整改情况

根据上述非财务报告内部控制缺陷的认定标准，报告期内公司发现非财务报告内部控制重大缺陷，数量1个，见表21-6。

表21-6　　非报告期内公司存在财务报告内部控制重大缺陷

非财务报告内部控制重大缺陷	缺陷描述	业务领域	缺陷整改情况/整改计划	截至报告基准日是否完成整改	截至报告发出日是否完成整改
中国证监会立案调查	2018年12月8日，公司收到中国证券监督管理委员会下达的《调查通知书》，因涉嫌信息披露违法违规，根据《中华人民共和国证券法》的有关规定，中国证监会对公司立案调查。截至审计报告日，中国证监会对公司相关行为涉嫌违法违规的调查尚未结案	其他	截至目前，中国证监会对公司相关行为为涉嫌违法违规的调查尚未结案。公司将积极配合中国证监会的调查工作，并按照相关法律法规及时履行信息披露义务	否	否

5.内部控制一般缺陷

针对报告期内发现的内部控制一般缺陷，公司经过认真分析原因，要求各有关单位（部门）制定相应的整改措施，明确整改责任。对内控制度存在的问题，要求修订完善，对操作流程中存在的不规范问题，要求加强管理，立即整改，补充相关手续，规范操作。

6.本年度内部控制运行情况及下一年度改进方向

公司已根据基本规范、评价指引及其他相关法律法规的要求，对公司截至2018年12月31日的内部控制设计与运行的有效性进行了自我评价。通过2018年度内控自我评价工作，发现公司在财务管理等方面存在内控重大缺陷。未来期间，公司的内控建设工作将按《企业内部控制基本规范》及配套指引的要求，针对重大缺陷制订相关整改方案，并贯彻落实整改工作，确保符合相关监管单位的管理要求。

同时公司将进一步健全和完善公司以全面风险管理为导向、源头治理和过程控制为核心的内部控制管理体系，强化风险防范能力，通过制度体系完善、风险控制标准化，强化公司内部监管，加强专业领域监督等一系列措施，保障公司安全稳健运行。

（二）2019年度自评报告的主要内容

大部分内容与2018年相同，这里主要展示财务报告内部控制存在的4个重大缺陷、整改措施等。

1.存在的重大缺陷：

（1）关联交易管理不规范

关联交易管理机制不完善，以前年度存在关联方资金往来的情况，由于未遵守公司日常资金管理规范及关联交易管理制度的相关规定，导致形成大额关联方非经营性资金占用；同时由于缺少关联方识别、关联交易信息传递等具体规则，导致原有制度执行不到位，造成部分关联方资金占用未被及时充分披露。

（2）工程项目档案管理不规范

工程项目管理机制不健全，工程项目档案缺乏统一、有序的管理，导致项目档案不完整，存在部分在建工程和相关应付账款余额不一致的情况。

（3）公司对医疗器械业务的管理与监督存在不足

公司代理销售的大部分医疗器械产品的代理权已于2019年12月31日之前到期，但未及时取得代理权续期，也未及时确定相关存货的后续处置安排。未对医疗器械发出商品及相关的应收账款和营业收入进行规范化管理。

（4）财务档案管理不规范

公司财务档案管理机制不完善，导致以前年度的个别业务和项目的经营和财务资料存在缺失。

2.针对上年度所发现的内部控制缺陷，公司整改情况如下：

（1）财务核算不规范问题

根据国家会计准则，追溯调整前期会计差错，并完成会计差错调整。已优化财务管控架构，并发布相关通知落实总部财务部对分公司及控股子公司财务的垂直管理，明确了总部对各单位财务部拥有考核权，加强公司对财务的集中管控，为实现财务管理的规范化提供组织基础。通过完善财务管理制度，提升财务核算规范性，目前已正式发布并实施《资金管理办法》《会计凭证摘要填写管理规范》2项管理制度，已实现财务核算双复核机制，提升了核算准确性；后续将持续梳理核算管理的薄弱环节，并制定相应的操作规范。已拟定业务系统与财务系统的具体整改方案。

（2）关联方交易管理不规范问题。

目前正在积极完善关联交易管理机制建设，明确关联方识别规则、部门以及流程、规范关联交易信息传递规则与流程，保证及时按照规定进行信息披露；同时，公司正在加大力度追回关联方占用的非经营性资金。

（3）中国证监会立案调查

公司积极配合中国证监会的调查工作，现已结案并发布公告。

3.本年度内部控制运行情况及下一年度改进方向

公司已根据基本规范、评价指引及其他相关法律法规的要求，对公司截至2019年12月31日的内部控制设计与运行的有效性进行了自我评价。

通过2019年度内控自我评价工作，发现公司在财务管理、内部监督、对外投资等方面存在内控重大缺陷。未来期间，公司的内控建设工作将按《企业内部控制基本规范》及配套指引的要求，针对重大缺陷制订相关整改方案，并贯彻落实整改工作，确保符合相关监管单位的管理要求。同时公司将进一步健全和完善公司以全面风险管理为导向、源头治理和过程控制为核心的内部控制管理体系，强化风险防范能力，通过制度体系完善、风险控制标准化，强化公司内部监管，加强专业领域监督等一系列措施，保障公司安全稳健运行。

三、立信会计事师务所对康美药业内部控制的审计意见

立信会计师事务所对康美药业2020年6月16日出具了《康美药业股份有限公司内部控制审计报告》，并在该报告中出具了否定审计意见。

立信会计师事务所认为重大缺陷是内部控制中存在的、可能导致不能及时防止或发现并纠正财务报表出现重大错报的一项控制缺陷或多项控制缺陷的组合。

该审计报告指出：在本次内部控制审计中，康美药业的财务报告内部控制存在以下重大缺陷：

（一）康美药业以前年度违规向关联方提供资金，导致形成大额关联方非经营性资金占用，且未及时进行充分披露。截至2019年12月31日，康美药业仍有关联方非经营性资金占用余额948 112.62万元尚未收回。

（二）康美药业对部分工程项目的管理不规范，工程项目档案及相关财务资料保存不完整，难以确保相关在建工程和应付账款余额的准确性和完整性。

（三）康美药业代理销售的大部分医疗器械产品的代理权已于2019年12月31日之前到期，康美药业未及时取得代理权续期，也未及时确定相关存货的后续处置安排。此外，康美药业未对医疗器械发出商品及相关的应收账款和营业收入进行规范化管理。

（四）因以前年度存在重大错报，康美药业对其财务报表进行了重述。2019年度财务报表是在对比较信息进行重述的基础上编制的，个别业务和项目的经营和财务资料存在缺失。

康美药业与上述事项相关的财务报告内部控制存在重大缺陷。截至2019年12月31日，这些重大缺陷尚未完成整改。

有效的内部控制能够为财务报告及相关信息的真实完整提供合理保证，而上述重大缺陷使康美药业内部控制失去这一功能。

四、康美药业董事会的回应及拟采取的措施

《康美药业股份有限公司董事会关于会计师事务所出具否定意见内部控制审计报告的专项说明》回应内容如下：

康美药业管理层已识别出上述重大缺陷，并将其包含在企业内部控制评价报告中。在康美药业2019年财务报表审计中，公司已经考虑了上述重大缺陷对审计程序的性质、时间安排和范围的影响。本报告对我们在2020年6月16日对康美药业2019年财务报表出具的审计报告产生影响。

公司董事会和管理层将积极采取有效的措施，保持公司持续、稳定、健康的发展，切实维护好全体股东和广大投资者的权益。具体措施如下：

1.公司董事会及管理层对公司存在的上述内控缺陷高度重视，针对关联方资金占用情况，将积极与关联方进行沟通，敦促尽快归还款项。同时，将进一步完善公司关联交易管理机制，拟从三个方面加强管理：（1）公司将加强关联交易管理机制，明确关联方识别规则、部门以及流程、明确关联交易信息传递规则与流程，并形成正式的制度文件。（2）加强对相关制度的执行监管工作，确保“公司与关联自然人发生的交易金额在30万元以上的关联交易（公司提供担保除外），应当及时披露，公司不得直接或者通过子公司向董事、监事、高级管理人员提供借款”制度规定执行到位。（3）根据关联交易实际情况，及时进行信息披露，确保关联交易信息披露符合相关规定。

2.针对工程项目内控重大缺陷，公司将其列为重点整改工作，后续将全面梳理工程项目业务流程以及关键控制点，明确每个环节的输出文档，建立健全的工程项目档案管理制度，确保工程立项、工程设计、工程招标、工程建设、工程验收五个阶段的关键性文档的完整性与准确性，做到账实相符、账账相符。

3.针对医疗器械业务目前存在的经营管理问题，将由医疗器械事业部与供应商沟通代理权续期事宜，对于确实不能再续期的产品，应就存货处置方式与供应商达成一致意见，尽量将所有存货以公允价值进行变现，将公司损失降至最低，保障公司利益。此外，公司将以此为鉴，总结经验教训，加强对各子公司的业务评估与职能管控。

4.建立健全财务管理机制，提升财务管理规范性，全面梳理并规范各类账务处理过程的所需资料与审批流程，建立财务资料管理办法，确保对重要经营和材料资料进行及时、完整的保存。

五、案例评述与启示

内部控制评价的程序要经过一系列固定的环节。如成立评价工作组、制订评价工作方案、实施现场测试、认定控制缺陷、汇总评价结果、编报评价报告等。

内部控制的评价不同于对单项事件、单个活动的评估，需要基于一种系统的动态的思路，对内部控制的有效性进行一段时间内的整体评估。

康美药业2018年及2019年连续两年的内部控制自我评价报告中对公司存在的内部控制风险、缺陷、缺陷的认定标准、整改情况及措施都进行了描述。该公司披露的内部控制缺陷认定标准既有定量标准，也有定性标准；既包括财务报告内控缺陷的认定标准，也包括非财务报告内部控制缺陷认定标准。其中2018年披露了财务报告内部控制存在的两个重大缺陷，2019年披露了四个重大缺陷。既披露了财务报告内部控制存在的缺陷，也披露了非财务报告内部控制存在的缺陷。根据该公司内部控制自我评价报告披露的内容显示，该公司针对发现的重大缺陷也采取了一系列整改措施。但仍然得到了审计师的否定意见审计报告。由此可见，该公司财务造假事件、行贿事件等重大事件的发生均与内部控制失效存在直接联系，这些事件均对该公司的社会信誉、公司价值、财务状况、盈利能力、可持续发展能力等各方面产生了严重的负面影响，同时也造成了各利益相关方的严重损失。目前该公司已采取的相关措施尚未能全面解决这些问题，现该公司已被托管，相关问题仍在调查之中。

由此可见，持续地对企业内部控制建设有效性进行全面评估，是保障企业内部控制有效性的重要措施，也是维护企业利益相关者利益的有效手段。对于上市公司来说，开展对内部控制的评价及审计工作尤其重要。

学思见悟 ◎ 康美药业原董事长一审宣判判刑12年

在康美药业被判赔偿投资者24.59亿元后，康美药业原董事长马兴田被判12年有期徒刑。2021年11月17日，广东省佛山市中级人民法院对康美药业原董事长、总经理马兴田等12人操纵证券市场案公开宣判。马兴田因操纵证券市场罪、违规披露、不披露重要信息罪以及单位行贿罪数罪并罚，被判处有期徒刑12年，并处罚金人民币120万元；康美药业原副董事长、常务副总经理许冬谨及其他责任人员11人，因参与相关证券犯罪被分别判处有期徒刑并处罚金。

继因年报等虚假陈述民事侵权证券集体诉讼案被责令巨额赔偿后，康美药业原董事长马兴田等人又因操纵证券市场和违规披露、不披露重要信息等犯罪被追究刑事责任。两案的审判持续释放了依法从严打击证券违法活动，坚决维护资本市场深化改革和健康发展的强烈信号。广州市中级人民法院对全国首例证券集体诉讼案做出一审判决，责令康美药业股份有限公司因年报等虚假陈述侵权赔偿证券投资者损失24.59亿元，原董事长、总经理马兴田及5名直接责任人员、正中珠江会计师事务所及直接责任人员承担全部连带赔偿责任，13名相关责任人员按过错程度承担部分连带赔偿责任。

法院认为，康美药业在上市公司年度报告和半年度报告中进行虚假陈述，造成了证券投资者投资损失，应承担赔偿责任。马兴田、许冬瑾等组织策划财务造假，应对投资者实际损失承担全部连带赔偿责任。正中珠江相关审计人员违反执业准则，导致财务造假未被审计发现，应承担全部连带赔偿责任。部分公司高级管理人员虽未直接参与造假，但签字确认财务报告真实性，应根据过失大小承担部分连带赔偿责任。

就康美药业证券纠纷案是我国首单特别代表人诉讼案件，证监会对此表示支持，并将依法监督投资者保护机构，配合人民法院做好后续相关工作。

证监会表示，此次法院依法做出一审判决，示范意义重大，是落实新《证券法》和中办、国办《关于依法从严打击证券违法活动的意见》的有力举措，也是资本市场史上具有开创意义的标志性案件，对促进我国资本市场深化改革和健康发展，切实维护投资者合法权益具有里程碑意义。下一步将在全面总结首单案件经验的基础上，推动完善代表人诉讼制度机制，支持投资者保护机构进一步优化案件评估、决策、实施流程，依法推进特别代表人诉讼常态化开展。

证监会认为，相关各方坚决贯彻落实党中央国务院对资本市场违法犯罪行为“零容忍”的精神和要求，通过多种手段并举，构建了民事、行政、刑事立体化的责任追究体系，让康美药业案幕后实际操纵上市公司的为恶者付出沉重代价，实现了“惩首恶”的目标，有利于强化惩恶扬善、扶优限劣的鲜明导向，不断增强市场各方的敬畏之心，共同营造良好市场生态。

资料来源：李雄鹰.康美药业原董事长马兴田等人操纵证券市场案一审宣判［EB/OL］.［2021-11-17］. https：//baijiahao.baidu.com/s?id=1716642256088912705&wfr=spider&for=pc.

拓展阅读：

1.中共中央办公厅、国务院办公厅《关于依法从严打击证券违法活动的意见》

2.《中华人民共和国证券法》

思考与讨论：

1.企业（上市公司）内部控制自我评价报告是否应当遵守诚信的原则？

2.为什么大部分上市公司没有披露公司存在的缺陷？是这些公司不存在内部控制缺陷还是其他原因？

3.财务造假与内部控制评价之间存在什么关系？

4.新《证券法》实施后对上市公司内部控制评价将产生哪些影响？

本章小结

内部控制评价是指企业董事会或类似权力机构对内部控制的有效性进行全面评价，形成评价结论，出具评价报告的过程。内部控制评价的主体是董事会或类似的权力机构，是指董事会或类似的权力机构是内部控制设计和运行的责任主体。内部控制评价的对象是内部控制的有效性。内部控制评价应紧紧围绕内部环境、风险评估、控制活动、信息与沟通、内部监督五要素进行。企业实施内部控制评价至少应当遵循全面性、重要性、客观性原则。从内部控制评价本身以及目前的发展情况来看，主要存在详细评价法和风险基础评价法两种方法。内部控制评价的程序一般包括制订评价工作方案、组成评价工作组、实施现场测试、认定控制缺陷、汇总评价结果、编报评价报告等环节。内部控制评价报告可分为对内报告和对外报告，对外报告是为了满足外部信息使用者的需求，需要对外披露，在时间上具有强制性，披露内容和格式强调符合披露要求；对内报告主要是为了满足管理层或治理层改善管控水平的需要，不具有强制性，内容、格式和披露时间由企业自行决定。

中英文专业术语

内部控制评价 internal control self-assessment

内部控制报告 internal control report

财务报告内部控制 internal control over financial reporting

章后练习

章后练习-自测版

一、单项选择题

1.企业内部控制评价的主体是（　）。

A.政府机关　　B.会计师事务所

C.董事会或类似权力机构　　D.财务部门

2.企业内部控制评价的对象是（　　）。

A.内部控制规章制度　　B.内部控制有效性

C.财务报告的公允性　　D.内部控制环境

3.内部控制评价工作的具体组织实施主体一般为（　）。

A.内部审计机构或专门的内部控制评价机构

B.经理层

C.监事会

D.审计委员会

4.企业内部控制评价工作的起点是（　）。

A.明确内部控制目标　　B.制订内部控制评价方案

C.组成评价工作组　　D.确定评价方法

5.内部控制评价工作的最终表现为（　）。

A.财务报告　　B.审计报告

C.内部控制评价工作底稿　　D.内部控制评价报告

6.年度内部控制评价报告的基准日为（　　）。

A.12月1日　　B.6月30日　　C.4月1日　　D.12月31日

7.下列不属于内部环境评价范畴的有（　　）。

A.目标设定　　B.社会责任　　C.内部审计　　D.治理结构

8.内部控制评价人员在实施现场检查测试时，应遵循的原则是（　　）。

A.公平、公正、公开　　B.客观、公正、公平
C.全面性、重要性、客观性　　D.制衡性、适应性、成本效益

9.一般而言，如果一项内部控制缺陷单独或连同其他缺陷具备合理可能性导致不能及时防止或发现并纠正财务报告中的重大错报，就应将该缺陷认定为（　　）。

A.重大缺陷　　B.重要缺陷　　C.一般缺陷　　D.严重缺陷

10.下列有关内部控制评价的说法中错误的是（　　）。

A.内部控制评价应紧紧围绕内部环境、风险评估、控制活动、信息与沟通、内部监督五要素进行
B.内部控制的有效性是指企业建立与实施内部控制对实现控制目标提供合理保证的程度
C.企业实施内部控制评价，仅包括对内部控制设计有效性的评价，不包括对运行有效性的评价
D.董事会可以通过审计委员会来承担对内部控制评价的组织、领导、监督职责

二、多项选择题

1.从控制目标的角度看，内部控制的有效性可分为（　　）。

A.合规目标内部控制的有效性　　B.资产目标内部控制的有效性
C.报告目标内部控制的有效性　　D.经营目标内部控制的有效性
E.战略目标内部控制的有效性

2.考察内部控制运行的有效性应考虑的因素包括（　　）。

A.相关控制在评价期内是如何运行的
B.相关控制是否覆盖了所有关键的业务与环节
C.相关控制是否得到了持续一致的运行
D.实施控制的人员是否具备必要的权限和能力
E.相关控制是否与企业自身的经营特点、业务模式及风险管理要求相匹配

3.内部控制评价的内容主要包括（　　）。

A.内部环境评价　　B.风险评估评价
C.控制活动评价　　D.信息与沟通评价
E.内部监督评价

4.企业对内部控制评价至少应当遵循的原则包括（　　）。

A.全面性原则　　B.重要性原则　　C.客观性原则
D.有效性原则　　E.时效性原则

5.《企业内部控制规范体系实施中相关问题解释第2号》指出，集团性企业在对集团总部及下属企业的内部控制活动进行全面、客观评价的基础上，应重点关注（　　）。

A.重要业务单位　　B.重大决策　　C.重大事项
D.重要人事任免　　E.高风险业务

6.作为内部控制体系的重要组成部分，内部控制评价对企业意义重大，其主要作用包括（　　）。

A.有助于提升企业财务报告的质量　　B.有助于企业自我完善内控体系
C.有助于提升企业市场形象和公众认可度　　D.有助于实现与政府监管的协调互动
E.有助于保护利益相关者的合法利益

三、判断题

1. 董事会可以聘请会计师事务所对其内部控制的有效性进行审计其承担的责任可因此得以减轻或消除。（ ）

2. 内部控制评价能为内部控制目标的实现提供绝对保证。（ ）

3. 内部控制的设计应覆盖所有关键的业务与环节，但是对董事会、监事会、经理层和员工不具有普遍的约束力。（ ）

4. 为节省成本，为企业提供内部控制审计的会计师事务所，可以同时为同一家企业提供内部控制评价服务。（ ）

5. 在内部控制建立与实施初期，企业应更多地采用重点评价或专项评价方式，以提高内部控制评价的效率和效果。（ ）

6. 内部控制缺陷一经认定为重大缺陷，内部控制评价报告将会被出具“否定意见”。（ ）

7. 对于有下属单位的集团公司，如果下属单位存在重大缺陷，并不能表明集团公司存在重大缺陷。（ ）

8. 内部控制缺陷的严重程度并不取决于该控制不能及时防止或发现并纠正潜在缺陷的可能性，而是取决于是否实际发生了错报。（ ）

9. 内部控制评价报告必须对外披露。（ ）

10. 企业内部控制缺陷认定一般可采取绝对金额法或相对比例法确定重要性水平和一般性水平，以此作为判断缺陷类型的临界值。（ ）

第二十二章 企业内部控制审计

学习目标

通过学习本章，读者可初步了解内部控制审计的基本概念和目标；认识企业内部控制审计在现代企业中的地位与作用；初步理解内部控制审计的流程；掌握企业内部控制审计的基本内容。

引导案例与思考

宜华生活科技股份有限公司（以下简称*ST宜生），其前身为广东省宜华木业股份有限公司，汕头第一家上市和年产值超百亿元的民营企业，中国第一家以自有品牌出口和销售木制品企业，于2004年8月24日上市。

2019年*ST宜生是唯一一家被出具“无法表示意见”内控审计报告的公司。该公司审计机构亚太（集团）会计师事务所（特殊普通合伙）（以下简称“亚太”）指出，在审计过程中，亚太获取的审计证据发现，*ST宜华与货币资金相关的内部控制存在重大缺陷，导致亚太无法对已获取的审计证据的真实性、有效性进行评价，无法对*ST宜华的持续经营能力进行评价，无法判断已获取的审计证据是否充分、适当。因此，亚太无法对*ST宜华2019年12月31日财务报告内部控制的有效性进行评价。由于不能确定上述“导致无法表示意见的事项”对*ST宜华的影响程度，因此，亚太无法对*ST宜华财务报告内部控制的有效性发表意见。

2021年，因公司股票市值触及终止上市的情形，上交所决定对公司股票予以摘牌，*ST宜生股票将于3月22日终止上市。

资料来源：作者根据相关资料收集整理.

思考与讨论

1.什么是内部控制审计？

2.内部控制审计的目标是什么？

3.内部控制审计对企业的作用或意义有哪些？

课前预习（思维导图）

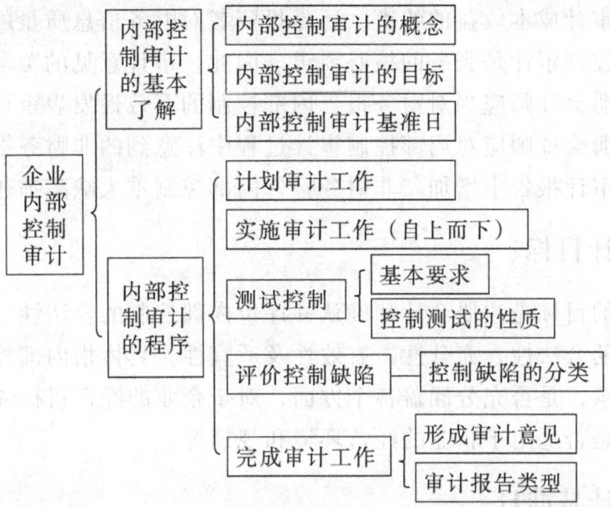

◎第一节　内部控制审计概述

自2002年美国国会通过《萨班斯法案》（Sarbanes Oxley Act）后，内部控制及内部控制审计被公众所知，随后各国陆续颁布相关法律条文，使得内部控制审计更具有规范性。2008年5月和2010年4月，我国财政部会同证监会、审计署、原银监会和原保监会分别发布了《企业内部控制基本规范》和《企业内部控制审计指引》等企业内部控制制度，确立了我国企业内部控制审计制度，要求执行内部控制规范体系的企业，必须聘请会计师事务所对其财务报告内部控制有效性进行审计。其中《企业内部控制审计指引》自2011年1月1日起在境内外同时上市的公司施行，自2012年1月1日起在上海证券交易所、深圳证券交易所主板上市公司施行。沪深主板上市公司施行效果良好，内部控制审计报告开始走进大众视野，信息使用者也开始关注内部控制审计意见。

关于《萨班斯法案》

一、内部控制审计

内部控制审计（Internal Control Audit）是企业聘请会计师事务所来确认、评价企业在特定基准日的内部控制（Internal Control）有效性的过程，包括注册会计师进行计划审计工作、实施审计工作、确认企业控制设计和控制运行缺陷，评价缺陷等级，分析缺陷形成原因，提出改进内部控制建议，形成审计意见。换言之，内部控制审计是借助有经验的注册会计师来进一步加强自身内部控制，可以促进企业健全内部控制制度，从而达到提高经营效率和经济效益的目的。

虽然这里提及的是内部控制审计，但从国外和我国相关的审计规定可以看出，注册会计师执行的内部控制审计严格限定在财务报告内部控制审计。不论是注册会计师自身的专业胜任能力以及其审计成本效益的约束，还是投资者对财务信息质量的重视程度，都可以看出财务报告内部控制审计是服务的核心要求。因此，审计意见的覆盖范围为：对于财务报告内部控制，注册会计师应当对财务报告内部控制的有效性发表审计意见；对于非财务报告内部控制，注册会计师应对内部控制审计过程中注意到的非财务报告内部控制的重大缺陷，在内部控制审计报告中增加“非财务报告内部控制重大缺陷描述段”予以披露。

二、内部控制审计目标

内部控制审计的目标是注册会计师确认并评价内部控制的合法性、充分性、有效性及适宜性。内部控制的合法性、充分性、有效性及适宜性，具体指内部控制制度是否遵守外部法令以及内部规章，是否充分涵盖各个方面，对于企业的经营目标或内部控制目标能否提供合理保障，且是否适用于企业的经营环境和规模等。

三、内部控制审计基准日

内部控制审计基准日（Base Date)，是指注册会计师评价内部控制在某一时日是否有效所涉及的基准日，即最近一个会计期间截止日。

值得注意的是，注册会计师对特定基准日内部控制的有效性发表意见，并非指审计人员只测试基准日这一天的内部控制，而是需要考察足够长的一段时间内其设计和运行的情况。

当然，对控制有效性的测试涵盖的期间越长，提供的控制有效性的审计证据越多。那么对于内部控制审计业务而言，注册会计师应当获取内部控制在基准日之前一段足够长的时间内有效运行的审计证据。

◎第二节　内部控制审计的程序

一、计划审计工作

倘若我们把内部控制审计看作会计师事务所为检查企业内部控制是否正常有效运转而用到的一种工具，那么计划审计工作便是设计这种“查错工具”的图纸。合理地计划内部控制审计工作，有助于注册会计师关注重点应审计方面、及时发现并解决潜在问题、恰当地制定和管理内部控制审计工作。同时，有利于审计工作的有序进行，进而提高审计工作的效率与质量。

内部控制审计计划分为总体审计策略和具体审计计划两个层次。总体审计策略是对计划阶段的成果进行总结，是对审计范围、时间和方向所做的安排。它如同图纸上的大致模型，具有指导性。具体审计计划是对模型大小、材料等的具体研究和讨论，制订具体审计计划要依据总体审计策略。它是对总体审计策略进一步更加详细的安排和规划，包括项目组成员拟实施审计程序的性质、时间和范围等，具体内容表现为：第一，了解并识别内部控制的程序的性质、时间和范围；第二，测试控制设计有效性的程序的性质、时间和范围；第三，测试控制运行有效性的程序的性质、时间和范围。

当然，随着审计工作的不断推进，具体审计计划可以根据发现的问题不断调整，并贯穿整个审计工作的始终。

二、实施审计工作

注册会计师应按照自上而下的方法（Top-to-bottom Method）实施审计工作，自上而下的方法是注册会计师识别风险、选择拟测试控制的基本思路。这里的自上而下是指从宏观层面到微观部分的过程。

自上而下的方法着眼于财务报表层次，以注册会计师对财务报告内部控制整体风险的了解开始，然后，将关注点着重放在企业层面的控制上，并将工作逐渐下移至重要账户、列报及其相关认定。随后，了解错报的可能来源并识别相应的控制风险，进而选择足以应对评估的重大错报风险的控制进行测试。自上而下的方法具体实施步骤为：从财务报表层次初步了解内部控制整体风险；识别企业层面的控制；识别重要账户、列报及相关认定；了解错报的可能来源并识别相应的控制风险；选择拟测试控制。

三、测试控制

控制测试（Test of Control）是指测试内部控制运行的有效性。内部控制运行的有效性包括内部控制设计的有效性及内部控制运行的有效性。当使用这种“查错工具”去测试内部控制有效性时，注册会计师应当从以下四个方面发现关于内部控制是否有效运行的审计证据：控制在所审计期间的相关时点是如何运行的；控制是否得到一贯执行；控制由谁执行；控制以何种方式运行。

控制测试的性质是指控制测试时所用到的审计程序以及这些程序的组合。这些审计程序分别是：询问、观察、检查和重新执行。

1. 询问。注册会计师可以向相关高管人员及其他工作人员进行询问，获取所需的信息，并且注册会计师在判断获取的信息是否真实、可靠时要保持职业怀疑的态度。但是，仅仅通过询问程序不能为内部控制运行的有效性提供充足的证据。在实际审计过程中，注册会计师通常还需要从其他程序、相关文件等方面获得信息来验证被询问的答复。由此可知，尽管询问是一种有用的手段，但其获得的证据说服力不强，只有与其他程序组合才能发挥最大作用。

2. 观察。观察是针对不留下书面记录的内部控制，测试其是否运行的一种有效手段。例如，不相容职责分离的控制，我们不光要询问相关人员是否履行好有关职责分工，而且要实地观察，去证实职责分工是按规定去履行的。通常情况下，注册会计师通过观察程序获取的直接证据比间接获取的证据更可靠。但是由于观察只针对某一时点，审计人员也应考虑到其所观察的控制在注册会计师不在场时可能没有执行的情况。

3. 检查。对于留有书面证据的控制，检查程序非常有用，可以用来确认控制是否得以执行。注册会计师需要检查表明控制得以执行的书面说明、复核时留下的记号等证据，当缺乏证据时，可能存在控制没有按规定运行，审计人员需要执行进一步审计程序以验证控制是否运行。

4.重新执行。重新执行的目的是评价控制是否有效运行，通常只有在前三个审计程序结合在一起都无法获取充分恰当的证据时，注册会计师才会考虑通过重新执行来实现目的。

四、评价控制缺陷

在测试控制之后，应该评价发现问题的严重程度，以便接下来的审计工作的进行。前面提到，测试内部控制运行的有效性包括内部控制设计的有效性及内部控制运行的有效性，那么，内部控制缺陷也包括内控的设计缺陷和内控的运行缺陷。

设计缺陷（Design Defect）是指缺少为实现控制目标所必需的控制，或现有控制设计不恰当、即便正常运行也很难实现预期的控制目标。

运行缺陷（Operational Defect）是指当下的控制设计没有按设计意图运行，或执行人员没有获得必要的授权或缺乏相应的专业能力，使得内部控制无法有效运行实施。

内部控制存在的缺陷，可以根据其严重程度分为重大缺陷、重要缺陷和一般缺陷。

重大缺陷（Material Defect）是指内部控制设计或运行存在严重不足，使得企业内部存在不能及时防止，或不能及时发现并纠正财务报表出现重大错报的情况。表明内部控制可能存在重大缺陷的迹象，主要包括：

（1）注册会计师发现董事、监事和高级管理人员舞弊；

（2）企业更正已经公布的财务报表；

（3）注册会计师发现当期财务报表存在重大错报，而内部控制在运行过程中未能发现该错报；

（4）企业审计委员会和内部审计机构对内部控制的监督无效。

重要缺陷（Important Defect）严重程度虽不及重大缺陷，但也是存在于内部控制中，足以引起注册会计师关注的一项或者多项缺陷的组合。

一般缺陷（General Defect）是指除重要缺陷、重大缺陷外的其他缺陷。

内部控制评价报告的内容

五、完成审计工作

获取证据之后，审计应当对此进行评价，形成对内部控制有效性的意见。注册会计师应当评价从各个来源所获取的审计证据，包括测试控制的结果、审计财务报表中发现的错报以及识别的所有控制缺陷，最后形成对内部控制有效性的意见。只有在审计范围没有受到限制时，注册会计师才能对内部控制的有效性形成意见。若审计范围受到限制，审计人员就需要解除业务约定，有客观因素不能解除业务约定时，则应出具无法表示意见的内部控制审计报告。

在对内部控制的有效性形成恰当意见后，注册会计师应当评价，企业内部控制评价报告是否按照中国证监会《上市公司实施企业内部控制规范体系监管问题解答》的有关规定完整和恰当地进行列报。

注册会计师在完成以上工作之后，应出具内部控制审计报告。注册会计师应当在报告里清楚地表达对企业内部控制有效性的意见，且对审计报告负责。内部控制审计报告分为无保留意见（Unqualified Opinion）和非无保留意见（Qualified Opinion）内部控制审计报告两类。

当同时满足以下条件时，注册会计师应出具无保留意见的内部控制审计意见报告：

（1）在基准日，被审计单位按照适用的内部控制标准的要求，在所有重大方面保持了有效的内部控制；

（2）注册会计师已经按照《企业内部控制审计指引》的要求计划和实施审计工作，在审计过程中未受到限制。

相应地，注册会计师出具非无保留意见的内部控制审计报告的情形：

（1）在基准日，注册会计师认为企业内部控制存在重大缺陷；

（2）注册会计师在审计过程中，审计范围受到限制。

非无保留意见内部控制审计报告包含否定意见（Adverse Opinion）和无法表示意见（Disclaimer of Opinion）审计报告。若注册会计师认为企业内部控制存在一项或多项重大缺陷，但审计范围未受到限制时，应发表否定意见；当审计范围受到限制，注册会计师应当解除业务约定或出具无法表示意见的内部控制审计报告。

内部控制审计报告应包括下列因素：（1）标题。统一为“内部控制审计报告”；（2）收件人；（3）引言段；（4）企业对内部控制的责任段；（5）注册会计师的责任段；（6）内部控制固有局限性的说明段；（7）财务报告内部控制审计意见段；（8）注册会计师的签名和盖章；（9）会计师事务所的名称、地址及盖章；（10）报告日期。

内部控制审计报告的格式

第三节　案例分析

内部控制审计案例

一、案例介绍

凡润企业2020年底聘请了亚建会计师事务所来进行该企业的内部控制审计工作。A和B审计人员在对相关内部控制实施测试过程中，注意到一些问题：

（1）2020年下半年企业业务增长迅速，因库房容量有限，部分原材料只能堆放在生产车间外临时搭建、没有围栏的大棚里，但仍由在库房内办公的人员负责管理。仓库人员解释，因大棚位于生产车间的入口旁，若加装围栏，将影响车间人员和运输工具的出入，已在大棚四周悬挂了“仓库重地，闲人莫入”警示牌。

（2）内部审计人员检查验收部门在2020年10月28日至10月31日期间所开具的验收单，注意到其起讫号为10034至10057，但C内部审计人员在验收部门留存的验收单里未能发现10035号及10047号验收单，涉及金额重大。验收部门解释，该验收单因填写错误而作废，未予留存。内部审计人员在仓库、采购部门和会计部门也未找到该验收单。会计部门解释，因经常有废票导致缺号，因此，在进行会计处理时并不检查验收单的顺序。

（3）对需要购买的已经列入存货清单的由仓库负责填写请购单，对未列入存货清单的由相关需求部门填写请购单，每张请购单须由对该类采购支出预算负责的主管人员签字批准。

(4) 采购部收到经批准的请购单后，由其职员E进行询价并确定供应商，再由其职员F负责编制和发出预先连续编号的订购单。订购单一式四联，经被授权的采购人员签字后，分别送交供应商、负责验收的部门、提交请购单的部门和负责采购业务结算的应付凭单部门。

(5) 根据批准的顾客订单，销售部编制预先连续编号的一式三联现销或赊销销售单。经销售部被授权人员批准后，所有销售单的第一联直接送仓库作为按销售单供货和发货给装运部门的授权依据，第二联交开具账单部门，第三联由销售部留存。装运部门将从仓库提取的商品与销售单核对无误后装运，并编制一式四联预先连续编号的发运单，其中三联及时分送开具账单部门、仓库和顾客，一联留存装运部门。

二、案例分析

(1) 内部控制执行有效，不存在缺陷。理由：虽无库房堆放材料，但企业执行了相应的替代的审计程序。

(2) 内部控制执行存在缺陷，且缺陷重大。理由：由于未保留缺号的验收单，故无法核实其是否是废票，在会计处理时也不检查验收单的序号，内部控制存在缺陷，且涉及金额重大，因此缺陷重大。建议：查明原因。

(3) 内部控制执行有效，不存在缺陷。理由：仓库负责对列入清单的货物填写请购单，如果没有列入存货清单，则可以由其他部门根据需要填写。但是每张请购单要由经过负责该类支出预算的主管人员签字批准。

(4) 内部控制存在缺陷。理由：询价与确定供应商是不相容的岗位。建议：询价与确定供应商应该由不同岗位的人员来实施。

(5) 内部控制执行有效，不存在缺陷。理由：销售单应当是一式多联，该单位根据实际情况制定三联是正确的。

学思见悟

企业进行内部控制审计的初衷是检验自身的内部控制运行是否有效，找出自身的缺陷，从而使企业能够更好地发展。然而近些年，却存在有些上市公司购买审计意见的行为。他们一方面为了完成强制规定（必须聘请会计师事务所对其财务报告内部控制有效性进行审计），另一方面为了使投资者看到“完美无瑕”的审计报告之后对公司进行投资，因而会出高价聘请愿意出具他们想要的内部控制审计报告的会计师事务所，达到他们短期看来“双赢”的目的。

作为当代大学生，你是如何看待这类现象的？请从不同主体角度考虑应该如何改善和防止这种现象的发生。

本章小结

本章内容让我们了解到一套完整的内部控制审计流程。本章第一节的内容特别重要，要求大家掌握内部控制审计的概念，特别是审计意见所指的时点和内部控制审计的目标；第二节内容我们要熟悉内部控制审计的流程，审计工作计划应该从总体审计策略和具体审计计划两个方面制订，并且要知道应该运用自上而下的方法进行内部控制审计工作，获取证据时要用到四种审计程序，内部控制的缺陷分为重大、重要、一般缺陷，在完成审计工作后，我们还要熟悉确定审计报告类型的标准。

中英文专业术语

内部控制 internal control
内部控制审计 internal control audit
基准日 base date
自上而下 top-to-bottom method
控制测试 test of control
设计缺陷 design defect
运行缺陷 operational defect
重大缺陷 material weakness
重要缺陷 important weakness
一般缺陷 general weakness
无保留意见 unqualified opinion
非无保留意见 qualified opinion

章后练习

一、单选题（10分）

章后练习-自测版

1.内部控制审计的对象是（　　）。

A.特定基准日财务报告内部控制设计与运行的有效性

B.整个期间财务报告内部控制设计与运行的有效性

C.被审计单位编制的内部控制评价报告

D.被审计单位的财务报告

2.注册会计师应当按照（　　）方法实施内部控制审计工作，该方法是注册会计师识别风险、选择拟测试控制的基本思路。

A.自上而下　　B.自下而上　　C.风险导向审计　　D.制度基础审计

3.自上而下的方法始于（　　），以注册会计师对内部控制整体风险的了解开始。

A.财务报表层次　　B.企业层面控制

C.重要账户、列报及其相关认定　　D.业务层面控制

4.注册会计师应当根据与（　　）相关的风险，确定拟实施审计程序的性质、时间安排和范围，获取充分、适当的证据。

A.企业层面控制　　B.业务层面控制　　C.内部控制　　D.重大错报

5.注册会计师测试控制有效性的程序，按其提供审计证据的效力，由弱到强排序通常为（　　）。

A.询问、观察、检查和重新执行　　B.观察、询问、检查和重新执行

C.检查、询问、观察和重新执行　　D.询问、观察、重新执行和检查

6.内部控制的特定领域存在重大缺陷的风险与给予该领域的审计关注的关系是（　）。

A.风险越高，关注越多　　B.风险越高，关注越少

C.风险越低，关注越多　　D.风险越低，关注越少

7.执行内部控制审计时，内部控制的特定领域存在（　　）的风险越高，给予该领域的审计关注就越多。

A.重大错报风险　B.重大缺陷　C.多报　D.少报

8.下列各项中，不能表明企业的内部控制存在重大缺陷迹象的是（　　）。

A.注册会计师发现董事、监事和高级管理人员舞弊

B.企业更正已经公布的财务报表

C.注册会计师发现当期财务报表存在重大错报，而内部控制在运行过程中未能发现该错报

D.企业审计委员会和内部审计机构对内部控制的监督有效

9.企业如果拒绝提供或以其他不当理由回避书面声明，注册会计师应当将其视为审计范围受到限制，做出（　　）的审计处理。

A.解除业务约定或出具无法表示意见的内部控制审计报告

B.发表保留意见

C.发表否定意见

D.解除与该企业的所有业务关系

10.注册会计师认为财务报告内部控制存在一项或多项重大缺陷的，除非审计范围受到限制，需要对财务报告内部控制发表（　　）。

A.肯定意见　B.否定意见　C.无法表示意见　D.保留意见

二、多选题

1.内部控制审计的方式有（　　）。

A.内部审计　　B.独立的内部控制

C.整合审计　　D.外部审计

2.注册会计师应当在内部控制审计的具体审计计划中体现下列内容（　　）。

A.了解和识别内部控制的程序的性质、时间安排和范围

B.确定执行内部控制审计业务所需资源的性质、时间安排和范围

C.测试控制运行有效性的程序的性质、时间安排和范围

D.测试控制设计有效性的程序的性质、时间安排和范围

E.明确内部控制审计业务的报告目标，以计划审计的时间安排和所需沟通的性质

3.在内部控制审计中，下列关于自上而下的审计方法的说法中，正确的有（　　）。

A.自上而下的方法始于财务报表层次，以注册会计师对财务报告内部控制整体风险的了解开始

B.在识别重要账户、列报及其相关认定的过程中选择拟测试的控制

C.注册会计师在确定重要性水平之后应当识别重要账户、列报及其相关认定

D.注册会计师应当了解潜在错报的来源，以便选择拟测试的控制

4.下列哪些事项表明内部控制可能存在重大缺陷的迹象（　　）。

A.注册会计师发现董事、监事和高级管理人员舞弊

B.企业更正已经公布的财务报表

C.注册会计师发现当期财务报表存在重大错报，而内部控制在运行过程中未能发现该错报

D.企业审计委员会和内部审计机构对内部控制的监督无效

E.监事会形同虚设

5.注册会计师执行内部控制审计业务，发现审计范围受到限制时，应当做出（　　）的审计处理。

A.解除业务约定或出具无法表示意见的内部控制审计报告

B.就审计范围受到限制的情况，以书面形式与董事会进行沟通

C.解除与该客户相关的所有业务关系

D.注册会计师在已执行的有限程序中发现财务报告内部控制存在重大缺陷的，应当在内部控制审计报告中对重大缺陷做出详细说明

E.应当在内部控制审计报告中指明审计范围受到限制，无法对内部控制的有效性发表意见

三、判断题（10分）

1.内部控制审计是指会计师事务所接受委托，对企业某个年度内部控制设计与运行的有效性进行审计。（　　）

2.《内部控制审计指引》规定，注册会计师应当按照自下而上的方法实施审计工作。（　　）

3.重大缺陷是指一个或多个控制缺陷的组合，其严重程度和经济后果低于重要缺陷，但仍有可能导致企业偏离控制目标。（　　）

4.无论审计范围有无受到限制，注册会计师都要对内部控制的有效性形成意见。（　　）

5.只要认为审计范围受到限制将导致无法获取发表审计意见所需的充分、适当的审计证据，注册会计师就不必执行任何其他工作即可对内部控制出具无法表示意见的内部控制审计报告。（　　）

主要参考文献

［1］方红星，池国华.内部控制［M］. 5版.大连：东北财经大学出版社，2022.

［2］中华人民共和国财政部，等.企业内部控制基本规范：企业内部控制配套指引（2021版）［M］. 上海：立信会计出版社，2021.

［3］张建平，胡先伟.内部控制案例［M］. 大连：东北财经大学出版社，2021.

［4］池国华，樊子君.内部控制习题与案例［M］. 大连：东北财经大学出版社，2019.

［5］李荣梅，陈正，宋迎军.企业内部控制［M］. 3版.大连.东北财经大学出版社，2019.

［6］池国华，朱荣.内部控制与风险管理［M］. 2版.北京：中国人民大学出版社，2018.

［7］胡晓明，许婷，刘小峰.公司治理与内部控制［M］. 北京：人民邮电出版社，2018.

［8］企业内部控制编审委员会. 企业内部控制基本规范及配套指引案例讲解［M］. 上海：立信会计出版社，2018.

［9］郑洪涛，张颖.企业内部控制学［M］. 4版.大连：东北财经大学出版社，2018.

［10］刘斌，付景涛.商业银行内部控制多维评价与内部审计应用研究［M］. 大连：东北财经大学出版社，2018.

［11］李端生.内部控制理论与实务［M］. 大连：东北财经大学出版社，2017.

［12］崔飚，李传彪，张淑慧，等.审计理论与实务［M］. 北京：人民邮电出版社，2017.

［13］张远录.中小企业内部控制与风险管理［M］. 大连：东北财经大学出版社，2017.

［14］徐凤菊，赵新娥，夏喆.企业内部控制与风险管理［M］. 2版.大连：东北财经大学出版社，2016.

［15］张俊民.内部控制理论与实务［M］. 2版.大连：东北财经大学出版社，2016.

［16］穆勒RR. 2013版COSO内部控制实施指南［M］. 秦荣生，张庆龙，韩菲，译. 北京：电子工业出版社，2015.

［17］刘永泽，池国华.企业内部控制［M］. 北京：清华大学出版社，2014.

［18］刘胜强.企业内部控制［M］. 北京：清华大学出版社，2014.

[19] 中华人民共和国财政部会计司.企业内部控制规范讲解2010 [M]. 北京：经济科学出版社，2013.

[20] 孙永尧.企业内部控制设计与应用 [M]. 北京：经济管理出版社，2012.

[21] 张长胜，等.企业内部控制 [M]. 北京：北京大学出版社，2012.

[22] 李凤鸣.内部控制学 [M]. 2版.北京：北京大学出版社，2012.

[23] 傅胜，池国华.企业内部控制规范指引操作案例点评 [M]. 北京：北京大学出版社，2011.

[24] 蒋占华.企业内部控制配套指引讲解及案例分析 [M]. 北京：中国商业出版社，2011.

[25] 中华人民共和国财政部，等.企业内部控制规范2010 [M]. 北京:中国财政经济出版社，2010.

[26] 李书峰，等.企业内部控制配套指引操作指南 [M]. 北京：中国市场出版社，2010.

[27] 美国管理会计学协会.财务报告内部控制与风险管理 [M]. 张先治，袁克利，译.大连：东北财经大学出版社，2008.

[28] 管劲松，张庆，肖典鳌.审计风险管理 [M]. 北京：对外经济贸易大学出版社，2003.

[29] 胡春元.风险基础审计 [M]. 大连：东北财经大学出版社，2001.

[30] 王会金.风险导向审计 [M]. 北京：中国审计出版社，2000.

[31] 白华，胡礼燕.超越COSO：中国内部控制规范体系探索 [J]. 会计与经济研究，2020，34（6）：11-31

[32] 隋菁.内部控制理论面临的困境与对策 [J]. 金融经济，2017（2）：159-160.

[33] 白华.论控制活动 [J]. 会计研究，2012（10）：42-48+95-96.

[34] 中华人民共和国财政部会计司.《企业内部控制应用指引第11号——工程项目》解读 [J]. 财务与会计，2011（5）.

[35] 中华人民共和国财政部会计司.《企业内部控制应用指引第12号——担保业务》解读 [J]. 财务与会计，2011（5）.

[36] 中华人民共和国财政部会计司.《企业内部控制应用指引第13号——业务外包》解读 [J]. 财务与会计，2011（5）.

[37] 中华人民共和国财政部会计司.《企业内部控制应用指引第14号——财务报告》解读 [J]. 财务与会计，2011（5）.

[38] 姚凌云.基于COSO内部控制要素嵌入的企业组织控制模型研究 [J]. 财会通讯，2011（18）：119-122，161.

[39] 董卉娜.企业内部控制信息与沟通的新认识：组织学习的视角 [J]. 华东经济管理，2011，25（11）：79-82.

[40] 杨德明，林斌，王彦超.内部控制、审计质量与代理成本 [J]. 财经研究，2009，35（12）：40-49，60.